Pionnières

DE 1900 À NOS JOURS

Elles ont changé le monde

ISBN : 9782081210370
Dépôt légal : octobre 2010

Ouvrage dirigé par *Catherine Laulhère-Vigneau*
Conception graphique : *Marie-Laure Miranda*

Corrections : *Colette Malandain*
Photogravure : *Couleurs d'image*
Impression : *Tien Wah Press*

XAVIÈRE GAUTHIER

Pionnières

DE 1900 À NOS JOURS

Elles ont changé le monde

Flammarion

Sommaire

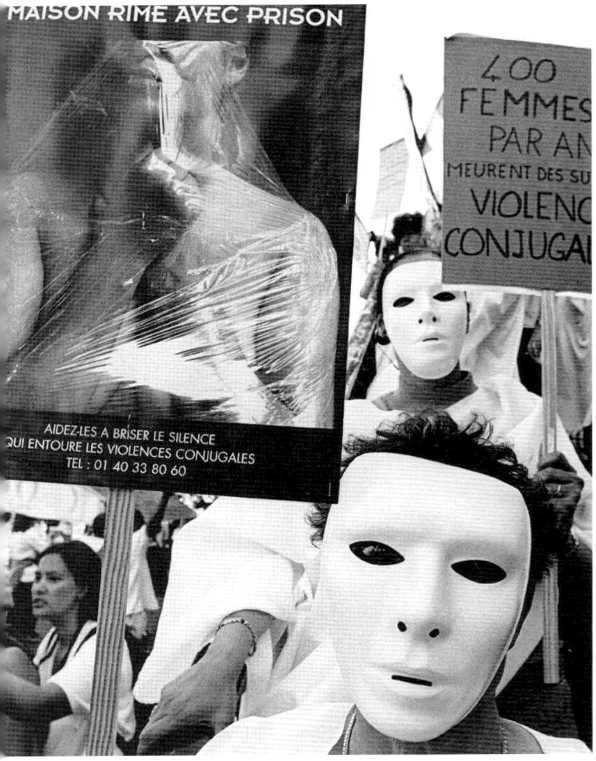

MAISON RIME AVEC PRISON
AIDEZ-LES A BRISER LE SILENCE
QUI ENTOURE LES VIOLENCES CONJUGALES
TEL : 01 40 33 80 60
400

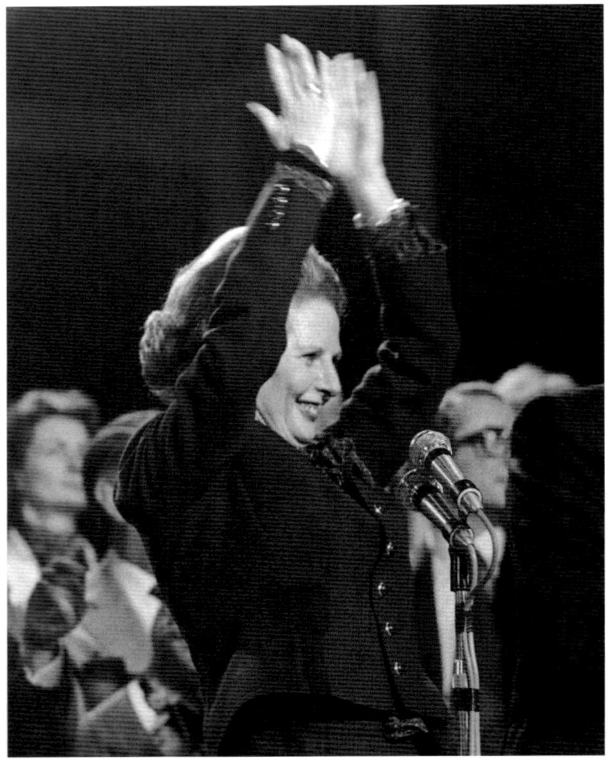

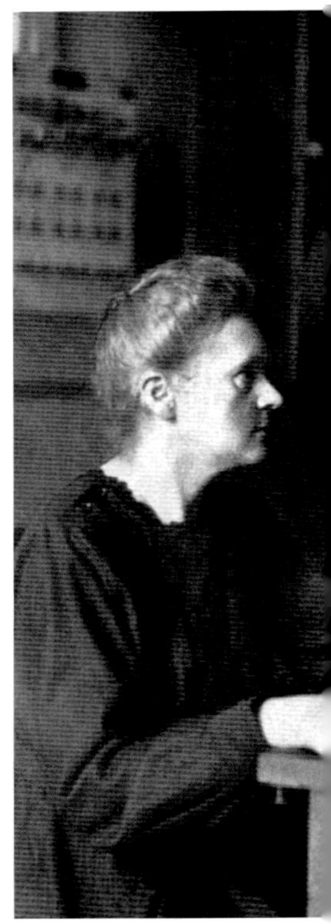

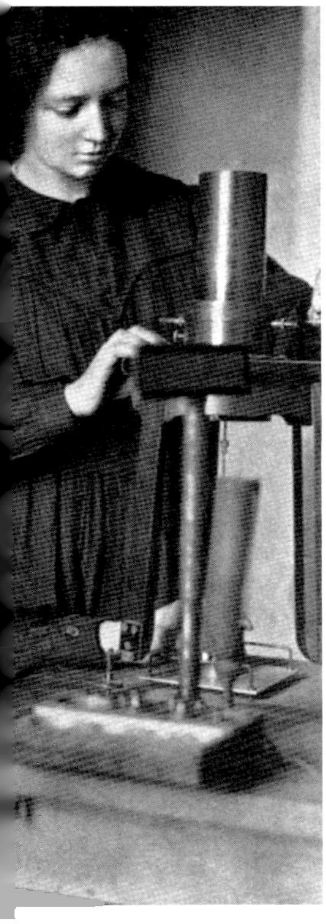

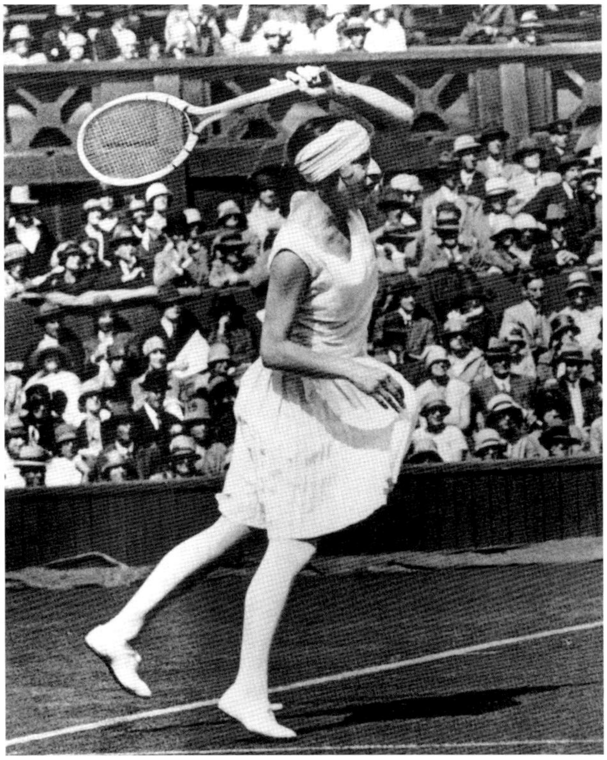

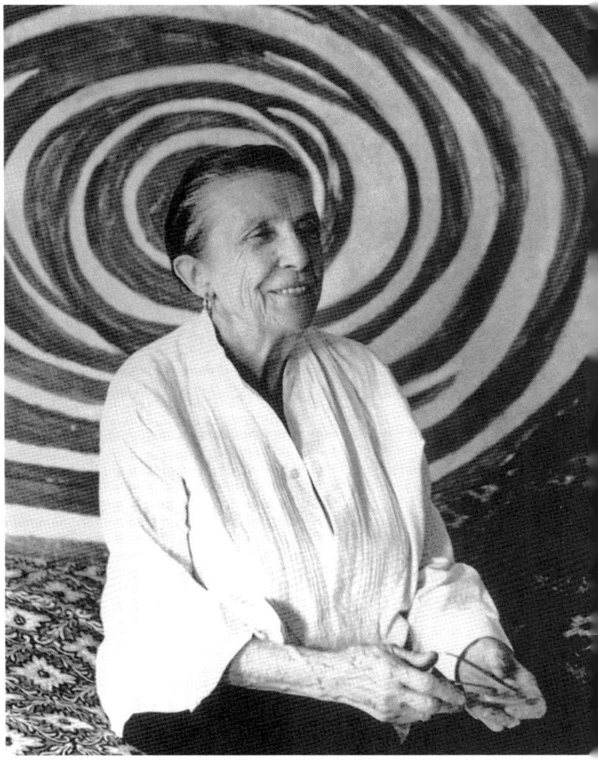

Introduction

« L'humanité ne doit aux femmes aucune idée morale, politique, philosophique. L'homme invente, perfectionne, travaille, produit et nourrit la femme. Celle-ci n'a même pas inventé son fuseau et sa quenouille. »

Proudhon

Quelle est la définition d'une pionnière ? Selon mon dictionnaire… il n'y en a pas. Le mot « pionnier » n'a pas de féminin ! Pionnier – de l'anglais *pioneer* – désigne le défricheur qui colonise des terres inhabitées, puis un « homme qui est le premier à se lancer dans une entreprise, qui fraye le chemin ». On le rapproche de « bâtisseur », « créateur » et « promoteur ». Définition plus large que « premier ».

Certes, lorsqu'une femme a été la première, historiquement, à exercer telle profession, à obtenir tel diplôme, à diriger un pays, à battre un record dans tel sport, etc., elle est incontestablement pionnière. Avant elle, dans son pays, dans son domaine, seuls des hommes avaient réussi, avaient pris place ; après elle, d'autres femmes auront moins de difficulté à faire comme elle, dans la mesure où elle aura créé un précédent. En ce sens, les pionnières ont, volontairement ou non, ouvert une voie.

Toutefois les critères sont souvent plus difficiles à établir. En quoi telle écrivaine, par exemple, est-elle pionnière ? La littérature a-t-elle changé après que son œuvre a été publiée ? Voilà un des cas, et ils sont nombreux, où les critères objectifs n'existent pas, où il faut bien reconnaître qu'entre en jeu une part plus ou moins grande de subjectivité, voire de partialité. Pour la réduire, je me suis référée, autant que possible, à des éléments de reconnaissance garantis par une instance autorisée, compétente, comme les jurés du Nobel, par exemple. C'est d'autant plus important que les nobélisées sont rares, les hommes étant, là comme ailleurs, en majorité écrasante… Ils écrasent d'ailleurs parfois les femmes, sans vergogne. L'examen de l'attribution des prix Nobel révèle sur ce point des injustices flagrantes de l'histoire.

J'ai commencé cette recherche avec un superbe enthousiasme et une naïveté qui ne l'était pas moins. Je me suis peu à peu rendu compte de l'ampleur monumentale, voire pharaonique, de l'entreprise. Comment ne pas omettre une pionnière importante au bout du monde ou ignorée des trompettes de la renommée ? Ce livre n'est donc pas exhaustif. Il ne contient sans doute pas toutes les pionnières de la période concernée. J'ai pu oublier certaines, ne pas les connaître ou ne pas les considérer comme telles. Avec minutie et méthode (en puisant à plusieurs sources d'information, en les croisant, en les vérifiant), je me suis gorgée de tous les lieux de savoir et j'ai tenté de restituer la saveur, la couleur de ces vies de femmes exceptionnelles. J'ai souvent cru m'effondrer sous la tâche ; jamais je n'ai douté de son intérêt. J'étais portée par ces pionnières et immédiatement récompensée par toute sortes de découvertes. Les informations réunies ici sont riches en surprises et en savoir, en questions et en amorces de réponses. « Dans le monde des femmes, n'y a-t-il pas des figures héroïques, des bienfaitrices, des personnages sortant de l'ordinaire ? » s'interrogeait Qiu Jin dans *Pierres de l'Oiseau Jingwei*, écrit entre 1904 et 1906. Il y en a, j'en ai ici réuni plusieurs centaines – dont certaines quasi inconnues. Je me plais à penser que ce livre va contribuer à réparer des injustices sexuées de l'histoire, rendre leur légitime visibilité à des femmes que la mémoire collective avait oubliées, et faire prendre conscience à tous des véritables dimensions de la créativité féminine.

Malgré l'incroyable misogynie, l'impitoyable ségrégation qui a si fortement fait obstacle aux conquêtes féminines, on constate que les femmes, elles aussi, ont fait et continuent de faire la civilisation – et, je le crois, apportent du nouveau au monde. Les hommes eux-mêmes en prennent conscience. On peut mesurer un certain chemin parcouru, jusqu'à Ban Ki-moon, secrétaire général de l'ONU, qui, le 7 mars 2008, s'enthousiasmait à l'idée de travailler avec des femmes du monde entier, car « c'est à elles que nous devons les acquis du siècle écoulé, et ce seront encore elles qui seront, demain, les championnes de la cause ». La cause : celle de leur propre émancipation dont la société tout entière devrait bénéficier.

Ce n'est pas gagné. Au Sommet du millénaire, à New York, en 2000, étaient réunis cent soixante-dix chefs d'État, dont… six femmes. Mais, grâce aux pionnières, on peut espérer aller vers un monde mixte, où les femmes seront présentes au même titre que les hommes, pour une avancée de la civilisation.

X.G.

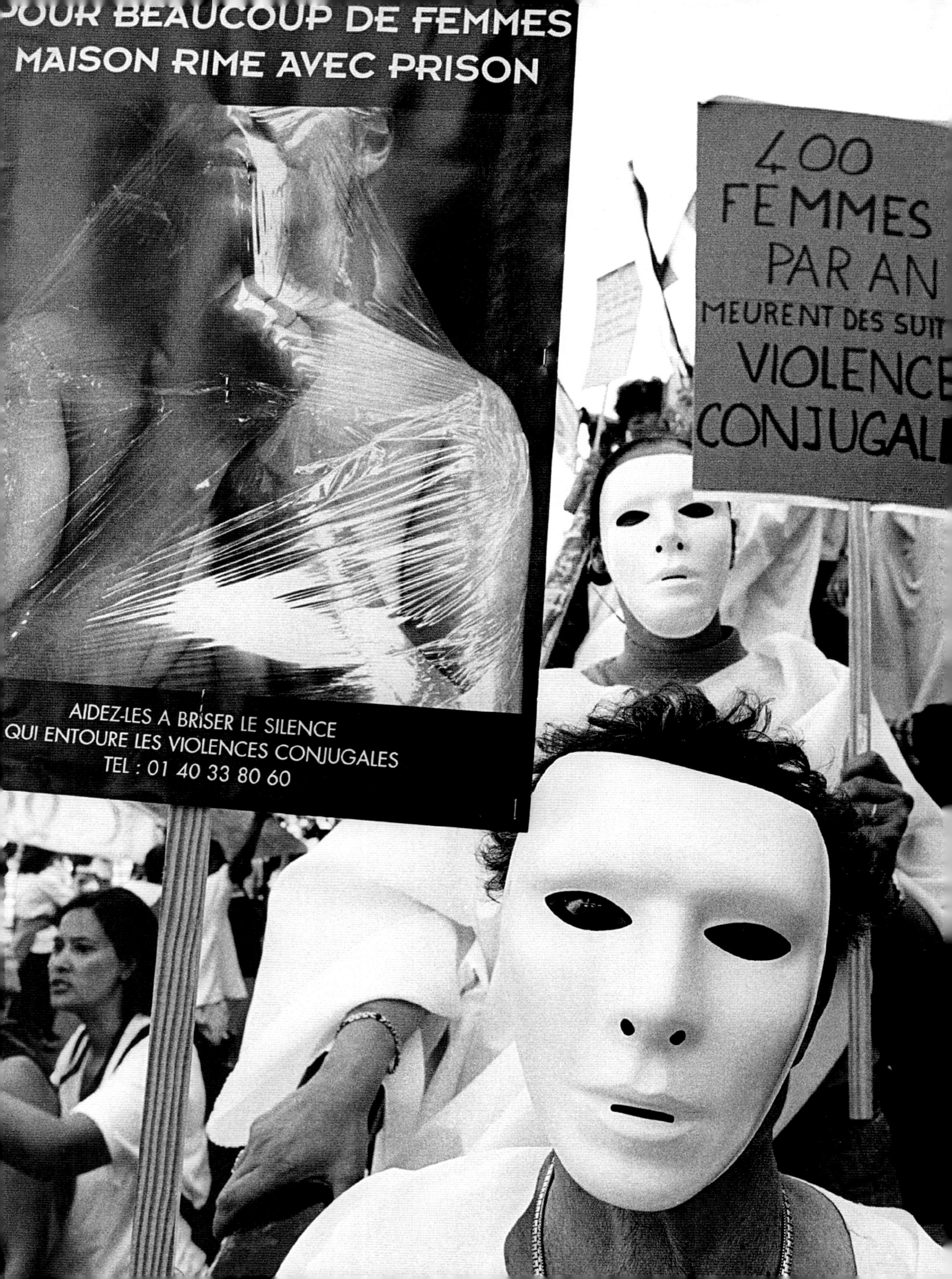
POUR BEAUCOUP DE FEMMES
MAISON RIME AVEC PRISON
AIDEZ-LES A BRISER LE SILENCE
QUI ENTOURE LES VIOLENCES CONJUGALES
TEL : 01 40 33 80 60
400
FEMMES
PAR AN
MEURENT DES SUIT
VIOLENCE
CONJUGAL

Marche mondiale des femmes contre la violence conjugale, place de la République, Paris, 2000.

Femmes en lutte

« Les hommes font le mal ;
vous, femmes, faites le remède,
et puisque sur cette terre il y a
de mauvais anges, soyez les bons. »

Victor Hugo

Les femmes ont lutté – et luttent encore – sur tous les fronts. Comme les hommes, pensons-nous. Contre la misère, contre toutes les discriminations, contre le pillage de la planète, contre la colonisation, pour soutenir leur peuple, les minorités, la démocratie, les immigrés, les catégories sociales exploitées… Elles ont parfois fait coïncider ces différents axes de lutte, comme **Angela Davis** qui articule oppressions de classe, de sexe et de race, ou **Eleanor Roosevelt**, engagée contre les inégalités (subies par les femmes, par les Noirs, par les ouvriers au chômage, par les enfants pauvres), et qui, en tant que présidente de la Commission des droits de l'homme, fit signer en 1948 la Déclaration universelle – un texte qui, en théorie, empêche toutes ces injustices.

Elles ont lutté et donc risqué la prison, subi les menaces de mort sur leurs enfants, la torture, l'exil. Comme les hommes. Mais quand une femme sort de sa maison, parle en public, prend la tête d'une manifestation de rue, publie des articles dans les journaux, elle est d'abord confrontée (avant la police et les autorités) à la colère de son mari ou de son père, à la réprobation de toute la famille, au scandale qu'elle suscite dans tout le village, toute la caste, toute la société patriarcale. Elle devient une femme publique, autant dire une prostituée. **Séverine**, désespérant de pouvoir agir contre les injustices de la société, s'est un jour tiré une balle dans la région du cœur, en laissant ces mots aux hommes : « Je meurs de ce qui vous fait vivre : de révolte et de haine. Je meurs de n'avoir été qu'une femme alors que brûlait en moi une pensée virile et ardente. Je meurs d'avoir été une réfractaire. » Surmontant sa blessure, elle a pu devenir la première femme journaliste professionnelle.

Depuis de nombreuses années, les femmes réclament, à travail égal, le même salaire que les hommes. Ici, manifestation en Grande-Bretagne, dans les années 1940.

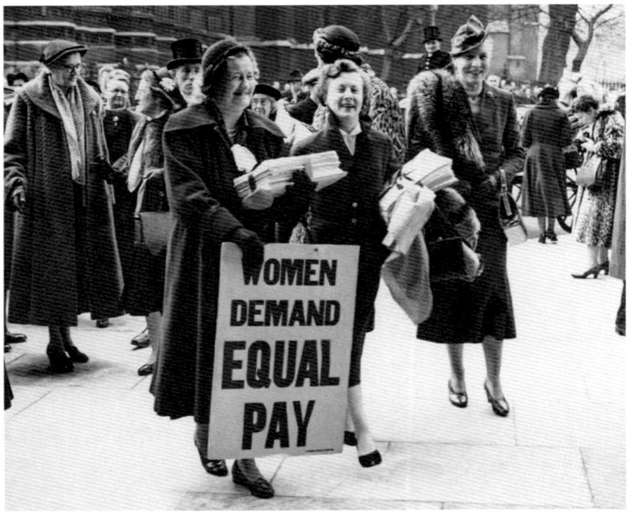

Au départ, donc, la femme est plus exposée ; et à l'arrivée, son action est souvent moins reconnue. Ainsi, **Ela Bhatt**, avocate indienne, a créé dès 1972 la Sewa (Self Employed Women's Association), qui permet à de nombreuses Indiennes, qui n'ont pas accès aux banques, d'obtenir des microcrédits afin de créer leur petite entreprise ou de réaliser quelque projet. Aidées par des stages de formation professionnelle, des campagnes de vaccination et d'alphabétisation, les femmes peuvent ainsi sécuriser leur parcours, souvent bien chaotique, et valoriser leur rôle social. Mais c'est le Bangladais Muhammad Yunus qui a reçu le prix Nobel d'économie en 2006 pour avoir créé une « banque des pauvres » fondée sur le microcrédit.

Et si hommes et femmes ont des combats communs, il en est de plus spécifiquement féminins. Car les pionnières doivent d'abord se battre pour sauver leur peau. Quand les Chinoises ont les pieds cassés, **Qiu Jin** s'élève contre leur martyre. Quand les Africaines ont le clitoris mutilé, **Ayaan Hirsi Ali** dénonce cette excision barbare. Quand les Égyptiennes doivent reconstruire leur hymen, **Nawal el Saadaoui** pointe le machisme. Quand les Indiennes, à peine âgées de dix ans, sont livrées à la brutalité de leur mari, **Sampat Pal Devi** accourt pour faire

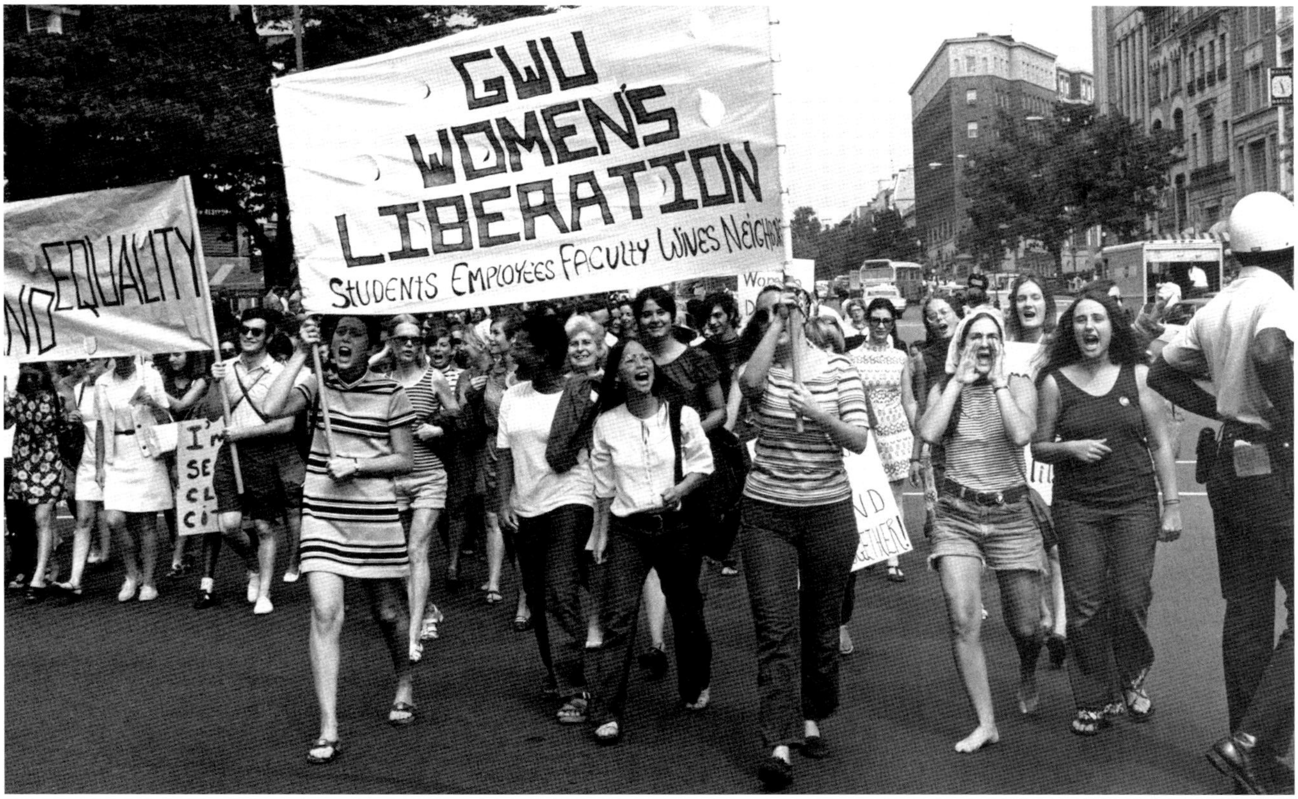

Mouvement pour la libération des femmes, Washington, États-Unis, dans les années 1960.

justice. Quand les Bangladaises sont forcées de se voiler la tête, **Taslima Nasreen** refuse cet emprisonnement. Quand les Américaines sont accablées par les grossesses à répétition, **Margaret Sanger** prône le *birth-control*. Quand des Nigérianes violées sont condamnées à des coups de fouet ou à la lapidation pour grossesse, **Hauwa Ibrahim** les défend. Quand des Pakistanaises sont victimes de « crimes d'honneur » ou brûlées à l'acide, **Hina Jilani** et **Asma Jahangir** créent des refuges. Quand des Moldaves et des Roumaines sont contraintes de se prostituer, **Celhia de Lavarène** débusque les coupables. Quand les Françaises meurent en avortant clandestinement, **Madeleine Pelletier** leur apporte ses connaissances médicales. Quand les femmes afars sont massivement violées, **Aïcha Dabale** fonde une association pour les soutenir.

Et tant d'autres femmes, dans le monde, osent, pour la première fois, s'opposer à « leur destin » – dicté par la société : être maintes fois mères, rester enfermées, passives. Des pionnières se lèvent contre toutes les mutilations et tous les abus au corps des femmes. Comme le dit Simone de Beauvoir : « Pour les femmes, la liberté commence au ventre. »

Elles ont également dû lutter contre l'incroyable apartheid qui les frappait. Pourquoi n'avaient-elles pas le droit de vote ? Les suffragettes, dans la première partie du XXe siècle, ont mené de durs combats contre des montagnes de préjugés pour conquérir ce droit, qui semble aujourd'hui de simple justice. Ces militantes, affrontées à deux guerres mondiales, ont souvent établi une corrélation entre la reconnaissance des femmes comme citoyennes et la fin des conflits armés. Elles ont argumenté que, si elles

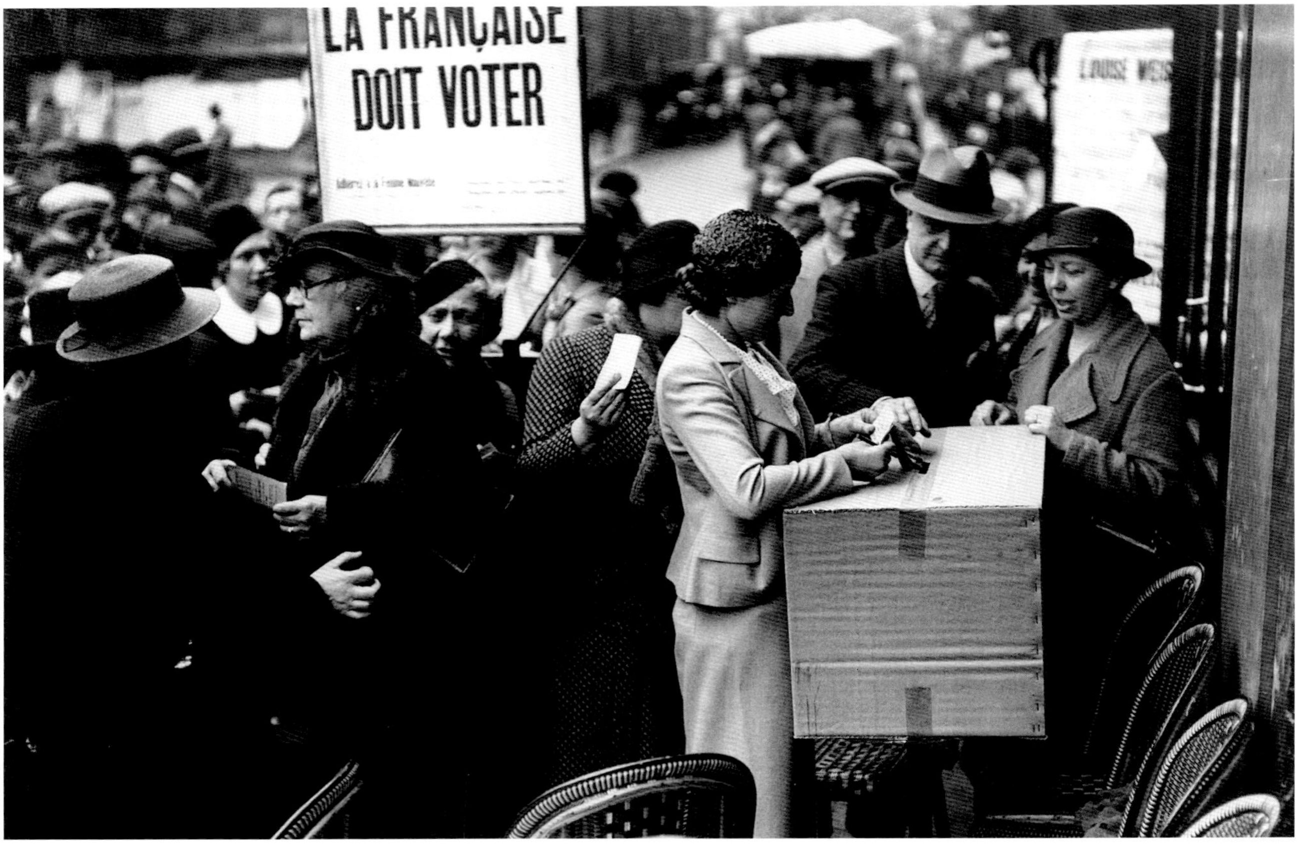

Les femmes françaises ne seront pas autorisées à voter avant 1945. Elles militent ici pour ce droit en simulant un vote en 1935 !

obtenaient le droit de vote, il n'y aurait plus de guerres. « La solidarité féminine internationale est un rempart contre la guerre », affirmait **Carrie Chapman Catt**. Beau rêve auquel croyait aussi bien la Néerlandaise **Aletta Jacobs** que l'Américaine **Jane Addams** (à l'origine de la Women's Peace Party) : « Nous, les femmes, déclarait miss Addams, nous pouvons prouver que les peuples sont capables de travailler ensemble sans esprit viril d'agressivité, sans concours, sans rivalité. » La Française **Hélène Brion** déclarait quant à elle devant le conseil de guerre : « Je suis ennemie de la guerre parce que féministe : la guerre est le triomphe de la force brutale, le féminisme ne peut triompher que par la force morale et la valeur intellectuelle. Il y a antinomie absolue entre les deux. » Après la réunion de La Haye en 1915, un Comité international des femmes pour la paix permanente est mis en place ; il devient en 1919 la Ligue internationale des femmes pour la paix et la liberté, présidée par **Emily Greene Balch** (prix Nobel de la paix). C'est l'ancêtre de la Société des Nations.

Les femmes ne sont pas des anges. Elles ne sont pas bonnes, non violentes par nature, et destinées à sauver le monde. Victor Hugo les exhortait : « Mesdames. Les hommes font le mal ; vous, femmes, faites le remède, et puisque sur cette terre il y a de mauvais anges, soyez les bons. » Il leur présentait ses hommages et ajoutait : « Puisque ces aveugles oublient qu'ils sont frères, soyez leurs sœurs, venez-leur en aide, faites de la charpie », c'est-à-dire déchirez du linge pour en faire des pansements. Voilà un petit rôle qu'elles ont souvent accepté avec une quasi-ferveur, telle **Florence Nightingale**, qui a sublimé autant que professionnalisé le métier d'infirmière, ou encore Clara Berton, fondatrice de la Croix-Rouge américaine, qui fut surnommée « l'ange du champ de bataille ».

Pourtant, la réalité est venue très vite briser l'espoir. Les suffragistes ont fini par obtenir le droit de vote, mais on sait que les guerres n'ont pas cessé. L'Histoire montre que la non-violence n'est pas une vertu féminine. Certaines pionnières, telles **Emma Goldman**, **Voltairine de Cleyre** ou **Clara Zetkin**, ont œuvré pour une révolution qui ne pouvait pas être pacifique, ou ont participé à des conflits armés, comme **Dolores Ibarruri Gomez**, la *pasionaria* de la guerre d'Espagne, ou **Nguyen Thi Dinh**, générale de « l'Armée aux cheveux longs », au Viêtnam. Valérie André s'est lancée dans deux guerres (celles d'Indochine et d'Algérie) en parachute et en hélicoptère, jusqu'à devenir première générale française en 1976.

Mais la révolutionnaire **Rosa Luxemburg** a écrit : « Un monde doit être renversé mais toute larme versée qui aurait pu être évitée est une accusation. » Et **Nguyen Thi Binh**, combattante du Viêtcong, a lancé un appel à ses « sœurs américaines » qui luttaient contre la politique de Nixon, car les femmes « animées par un désir intense de paix » ont des « cœurs naturellement compatissants ». Il y a une complicité récurrente entre féminin et pacifisme.

Swanee Hunt, ambassadrice des États-Unis en Autriche en 1993, a créé en 1999 le groupe Women Waging Peace (Femmes pour la paix), qui met en relation des femmes initiatrices de paix dans le monde entier. Son action s'étend aujourd'hui à une quarantaine de pays, où elle forme des responsables féminines et des constructrices de paix. En 2005, Ruth-Gaby Vermot-Mangold, membre du Parlement suisse et du Conseil de l'Europe, a mené l'action « 1000 femmes de paix » qu'elle a promues pour le Nobel.

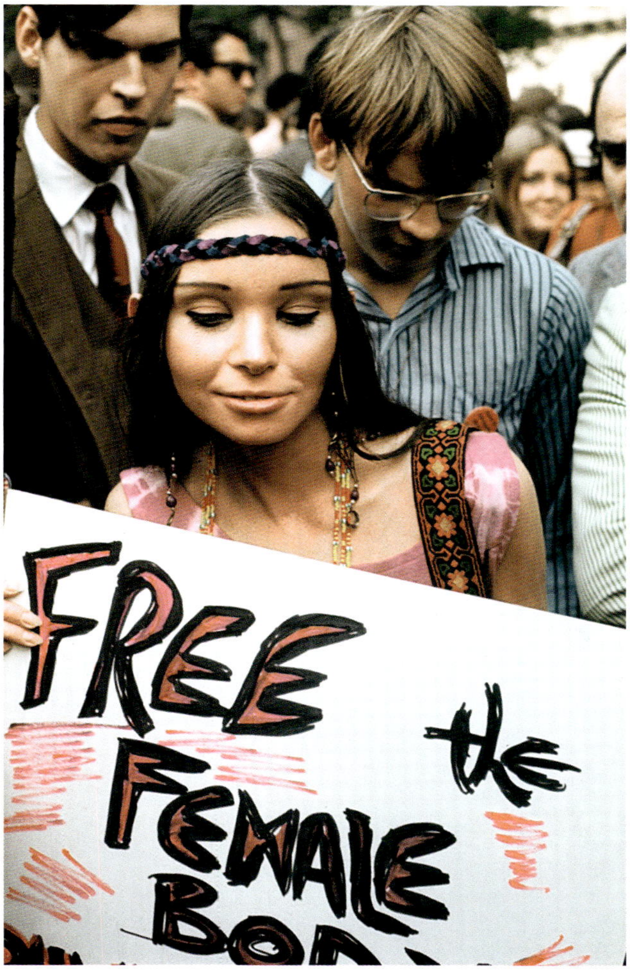

Manifestation d'un mouvement féministe, New York, 1970.

En 2000, le Conseil de sécurité des Nations unies a remarqué que les femmes sont souvent les premières victimes des violences guerrières (leur corps est un butin de guerre), mais rarement les décideuses quant à la résolution de ces conflits. En conséquence, a été adoptée la Résolution 1325, qui pointe l'importance de la contribution des femmes à la prévention et à la résolution des conflits, aussi bien au niveau local qu'au niveau planétaire. Sans les femmes, les processus de construction de la paix ne sont pas soutenables, conclut l'Unesco à la suite de cette résolution. Des luttes en perspective pour de nouvelles pionnières...

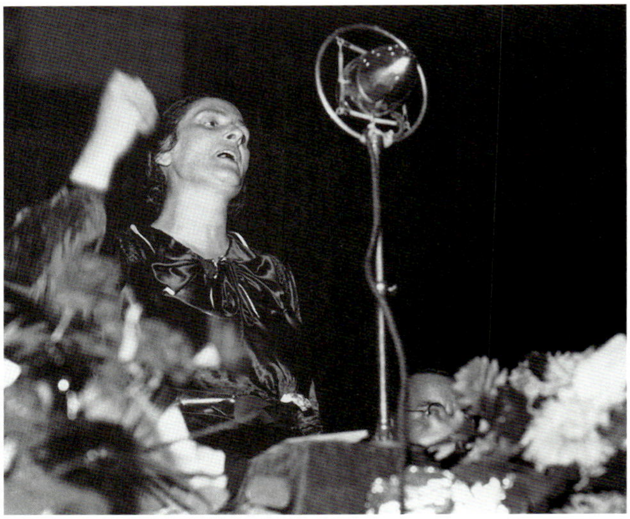

Le 4 septembre 1936 Dolores Ibarruri Gomez préside un grand meeting au Vélodrome d'Hiver, à Paris, en faveur du gouvernement espagnol.

Dolores Ibarruri Gomez

1895-1989, Espagne

Femme politique, dite la *Pasionaria*.
Fille d'un mineur basque, huitième d'une famille de onze enfants, elle doit travailler très jeune, comme couturière puis domestique. Mariée à un militant socialiste, elle s'installe à Madrid et entre au jeune parti communiste. Ses articles dans le journal *Monde ouvrier*, qu'elle signe « la Pasionaria » – fleur de la passion –, la rendent célèbre. Quand le fascisme de Franco se dessine, elle est devenue dirigeante communiste et ses discours enflammés, vibrants et graves à la fois, soulèvent les foules. Elle scande : « No pasarán ! », détermination qui la conduit trois fois en prison entre 1932 et 1936. À la victoire du *Frente popular* (Front populaire), en 1936, elle est députée des Asturies. Elle est une farouche combattante contre le fascisme aux côtés des Brigades internationales. À la tête de l'Association des femmes antifascistes, elle organise leur travail pour que les hommes puissent être combattants. En 1939, à l'arrivée au pouvoir du Caudillo, elle part en exil en URSS, où elle devient secrétaire générale puis présidente du parti communiste espagnol. En 1977, revenue parmi les derniers exilés, elle est à nouveau élue députée des Asturies.

Hebe de Bonafini

née en 1928, Argentine

Leadeuse, avec Morales de Cortiñas, des « Mères de la place de Mai » – dites « Folles de la place de Mai ». Depuis le 30 avril 1977, elles tournent (interdiction de stationner) face à la Casa Rosada, le palais présidentiel, pour connaître le sort de leurs enfants ou petits-enfants enlevés par la junte militaire du général Videla. Elles obtiennent d'abord l'aveu : il y a 30 000 « disparus ». Puis le gouvernement tente d'acheter ces femmes encombrantes en proposant 100 000 dollars d'indemnité à chaque famille. Cette somme fabuleuse ne les impressionne pas : « Le sang versé ne sera pas négocié », déclarent-elles. Au début, chacune brandissait la photo de son fils ou de sa fille, puis elles ont décidé d'échanger leurs photos : « Nous sommes les mères de tous nos enfants. » Trente ans après, malgré le retour de la démocratie, elles continuent à se rassembler, toujours en tête des mouvements de défense de la justice sociale.

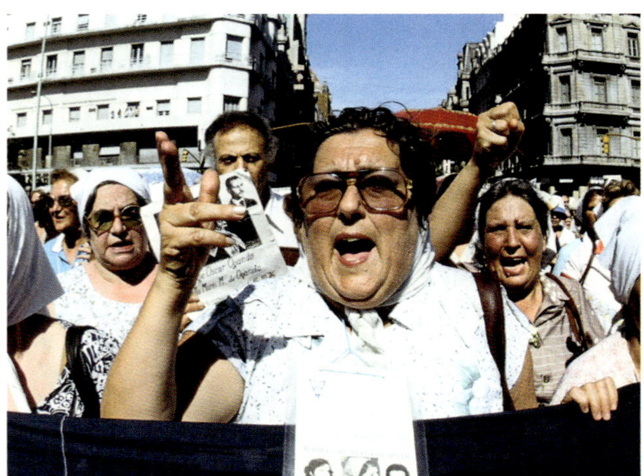

Hebe de Bonafini à Buenos Aires, 1983.

Souhayr Belhassen

née en 1943, Tunisie

Première femme élue à la tête de la Fédération internationale des droits de l'homme, le 24 avril 2007.

Dès 1978, ses articles dans *Jeune Afrique* alertent contre la montée de l'islamisme dans son pays. En 2000, Souhayr est vice-présidente de la Ligue tunisienne des droits de l'homme. En 2007, présidente de la FIDH, elle lance des actions multiples : enquêter au Darfour ; faire pression sur les grandes entreprises qui sacrifient les droits humains au profit ; dénoncer la violence de certains États contre les minorités, et la violence de minorités extrémistes contre les populations.

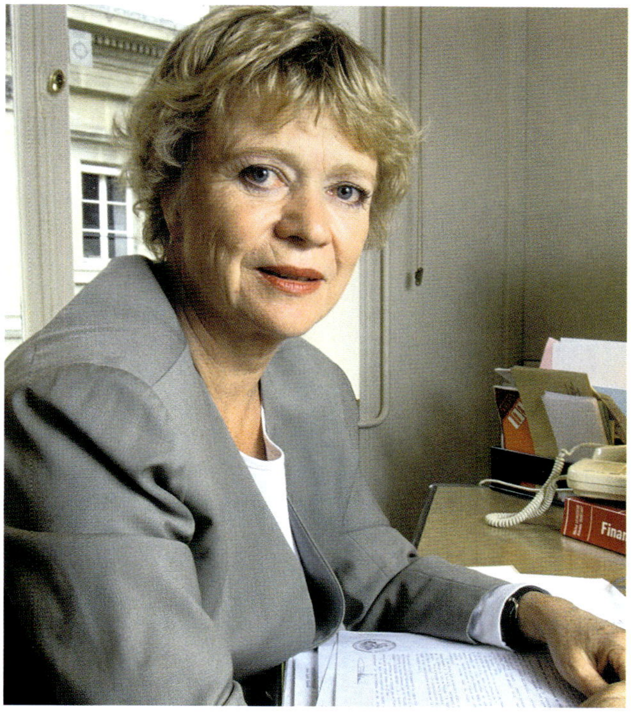

Eva Joly, 1994.

Eva Joly

née en 1943, Norvège/France

Magistrate française d'origine norvégienne. Conseillère des gouvernements norvégien puis islandais dans la lutte contre la corruption et la délinquance financière internationales.

Venue à Paris à vingt ans, Gro Eva Farseth réussit le concours d'accès à la magistrature et se retrouve substitut du procureur au parquet d'Orléans puis rejoint le tribunal d'Évry. En 1989, elle intègre le très prestigieux CIRI, organisme financier chargé des restructurations industrielles. En 1990, nommée juge d'instruction au pôle financier du Palais de justice de Paris, elle va se faire connaître du grand public en instruisant l'affaire ELF. C'est la première fois qu'une femme, avec un courage, une inflexibilité et une ténacité exemplaires, s'attaque à la grande délinquance financière, protégée par le pouvoir politique. Elle ose incarcérer un grand patron, Loïk Le Floch-Prigent, met en examen le président du Conseil constitutionnel, « l'intouchable » Roland Dumas. Pendant sept ans que dure cette affaire ELF, elle est l'objet de pressions, d'intimidations et de menaces de mort, mais elle tient bon. Elle est aussi l'initiatrice de la Déclaration de Paris, qui dénonce les effets dévastateurs de la grande corruption. « Toutes les entreprises du CAC 40 ont des filiales dans les paradis fiscaux qui servent à commettre des délits d'initiés », affirme-t-elle. Elle pose les questions fondamentales au bon fonctionnement de toute démocratie : y a t-il des individus au-dessus des lois qui, en toute impunité, peuvent détourner des sommes faramineuses (plusieurs centaines de millions d'euros dans l'affaire ELF) ? La démocratie s'arrête-t-elle là où commence la finance ? Faut-il désespérer de tout et baisser les bras devant l'ampleur de la corruption mondialisée ? Elle s'engage en politique avec les Verts aux élections européennes de 2009 et est élue députée européenne ; elle veut continuer à se battre pour que soit mise en place « une justice supranationale ».

Aung San Suu Kyi

née en 1945, Birmanie

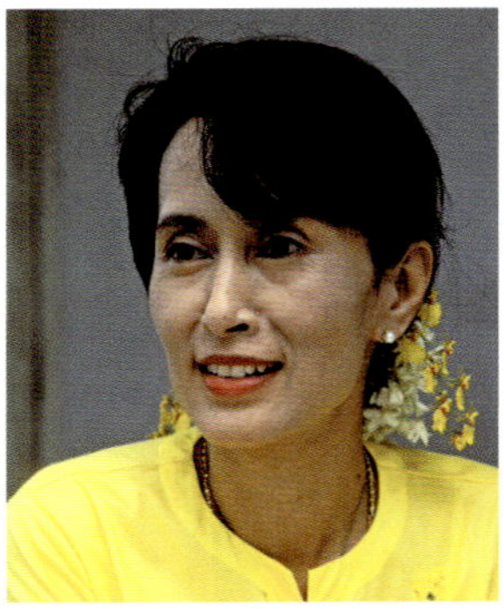

Prix Sakharov pour la liberté de penser. Prix Nobel de la paix en 1991. Son père, Aung San, l'homme de la libération birmane, est assassiné quand elle a deux ans. Sa mère est secrétaire aux Affaires étrangères en 1948 et ambassadrice à New Delhi dans les années 1960. Aung San Suu Kyi fait ses études en Inde puis à Oxford. À New York, elle devient secrétaire du Comité des questions administratives et budgétaires des Nations unies. En 1988, lorsqu'elle revient à Rangoon pour assister sa mère mourante, un soulèvement populaire est en train d'éclater contre le régime. En tant que fille du héros national, on la porte aux premiers rangs de la lutte. Avec d'autres opposants, elle fonde le parti Ligue nationale pour la démocratie (LND) et remporte les élections en 1990. Mais la junte au pouvoir refuse le verdict des urnes. Aung San Suu Kyi est assignée à résidence dans un isolement complet. En septembre 2007, cent mille personnes crient « démocratie » et lui rendent hommage ; ils sont écrasés par les militaires. En 2009, un nouveau procès reconduit sa peine.

Anna Politkovskaïa

1958-2006, Russie

Journaliste engagée dans la dénonciation de la guerre en Tchétchénie, grande reporter du bihebdomadaire *Novaïa Gazeta*.

Elle se rend quarante fois en Tchétchénie, au péril de sa vie. Son travail est reconnu par plusieurs prix. Elle publie *Voyage en enfer*, et *Tchétchénie, le déshonneur russe*, un livre impressionnant dans lequel elle dénonce, avec force preuves, les exactions, les manœuvres de « nettoyage » raciste, les actes de torture et de barbarie, les viols, les éventrations et les meurtres. Après avoir été empoisonnée au point de sombrer dans le coma, après avoir été enlevée par les forces spéciales en 2001, elle est assassinée le 7 octobre 2006.

Fin 2007, une autre femme russe est agressée chez elle, devant ses filles, par trois policiers en civil ; ils lui piétinent les mains en disant : « Comme cela, tu n'écriras plus ! » C'est Natalia Petrova, auteure de plusieurs films-reportages en Tchétchénie, en Abkhazie et au Karabakh.

Cynthia Maung

née en 1959, Birmanie

Médecin, en lutte contre la dictature birmane.

Elle combat pour le peuple karen, une minorité ethnique de quatre millions de personnes, victime de discrimination. Cynthia s'est réfugiée en Thaïlande, où elle soigne de très nombreux Birmans, réfugiés eux aussi et qui sont atteints de malaria, de malnutrition et souvent blessés par les mines déposées par l'armée birmane. Ils reçoivent des soins gratuits dans la clinique Mae Tao, qui possède à peine cent vingt lits. Elle a formé des laborantins, des infirmiers et des aides-soignants. Les baraquements offrent aussi un lieu tranquille pour que les femmes accouchent, en particulier les Karens qui ont été violées par les militaires birmans.

Elle a rédigé un rapport sur la santé et les droits humains de l'ethnie karen dans l'espoir que l'opinion internationale l'aidera à « promouvoir un changement politique en Birmanie ».

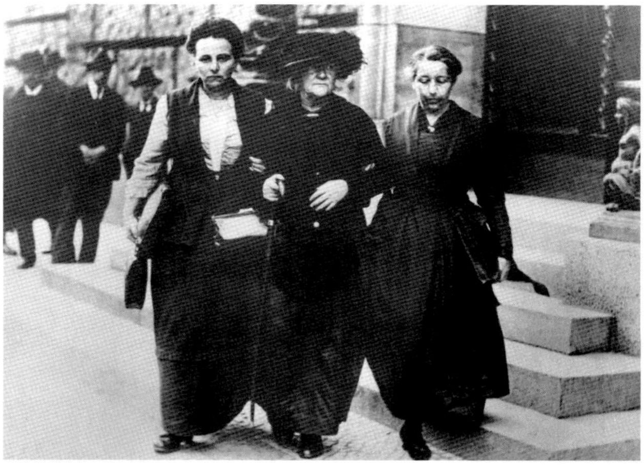

Clara Zetkin, en 1925, entourée par deux militantes.

Clara Zetkin

1857-1933, Allemagne

Militante révolutionnaire et féministe.

Née Eissner, Zetkin est le nom du père de ses enfants (son mari s'appelle Zundel). Elle se bat pour le divorce et pour l'union libre. De 1892 à 1917, elle dirige le journal des femmes socialistes allemandes *Die Gleichheit* (*L'Égalité*), et influence de sa forte personnalité le mouvement international des femmes socialistes, dévoué à la classe ouvrière. En 1907, elle est présidente du Secrétariat international des femmes socialistes. En 1910, lors d'une conférence à Copenhague, elle propose, avec Rosa Luxemburg, la « Journée internationale des femmes » « afin de militer pour le droit de vote, l'égalité entre les sexes et le socialisme ». La première « journée des femmes » a lieu en mars de l'année suivante en Allemagne, en Autriche, au Danemark et en Suisse, et met en fête un million de femmes. (En 1921, Lénine fixera cette journée au 8 mars.)

En mars 1915, Clara Zetkin réunit à Berne soixante-dix femmes de huit pays européens (dont la Française Louise Saumoneau) et fait voter une résolution condamnant la guerre et demandant l'arrêt des combats, non par pacifisme de principe, mais parce qu'il s'agit d'une guerre capitaliste à laquelle le peuple, et en particulier les femmes, n'ont rien à gagner. Elle fait en outre remarquer que les femmes n'ont aucune responsabilité dans ce conflit puisqu'elles sont privées de tout pouvoir. Mais elle est emprisonnée de juillet à octobre 1915. En 1919, avec Rosa Luxemburg, elle participe à la création du parti communiste allemand. Élue députée du Reichstag, elle siège de 1920 à 1933. Ses attaques contre Hitler sont de plus en plus virulentes, jusqu'au jour où elle doit s'exiler en Russie. Là, elle est élue présidente de l'Internationale des femmes. Cette responsabilité donnera lieu à un désaccord sérieux avec Lénine sur la question sexuelle, qui, selon lui, doit être entièrement subordonnée à la question sociale. Sa tombe est au Kremlin ; l'ex-RDA a choisi son visage pour illustrer ses billets de 10 marks.

Emma Goldman

1869-1940, Russie/États-Unis

Anarchiste et féministe américaine d'origine lituanienne, « l'une des femmes les plus dangereuses d'Amérique », d'après la police américaine.

Elle se bat depuis son enfance : née dans un ghetto juif en Russie, elle travaille en usine dès l'âge de treize ans. Émigrée aux États-Unis, elle devient anarchiste et vit en union libre avec Alexander Berkman, qui sera condamné pour tentative d'assassinat d'un industriel. Elle-même est emprisonnée pour son soutien et ses fougueuses prises de position lors de ses nombreuses conférences. Elle y tient un discours radical, tant sur les indispensables changements sociaux que sur la transformation de l'être humain : elle comprend que les femmes, soumises aux hommes, n'osent pas se valoriser et « se jeter dans la vie » ; si elles étaient davantage « égocentrées », elles auraient en main les leviers de leur libération. Elle saisit aussi parfaitement que le principal outil de cette émancipation est le contrôle de leur fécondité. Comme les néo-malthusiens français, elle diffuse les connaissances sur les moyens contraceptifs et, comme eux, est emprisonnée pour cette propagande. Exaltée par la révolution russe de 1917, elle connaît très vite les lendemains qui déchantent : les bolcheviques ne sont pas prêts à accepter la conception de la liberté que les anarchistes réclament. Expulsée des États-Unis, elle séjourne dans différents pays d'Europe et surtout soutient le combat des *Mujeres libres*, lors du Front populaire de 1936 ; comme elle, ces Espagnoles veulent notamment avoir accès à la contraception féminine.

Rosa Luxemburg

1871-1919, Pologne/Allemagne

Révolutionnaire, internationaliste, socialiste.

Juive allemande d'origine polonaise. Seule femme, en 1904, parmi tous les dirigeants des partis socialistes réunis au congrès de la IIe Internationale. Fondatrice de l'Internationale des femmes socialistes en 1907, avec Clara Zetkin.

Élevée à Varsovie, elle subit une terrible maladie des hanches, qui l'immobilise pendant un an – elle claudiquera toute sa vie. Ses ennemis, nombreux, l'appellent « la boiteuse ». Elle fuit la Pologne à dix-huit ans parce qu'elle est déjà repérée pour son activisme, et se réfugie à Zurich où elle soutient son doctorat d'économie et sciences politiques. Elle y rencontre Leo Jogiches, compagnon de lutte et son amant pendant des années. Le vrai socialisme, affirme-t-elle, exige à la fois « l'énergie révolutionnaire la plus impitoyable et l'humanité la plus généreuse ».

Rosa la rouge, comme on l'appelle, milite passionnément et se jette à corps perdu dans la lutte révolutionnaire avec enthousiasme et intransigeance. Oratrice capable de soulever les foules, celle qui est devenue allemande (patrie du marxisme) s'élève avec force contre la guerre. Mais son propre parti, le SPD, « dans son ivresse chauvine », vote les crédits militaires. Les autorités tentent de la faire taire en l'emprisonnant pendant presque toute la durée de la guerre. Mais Rosa ne cesse de s'indigner de « l'effroyable massacre réciproque de millions de prolétaires » et refuse catégoriquement le réformisme et la « fusion des gauches » dont ne sortirait qu'une « bouillie convenant à tous les palais ». Même dans sa cellule, elle essaye d'être heureuse et « d'absorber la vie par tous les pores ». De sa prison, elle salue la révolution d'octobre 1917… dès le mois d'avril : « Les magnifiques événements de Russie agissent sur moi comme un élixir de vie. C'est notre propre cause qui triomphe là-bas », déclare-t-elle, même si elle critique Lénine pour son « esprit étriqué ».

En 1918, avec Karl Liebknecht, elle fonde et dirige le mouvement spartakiste – référence à la révolte des esclaves romains dirigée par Spartacus – et son journal : *Le Drapeau rouge*. Infatigable, elle refuse de se cacher lorsque sa tête est mise à prix. « J'espère

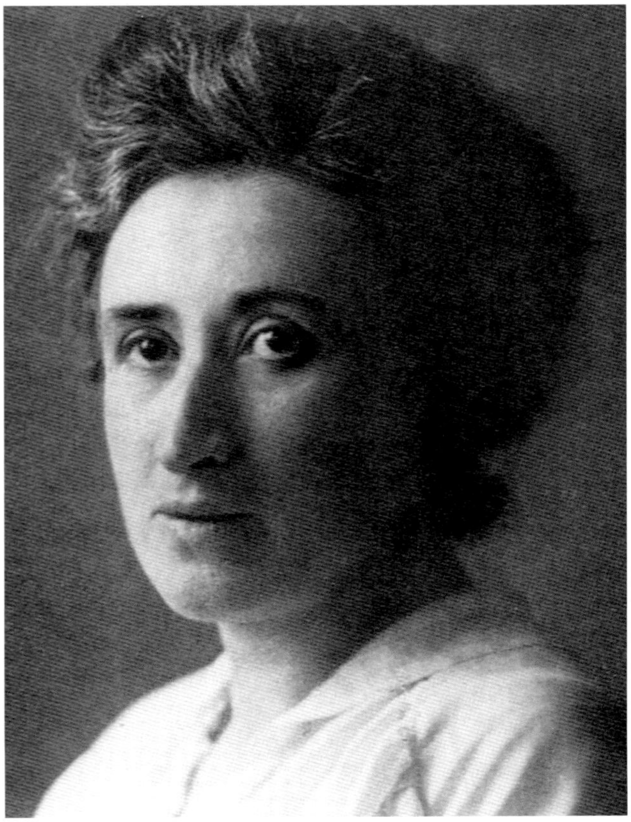

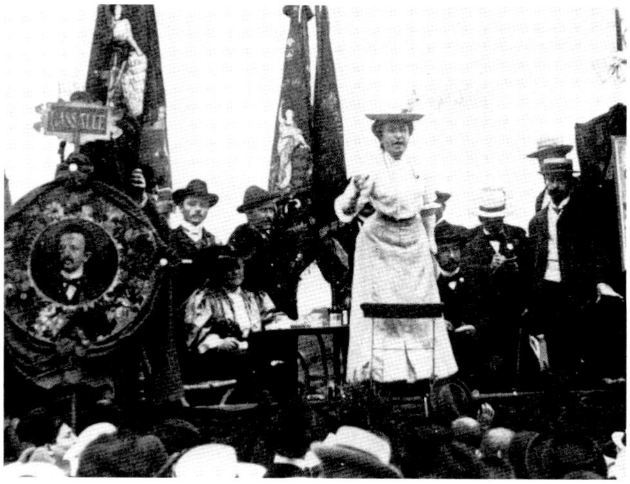

Rosa Luxemburg lors du congrès international socialiste à Stuttgart, août 1907.

que je mourrai à mon poste, dans une bataille de rues ou au bagne », dit-elle. Un jour, elle est assaillie par une milice de corps francs qui lui enfoncent le crâne à coups de crosse ; elle est achevée d'une balle dans la tête et son corps est jeté dans un canal. Elle a demandé qu'on inscrive sur sa tombe le cri des mésanges.

Han Suyin

1917-2009, Chine

Romancière anglo-chinoise, militante de la Chine de Mao.

Elle publie une bonne dizaine de livres, dont cinq volumes autobiographiques. De sa « petite voix » (c'est son nom de plume : Han Suyin), Chou Kuanghu crie très fort contre les injustices, et, plus qu'une littéraire, elle est surtout femme d'action. Née en Chine, d'un père chinois et d'une mère flamande qui ne l'aime guère, elle est multiculturelle. Elle a une vie riche et agitée : étudiante en médecine à Pékin, à Bruxelles puis à Londres ; épouse de Tang Paohuang, officier d'état-major de Tchang Kai-Chek ; amie de Bernard Shaw ; amante passionnée du journaliste anglais Ian Morrison ; puis épouse de Leonard Comber dont elle garde le nom à la ville ; puis mariée à un colonel de l'armée britannique, Vincent Ruthnaswany – le couple adopte deux filles ; sage-femme dans le Ho-Nan ; médecin à Hong Kong ; directrice de clinique en Malaisie et à Singapour ; chargée de cours en littérature asiatique à l'université de Nanyang ; vit au Népal et en Suisse.

Dans cette vie bien remplie, elle a toujours le souci de la Chine, dont elle défend la révolution (en idéalisant Mao Zedong), par de nombreuses conférences, surtout aux États-Unis, et par ses livres écrits en chinois, en anglais et en français, qui ont des millions de lecteurs. Elle dénonce l'extrême misère des paysans avant Mao dans *Destination Tchongking* (1941), fait découvrir le Népal dans *La montagne est jeune*, et le Cambodge dans *Les Quatre Visages* (1963). Familière de Zhou Enlai, elle rencontre Indira Gandhi, Norodom Sihanouk, Nehru, Soekarno. En 1985, elle crée en Chine une fondation qui envoie des experts scientifiques se former en Europe et aux États-Unis.

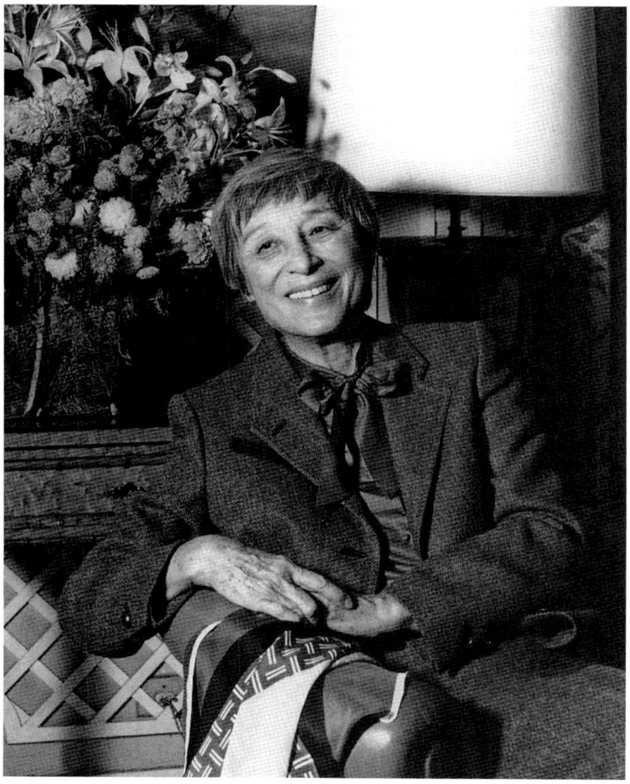

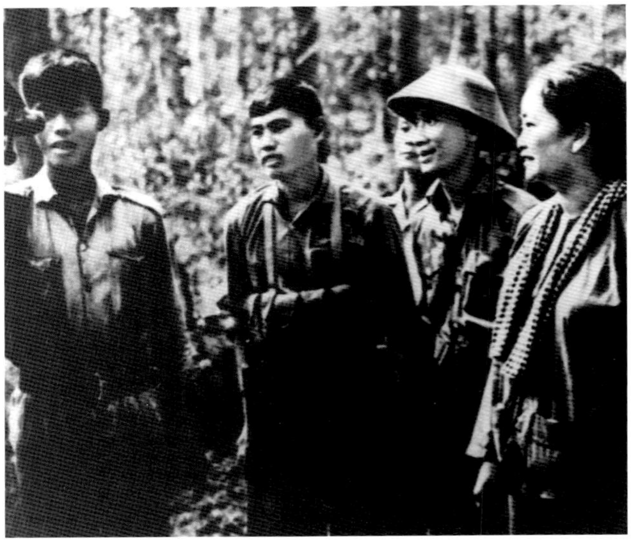

Nguyen Thi Dinh écoutant un soldat lui raconter comment il a abattu un avion ennemi, le 17 février 1966.

Nguyen Thi Dinh

1920-1992, Viêtnam

Commandante en chef adjointe de l'armée du Front national de libération du Viêtnam, dite la « générale de l'Armée aux cheveux longs ».

Elle entre en résistance en 1937, à dix-sept ans, et ce sont ses camarades de lutte qui lui apprennent à lire et à écrire. Son mari est arrêté trois jours après la naissance de leur fils et meurt sous la torture. Elle-même est arrêtée par les Français en 1940, torturée, et reste trois ans emprisonnée. Relâchée, elle transporte un grand nombre d'armes vers le Sud en traversant un blocus naval français (1946). Son exploit a lieu en 1960 : elle soulève des milliers de personnes de Ben Tre, prend la tête de l'insurrection qui libère toute la province et chasse les treize mille soldats de Diem. Cette victoire déclenche un soulèvement dans tout le Sud. Mme Dinh – élue directrice du comité du Front national de libération à Ben Tre – est nommée générale. En 1965, elle est élue présidente de l'Association sud-vietnamienne pour la libération des femmes, puis présidente de l'Union des femmes vietnamiennes.

Nguyen Thi Binh

née en 1927, Viêtnam

Révolutionnaire vietnamienne.

« Je suis ministre des Affaires étrangères et chef de la Délégation du GRP à la Conférence de Paris ; mais je suis aussi vice-présidente de l'Union des femmes pour la libération du Sud-Viêtnam, et cette charge est pour moi la plus importante de toutes » : ainsi s'exprime, devant l'actrice américaine Jane Fonda, celle qui représente son pays un peu partout dans le monde.

Indignée par le colonialisme français, elle entre en rébellion, participe à une grande manifestation contre la flotte américaine dès 1950, s'engage dans le Mouvement des femmes patriotes. Les autorités françaises l'emprisonnent pendant quatre ans. Dès sa sortie, elle se marie, a deux enfants, et les époux prennent le maquis chacun de son côté. Mme Binh est l'une des dirigeantes des bataillons féminins, dits « Armée aux cheveux longs ». Principale négociatrice des pourparlers de Paris avec Hô Chi Minh, elle est membre du présidium du Comité pour la solidarité des peuples afro-asiatiques et représente le gouvernement révolutionnaire provisoire de la république du Sud-Viêtnam à Cuba et dans de nombreux pays d'Afrique et d'Asie. En 2009, elle est membre du Comité de parrainage du tribunal Russell sur la Palestine.

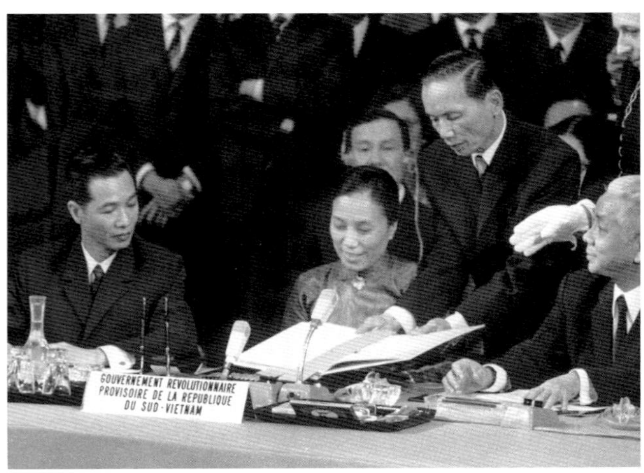

Nguyen Thi Binh lors de la signature des Accords de Paris mettant fin à la guerre du Viêtnam, le 27 janvier 1973.

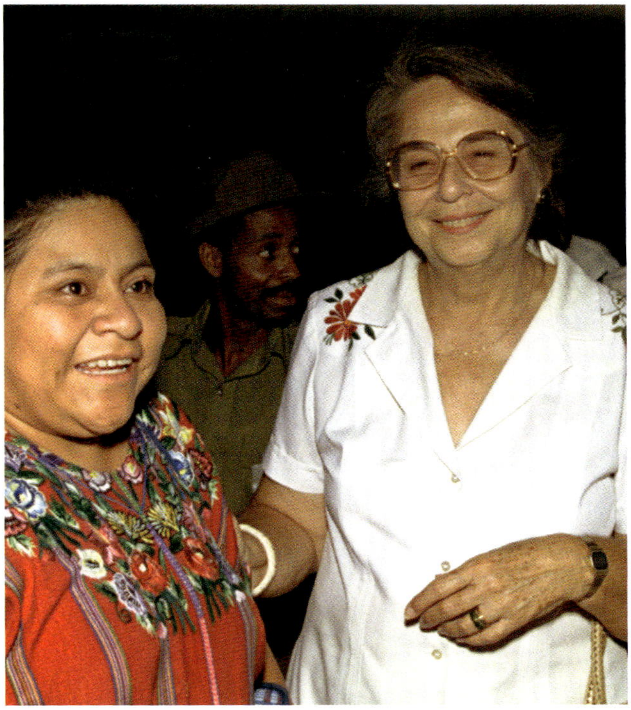

Vilma Espin (à droite) accueillant Rigoberta Menchú Tum du Guatemala, lors de sa visite à Cuba.

Vilma Espin

1930-2007, Cuba

Révolutionnaire cubaine.

Elle termine ses études dans l'ingénierie chimique au Massachusetts Institute of Technology et est l'une des premières femmes à obtenir un diplôme d'ingénieure chimiste.

Engagée dans la lutte contre Batista, elle est investie de la difficile mission de transmettre des messages à Fidel Castro au Mexique. Elle participe au soulèvement armé, dirigé par Frank Païs à Santiago de Cuba (sa ville d'origine), où son domicile devient le quartier général des clandestins. Elle est très connue des habitants qui lui sauvent plusieurs fois la vie. Mise en danger de mort par la police de Batista, elle gagne la Sierra et participe à la guérilla armée, sous les ordres de Raul Castro – qu'elle épouse en 1959 et avec lequel elle a quatre enfants. Elle crée la puissante Fédération des femmes cubaines, qui a pour buts l'intégration des femmes à la vie sociale et l'aide à l'enfance.

À partir de 1992, elle dénonce publiquement la répression contre les homosexuels. Elle reçoit de nombreux titres et décorations.

Irène Fernandez

née en 1946, Malaisie

Lauréate du Right Livelihood Award (le Nobel alternatif) en 2005.

Elle reçoit ce prix pour sa lutte contre la mondialisation, dont les femmes sont les premières victimes.

D'abord enseignante, elle fonde en 1970 la première union textile de Malaisie. Elle se bat pour que les femmes aient des postes de direction dans les syndicats. En 1980, elle lance plusieurs campagnes contre les violences faites aux femmes et crée une association qui devient très puissante, All Women's Action Society, grâce à laquelle des lois sont votées ou améliorées sur la violence domestique et le viol. En 1990, elle préside Pesticide Action Network, qui promeut une agriculture durable, sans pesticides ni OGM, tout en montrant l'importance du travail des paysannes, souvent occulté. L'année suivante, elle fonde l'ONG Tenaganita, « la force des femmes », qui demande justice pour les émigrés esclavagisés, mais aussi pour les prostituées malades du sida et leurs enfants, un monde de parias.

Quand, en 1996, elle ose dénoncer les horribles conditions de vie dans les camps de détention, le gouvernement malais la fait arrêter, au prétexte qu'elle a répandu « de fausses nouvelles dans le dessein de nuire ». Amnesty International l'adopte ; elle est libérée, et aussitôt se lance à nouveau dans la lutte.

Harriet Tubman

1820 ou 1822-1913, États-Unis

Née esclave, victime de terribles mauvais traitements, Araminta Ross a le courage de se sauver d'une plantation du Maryland, au moment où elle va être vendue, et parvient à rejoindre Philadelphie avec l'aide de quakers blancs abolitionnistes. Mais elle ne se contente pas de vivre dans cette Pennsylvanie qu'elle voit comme le paradis, elle retourne dans l'enfer esclavagiste pour sauver plusieurs membres de sa famille, puis des dizaines d'esclaves. Au cours de nombreuses expéditions, Harriet est une chefe de réseau – du Chemin de fer clandestin – avisée, déterminée, tandis que sa tête est mise à prix. Pendant la guerre de Sécession, elle est une précieuse auxiliaire pour le colonel Montgomery, au point que le fameux John Brown la nomme « général Tubman ». Ouvrant un asile pour les Noirs âgés ou indigents, celle qu'on surnomme la « Moïse du peuple noir » ne cesse de défendre les droits des Afro-Américains.

Ida Wells

1862-1931, États-Unis

Afro-Américaine, première présidente de la Negro Fellowship League, ligue pour l'égalité des droits civiques, en 1900.

Née dans une famille esclave, orpheline dès son adolescence, elle a la charge de ses cinq frères et sœurs. Elle les élève en étant institutrice et trouve l'énergie physique et spirituelle de créer un journal à Memphis. Elle interpelle directement le président McKinley sur un lynchage en Caroline du Sud, se faisant de la sorte de nombreux ennemis. Même ses amies suffragettes blanches n'osent pas toujours se mouiller pour l'égalité des Noirs. Ida est victime d'agressions racistes et ses bureaux sont détruits. Elle continue pourtant à prononcer des discours et à tenir des meetings contre le lynchage à travers tous les États-Unis et même en Europe, où elle organise des campagnes de solidarité. À la veille de sa mort, elle marche à la tête d'un groupe de manifestants contre le règlement ségrégationniste d'un grand hôtel de Chicago.

Ella Reeve Bloor

1862-1951, États-Unis

Surnommée « la mère Bloor ». Américaine blanche, leadeuse d'une organisation ouvrière, militante pour les droits des femmes et des Noirs, pour la paix et le socialisme.

Membre du parti socialiste dès sa fondation, elle en gravit tous les échelons. Excellente oratrice, elle soutient les conducteurs de tramway en grève à Philadelphie, les mineurs, les métayers et les ouvrières du textile. Elle conduit la délégation américaine à la Conférence internationale des femmes à Paris en 1934. Elle soutient fermement le mouvement de libération des Noirs.

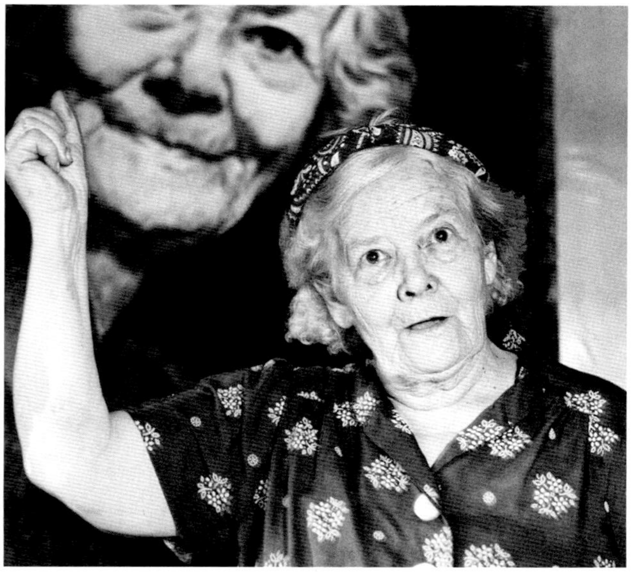

Ella Reeve Bloor.

Anita Whitney

1867-1955, États-Unis

Pionnière de la lutte contre le racisme, selon Angela Davis.
D'origine bourgeoise, Blanche, Anita commence par des œuvres de bienfaisance, milite pour le vote des femmes, adhère à la Ligue pour l'égalité et en devient présidente. En 1914, elle adhère au parti socialiste et en 1919 au parti communiste des travailleurs, ce qui l'expose à la « chasse aux sorcières ». Le 28 novembre 1919, prenant courageusement la parole lors d'un meeting interdit à Oakland, elle appelle à lutter contre le lynchage des Noirs accusés de viol. Arrêtée, elle est inculpée pour « syndicalisme criminel ». En 1936, elle devient secrétaire générale du parti communiste de l'État de Californie, puis membre du Comité central.

Mary Bethune McLeod

1878-1955, États-Unis

Afro-Américaine, bienfaitrice de sa communauté.
Née de parents esclaves, elle a la chance de suivre des études et d'être diplômée du Mooby Bible Institute of Chicago en 1895. Elle pense que seule une bonne éducation donnée à tous ses frères et sœurs de race peut leur permettre d'évoluer positivement. Or la plupart des écoles sont réservées aux Blancs. En 1904, elle ouvre donc un institut pour les jeunes filles noires à Dayton, où les élèves affluent par centaines. L'établissement devient mixte en 1923.
Devant ce succès, on fait appel à ses compétences à l'administration de la Jeunesse. Mary participe à la création du Conseil national des femmes noires en 1937 et en devient la présidente. Par des méthodes douces, elle a considérablement amélioré le niveau de reconnaissance sociale des Noirs.

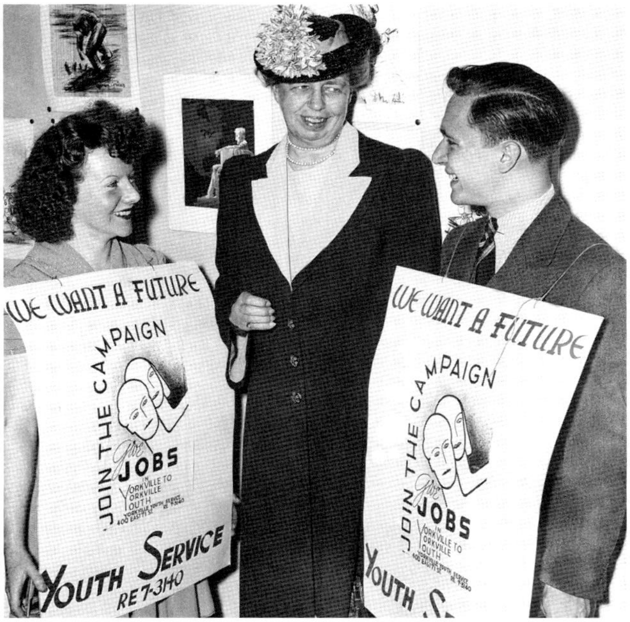

Eleanor Roosevelt se rend dans un centre d'aide pour l'emploi des jeunes, à New York, le 28 mai 1940.

Eleanor Roosevelt

1884-1962, États-Unis

Déléguée américaine auprès de l'ONU en 1945.
Certes, elle est l'épouse de Franklin Roosevelt, président des États-Unis, dévouée à l'ascension de son mari et à l'éducation de ses cinq enfants. Mais, à partir de 1929, elle prend une véritable indépendance pour s'engager en son nom personnel dans la lutte féministe, à la Ligue des électrices et à la Ligue des syndicats féminins. Elle est aussi fermement engagée dans le Mouvement pour les droits civiques, contre le racisme, contre le chômage, pour l'enfance déshéritée et pour la paix. Elle s'impose par son dynamisme et met en branle tous les médias. En 1941, pendant la guerre, elle est nommée directrice adjointe à la Défense civile. Elle joue également un rôle dans la création de l'ONU : en 1948, c'est elle qui fait signer, à Paris, la Déclaration universelle qui pose le principe qu'aucune discrimination ne doit exister selon le sexe ou la race : « tous les êtres humains naissent libres et égaux en dignité et en droits ».

Rosa Parks

1913-2005, États-Unis

Noire américaine, secrétaire de la National Association for the Advancement of Coloured People (NAACP), « la mère du mouvement des droits civiques ».

Le 1er décembre 1955, à Montgomery, dans l'Alabama, cette couturière refuse de céder sa place dans le bus à un passager blanc, comme la loi l'exige. La police l'arrête et lui inflige une amende de 10 dollars. S'ensuit une gigantesque campagne de protestation lancée par Martin Luther King. La veille du procès de la jeune femme, 35 000 tracts invitent les Noirs au boycott des bus.

Pendant 381 jours, aucun d'eux ne prend plus le bus : ils vont à pied ou certains taxis les transportent pour le prix d'un ticket de bus. Scandale international, manque à gagner : la Cour suprême finit par casser les lois ségrégationnistes dans les bus, en les déclarant anticonstitutionnelles.

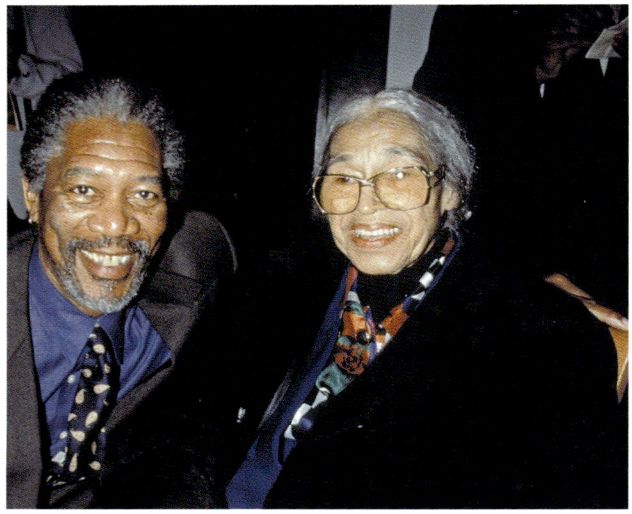

Rosa Parks avec l'acteur américain Morgan Freeman.

Dulcie September

1935-1988, Afrique du Sud

Représentante de l'African National Congress (ANC). Métisse, elle est obligée, dans sa ville du Cap, de vivre dans un quartier réservé aux non-Blancs.

Son père est instituteur ; après avoir travaillé en usine, elle suit sa voie et enseigne. Mais tout bascule en 1960, lorsqu'elle apprend le tristement célèbre massacre de Sharpville : soixante-neuf hommes, femmes et enfants noirs désarmés ont été tués par la police. Elle décide alors de s'engager dans la lutte pour les droits civiques et y consacre sa vie.

Avec d'autres militants, elle fonde le NLF (National Liberation Front), qui ne recule pas devant la lutte armée pour anéantir l'Apartheid. Elle est condamnée à cinq ans d'emprisonnement, puis à cinq ans de résidence surveillée, jusqu'en 1973.

Exilée un temps à Londres, puis en Zambie, à Lusaka, elle rejoint les rangs de l'ANC, parti dirigé par Nelson Mandela, qui la nomme représentante pour la France, la Suisse et le Luxembourg. Extrêmement sensible, totalement déterminée, Dulcie sait faire partager l'horreur de l'Apartheid et convaincre de la justesse et de l'urgence du combat. Elle est assassinée à Paris en 1988, devant son bureau, dans le Xe arrondissement. L'enquête de police n'aboutit pas ; pourtant un mercenaire français semble bien être impliqué dans le commerce d'armes entre Paris et Pretoria. Elle gênait. Des milliers de personnes suivent ses obsèques. Une rue de Paris porte son nom.

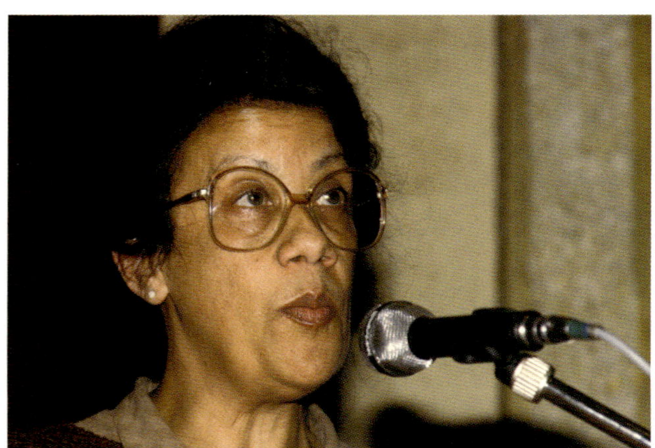

Angela Davis

née en 1943, États-Unis

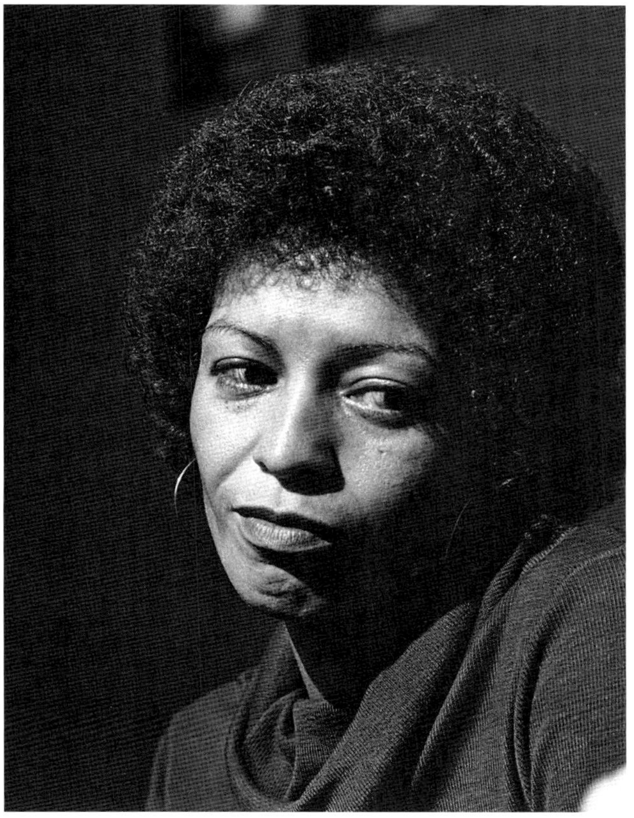

Afro-Américaine, militante des Panthères noires, symbole de la lutte des Noirs, des femmes et des anticapitalistes.

Originaire de Birmingham en Alabama, État ségrégationniste, elle écoute les récits de sa grand-mère dont les parents furent esclaves dans une plantation sudiste. Elle parachève ses études supérieures en Europe. Aux États-Unis, les jeunes Noirs décident d'agir hors des moyens pacifistes de la génération de Martin Luther King. Angela Davis rejoint le Black Power, soutient sa thèse et s'inscrit au parti communiste en 1968. Ronald Reagan en profite pour la faire renvoyer de sa chaire de professeure à l'université de Californie. En 1970, elle soutient les Black Panthers, même si elle n'est pas d'accord avec leurs moyens d'action violents. Elle crée un comité de soutien aux Frères de Soledad et réussit à soulever un mouvement de masse. Lorsqu'un jeune Noir, désespéré, tente une prise d'otages qui se solde par des morts, elle est aussitôt accusée de complicité. Elle est poursuivie comme l'« un des dix criminels les plus recherchés par le FBI » pour « meurtre, kidnapping et conspiration », et risque la peine de mort. Arrêtée, elle est d'abord emprisonnée au quartier des malades mentales puis dans différentes prisons. Elle devient une figure connue et soutenue internationalement. Son visage, sa coiffure « afro » apparaissent souvent sur les murs des grandes villes. À Paris, une des manifestations pour son soutien réunit 100 000 personnes. Après une intelligente défense, où elle accuse le système discriminatoire américain, elle est enfin acquittée en juin 1972 par un jury uniquement composé de Blancs. Elle devient une figure phare de la lutte contre la guerre du Viêtnam. En 1977, elle publie *Les Rapports entre le racisme et l'oppression des femmes*. En 1980 et 1984, elle est candidate à la vice-présidence des États-Unis. Membre du Comité central du parti communiste, elle est écartée de la direction en 1991, car elle s'oppose au stalinisme qui règne au plus haut niveau. Mariée, professeure d'histoire de la conscience à l'université de Californie, elle ne cesse pas le combat, continuant à publier des livres qui appellent à lutter conjointement contre le racisme, le sexisme et le capitalisme.

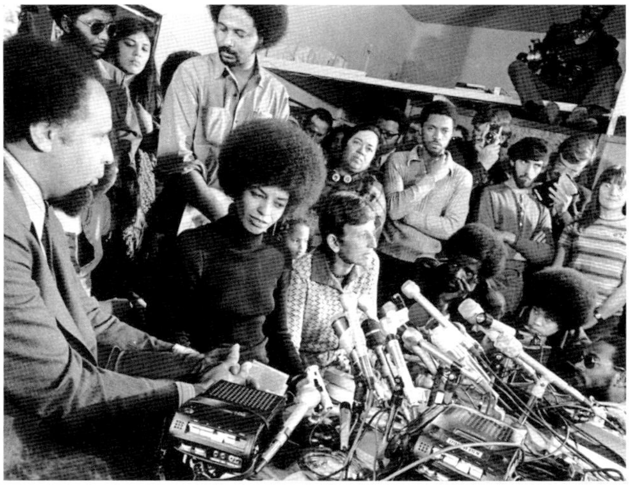

Angela Davis donnant une conférence de presse lors de son procès à San Jose en Californie, le 12 avril 1972. Elle est accusée d'avoir activement participé au combat pour la libération des frères Jackson et sera acquittée en juin de cette même année.

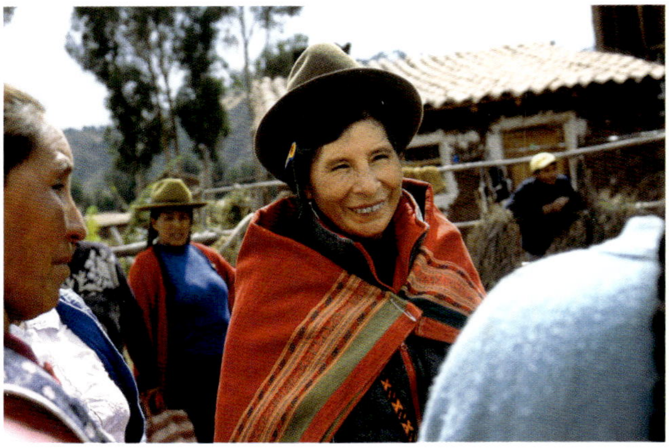

Hilaria Supa Huamán

née en 1958, Pérou

Péruvienne quechua, à la tête du Comité des femmes stérilisées d'Anta.
Dès 1997, Hilaria, dirigeante paysanne de la région de Cuzco, proteste contre la stérilisation forcée dont elle a été victime. Entre 1995 et 2000, 331 000 Péruviennes, pour la plupart des Indiennes, ont subi une ligature des trompes. Soit elles n'ont pas compris l'opération, soit on leur a promis de l'argent, soit on les a attachées et anesthésiées de force. La consigne vient du gouvernement, sous l'influence des États-Unis. Sous couvert de planification des naissances, il s'agit d'un nettoyage ethnique. Les Indiennes comprennent vite leur nouveau destin : plus d'enfants, des douleurs qui les gênent pour travailler, et des maris qui les accusent, les jugeant inutiles. En 2001, Hilaria réussit à grouper une douzaine de paysannes, les engage à porter plainte et organise une marche jusqu'à Lima, malgré les pressions et les menaces de mort. Elles exigent une condamnation officielle de l'État, la possibilité d'être soignées (elles sont trop pauvres pour être suivies par des médecins), et des compensations pour avoir été traitées « comme des animaux ». L'association prend de l'ampleur et Hilaria Supa Huamán, devenue membre du Parlement péruvien, est décidée à plaider la cause des Péruviennes devant les tribunaux internationaux.

Juana Rosa Calfunao Paillalef

née en 1958, Chili

Dirigeante mapuche.
Les Mapuches, aborigènes du Chili, sont en voie de disparition : 1 800 000 personnes en 1870, 360 000 vingt ans plus tard. Juana est *lonko* (chef traditionnel) d'une des communautés mapuches et se bat avec ses condisciples contre les discriminations, la déforestation, les décharges sauvages qui contaminent le sol des malheureuses réserves où ils sont parqués. Pour toute réponse, elle est condamnée en 2006 à une peine de prison ferme au motif qu'elle a détruit un dossier d'instruction.

Rigoberta Menchú Tum

née en 1960, Guatemala

Prix Nobel de la paix en 1992.
Née dans une communauté maya terriblement pauvre, elle a travaillé dès l'âge de cinq ans. En 1967, et souvent ensuite, les militaires envahissent son village, violent, tuent, chassent de leurs maisons les indi-

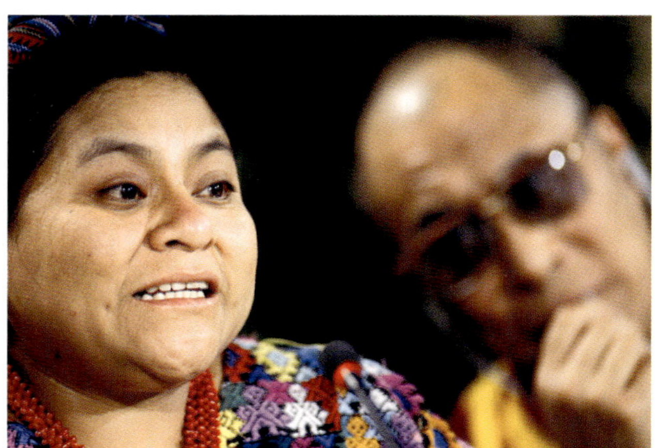

Rigoberta Menchú Tum et le dalaï-lama, Vienne, 1993.

gènes qui organisent leur défense avec des « armes populaires : machettes, bâtons, pioches, pierres ». La jeune fille et sa famille vivent l'horreur. Son père meurt brûlé. Son frère de seize ans est exposé aux yeux des villageois (avec la plante des pieds, les doigts, les testicules et les joues arrachés) avant d'être arrosé d'essence. Sa mère, violée et mutilée, agonise pendant des jours devant les siens, les plaies rongées par les vers. D'une énergie et d'une intelligence rares, elle comprend qu'il faut s'unir entre les vingt-deux ethnies souvent opposées, et avec les plus pauvres des Latinos, les métis. Elle sait trouver les mots, organiser la résistance, et devient une véritable leadeuse au sein du CUC (Comité de Unidad Campesina, « Comité d'union paysanne »). En 1980, elle est une meneuse de la grève de 80 000 paysans, qui apprennent à faire des cocktails Molotov avec des bouteilles de limonade et auxquels l'armée répond en bombardant des villages entiers. Elle lutte avec les chrétiens révolutionnaires, organisation qui s'est donné le nom de son père, « Vicente Menchú ». La Bible est pour elle « une arme essentielle », qui permet d'opter pour une « violence juste ». Bien qu'elle pense que le machisme est une « maladie commune » à laquelle on ne peut guère remédier, elle dédie son prix Nobel « aux femmes indigènes du monde », et ajoute : « Le prix Nobel appartient au peuple guatémaltèque, aux victimes de la répression, de l'impunité. Il appartient aux femmes qui n'ont jamais eu la parole. » Grâce à ce prix, elle crée la Fondation « Initiative indigène pour la paix », qui veut une « éthique mondiale ». Elle réussit à faire vivre une chaîne de Farmacias Similares, une centaine de pharmacies qui vendent des médicaments génériques, indispensables aux malades pauvres. Elle voudrait aussi que les auteurs des crimes de la guerre civile (plus de 200 000 morts et disparus) soient jugés par un tribunal pénal. Candidate à l'élection présidentielle en 2007, elle axe son programme sur la lutte contre la « dénutrition chronique de 79 % des enfants indigènes ». Mais son score est si faible qu'elle n'est pas présente au second tour.

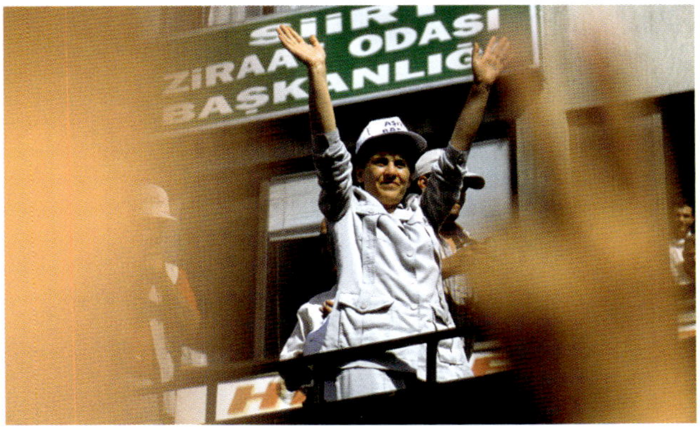

La foule se presse autour de Leyla Zana, en juin 2004, à Slirt, en Turquie, pour acclamer son retour.

Leyla Zana

née en 1961, Turquie

Kurde, prix Sakharov en 1995.

Lorsque son époux est condamné à trente-cinq ans d'emprisonnement, elle fonde une association des femmes, mères et épouses de prisonniers politiques. Elle est gardée à vue et torturée. Illettrée, elle étudie, écrit dans la presse, puis fonde un journal (qui est interdit) dans lequel elle ose dévoiler les tortures et les viols commis contre les femmes kurdes, en particulier dans les prisons. En 1991, elle devient la première femme kurde élue au Parlement turc. Pour prêter serment, elle parle en turc, puis déclare en kurde : « Je me battrai pour que le peuple kurde et le peuple turc puissent vivre ensemble en paix dans la démocratie. » Elle est condamnée à quinze ans de prison, avec trois autres députés kurdes. Sa force de conviction et son extraordinaire courage soulèvent une immense popularité dans son pays et une solidarité internationale. En 2001, la Cour européenne des Droits de l'homme condamne la Turquie pour procès inéquitable. Elle devient embarrassante pour le gouvernement turc qui veut la libérer pour raisons de santé. Elle refuse de sortir sans ses camarades. Après dix ans d'emprisonnement, elle est libérée en juin 2004, avec les trois autres parlementaires. Leyla Zana a été proposée pour le prix Nobel de la paix.

Édith Cavell

1865-1915, Belgique

D'origine anglaise, elle crée une école d'infirmières en 1907, à Bruxelles, où elle enseigne selon les méthodes de Florence Nightingale.

En 1914, lorsque l'armée allemande envahit la Belgique, l'école devient un hôpital de la Croix-Rouge. Édith Cavell refuse de livrer les jeunes hommes mobilisables aux Allemands et les aide à fuir lorsqu'ils sont insoumis. Elle fait ainsi passer la frontière franco-belge, vers la Hollande, à plus de cent vingt soldats. Arrêtée en août 1915, elle est fusillée pour cet acte de courage.

Bertie Albrecht

1893-1943, Suisse/France

Codirigeante d'un réseau de Résistance de 1941 à 1943 et féministe.

Infirmière de la Croix-Rouge pendant la Première Guerre mondiale, elle fréquente la Ligue mondiale pour la réforme sexuelle, qui veut « libérer l'esprit et le corps humain des préjugés qui les oppriment ». Elle se rapproche du parti communiste et travaille à la Ligue des droits de l'homme. Devenue surintendante d'usine, elle crée un service social. À partir de juin 1940, elle organise un réseau d'aide aux prisonniers évadés et les fait passer en zone libre. Avec son ami Henri Frenay, elle crée le mouvement Combat et dirige clandestinement le journal du même nom. Elle obtient de nombreux renseignements sur le matériel de guerre allemand. Arrêtée, elle se pend dans sa cellule de la prison de Fresnes pour ne risquer aucune révélation qui aurait pu nuire aux compagnons. Elle est une des six femmes « Compagnes de la libération ».

Danielle Casanova

1909-1943, France

Résistante communiste et féministe.

En 1928, elle adhère aux Jeunesses communistes, et fonde l'Union des jeunes filles de France en 1936, dans une perspective féministe. Elle collabore à des journaux clandestins et fonde *La Voix des femmes*. Elle dirige les comités populaires féminins de la Résistance. Arrêtée en février 1942, déportée à Auschwitz le 24 janvier 1943, Danielle, en tant que dentiste, soigne les déportés ; elle en profite pour dérober médicaments et lainages qu'elle redistribue, va voir toutes les femmes et tente de les réconforter. Elle réussit le tour de force de faire passer à l'extérieur un document décrivant les horreurs du camp – cette note aboutira à la BBC et à Radio Moscou. Victime du typhus, elle décède à Auschwitz le 9 mai 1943. Elle a été faite présidente d'honneur de l'Union des femmes françaises ; des rues et des écoles portent son nom.

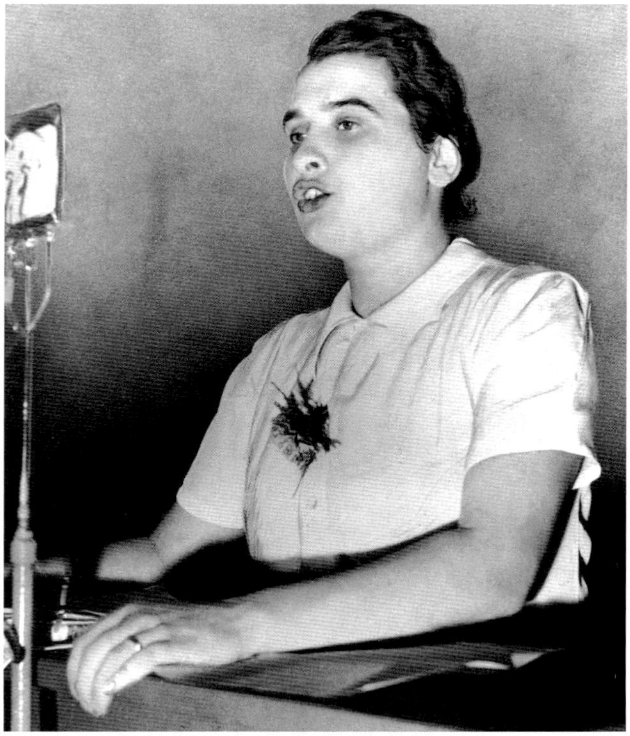

Danielle Casanova, en plein discours, vers 1933.

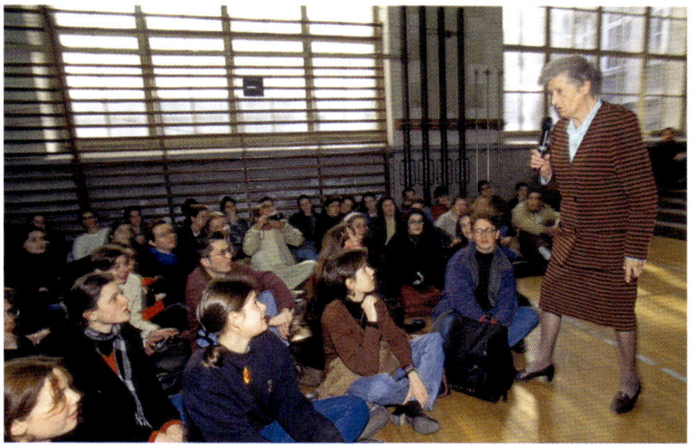

Lucie Aubrac donnant une conférence devant des lycéens, 1997.

Lucie Aubrac

1912-2007, France

Rare résistante à s'être battue mitraillette au poing. Aubrac est le nom de guerre de son mari, Raymond Samuel. Quand il est fait prisonnier à Lyon, elle prend la tête d'un petit bataillon de corps francs et attaque le fourgon qui transporte douze partisans (dont Raymond), lesquels sont tous libérés. Elle est alors enceinte de cinq mois et accouchera quatre jours après son arrivée à Londres. Lucie a des fonctions de direction dans le réseau « Libération ». Après la guerre, elle continue sans relâche à combattre contre les injustices, militante des droits humains, pour la paix et les libertés, et soutient que « l'occupant d'aujourd'hui n'a pas d'uniforme, c'est le financiarisme ».

Geneviève de Gaulle-Antonioz

1920-2002, France

Résistante, dirigeante d'ATD quart-monde, première femme à recevoir la dignité de grand croix de la Légion d'honneur en 1998.

Elle décide d'entrer en résistance avant même que son oncle, le général de Gaulle, ait lancé son fameux appel le 18 juin 1940. Elle fait partie à la fois des réseaux « Défense de la France » et « Musée de l'homme ». Elle est arrêtée en 1943 et déportée à Ravensbrück. Présidente de l'Association des déportées et internées de la Résistance, elle témoigne des camps au procès de Nuremberg et à celui de Klaus Barbie. Elle publie un petit livre fulgurant, *La Traversée de la nuit*, où elle parvient à opposer à la haine meurtrière des SS l'absolu de sa générosité chrétienne. En 1958, elle rejoint le père Wresinski qui a fondé ATD (aide à toute détresse) quart-monde et prendra sa place à la tête de ce mouvement. Il n'est plus question seulement de charité, mais d'exiger que tout être humain puisse vivre dignement.

Sophie Scholl

1921-1943, Allemagne

Militante antinazie, décapitée à l'âge de vingt-deux ans. En 1942, avec quelques camarades, Sophie et son frère envoient par la poste une centaine de lettres signées « Rose blanche », appelant les Allemands à la résistance passive. Ils envoient ainsi cinq missives, tirées jusqu'à plusieurs milliers d'exemplaires. Ils dénoncent le massacre des Juifs en Pologne. Puis ils distribuent des tracts dans la gare de Munich et au sein de l'université où ils sont étudiants en philosophie. Le concierge les dénonce. Arrêtés par la Gestapo, ils sont immédiatement condamnés à mort, pour « faits de haute trahison, propagande subversive, complicité avec l'ennemi et démoralisation des forces militaires ». Ils sont exécutés. Aujourd'hui, le rôle de Sophie Scholl est reconnu : son buste trône à l'université de Munich et un timbre a été tiré à son effigie.

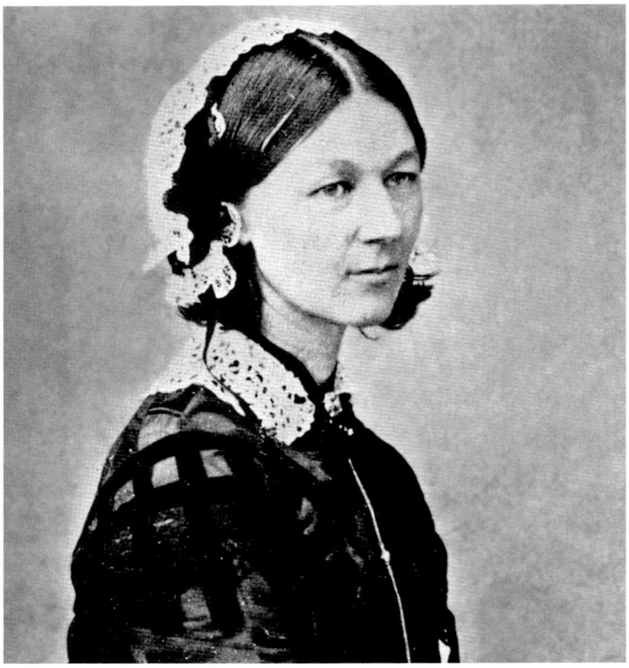

Florence Nightingale

1820-1910, Angleterre

Grande infirmière et statisticienne reconnue. Première femme à recevoir l'ordre du Mérite britannique en 1907.

Elle soulève l'indignation de sa famille aristocratique quand elle annonce qu'elle veut être infirmière. Florence est convaincue qu'une femme qui se voue à une mission humanitaire doit renoncer au mariage. En 1854, elle s'illustre sur le front de la guerre de Crimée, soignant les blessés avec dévouement, déterminant les causes de mortalité (les conditions sanitaires) et les présentant sous forme de diagrammes circulaires, très convaincants, grâce à son niveau en mathématiques et statistiques (compétence supposée masculine). En 1858, elle est la première femme élue membre de la Royal Statistical Society. En 1860, à l'hôpital St. Thomas de Londres, elle ouvre le premier lieu de formation pour les femmes qui souhaitent faire carrière dans le domaine de la santé, transformant ainsi la « vocation féminine » de soignante en véritable profession. Un siècle plus tard, la NIGH (Initiative Nightingale pour une santé globale) présente à l'Assemblée générale des Nations unies deux résolutions : l'une instituant une Journée internationale des infirmières, le jour anniversaire de Florence, et une autre prévoyant une décennie pour un Monde en bonne santé. Au Canada, on choisit le jour de sa naissance, le 12 mai, pour en faire la Journée nationale de la santé. Portent son nom : un musée de Londres, un département universitaire en Angleterre, trois hôpitaux à Istanbul, une flotte d'évacuation médicale américaine, un avion de la compagnie KLM et même un relief de la planète Vénus...

Bertha von Suttner

1843-1914, Autriche

Première lauréate du prix Nobel de la paix en 1905. Son père, le comte Kinsky, meurt avant sa naissance et sa mère n'est qu'une roturière. S'ensuit une vie légèrement chaotique avec des hauts – elle fréquente la haute société –, des bas – elle imagine épouser un vieux riche pour s'en sortir – et des épisodes rocambolesques, comme son mariage secret avec le jeune fils du châtelain dont elle est dame de compagnie... et la voilà baronne von Suttner. Elle est également écrivaine, journaliste et secrétaire d'Alfred Nobel. Elle publie un récit pacifiste intitulé *Bas les armes*, qui est un best-seller à la fin du XIXe siècle. Elle fonde à Vienne une Union interparlementaire, une Société de la paix, puis une Association pour l'anti-antisémitisme. Elle va partout proclamer la « fraternisation entre les peuples », et réclamer la social-démocratie. Quand elle reçoit le prix Nobel (un hommage de son vieil ami Alfred), elle est pauvre et isolée. L'argent et la gloire la font repartir vers son combat pacifiste. La guerre approchant, elle écrit un ultime article : « La barbarisation de l'air ». Elle voit cette guerre de 1914 comme le « comble de la folie ».

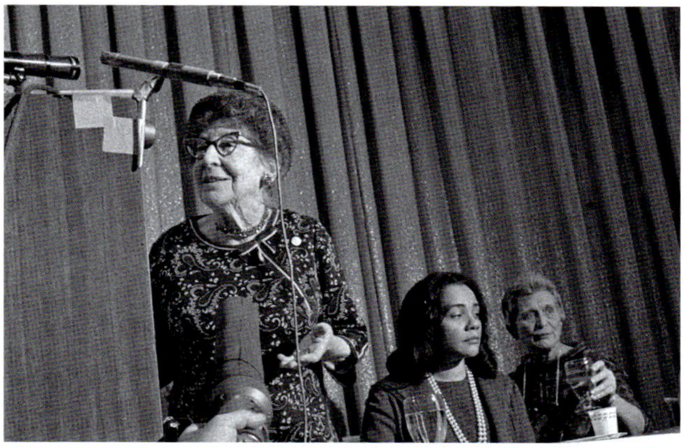

Jeannette Rankin, en 1968, lors de la marche des femmes sur Washington.

Jeannette Rankin

1880-1973, États-Unis

Originaire du Montana (État où les femmes obtiennent les droits civiques en 1914), elle est la première femme élue à la Chambre des représentants, en 1916. Pacifiste, elle crée la « Jeannette Rankin Brigade » pour protester contre les guerres, vote contre l'entrée en guerre des États-Unis pour la Première et la Seconde Guerre mondiale, et à l'âge de quatre-vingt-sept ans manifeste encore contre la guerre du Viêtnam.

Betty Williams

née en 1943, Irlande

Mayread Corrigan

née en 1944, Irlande

Prix Nobel de la paix en 1976.

Le 10 août 1976, deux jeunes enfants et un nouveau-né sont tués, et leur mère est grièvement blessée, par une voiture de terroristes de l'IRA prise en chasse par l'armée britannique. Betty Williams, vite rejointe par Mayread Corrigan, la tante des enfants tués, organise une marche pacifique de 20 000 manifestants, catholiques et protestants confondus. Un miracle, au milieu d'une guerre civile qui a déjà fait 1 600 victimes ? Il faut dire que 95 % des manifestants sont des femmes. « Qu'à partir d'aujourd'hui, déclare Betty, lors de la remise du prix Nobel, les femmes du monde entier persuadent leurs hommes de ne pas participer à la guerre, de ne plus travailler à un monde militarisé, mais pour un monde pacifique et sans violence. » Vœux pieux, sans assise politique ni féministe – élan sans lendemain. Très vite la direction du mouvement Peace People échappe aux femmes, qui se rangent derrière un journaliste, plus habile qu'elles. Mayread et Betty se contentent de courir le monde pour répondre aux invitations des médias, devenant la cible de toutes les critiques dans leur pays, essuyant des humiliations, des jets de pierre, des lettres de menace signées de sang. Le Comité Irlande considère que le Mouvement des femmes pour la paix est une duperie puisqu'il n'exige pas le retrait des troupes britanniques. « Le Mouvement de la paix a exploité une image fausse et mystificatrice de la femme irlandaise comme mère, protectrice et être apolitique. » Mayread et Betty sont incapables de s'entendre, et chacune d'elles garde sa part d'argent du Nobel, au lieu de penser à l'association ; Mayread continue à professer sa foi religieuse, tout en remarquant que « le christianisme est la secte qui a fait tuer le plus grand nombre d'hommes ».

Mayread Corrigan.

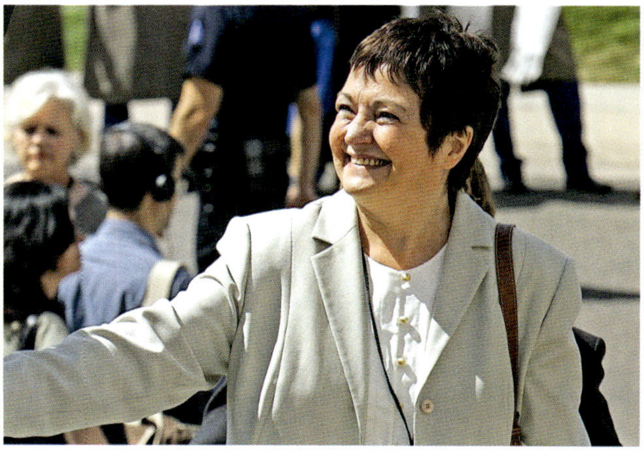

Michelle Montas

née en 1947, Haïti

Première femme porte-parole de l'ONU, nommée en janvier 2007 par le nouveau secrétaire général, Ban Ki-moon.
Elle a également été rédactrice en chef de l'unité francophone de la radio de l'ONU.

Jody Williams

née en 1950, États-Unis

Prix Nobel de la paix en 1997.
D'un côté, 100 millions de bombes stockées dans les arsenaux de plus de cent pays (surtout les États-Unis, la Chine, l'Inde, le Pakistan et l'Égypte) dont 3 à 5 millions sont disséminées chaque année et 110 millions sont déjà déposées, actives pendant dix ans. De l'autre côté, Jody Williams, militante de choc. Les forces en présence sont loin d'être équitables, la lutte contre les mines semble perdue d'avance. Pourtant, le 3 décembre 1997, à Ottawa, 122 États signent le traité d'interdiction des mines : interdiction de produire, de stocker, d'importer ou d'exporter, de faire usage de ce type de mines. Quelques jours plus tard, Jody Williams, coordinatrice de la campagne mondiale pour l'interdiction des mines terrestres antipersonnel, reçoit le prix Nobel. Depuis 1991, elle consacre sa vie à ce combat. Directrice d'organisations humanitaires au Salvador, au Honduras, au Nicaragua, elle alerte vigoureusement ses concitoyens sur « l'ampleur des dégâts de la politique américaine ». Elle défend la cause des enfants, mutilés, amputés parce qu'ils ont sauté sur une mine qu'ils ont prise pour un jouet, des femmes déchiquetées qui se vident de leur sang. Cette fonceuse prend la tête d'une campagne internationale contre les mines qui regroupe 1300 ONG, dans 75 pays. Elle porte des attaques politiques : « Le principal obstacle au traité est le président Clinton », accuse-t-elle. Et quinze généraux américains, dont le commandant de l'opération Tempête du désert, continuent d'affirmer que les mines ont une utilité militaire minime. Le traité d'Ottawa a pris effet en 1999, mais les BASM (bombes à sous-munitions) ne cessent de faire des handicapés à vie. Et même si tous les pays s'entendaient pour ne plus déposer ces mines, à partir d'aujourd'hui, il faudrait tout le IIIe millénaire et 33 milliards de dollars pour nettoyer la planète… En 2008, Jody dénonce aussi le viol comme arme de guerre, notamment dans les conflits ethniques au Darfour et en Birmanie.

Luz Mendez

née en 1954, Guatemala

Présidente du Conseil de l'Union nationale des femmes guatémaltèques.
Pendant trente-cinq ans, le Guatemala a été déchiré par une guerre civile entre militants procastristes et paramilitaires d'extrême droite : en 1991, Luz est la seule femme parmi les négociateurs de la paix qui met fin à ces conflits. Féministe, en même temps que pacifiste, elle réussit à faire intégrer les droits des femmes dans les accords de paix. À partir de 1996, Luz Mendez relance les activités de l'Union des femmes guatémaltèques, mises en sommeil pendant la guerre. Les violences faites aux femmes sont loin d'être prises en compte au Guatemala. Depuis 2001, plus de deux mille femmes et jeunes filles ont été enlevées, torturées, violées, tuées. Un « féminicide », proche de celui qui sévit impunément au Mexique (et contre lequel Luz Estela Castro se bat). Par ailleurs, Luz Mendez s'implique, avec le Fonds global pour les femmes, dans les processus de paix au Burundi, en Irak, en Colombie, en Israël et dans les territoires palestiniens.

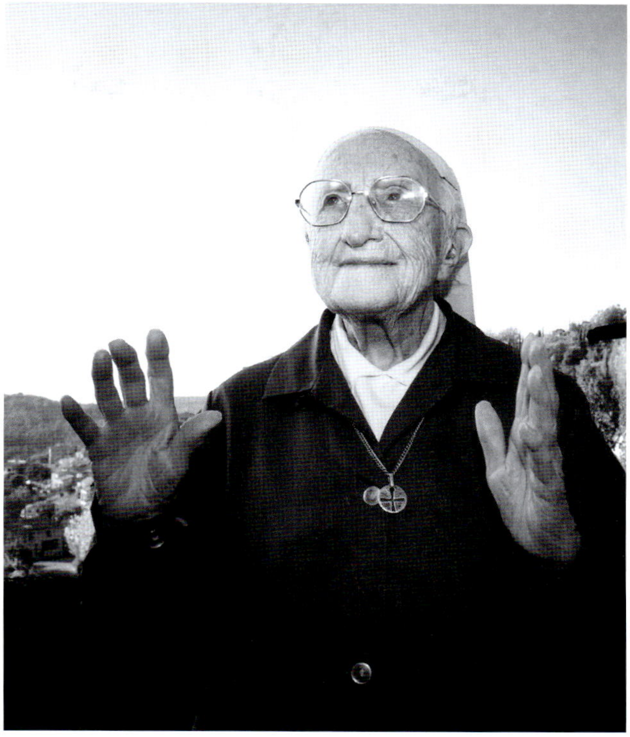

Sœur Emmanuelle dans les années 1990.

Soeur Emmanuelle

1908-2008, Belgique/Égypte

Religieuse très connue pour son dévouement.
À six ans, Marie-Madeleine Cinquin voit son père se noyer sous ses yeux. Prise d'un « désir éperdu de sauver », elle fait des études de sciences philosophiques et religieuses et prononce ses vœux au sein de la congrégation de Notre-Dame-de-Sion en 1931. Elle devient professeure et peut enseigner en Turquie, en Tunisie et en Égypte. À partir de 1971, elle décide de « rompre avec toute espèce de privilège », vit au Caire où elle tente d'améliorer les conditions de vie des chiffonniers du bidonville du Mokattam. En butte à la ségrégation établie par les Cairotes musulmans, ces chrétiens survivent en triant des ordures et en élevant des cochons. À force de courage, elle réussit à faire construire pour ces indigents des maisons, des écoles, des ateliers et une maternité. Sa force de conviction est contagieuse : son Association, créée en 1980 (Asmae), aide près de 70 000 enfants dans le monde grâce aux dons qu'elle sait susciter. Elle-même exporte son œuvre : elle crée la même dynamique en allant vivre au Soudan, au Liban, au Sénégal, aux Philippines. Elle soutient que la véritable ordure est « le cœur de l'homme quand il est dur ». En 2008, la France la décore de la Légion d'honneur.

Mère Teresa

1910-1997, Albanie/Inde

Religieuse, prix Nobel de la paix en 1979.
À dix-huit ans, Agnes Gonxhe Bojaxhiu est religieuse postulante à Dublin, puis accomplit son noviciat à Darjeeling. À Calcutta, elle est directrice d'une école supérieure de religieuses. Mais elle veut consacrer sa vie aux pauvres. Il lui faudra deux ans pour obtenir l'autorisation du Saint-Siège de travailler hors du couvent. En 1948, elle œuvre dans le bidonville de Moti Jheel, qui regroupe un million de sans-abri. Ce qui lui est particulièrement intolérable, c'est

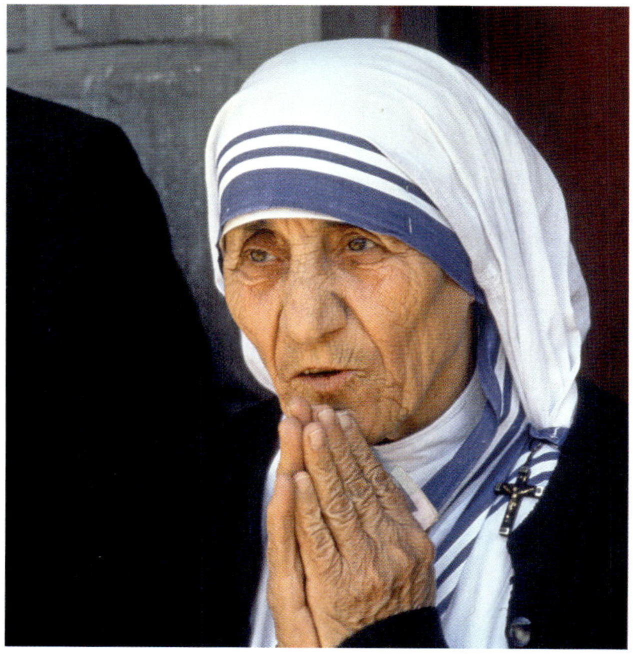

Mère Teresa en Éthiopie, 1990.

de voir les agonisants dans les caniveaux, enjambés par les vivants. En 1952, elle ouvre Nirmal Hriday, la première maison pour les mourants. Elle fonde sa congrégation des Missionnaires de la charité. En 1995, elle intervient à la Conférence internationale des femmes à Pékin : « La maternité est un don de Dieu aux femmes. » Si les femmes refusent d'être enceintes et veulent travailler à l'extérieur du foyer, c'est dangereux pour la société, soutient-elle. Elle recueille les enfants orphelins, ouvre un centre de soins aux lépreux, puis tente de soulager les malades du sida. Trois cent vingt communautés de son ordre se créent à travers le monde. On l'appelle « la sainte des bas-fonds ». Elle est comblée d'honneurs et couverte de décorations : en 1971, le pape lui remet le prix de la Paix et elle reçoit le prix John Kennedy pour l'humanité ; en 1972, le prix Nehru pour la compréhension internationale ; en 1975, le prix Albert Schweitzer ; en 1979, le prix Nobel de la paix. En 1985, le secrétaire général des Nations unies la présente comme « la femme la plus puissante du monde ». Le pape Jean-Paul II la béatifie en 2003.

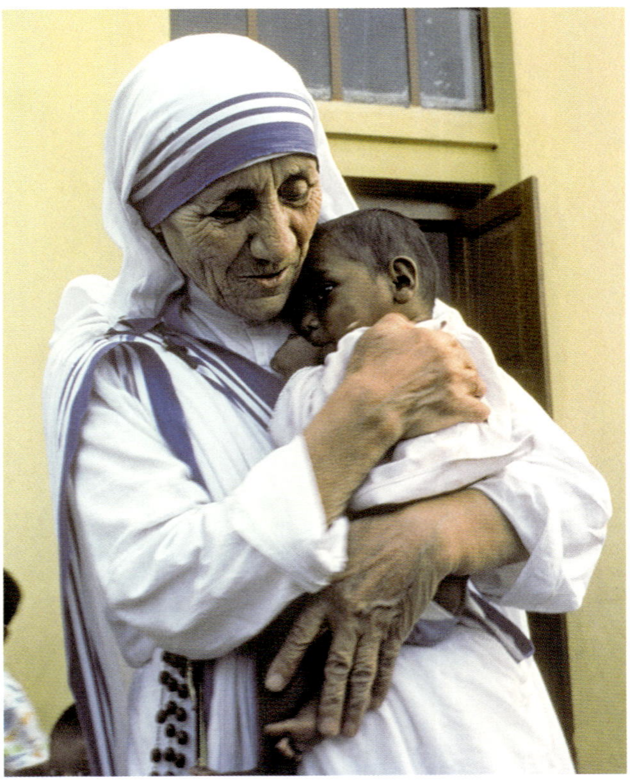

Brigitte Vasset

née en 1952, France

Médecin, coordinatrice d'urgence de Médecins sans frontière ; prix Nobel de la paix en 1999.

Lorsqu'on voit des humains décharnés mourir auprès de soi, des enfants emportés par des ruisseaux en crue, des hommes se battant pour manger, il faut agir, pense-t-elle. Armée de son diplôme de médecin, spécialisée en médecine tropicale, elle effectue en 1979 sa première mission au Tchad pour MSF ; en 1985, elle part en Éthiopie, et l'année suivante elle devient permanente à MSF, puis directrice des programmes de 1989 à 1992, directrice des opérations jusqu'en 1998, et à partir de 1999 coordinatrice d'urgence. À la tête de MSF, elle a en charge plus de 5 000 salariés et doit gérer plus de 117 millions d'euros par an. Elle reçoit le Nobel lors d'un retour de Géorgie. Elle attaque les responsables français sur leur apathie (le mot est très faible) face aux horreurs perpétrées au Rwanda, au Kosovo et en Tchétchénie.

Muta Wangari Maathai

née en 1940, Kenya

Première Africaine à recevoir le prix Nobel de la paix, en 2004.

En 1964, elle est la première femme d'Afrique de l'Est à obtenir son baccalauréat. Très bonne élève, elle obtient une bourse pour étudier aux États-Unis. Là, elle prend conscience de l'importance de la nature pour tous les individus et de l'urgence de la situation des femmes. Elle ne perd jamais de vue ces deux questions quand elle enseigne à l'université de Nairobi en 1977. Face à un gouvernement kenyan corrompu, elle est harcelée, calomniée, battue et emprisonnée dans les années 1970 et 1980. Mais

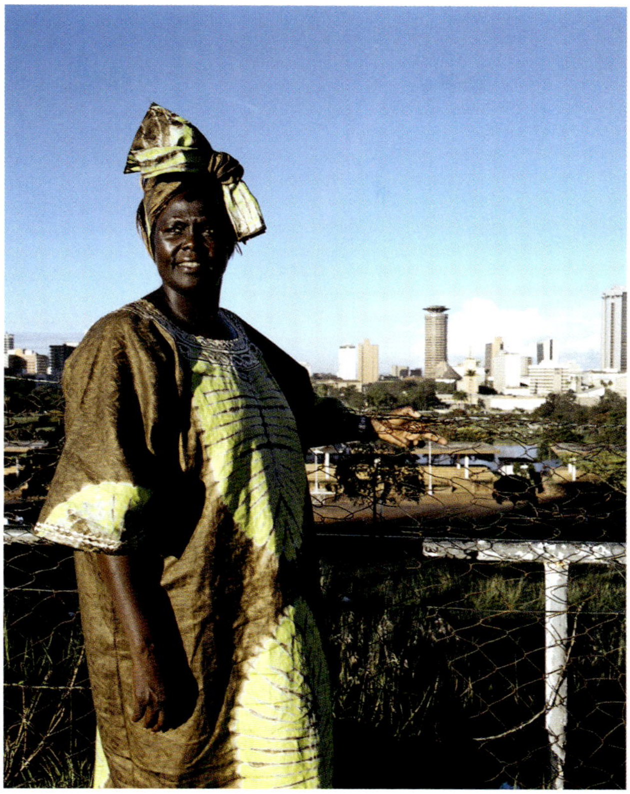

elle tient bon : « L'État croit qu'en me menaçant et en me frappant, il peut me réduire au silence. Mais j'ai une peau d'éléphant. Et il faut bien que quelqu'un parle haut et fort. » Ce n'est pas au goût de son mari, qui la trouve « trop éduquée, trop forte, trop têtue et trop difficile à contrôler ». (Et trop difficile à satisfaire sexuellement, ce pourquoi elle prend un amant et gagne le procès que son mari lui intente pour adultère ! Le couple divorce.)
En 2002, cette militante écologiste et féministe devient députée, et en 2003 elle est nommée ministre adjointe de l'Environnement. Depuis une bonne trentaine d'années, elle se bat contre la déforestation avec Green Belt Movement. Ainsi, 30 millions d'arbres ont été plantés par un réseau de 130 000 femmes. Enthousiasmées, les Kenyanes ont couru planter des arbres, là où ou les autorités voulaient bétonner. Le combat de Wangari pour la biodiversité permet de sauver des emplois et de valoriser l'image de la femme dans la société. Ses méthodes sont exportées en Tanzanie, en Ouganda, au Malawi, en Éthiopie et au Zimbabwe. « La mère des arbres » est honorée par quatorze distinctions internationales et le prix Nobel alternatif. Dans son discours de réception du grand prix Nobel, elle dénonce l'excision, « ces traditions rétrogrades en voie d'abandon », chez les Kikuyus, son ethnie d'origine – aboutissement d'une longue réflexion, car elle avait d'abord soutenu : « Cette pratique [est] au cœur de notre identité. » Les jurés sont impressionnés, car « elle pense au niveau mondial et agit sur le plan local ».

Vandana Shiva

née en 1952, Inde

Physicienne, pionnière de l'écoféminisme, lauréate du prix Nobel alternatif en 1993.
Docteure en philosophie des sciences, épistémologue et altermondialiste. Elle dirige Navdanya, fondation qui lutte contre le brevetage du vivant. Pour préserver la biodiversité, elle conserve dans une

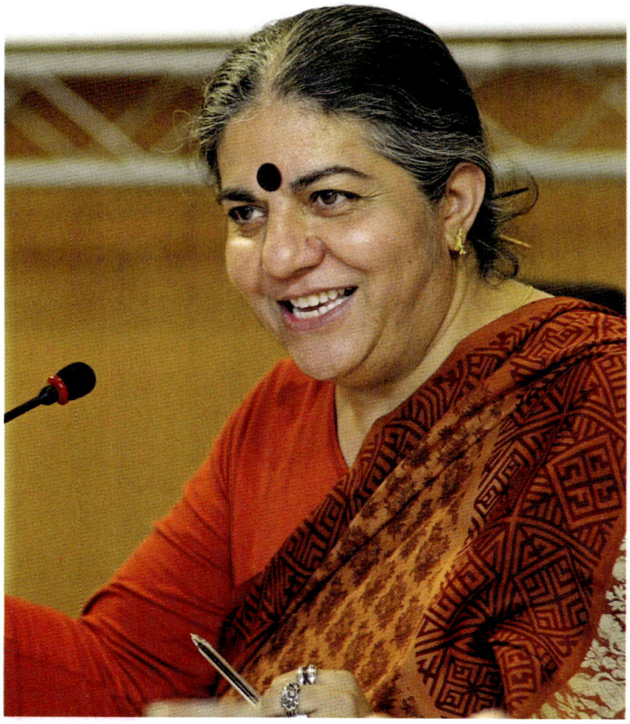

banque des semences qui ont déjà permis à plus de dix mille fermiers indiens, pakistanais, tibétains, népalais et bangladais de pratiquer une agriculture « organique ». De cette façon, elle se bat contre la biopiraterie, l'appropriation des ressources universelles par les firmes agro-chimiques multinationales. La plus nuisible est Monsanto, qui déverse des herbicides hautement toxiques. « En contrôlant les semences, Monsanto contrôle la nourriture. Plus puissant que les armes, c'est le meilleur moyen de contrôler les populations du monde », écrit-elle dans son livre *Le terrorisme alimentaire ; comment les multinationales affament le tiers-monde*. Les dons pour la reconstruction de l'après-tsunami servent en fait à la reconstitution des élevages intensifs de crevettes destinées à l'exportation, accuse-t-elle. Or, ce sont justement ces installations qui ont contribué à aggraver le désastre du tsunami en détruisant les mangroves, protection naturelle de la côte. Elle appelle au boycott des crevettes de la région.

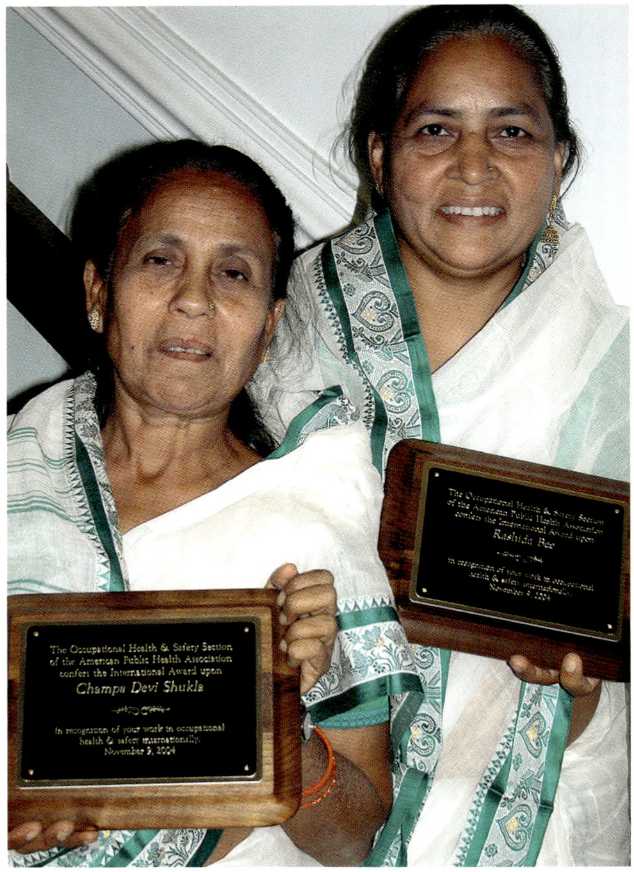

Champa Devi et Rashida Bee, survivantes de la catastrophe de Bhopal.

Champa Devi

née en 1952, Inde

Rashida Bee

née en 1956, Inde

Militantes d'une campagne internationale pour la justice à Bhopal ; elles reçoivent le Goldman Environnemental Prize en 2004.

En décembre 1984, une catastrophe écologique sans précédent se produit en Inde : l'usine de pesticides Union Carbride laisse échapper 40 tonnes de gaz toxiques, faisant 20 000 morts et 500 000 personnes contaminées. Les nappes phréatiques contiennent des métaux lourds et du mercure un million de fois plus que le seuil admis. Mais qui se soucie de cet Hiroshima de l'industrie chimique qui a frappé des miséreux, pour la plupart illettrés et intouchables ? Qui oserait faire rendre gorge à une multinationale qui est devenue encore plus puissante en 2001 en fusionnant avec Dow Chemicals et refuse de décontaminer le site ?

Deux femmes osent : l'une hindoue, l'autre musulmane, malades car contaminées, ayant perdu plusieurs membres de leur famille dans la catastrophe. Elles ont l'audace de porter cette affaire devant le tribunal, qui condamne Warren Anderson, directeur de l'usine en 1984. Mais, protégé aux États-Unis, il échappe à la justice. Rashida et Champa entament une grève de la faim à Delhi, puis à Wall Street. Elles n'hésitent pas à contre-attaquer en apportant des déchets toxiques dans les bureaux de Dow en Inde et en Hollande. Leur lutte est relayée internationalement. Elles reçoivent le « Nobel de l'environnement » en 2004.

Susan B. Anthony

1820-1906, États-Unis

Féministe, enseignante quaker, elle lutte d'abord contre l'alcoolisme et pour l'abolition de l'esclavage.
En 1851, grâce à la journaliste Amelia Bloomer (qui révolutionne les mœurs en prônant le port du pantalon, avec jupette, pour les femmes), elle rencontre Elizabeth Cady Stanton, et elle se lancent, unies, dans tous les combats : droit de vote, pour le divorce, pour l'éducation, pour la maîtrise de la fécondité. Ensemble (avec la radicale Matilda Gage) elles rédigent une *History of Woman Suffrage* en six tomes, lancent le journal *Revolution* en 1868, et elles sont les deux premières présidentes de la NAWSA (National American Woman Suffrage Association) créée en 1890.
Brownell Anthony donne des conférences partout, en Europe comme aux États-Unis. En 1876, pour le centenaire de l'Indépendance, on lui refuse le droit de participer aux cérémonies officielles; elle écrit alors une *Déclaration des droits*, dans laquelle elle compare les femmes aux colonisés et les hommes aux Anglais.
En 1888, elle organise le congrès de Londres qui permet la création du Conseil international des femmes (il s'étendra à dix-sept pays). Enfin, en 1920, le suffrage féminin devient un droit constitutionnel, par l'amendement dit Susan Anthony.

Carrie Chapman Catt

1859-1947, États-Unis

Suffragiste et pacifiste.
Élue secrétaire de l'Association pour le suffrage des femmes de l'Iowa en 1889, elle joue un rôle prépondérant dans la campagne très réussie pour le suffrage des femmes du Colorado (1893). Elle parcourt les États, recueille des signatures pour des pétitions, entraîne les femmes à manifester. En 1901, elle publie *Les Femmes dans l'industrie et la vie active*. Étant pacifiste, elle pense que les femmes peuvent et doivent s'entraider à s'émanciper, au-delà de toute frontière. Dans cette logique, après être devenue présidente de l'Association nationale américaine pour le suffrage des femmes (NAWSA), elle fonde en 1904 l'Alliance internationale pour le suffrage des femmes. Quand les femmes auront le droit de vote, les nations seront plus civilisées et ne recourront plus à la force, croit-elle. Pourtant, en 1918, elle publie *Défense de la patrie* et *Les Buts de la guerre*, car son pacifisme n'a pas résisté à l'épreuve des faits. Après la guerre, son idéalisme reprend le dessus : elle aide à la formation du parti des femmes pour la paix, et crée en 1925 le Comité sur la cause et le remède de la guerre. Entre-temps, elle n'a cessé de se démener pour le droit de vote; elle est présente sur la scène internationale, parcourt l'Europe, l'Afrique et l'Asie. Elle contribue à la création de la Ligue des femmes votantes. Son action a été très déterminante : en 1918, le président Wilson s'engage à autoriser le vote féminin, le Sénat vote ensuite la loi et trente-six États la ratifient au cours de l'année suivante.

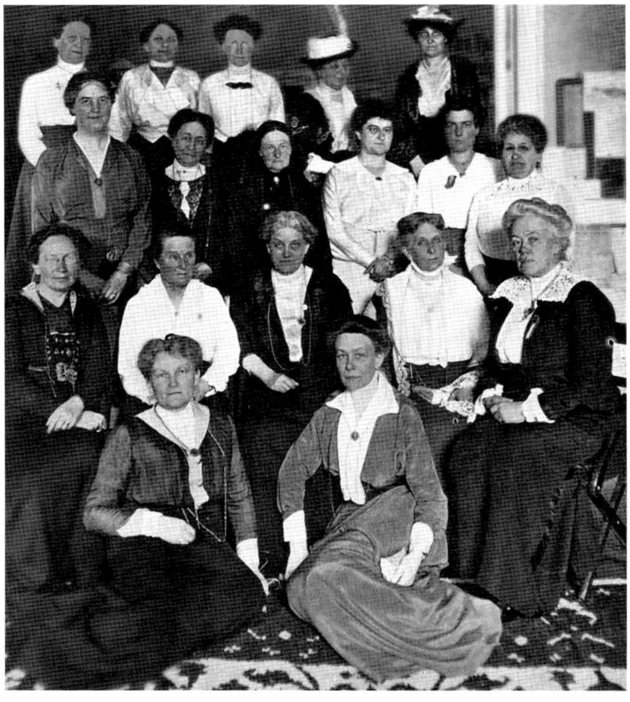

Réunion de l'Alliance internationale pour le suffrage des femmes en 1914.

Jane Addams

1860-1935, États-Unis

Militante sociale et féministe.
Deuxième femme à recevoir le prix Nobel de la paix en 1931. Dans les faubourgs de Londres comme dans les taudis de Chicago, elle ne supporte pas de voir la misère et ses terribles conséquences morales. Dès 1889, à Chicago, elle installe un foyer pour les pauvres comprenant une école maternelle, une bibliothèque et des clubs ; elle y invite des conférenciers, lutte contre l'abus d'alcool et la prise de cocaïne (vendue aux enfants en pharmacie). Elle organise ainsi tout un réseau de « maisons sociales ». Elle se bat également contre le travail des enfants et pour une législation visant à protéger les travailleuses à domicile.
Avec Aletta Jacobs, doctoresse féministe hollandaise, elle organise un congrès. Le 1er mai 1915, à La Haye, 1 136 déléguées de l'AISF (Association internationale pour le suffrage des femmes), originaires de douze pays, demandent le droit de vote, mais aussi le règlement pacifique des conflits, « le droit des peuples à l'autodétermination, le contrôle démocratique de la politique étrangère, la mise hors circuit des intérêts privés dans l'industrie de l'armement ». Le congrès débouche sur la création d'un Comité international pour la paix permanente (CIPP), ancêtre de la Société des Nations. Jane devient la première présidente de la Women's League for Peace and Freedom, créée à Zurich en 1919 par des représentantes de seize nations. Elle a l'intelligence de lier le combat des femmes et de la paix dans le Women's Peace Party et la lutte pour les droits civiques des Noirs et contre le racisme, et fonde la National Association for the Advancement of Coloured People. Elle défend ces causes partout dans le monde. Accusée d'être complice des anarchistes et des communistes, d'être une mauvaise patriote et une femme dangereuse, elle finit sa vie très seule. Jane Addams est pourtant l'Américaine la plus admirée de tous les temps.

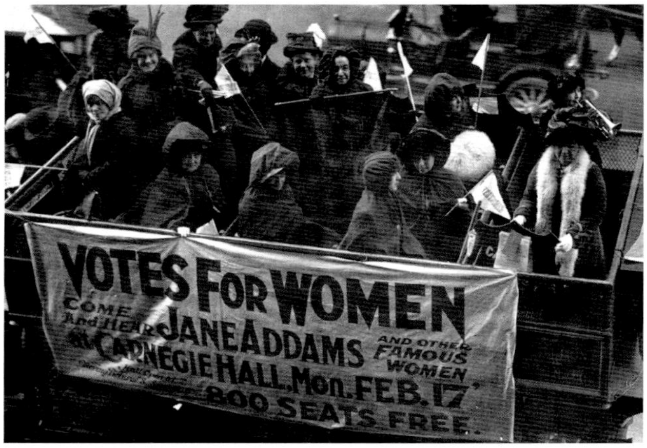

Banderole annonçant l'intervention de Jane Addams au Carnegie Hall, à New York, le 17 février 1913.

Emily Greene Balch

1867-1961, États-Unis

Pacifiste, féministe et anticolonialiste ; prix Nobel de la paix en 1946.
« La passion, comme mère ou comme épouse, ne sont pas pour moi », écrit-elle à la fin de sa vie, qui « ne fut pas tout à fait inutile », comme elle le reconnaît modestement. Docteure en philosophie, elle est socialiste, non marxiste. Adhérente au Syndicat fédéral des travailleurs, elle participe en 1903 à la fondation du premier « syndicat » féminin, Women's Labor Union League, et dix ans plus tard elle devient présidente de la Massachusetts Minimum Wage Commission, qui rédige la première loi sur le salaire minimum. En 1926, elle est chargée de contrôler l'action des marines qui occupent Haïti ; sans hésiter, elle conseille le retrait de ces troupes de choc et l'instauration d'un gouvernement local. Mais son principal engagement est féministe. Emily participe à l'importante Conférence des femmes pour la paix en 1915. Créatrice, avec les « Femmes de La Haye », de la Ligue internationale des femmes pour la paix et la liberté (WILPF), elle en est la secrétaire puis la présidente internationale. Elle donne à cette ligue l'essentiel de l'argent de son prix Nobel de la paix.

Hélène Lange

1848-1930, Allemagne

Leadeuse intellectuelle de la Ligue des Associations de femmes allemandes (qui milite pour le droit de vote) pendant les trente premières années du XXe siècle. Cofondatrice et première présidente de l'Organisation des professeures d'Allemagne en 1889, créatrice de la revue *Die Frau* en 1893. Hélène vit avec Gertrud Bäumer, avec laquelle elle coécrit le *Manuel du mouvement féministe.*

Hubertine Auclert

1848-1914, France

Féministe.

Après avoir fondé l'hebdomadaire *La Citoyenne*, elle est la première, dès 1882, à employer le mot « féministe » positivement – le terme désignait jusqu'alors un homme maladivement efféminé. Elle est également la première à se battre pour l'égalité des droits de la femme mariée, mais aussi pour que l'épouse puisse garder le nom sous lequel elle est née et pour que la langue soit féminisée. Toutefois, au début du XXe siècle, le premier combat est celui du droit de vote, qu'elle réclame par des actions énergiques. En 1901, elle fabrique et appose dans les rues de fausses affiches électorales, avec son association « Le suffrage des femmes ». Elle va même jusqu'à casser des urnes, en 1908 et à envahir la Chambre des députés avec un groupe de militantes. Ces actions spectaculaires, faites pour frapper les esprits et pour qu'on en parle dans les gazettes, sont aussi le signe d'une exaspération devant la fin de non-recevoir que la société masculine, partis et syndicats en tête, oppose à la revendication des femmes d'être des citoyennes à part entière.

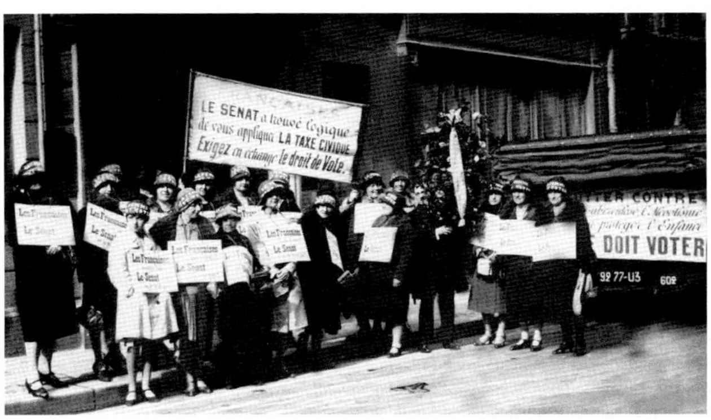

Les suffragettes rassemblées par l'Union nationale pour le vote des femmes sont allées se recueillir sur la tombe d'Hubertine Auclert, à Paris, dans les années 1930.

Séverine

1855-1929, France

Première grande reporter vivant de son travail.

Pour obtenir son indépendance, elle a dû se tirer une balle en pleine poitrine ! Mariée à seize ans, Caroline Rémy dénonce la nuit de noces comme un « crime, un abus de confiance, un abject et ignoble guet-apens ». Elle se révolte, laisse son mari et son fils. Avec Jules Vallès, dirigeant de la Commune, écrivain sensible et insurgé, elle parvient à être journaliste, publiant reportages et enquêtes de terrain dans le journal qu'il a fondé, *Le Cri du peuple*. Intelligente, sociable, courageuse, elle dirigera ce journal populaire lorsque Vallès mourra, devenant ainsi la première directrice de quotidien en France. C'est une femme complète, avec « un cœur de citoyenne et un cerveau de citoyen ». Plutôt anarchiste, un temps communiste, toujours féministe et frondeuse, elle se bat contre les oppressions et pour la justice. Elle lutte aussi pour l'avortement, pour le droit au travail des femmes et pour que leur salaire soit égal à celui des hommes : « Puisque la femme a prouvé qu'en fait de main-d'œuvre elle pouvait égaler l'homme [pendant la guerre], pourquoi cette plus-value du sexe masculin ? » argumente-t-elle. Ses articles font mouche, car elle a une plume alerte, elle sait manier l'ironie, ses phrases volent hardiment.

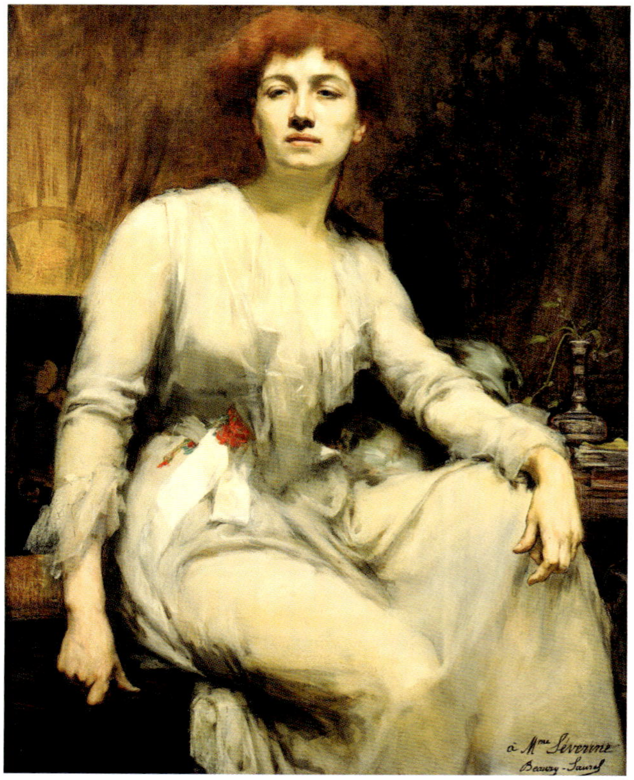

Portrait de Séverine, *par Amélie Beaury-Saurel, huile sur toile, 1893.*

Les hommes veulent-ils écraser les femmes sous les louanges ? « Des guirlandes tant qu'on veut ! riposte-t-elle. Des mots à profusion ! Mais quand on en arrive aux faits : Voilà… Nos droits ! Nos droits ! À travail égal, salaire égal – au moral comme au matériel ! Nos droits ! Et des cigarettes pour les fumeuses ! »

Emmeline Pankhurst

1858-1928, Grande-Bretagne

Suffragette.
Elle fonde en 1903 l'Union féminine sociale et politique (WSPU), avec le slogan « Votes for Women », qui lance le mouvement des suffragettes, aussi bien chez les ouvrières que pour certaines bourgeoises. Aidée par ses deux filles, Christabel et Sylvia, et par son mari, l'avocat féministe Richard Pankhurst, elle pense ainsi faire pression sur le parti travailliste, qui s'est récemment créé à l'aile gauche du parti libéral. Mais les deux partis refusent d'inscrire le vote des femmes à leur programme. Elle décide alors d'attirer l'attention par d'autres moyens, plus physiques : interdit-on l'entrée des femmes dans telle réunion ? Elle les fait entrer par la fenêtre ! En 1906, elle réussit à forcer les portes du Parlement ; en 1907, elle entraîne plusieurs milliers de femmes à manifester dans la rue ; en 1908, elle s'enchaîne aux grilles. En 1910, elle va encore plus loin : avec des militantes du WSPU, elle envoie des pierres dans les vitres du ministère de l'Intérieur et les brise. Elle recherche délibérément les confrontations violentes avec la police. Elle est arrêtée cinq fois entre 1908 et 1913. Elle est condamnée pour conspiration contre la sûreté de l'État et entame immédiatement une grève de la faim pour obtenir le statut de prisonnière politique. Le gouvernement ordonne de la nourrir de force. Épuisée, elle trouve encore assez d'énergie et de passion pour se défendre elle-même à son procès.
Si les adhérentes de l'Union nationale pour le suffrage des femmes, créée à la même époque, restent sagement dans la loi, les militantes du WSPU peuvent être violentes : certaines détruisent une ligne téléphonique, d'autres font exploser une bombe devant la maison du chancelier de l'Échiquier. Elles font aussi parfois le sacrifice d'elles-mêmes : ainsi Emily Davison, enveloppée dans le drapeau du WSPU, se jette sous les sabots des chevaux lors du derby d'Epsom en 1913 ;

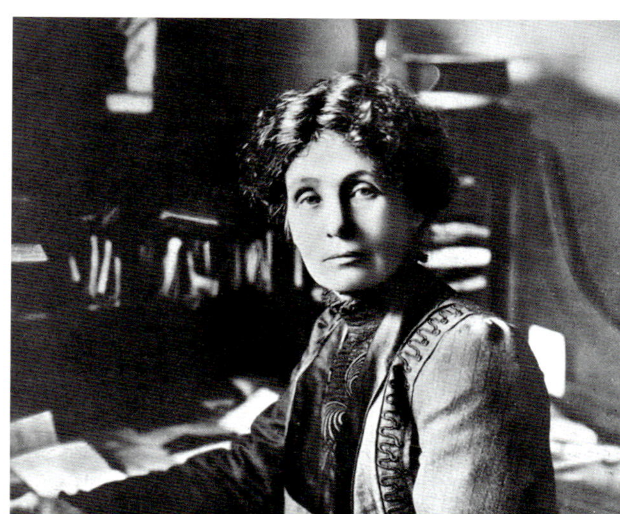

elle est tuée. Grâce à ces actions les Anglaises (de plus de trente ans) obtiennent le droit de vote le 6 février 1918 (vingt-six ans avant les Françaises). Le 6 novembre de la même année, le Parlement autorise les candidatures féminines aux Communes. Lady Astor est la première à y siéger en 1919. L'année de la mort d'Emmeline, en 1928, les Anglaises ont le droit de vote à partir de vingt et un ans, comme les hommes.

Käthe Schirmacher

1859-1930, Allemagne

Journaliste et féministe.

Elle participe au Congrès international pour les femmes, à Chicago, en 1893, et fait des conférences sur le droit des femmes à travers le monde entier. Leadeuse du *Verband Fortschrittlicher Frauenvereine*, elle se bat pour une rémunération du travail domestique. Les femmes au foyer, argumente-t-elle, en effectuant des tâches lourdes, répétitives et requérant des qualités diverses, entretiennent la force de travail de leur époux, et ce, gratuitement. Or un travail non rémunéré est un travail non reconnu, méprisé, alors qu'il « n'y a pas de travail plus productif que celui de la mère, qui élabore seule cette valeur par excellence, cette valeur pensante et agissante qui s'appelle être humain ». En 1904, elle dénonce « le monde hoministe, créé par l'homme, pour l'homme, du point de vue de l'homme et pour ses fins ». Les femmes doivent obtenir « l'égalité dans la différence ». Et en 1909 elle proteste contre l'écart des salaires hommes/femmes, les hommes gagnant plus parce qu'on les considère comme les chefs de famille ; c'est « un bonus au sexe, dit-elle, cet argent devrait revenir directement aux épouses ». À l'époque, nombreuses sont les féministes qui réclament le paiement du travail ménager et maternel. Ainsi Lily Braun, dans son pays, mais aussi Katti Anker Moller en Norvège, Ellen Key en Suède, Nina Sierra et Bianca Arbib en Italie, Alys Russel en Angleterre, Léonie Rouzade et Hubertine Auclert en France, Katherine Anthony aux États-Unis. Avec des nuances, toutes soutiennent que « la maternité est une fonction sociale ».

Marguerite Durand

1864-1936, France

Journaliste et féministe.

En 1897, elle lance *La Fronde*, journal entièrement écrit et fabriqué par des femmes, dans lequel elle se bat avec détermination pour les droits des femmes, à commencer par le droit de vote. Elle argumente avec une logique parfaite : « Les femmes contribuent par leur travail manuel et intellectuel à la richesse nationale et prétendent avoir le droit de donner officiellement leur avis sur toutes les questions intéressant la société et l'humanité dont elles sont membres comme les hommes. » Elle s'investit aussi beaucoup dans le combat des femmes pour obtenir un salaire égal à celui des hommes, dans celui des épouses pour pouvoir disposer de leur salaire, dans celui des femmes au foyer pour que le travail ménager soit reconnu. Les journalistes de *La Fronde* essuient de violentes railleries misogynes. En 1905, Marguerite fonde le journal *L'Action*, et en 1909 *Les Nouvelles*. Pendant la guerre de 1914-1918, elle réclame un service militaire auxiliaire pour les femmes. La majorité des féministes veulent se battre pour la patrie quand le conflit est engagé. « Femmes, écrit Marguerite Durand, votre pays a besoin de vous, soyons dignes d'être des citoyennes. » Elle espère que participer à l'Union sacrée, voire risquer sa vie, prouvera que les femmes sont dignes d'être électrices.

Aujourd'hui, la bibliothèque Marguerite-Durand, à Paris, contient non seulement ses archives mais tous les documents constituant la mémoire des femmes en lutte depuis plus d'un siècle.

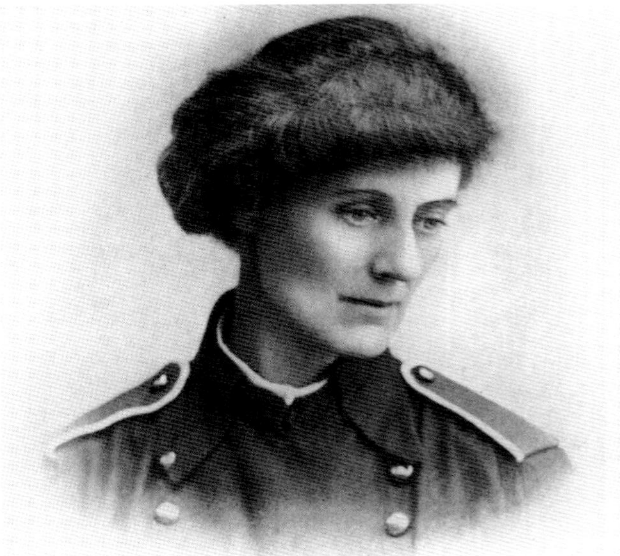

Constance Markievicz.

Constance Markievicz

1869-1927, Irlande

Comtesse, révolutionnaire, militante féministe, nationaliste, femme politique.

Constance Gore-Booth fait ses études dans une école privée, puis à l'académie Jullian à Paris. En 1900, elle épouse le comte Markievicz, et un an après met au monde une fille. Mais elle veut se battre pour son pays, et non dans l'ombre des hommes. La galanterie, soutient-elle, est un faux respect pour le sexe dit faible ; les femmes ne doivent compter que sur leurs propres forces. Ainsi lie-t-elle toujours féminisme et cause nationale. Dès 1909, elle se joint au parti politique Sinn Féin et se bat à Dublin pendant la rébellion de Pâques 1916. Elle devient lieutenante dans l'Armée des citoyens irlandais et c'est à ce titre qu'elle est condamnée à mort – sa peine sera commuée en prison à vie. Aux élections de décembre 1918, elle est la seule députée élue sur quinze candidates anglaises. Elle refuse cependant de siéger à Londres. En 1919, elle est ministre du Travail dans le gouvernement révolutionnaire irlandais. Hostile au traité anglo-irlandais de 1921, elle participe à la guerre civile de 1922-1923.

Qiu Jin

1875-1907, Chine

Écrivaine, révolutionnaire et féministe.

En 1903, elle quitte mari et enfant et part pour le Japon où elle fait des études et se lance dans l'activité politique. « Je ne peux empêcher que mon ambition révolutionnaire dépasse mon désir de vivre ; aussi, avec cette ardeur qui m'anime, je défierai les hommes. » Rentrée en Chine, elle fonde *Le Journal de la femme chinoise*, dirige une école de filles, qui sert de couverture à des entraînements militaires clandestins, et joue un rôle de premier plan pour la propagande contre la dynastie mandchoue et l'impérialisme étranger. Son école est cernée, Qiu Jin est arrêtée et emprisonnée. Cinq jours après, elle a la tête tranchée en place publique.

Dans *Pierres de l'oiseau Jingwei*, elle enjoint fortement les femmes « soumises au despotisme des hommes » de ne pas se laisser acheter par un mari, de refuser les mauvais traitements, de faire du sport, de s'instruire, de gagner leur vie, toutes choses qui leur sont impossibles si elles ont les pieds bandés. Os meurtris et muscles atrophiés, mauvaise circulation sanguine, pieds atrocement douloureux, les femmes aux pieds bandés ne peuvent marcher sans chanceler, elles restent donc immobiles, prisonnières, et souvent meurent en couches. Tout cela parce que les hommes trouvent beaux leurs moignons en forme de « lotus d'or », puis les rejettent pour prendre une concubine.

Marie Elizabeth Luders

1878-1966, Allemagne

Militante féministe, l'une des premières femmes à obtenir un doctorat en sciences politiques et économiques en 1912. Pendant la guerre, elle dirige le

Département des femmes et le Service central du travail féminin. Membre de l'Assemblée nationale, puis du Reichstag, elle est arrêtée par la Gestapo en 1937. Elle devient membre du Présidium de la magistrature puis du Bundestag en 1953, et présidente du parti fédéral démocratique en 1957.

Huda Shaarawi

1879-1947, Égypte

Féministe.
Jeune fille, elle refuse de se marier avec son cousin, dont elle serait la deuxième épouse. Elle enlève son voile en public dès 1922 et crée la première Société de bien-être pour les femmes. En 1923, elle fonde l'Union féministe égyptienne, dont elle assure la présidence pendant vingt-quatre ans. Elle propose des réformes d'éducation et de santé pour les femmes et réussit à repousser à seize ans l'âge légal pour se marier. En 1944, elle met sur pied la Fédération arabe des femmes.

Rose Schneiderman

1882-1972, Pologne/États-Unis

Syndicaliste féministe, présidente de Women's Trade Union League de 1918 à 1948.
Débarquée à New York à l'âge de huit ans, elle devient orpheline de père deux ans après. Elle doit travailler comme caissière dans un grand magasin, pas loin de soixante-dix heures par semaine, pour un salaire de misère (deux dollars). Partis de gauche et syndicats commencent à défendre les ouvriers mais se méfient des femmes. Rose comprend que les ouvrières doivent se défendre elles-mêmes. Elle est élue présidente de l'Union des travailleuses en 1904. En 1905, elle rejoint

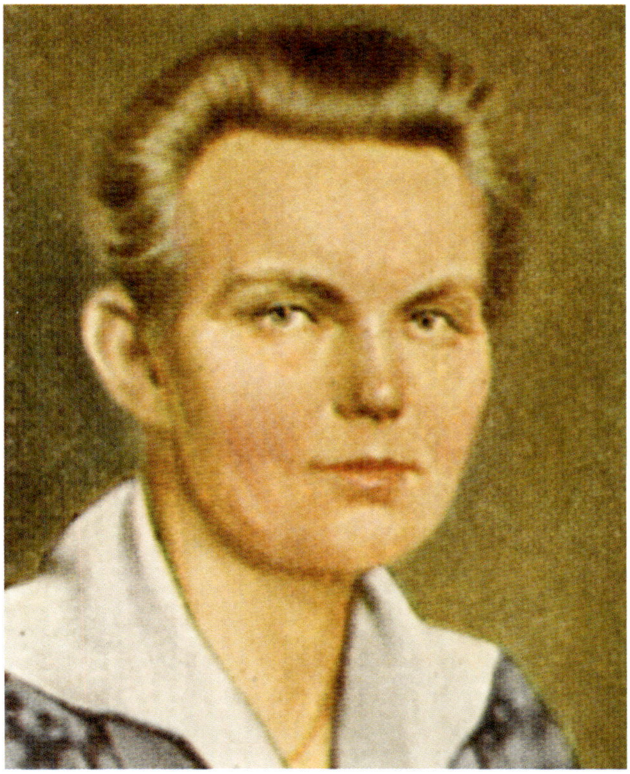

Rose Schneiderman.

la Ligue des femmes travailleuses (WTUL), dont les objectifs sont triples : unir les femmes, les former à différents métiers et promouvoir des lois pour les protéger. Rose Schneiderman devient vice-présidente de la branche de New York et permanente en 1907. Avec les ouvrières de l'industrie textile, elle organise des grèves qui aboutissent à la création de l'Union internationale des travailleuses du vêtement (ILGWU). Lorsque cent cinquante ouvrières de la Triangle Shirtwaist Company trouvent tragiquement la mort, enfermées à l'intérieur de leur usine en feu, elle organise la « Révolte des vingt mille », un immense mouvement de grève. Elle déploie toute son énergie pour développer l'éducation des ouvrières et pour faire voter des lois telles que l'obligation d'un salaire minimum et la limitation de la journée de travail à huit heures. « Les travailleuses, affirme-t-elle, doivent avoir du pain mais aussi des roses. » Elle développe au maximum l'esprit de solidarité entre ouvrières, alors que les hommes tentent de les diviser. Elle contribue à la fondation du Congrès international des femmes travailleuses.

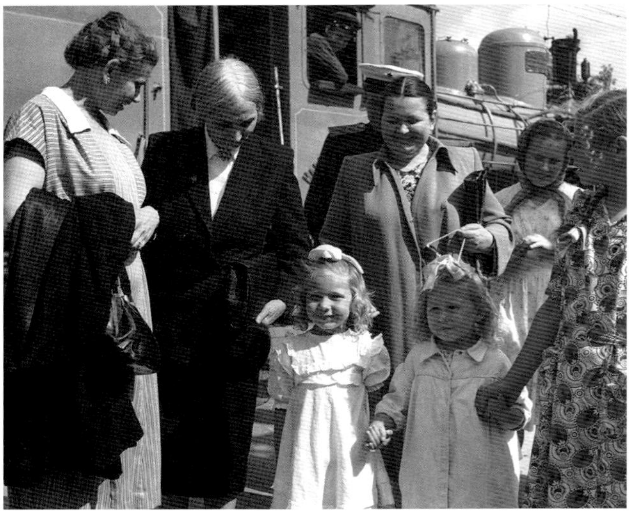

Eugénie Cotton (deuxième en partant de la gauche), lors d'un voyage à Rostov-sur-le-Don, en Russie.

Eugénie Cotton

1881-1967, France

Agrégée de sciences physiques en 1904 et directrice de l'École normale supérieure de jeunes filles de Sèvres de 1936 à 1941.

Militante antifasciste, cofondatrice de l'Union des femmes françaises, Eugénie Cotton née Feytis est présidente de la Fédération démocratique internationale des femmes en 1945 ; vice-présidente du Conseil mondial de la paix.

Nezihe Muhittin

1889-1958, Turquie

Féministe.

Écrivaine à succès, elle publie son premier roman dès 1909, puis une quinzaine d'autres et des livres scolaires. Institutrice, elle devient inspectrice, puis directrice d'école. Le 30 mai 1923, avec un groupe de femmes, elle décide de fonder un parti politique pour les femmes afin qu'elles obtiennent tous les droits politiques, économiques et sociaux. Le ministère de l'Intérieur refuse son autorisation. En 1924, Nezihe fonde l'Union des femmes turques, mouvement revendiquant les droits de vote et d'éligibilité ; ils seront accordés en 1934.

Ichikawa Fusae

1893-1981, Japon

Leadeuse du mouvement féministe japonais.

En 1919, elle fait partie des fondateurs de la Nouvelle Association des femmes, dont le but est de mettre en place des lois égales pour les femmes et les hommes. Première femme journaliste, elle fait des reportages sur les mauvaises conditions subies par les femmes sur leurs lieux de travail. En 1924, Ichikawa crée l'Alliance de femmes pour le suffrage et devient éditrice du magazine *Women's Suffrage*. En 1952, elle réussit à être élue à la diète sans soutien financier et sans le soutien d'un parti politique. Là, elle lutte contre les élections corrompues et la dilapidation des fonds publics. En 1955, elle fonde l'Association japonaise des femmes nouvelles, qui deviendra l'Association des électrices japonaises. En 1975, elle crée le Comité d'action féminin pour l'égalité entre les sexes et contre les publicités sexistes.

Louise Weiss

1893-1983, France

Militante féministe douée d'une force de conviction, d'une fidélité à ses idées et d'une énergie dans ses combats hors du commun.

En 1914, elle est une des premières à être agrégée de lettres. Lorsqu'elle l'annonce à sa mère, celle-ci met un bémol à sa fierté : « Louise, je t'en prie, ne le dis pas encore à ton père ; une mauvaise nouvelle dans la

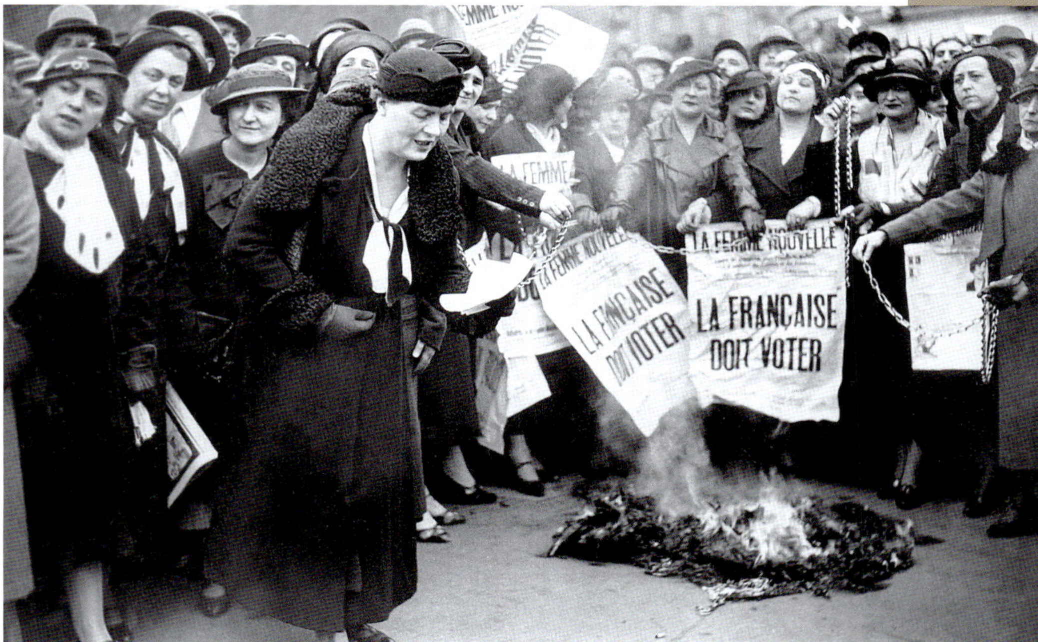

Les suffragettes suivent Louise Weiss en brûlant leurs chaînes, place de la Bastille, à Paris, en 1935.

journée, ça suffit ! » La première nouvelle était la déclaration de guerre. Suffragette de la première heure, présidente de l'association La Femme nouvelle, fondée en 1934, elle lance des actions spectaculaires. Ainsi, en 1935, elle est à la tête d'une manifestation de femmes qui brûlent symboliquement leurs chaînes, ou distribuent aux parlementaires des chaussettes en leur affirmant qu'elles seront raccommodées, même si leurs épouses votent ! Candidate aux élections municipales à Montrouge en 1935, elle argumente : « La Française désire administrer les intérêts de la cité comme elle administre les intérêts de son foyer. » Marcel Cachin, dirigeant communiste, est d'accord pour la soutenir, mais Léon Blum se dérobe : « Nous désirons que les femmes ne votent que lorsqu'elles voteront socialiste », lui répond Suzanne Buisson, dirigeante de la section féminine de la SFIO. Louise Weiss organise des bureaux de vote officieux, avec des cartons à chapeaux comme urnes. Mais les agents de police les détruisent. « La mort dans l'âme, j'optai pour la bagarre », réagit-elle. Elle donne rendez-vous aux journalistes, juste avant qu'ils bouclent leurs journaux, pose avec ses « urnes » devant le commissariat, et ils la photographient empoignée par des agents. Militante pour la paix, elle imagine un service civil féminin, lorsqu'elle comprend que la guerre est inévitable. Militante de longue date pour l'Europe (elle a fondé l'hebdomadaire *L'Europe nouvelle* dès 1918), elle devient députée au Parlement européen à quatre-vingt-six ans – on l'appelle « la grand-mère de l'Europe ». Dans son discours inaugural du 17 juillet 1979, elle transmet les pouvoirs à Simone Veil. La poignée de mains historique est échangée par deux grandes femmes, parmi les plus courageuses du XXe siècle.

Nawal el Saadaoui

née en 1931, Égypte

Militante féministe, médecin, psychiatre, conférencière et écrivaine.

Plusieurs fois emprisonnée, fondatrice, en 1982, de l'association Solidarités des femmes arabes, qui s'élève contre l'excision, le port du voile, la virginité obligatoire, et pour la laïcité et l'autorisation de l'IVG. Auteure de quarante-cinq ouvrages, dont *La Femme et le sexe*, elle écrit : « On reconstruit l'hymen de la jeune fille. Il vaudrait mieux reconstituer le cerveau des hommes qui sanctifient la virginité. » En 2007, victime de l'intégrisme, elle a dû fuir son pays et se réfugier à l'étranger : elle a été accusée de « non-respect des principes de l'islam et d'apostasie », car elle écrit que Dieu n'est ni un homme ni une femme, mais un esprit. Le titre d'une de ses pièces, surtout, a choqué : *Dieu démissionne de la réunion au sommet*. L'université islamique Al Azhar du Caire ainsi que les tribunaux égyptiens lui intentent alors un procès pour « injure à l'islam ». Elle se bat également contre l'autoritarisme et la pauvreté qu'il engendre. « La question féminine est une question mondiale, économique, raciale, politique et d'État, affirme-t-elle haut et fort. Il faut que nous militions ensemble pour la liberté de l'être humain, qu'il soit homme ou femme. »

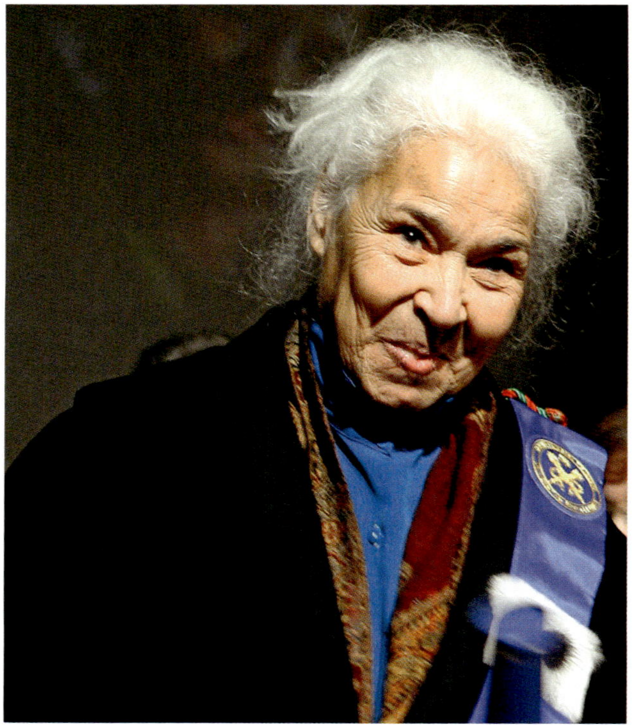

Nawal el Saadaoui.

Cecilia Fire Thunder

née en 1946, États-Unis

Première femme amérindienne présidente de la tribu Oglada au Dakota Sud en 2004, militante féministe.

Enfant, elle vit dans la réserve de Pine Ridge jusqu'en 1960, date à laquelle sa famille est relogée à Los Angeles. Là, elle poursuit des études d'infirmière, puis revient à Pine Ridge. Exerçant à l'hôpital de la réserve indienne, elle constate la déplorable situation des femmes, très souvent battues par leur mari alcoolique. Contre ces violences domestiques, elle met sur pied l'association Sacred Circle. Dans la tribu, on la sait active, résolue, et elle est élue présidente. C'est la première fois qu'une femme est chargée de cette responsabilité au sein de structures traditionnelles.

Cependant, son pouvoir est limité par le conseil tribal. En 2006, le Congrès de l'État interdit totalement le recours à l'IVG, même en cas de viol et d'inceste. Cecilia est indignée ; elle témoigne devant une commission du Sénat fédéral qu'une Amérindienne sur trois, aux États-Unis, a été victime de viol. Elle annonce son projet d'ouvrir une clinique du planning familial au sein de la réserve Oglada. Le conseil tribal la suspend de ses fonctions présidentielles, par une procédure d'*impeachment*, et vote une législation interdisant l'avortement sur le territoire de la réserve. Cecilia et ses partisans se battent si bien que la loi interdisant l'IVG est rejetée par référendum. Cecilia Fire Thunder a gagné une grande notoriété.

Shirin Ebadi

née en 1947, Iran

Avocate ; première femme musulmane à recevoir le prix Nobel de la paix en 2003.

Musulmane progressiste, elle est nommée juge, présidente du tribunal de grande instance de Téhéran en 1970. Elle suit avec sympathie le retour de l'ayatollah Khomeiny en 1979, mais se rend vite compte que la situation juridique des femmes se dégrade : port du voile obligatoire, adoption du code pénal islamique inspiré de la charia. Elle-même est démise de ses fonctions, occupe alors un poste de secrétariat, puis prend sa « retraite ». En 1992, les femmes sont à nouveau autorisées à exercer le métier d'avocate ; elle reprend une vie professionnelle, bénévolement, dans la défense des droits des femmes et des enfants. À partir de cas significatifs, elle cherche à mettre en lumière les aspects les plus intolérables de la loi islamique. Face à un système politico-juridique verrouillé par la religion, les avancées sont rares et fragiles. C'est tout de même grâce à elle que l'âge légal du mariage, pour les filles, est passé de neuf à treize ans. Sa notoriété dépasse les frontières. En 1996, elle reçoit le prix de l'organisation Human Rights Watch et le prix norvégien des droits de l'homme Rafto Award.

En 2000, elle participe au procès mettant en cause les organes de sécurité de l'État iranien et découvre dans les dossiers son propre nom dans la liste des cibles à abattre. Accusée de salir l'opinion publique, elle connaît les cellules de la célèbre prison d'Evin. Même libérée, elle est constamment menacée ; des miliciens liés au Hezbollah bloquent la porte de l'amphithéâtre de l'université (féminine) où elle enseigne le droit en criant : « Mort à Ebadi » ; des épouses de « martyrs » protestent parce qu'elle ne porte pas toujours le voile à l'étranger – pourtant, elle ne fait que se conformer aux usages de chaque pays. Lors d'un colloque à Paris, elle apprend sa nomination au prix Nobel de la paix. À son retour, même si le gouvernement a fait savoir que ce n'est « pas très important », dix mille Téhéranais, en majorité des femmes, l'accueillent à l'aéroport. Cela l'encourage à poursuivre sa lutte non violente afin de faire progresser les droits humains, surtout ceux des femmes et des enfants. C'est à eux qu'elle donne l'argent de son Nobel. En 2009, les autorités iraniennes lui confisquent son Nobel.

Asma Jahangir

née en 1952, Pakistan

Hina Jilani

née en 1954, Pakistan

Avocates féministes.

En 1981, les deux sœurs fondent à Lahore le premier cabinet d'avocates, en même temps qu'un Forum d'action des femmes qui se bat pour changer les lois pakistanaises. Elles créent un refuge à Dastak où

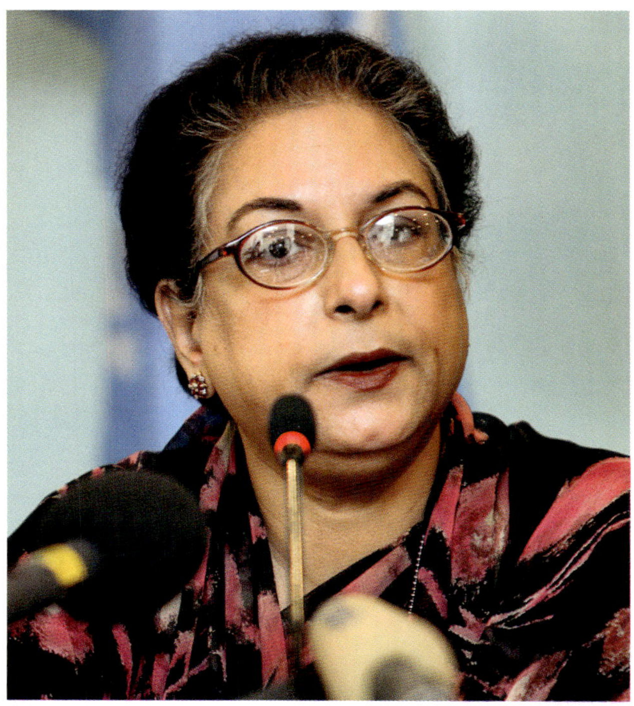

Hina Jilani.

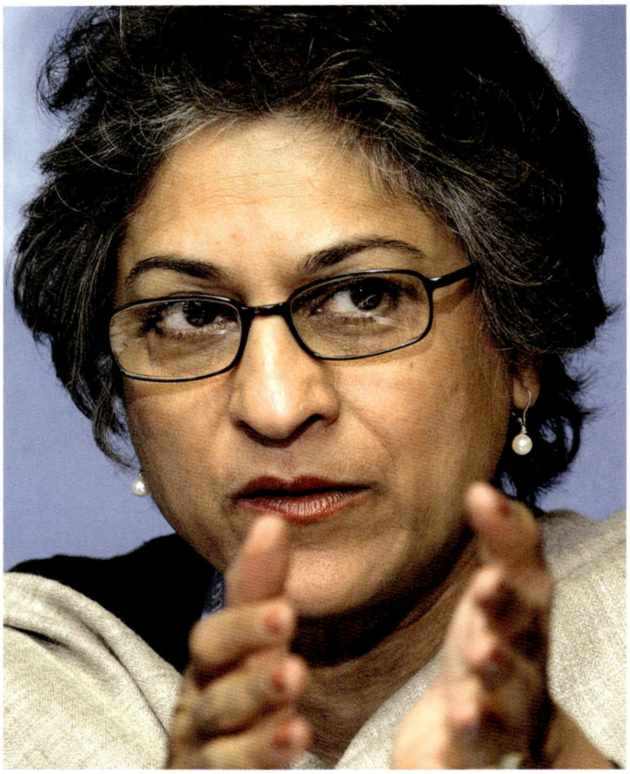

Asma Jahangir.

chaque année quelque trois cents femmes mariées de force, martyrisées, brûlées à l'acide vivent sous la protection de gardes armés. Mais être avocate ne permet pas d'échapper à la violence masculine.

En 1999, Hina reçoit une plaignante, Samia, venue demander le divorce car son mari la bat. Un homme armé fait irruption dans le cabinet, abat Samia de trois coups de revolver et tire sur l'avocate. Le crime se passe sous les yeux de la mère de Samia : c'est elle et son mari qui l'ont commandité, car le divorce aurait terni l'honneur de la famille. Les assassins ne sont pas punis, et les deux sœurs sont menacées d'une *fatwa*. L'intervention de la Commission des droits de l'homme les a sauvées. Jusqu'à quand ? Les menaces de mort continuent, leur lutte aussi.

En 1998, Asma Jahangir est nommée rapporteuse spéciale auprès des Nations unies. Elle peut confronter son expérience avec celles des défenseurs des femmes victimes de violences au Timor, au Kosovo, au Mexique, au Népal. En 2004 elle est rapporteuse spéciale sur la liberté de religion et de conviction.

Aïcha Dabale

née en 1957, Éthiopie

Présidente de l'Association des femmes djiboutiennes, dénonce les viols massifs et impunis des femmes afars.

En 1997, en mission humanitaire à Addis-Abeba, elle est enlevée par la sécurité éthiopienne et livrée à la police djiboutienne qui l'emprisonne. Libérée en 1998 sous la pression internationale, elle est aujourd'hui réfugiée en France, membre du Collectif national de Femmes solidaires, mais n'hésite pas à revenir dans le territoire des Afars (frontalier de Djibouti, de l'Érythrée et de l'Éthiopie) pour soutenir les associations comme Karera, qui se battent sur place à la fois pour la survie (certaines femmes marchent pendant 10 kilomètres par 50 °C pour chercher de l'eau) et contre l'excision et l'infibulation. Dans certaines régions, une femme sur deux meurt d'hémorragie en accouchant, car à ce moment la matrone coupe la suture – de surcroît, elle utilise un couteau qui peut transmettre le sida.

La déléguée aux Droits des femmes de l'État fédéral Afar, Aïcha Mohamed Saïd, affirme qu'elle lance un programme de lutte contre ces coutumes néfastes.

Shoukria Haidar

née en 1958, Afghanistan

Présidente de l'association Negar, qui milite pour les droits des femmes en Afghanistan, depuis sa création en 1996.

Professeure d'éducation physique et membre du Comité olympique afghan, Shoukria est dans la ligne de mire des talibans. Sous leur pouvoir, toute éducation est interdite aux filles, et toute profession interdite aux femmes. Negar est donc une

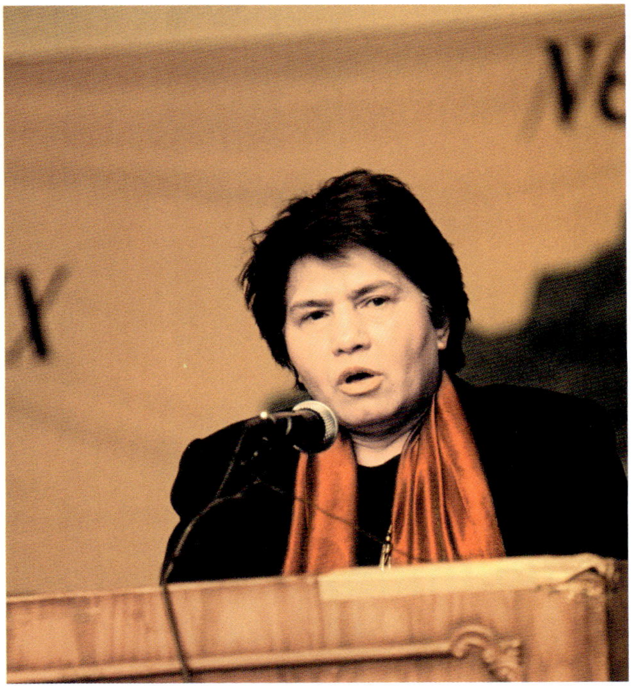

Shoukria Haidar à la tribune de la salle des congrès du ministère de la communication en avril 2006.

organisation clandestine : professeures risquant la prison et fillettes courageuses se retrouvent dans des lieux cachés, étudiant avec une volonté farouche. Shoukria fait tout pour que le régime taliban ne soit pas reconnu internationalement et alerte le monde entier sur le drame vécu par les Afghanes. En 2000, elle réussit à réunir plusieurs centaines d'entre elles, au Tadjikistan, pour proclamer une « déclaration des droits essentiels des femmes afghanes ». En 2003, cette charte, accompagnée de 120 000 signatures, est remise à la commission chargée de préparer la Constitution. La charte est retenue, donc la Constitution afghane pose le principe de l'égalité entre les sexes.

Shoukria Haidar est directrice de l'éducation physique et du sport au ministère des Études supérieures et membre du conseil consultatif au ministère des Droits des femmes. En 2010, porte-parole de la résolution de Kaboul, elle va à la conférence de Londres dénoncer une « réconciliation nationale » avec les talibans : « Ils fermeraient les écoles, enfermeraient les femmes chez elles », plaide-t-elle.

Sampat Pal Devi

née en 1962, Inde

Chefe d'un gang de justicières.

Comme des millions de femmes indiennes, Sampat souffre dans sa chair les violences sexistes. Mariée à l'âge de neuf ans, elle devient mère à treize ans. Refusant d'être une éternelle victime, elle prend la tête d'un groupe de quelques femmes, puis de centaines, puis de trois mille, habillées d'un sari rose – on les surnomme le Gulabi gang ou Pink gang –, armées de bâtons, de barres de fer et de battes de cricket. Apprennent-elles qu'un mari brutalise son épouse, au prétexte qu'elle ne peut pas lui « donner » un fils ? Elles accourent et font justice elles-mêmes ; elles n'hésitent pas à traîner le violent sur la place publique et à l'humilier en le battant aux yeux de tous. Elles reviennent quelques mois plus tard pour vérifier que la femme jetée à la rue avec ses enfants, par exemple, a bien eu le droit de réintégrer le domicile conjugal. Il leur arrive même de s'attaquer aux policiers qui refusent d'enregistrer une plainte pour viol. Elles se défendent aussi physiquement contre les fonctionnaires corrompus qui s'enrichissent en faisant du marché noir ; ils vendent les céréales subventionnées par l'État et destinées aux plus pauvres. Si Sampat n'avait pas organisé cette milice, les autorités laisseraient faire. Elle défend également les intouchables maltraités par les brahmanes.

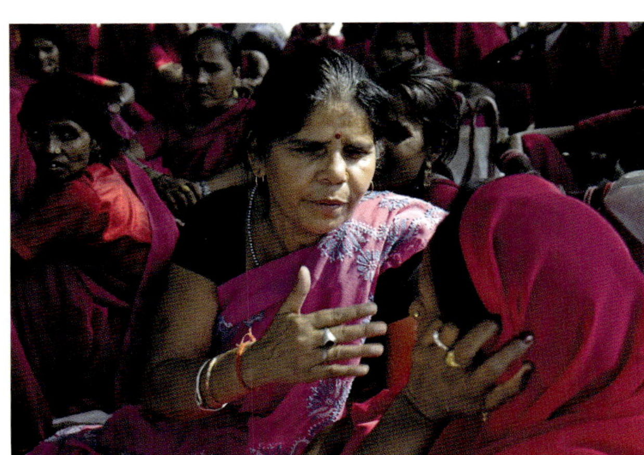

Taslima Nasreen

née en 1962, Bangladesh

Écrivaine engagée, victime d'une *fatwa* en 1994.
Son père est un médecin progressiste, d'origine hindoue mais laïque. Elle-même, mariée et divorcée deux fois, sans enfants, ne se plie pas à la soumission féminine qu'exige son pays où l'islam est religion d'État depuis 1988 et donc régi par la charia. Gynécologue, Taslima est confrontée aux douleurs des femmes : battues par les hommes de la famille, accablées sous le poids des grossesses à répétition, n'osant pas protester. Alors elle prend la plume comme on prendrait une arme : articles, poèmes, récits lui servent à dénoncer le fondamentalisme, « ce système créé par les hommes, dans lequel les femmes sont des esclaves ». Elle ose critiquer le voile traditionnel, le *purdah*, que les femmes sont obligées de porter. « Pourquoi les hommes ne porteraient-ils pas le voile ? » interroge-t-elle. Les chefs religieux la menacent de mort. « Faut-il que je paie le crime d'être née femme en me laissant égorger en silence ? » s'indigne-t-elle. En 1994, elle publie *Lajja* (*La Honte*), roman où elle dénonce les violences interreligieuses entre hindous et musulmans et où elle accuse le Coran d'empêcher l'accès à la modernité. C'en est trop pour la justice de son pays qui l'accuse d'« offense au sentiment religieux » et lance contre elle une *fatwa*, c'est-à-dire une incitation à la tuer. Des troupes d'hommes hystériques se répandent dans les rues, hurlant qu'ils veulent sa tête et brûlant son livre. Le fait qu'une femme, Khaleda Zia, est à la tête du pays ne change rien. Taslima est obligée de s'exiler, ce qui lui pèse beaucoup. Elle tente de revenir au Bangladesh en 1998 pour être auprès de sa mère qui se meurt d'un cancer. Mais, la même année, est sortie son autobiographie *Enfance au féminin* : les médias l'accusent de « pornographie », les autorités en interdisent la publication et elle reprend le chemin de l'exil. Taslima dénonce fortement la misogynie de toutes les religions. Ainsi, dans les textes védiques, pré-islamiques, les *Dharmasutras Apashtamba*, si un homme tue une femme ou un vautour femelle, une mangouste, une taupe ou un chien, la pénitence est la même : un jour de jeûne. L'auteure est surtout jugée « anti-islamique » par les extrémistes qui l'agressent violemment en 2007 alors qu'elle vient présenter son dernier livre à Hyderabad, en Inde. Sa tête est mise à prix 500 000 roupies. Elle voulait s'installer dans l'État indien du Bengale occidental mais elle risque jusqu'à trois ans de prison. Malgré tout, elle ne cesse pas le combat et y engage toutes les femmes : « Femmes, libérez-vous des morsures de la peur pour vous tenir debout, droites et fières. Manifestez-vous ! Et si quelqu'un doit lever le poing, que ce soit le vôtre ! »
En 2008, Taslima reçoit (avec Ayaan Hirsi Ali) le premier prix Simone de Beauvoir pour la liberté des femmes. Dans son désespoir d'être traitée comme une intouchable en Inde et persécutée par les extrémistes, ce prix la touche infiniment, car Beauvoir est pour elle une « immense inspiratrice ».

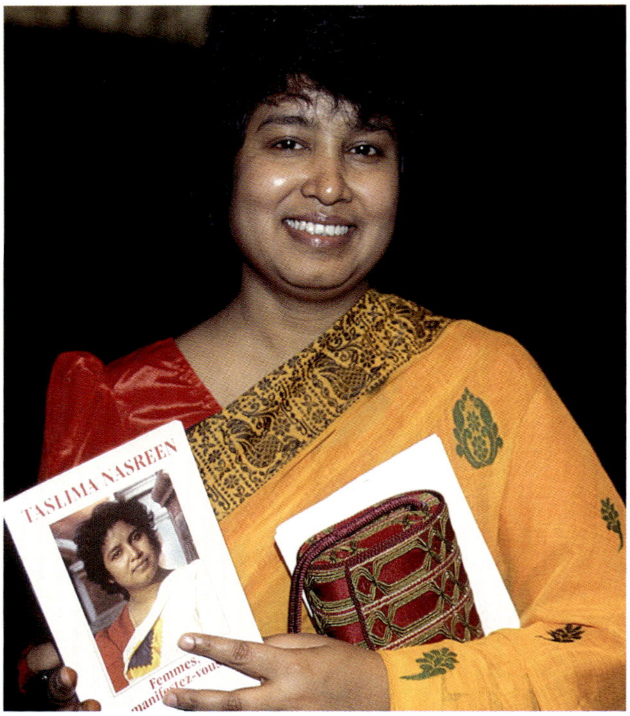

Taslima Nasreen en 1984 lors du 20e anniversaire des Éditions des Femmes, à Paris.

Hauwa Ibrahim

née en 1966, Nigeria

Avocate musulmane; prix Sakharov en tant que militante des droits humains en 2006.

Elle parcourt le Niger à dos d'âne et propose aux plus pauvres de les défendre bénévolement. Premier cas plaidé : une jeune fille victime d'un viol est condamnée à recevoir cent cinquante coups de fouet pour *zina* (relations illicites); la peine est exécutée malgré maître Hauwa Ibrahim.

Sa défense la plus célèbre est celle d'Amina Lawal, condamnée à la lapidation pour avoir eu une petite fille en dehors du mariage. «Je n'ai jamais vu un homme condamné, remarque Hauwa, amère, parce ce que je n'ai jamais vu un homme mettre un enfant au monde.» La plaidoirie de Hauwa s'appuie sur l'interprétation du Coran donnée par l'école malékite : une femme peut être enceinte sur une période allant de six mois à cinq ans! Amina ayant été enceinte onze mois après son divorce, elle avait dans le ventre «un embryon dormant» issu d'un rapport avec son mari... Amina est donc sauvée de la mort. L'avocate continue à plaider et à se battre en vue de l'éducation pour tous, dans la région Nord du Nigeria, où seulement 2 % des habitants savent lire.

Hauwa Ibrahim.

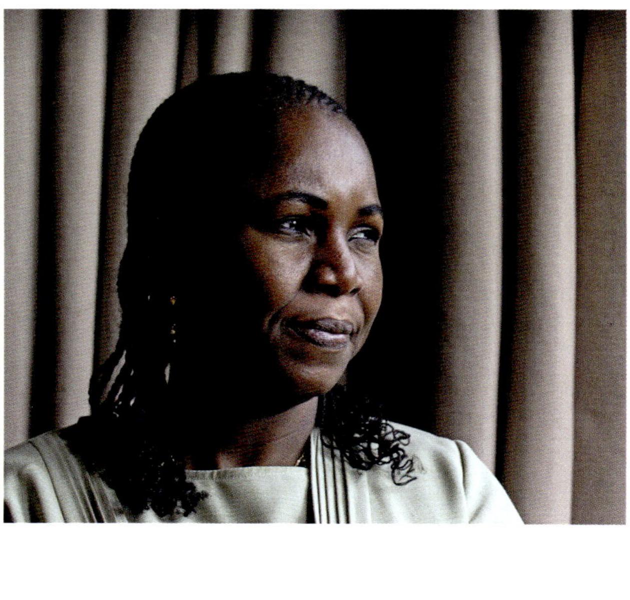

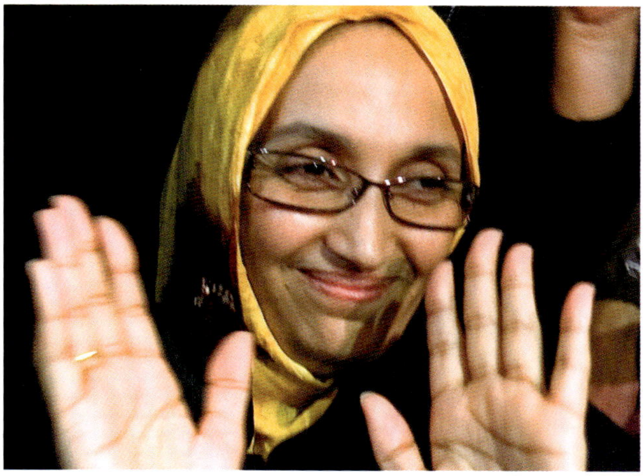

Aminatou Haidar.

Aminatou Haidar

née en 1967, Maroc

Défenseure des droits humains sahraouis; prix Sakharov des Droits de l'homme.

Un jour de 1987, elle participe à une manifestation pacifique. Avec six cents autres personnes, elle est emprisonnée et torturée au Maroc, sans avoir été jugée, maintenue au secret pendant trois ans, les yeux bandés. Sa famille est sans nouvelles. Vingt ans après, elle a encore du mal à supporter une lumière vive. «Lors des manifestations de 2005, certaines d'entre nous ont été enlevées, puis déshabillées et abandonnées dans le désert à 30 kilomètres de chez elles.» Elle-même a de nouveau été emprisonnée à ce moment. Soutenue par Amnesty International, elle est libérée en 2006. Elle craint des représailles sur ses deux garçons ou sur sa mère, mais elle ne cesse de parcourir le monde pour défendre la cause de son peuple. «Aujourd'hui encore, dénonce-t-elle, les femmes sahraouies sont enlevées, violées ou détenues sans jugement par les forces marocaines.»

El Ghalia Djimi, enlevée et torturée pendant trois ans, dans les mêmes conditions qu'Aminatou, est vice-présidente de l'Association sahraouie des victimes de violations graves des droits de l'homme commises par l'État du Maroc (ASVDH), qu'elle a contribué à créer.

Ayaan Hirsi Ali

née en 1969, Somalie/Pays-Bas

Députée libérale néerlandaise, militante des droits des femmes et contre l'islamisme.

Son père polygame lui annonce un jour qu'il l'a donnée à un cousin. Sa mère, aigrie par la honte d'être née femme, bat ses filles à coups de bâton. C'est, dit Ayaan, une enfance habituelle en pays musulman. Un professeur essaie de lui faire entrer le Coran dans la tête ; après l'avoir battue, les yeux bandés, il lui fracasse le crâne contre le mur : elle est hospitalisée douze jours et, finalement, découvre que « Dieu était une chimère et que se soumettre à Sa volonté, ce n'était ni plus ni moins que se soumettre à la volonté du plus fort ».

Ayaan se révèle une « insoumise ». Elle argumente que si de nombreux poseurs de bombes sont musulmans, c'est que le Coran enseigne aux hommes la violence, l'écrasement des femmes, et les laisse imperméables à la raison. « On peut affirmer sans équivoque que l'islam actuel n'est pas compatible avec les présupposés de l'État de droit occidental. » Elle dénonce sans relâche les crimes commis contre les femmes : l'obligation de se couvrir la tête pour que l'homme, « ce bouc », ne lui « saute » pas dessus ; l'« obsession de l'hymen des filles », qui mène à l'ablation du clitoris et aux lèvres cousues jusqu'au jour du mariage, viol légal ; l'injonction à être des « usines à fils » ; la maltraitance ; la répudiation. Aux Pays-Bas, une loi contre l'excision porte son nom. Sachant que les filles sont souvent mutilées pendant les vacances, elle veut un système de contrôle régulier pour celles originaires de « pays à risques ». Elle n'hésite pas à critiquer la notion de multiculturalisme, qui respecte des pratiques cruelles sous prétexte qu'elles sont traditionnelles. Mais le 2 novembre 2004, Theo Van Gogh, avec lequel elle a réalisé le film *Submission*, est assassiné dans une rue d'Amsterdam. Ayaan est également condamnée à mort par les fondamentalistes et doit être à tout instant protégée par des gardes. Celle qu'on surnomme « le Voltaire noir » reçoit en 2008 le premier prix Simone de Beauvoir pour la liberté des femmes.

Ayaan Hirsi Ali en 2005.

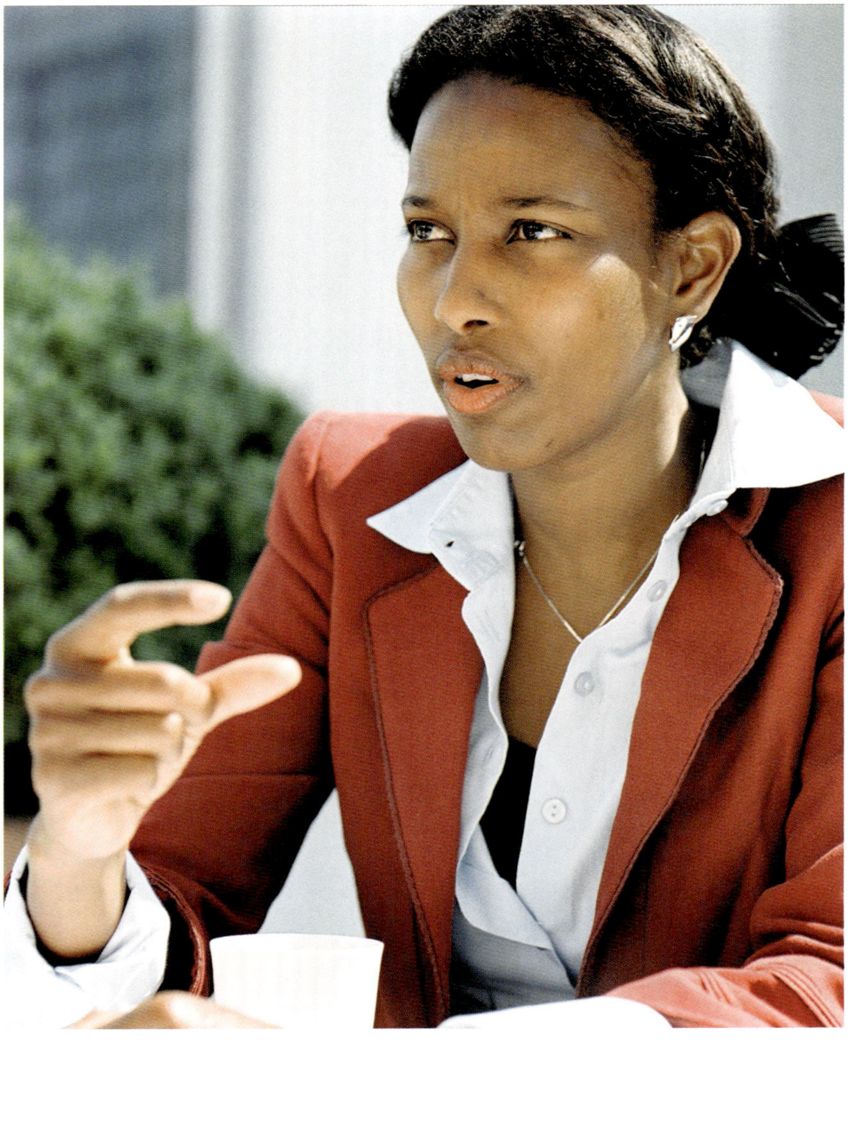

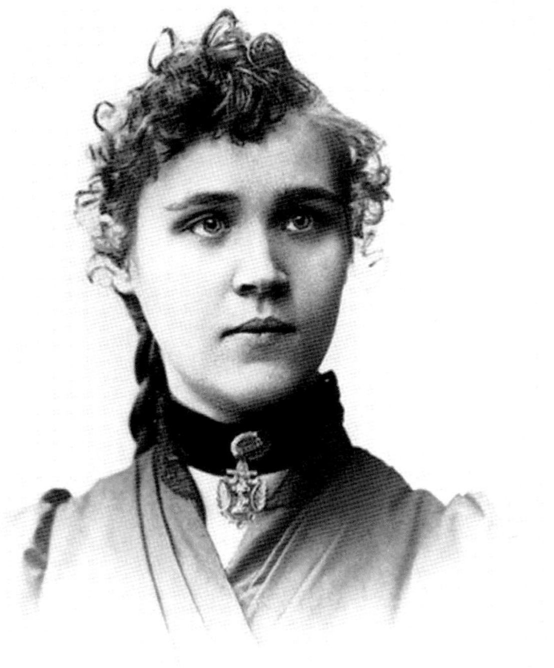

Voltairine de Cleyre.

Voltairine de Cleyre

1866-1912, États-Unis

Théoricienne politique anarchiste et féministe.
Libre penseuse radicale, anticléricale et partisane de l'action directe, elle soutient que toutes les institutions légales et administratives de l'État (comme la police ou les prisons) exercent un pouvoir illégitime de coercition sur l'individu. Elle fait des conférences à travers le Michigan, en Grande-Bretagne, en Norvège, puis à Chicago, où elle participe activement aux actions des Travailleurs industriels du monde (Wobblies). Elle défend les paysans après la guerre du Mexique de 1911. Féministe virulente, elle intitule un de ses livres *L'Esclavage sexuel* : ce n'est pas seulement la prostituée qui est esclave, mais aussi (et surtout) la femme mariée, « qui prend le nom de son maître, le pain de son maître, les ordres de son maître et sert ses passions ».
Véritable pionnière, elle proteste contre l'obligation pour l'épouse de subir les rapports sexuels conjugaux. Elle-même a un enfant sans être mariée – courageuse provocation, à la fin du XIXe siècle. Elle est aussi farouchement antimilitariste, s'élevant contre le budget de l'armée. Trop à contre-courant de l'ordre bourgeois et machiste de l'époque, elle est victime d'une tentative d'assassinat. Bien que sérieusement blessée, elle soutient que « ce serait un outrage à la civilisation s'il [son agresseur] était envoyé en prison ».

Madeleine Pelletier

1874-1939, France

Militante féministe et pour l'avortement.
Elle s'enflamme pour l'anarchie, réussit, grâce à une bourse, à faire des études et devient la première femme à se présenter à l'internat des asiles d'aliénés de la Seine. L'accès à ce milieu médical particulièrement misogyne lui est refusé et il faut toute la détermination de la féministe Marguerite Durand pour qu'elle soit la première femme à obtenir son diplôme de psychiatrie. Devenue médecin, elle lutte pour les droits des femmes et pratique gratuitement des avortements, considérant qu'interrompre sa grossesse est un droit inaliénable de la femme « comme de se couper les cheveux ». Elle reste volontairement célibataire, l'union sexuelle avec un homme lui paraissant une servitude dans ce monde de « masculinisme ». Elle collabore à *L'Idée libre*, revue anarchiste d'éducation sociale, où elle défend l'éducation sexuelle et le *birth-control*. Mais les suffragettes craignent que cette revendication décrédibilise leur lutte. Elle adhère au parti communiste au début des années 1920, après avoir adhéré à la SFIO, en 1905. Aucun mouvement, aucun parti ne lui paraît suffisamment engagé vers l'émancipation des femmes. Aussi fonde-t-elle sa propre revue, *La Suffragiste*. En 1939, elle est arrêtée pour avortements illégaux, déclarée malade mentale et internée.

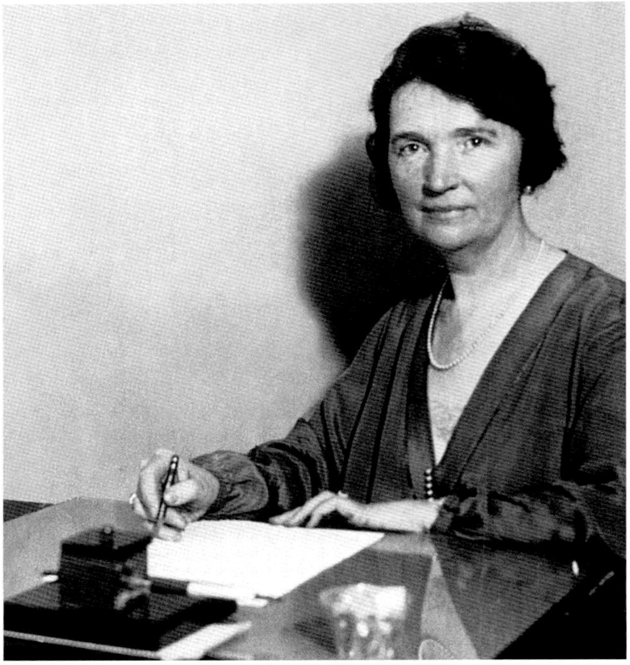

Margaret Sanger.

Margaret Sanger

1879-1966, États-Unis

Pionnière du contrôle des naissances.
Enfant, elle voit sa mère mourir d'épuisement en accouchant de son onzième enfant. Plus tard, lorsqu'elle travaille comme infirmière dans une maternité d'un des quartiers les plus pauvres de New York, elle voit les femmes mourir des suites d'un avortement. Refusant de borner son rôle à l'aide aux mourantes, elle crée en 1914 la revue *Femme en révolte* où elle prône le *birth-control* au nom de l'équilibre familial et de la prévention de l'avortement.
Cela suffit à la faire emprisonner. Elle récidive en ouvrant un dispensaire, le 16 octobre 1916, à Brooklyn. Le succès est total : avant même l'heure de l'ouverture, des immigrantes, pauvres et désespérées, font la queue pendant plusieurs heures. Un mois après l'ouverture, elle est accusée d'obscénité et à nouveau emprisonnée. L'établissement est fermé. Elle refuse de payer une amende et préfère être enfermée dans le pénitencier de Queens Country, où elle prêche la contraception à ses compagnes de cellule. Libérée, elle ouvre la première clinique américaine de contrôle des naissances en 1921.
Ayant acquis une renommée nationale, puis internationale, la néo-malthusienne organise en 1926 une grande conférence sur la population mondiale à Genève. En 1931, elle lance la *Birth Control Review*. C'est seulement en 1950 que le docteur Pincus proposera la première méthode sûre pour bloquer l'ovulation : « la boulette magique ». Margaret Sanger le persuade de mettre sa découverte au service des femmes, et la Food Drug Administration autorise cette pilule à usage contraceptif en 1960.

Stella Browne

1880-1955, Angleterre

Féministe, communiste, puis travailliste.
Elle est l'une des fondatrices de la Malthusian League, qui préconise la limitation des naissances pour des raisons économiques et politiques. En 1936, elle appuie la création de l'Abortion Law Reform Association. C'est certainement grâce à cette lutte que deux ans plus tard l'avortement est autorisé en Angleterre en cas de « détresse physique et mentale ».

Mary Stopes

1880-1956, Grande-Bretagne

Médecin.
En 1921, elle fonde la Society for Constructive Birth-Control and Racial Progress. Elle s'appuie sur les principes définis par l'Américaine Margaret Sanger et sur les néo-malthusiens anglais comme Stella Browne. Elle fait des conférences, publie des livres,

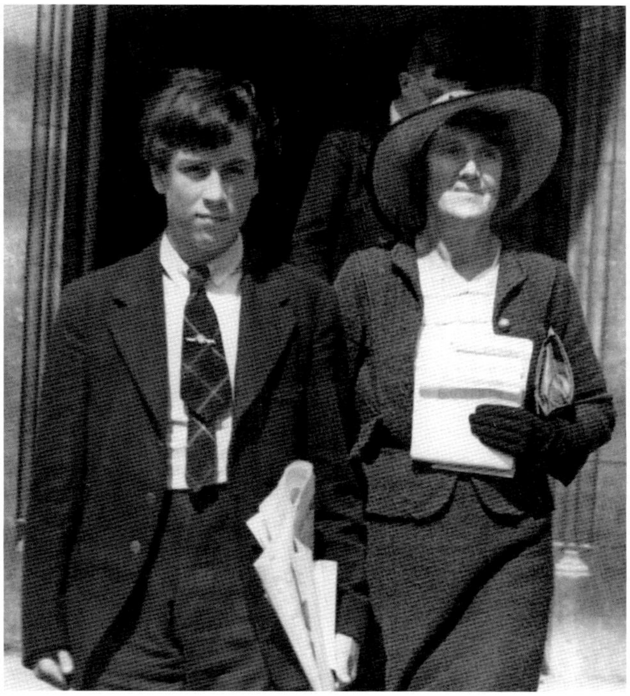

Mary Stopes accompagnée de son fils.

dont *Married Love* (1918), et suscite ainsi un puissant mouvement en faveur de la contraception. Mary veut non seulement que les femmes contrôlent leur reproduction (en évitant l'avortement), mais aussi qu'elles s'épanouissent sexuellement. Elle fonde une clinique à Halloway, quartier pauvre de Londres. Grâce à elle, il y aura en Angleterre plus d'une centaine de centres d'information anticonceptionnelle, en 1939, dont les deux tiers fonctionnent à l'aide de fonds publics.

Nelly Roussel

1884-1922, France

Féministe.

En 1904, elle réclame un « salaire de la maternité ». Néo-malthusienne, elle veut donner aux femmes les moyens de contrôler leurs accouchements et milite pour « la maternité consciente » ; cette expression est beaucoup plus positive que « limitation des naissances », employée par le pasteur Malthus. Il est vrai que, lui, voulait empêcher les pauvres de faire trop d'enfants qu'ils ne pouvaient nourrir, alors que Nelly souhaite voir la femme devenir indépendante et non esclave des grossesses à répétition. Le projet politique est tout autre ; celui de Nelly Roussel et des anarchistes néo-malthusiens est de refuser de « donner » des garçons, chair à canon et bras à exploiter par les patrons, ou des filles, chair à plaisir pour les bourgeois.

Gisèle Halimi

née en 1927, Tunisie/France

Avocate féministe.

À dix-huit ans, en 1945, elle vient à Paris étudier le droit et devient avocate. Lors du premier procès où elle est commise d'office, elle n'est pas loin d'accoucher. Elle subit aussi un avortement avec l'horreur d'un curetage à vif. Maître Halimi défend Djamila Boupacha, une jeune militante algérienne, torturée par des parachutistes français ; la France ne peut plus ignorer « la sale guerre ». Avec Simone de Beauvoir, elle signe le manifeste des 343 femmes qui

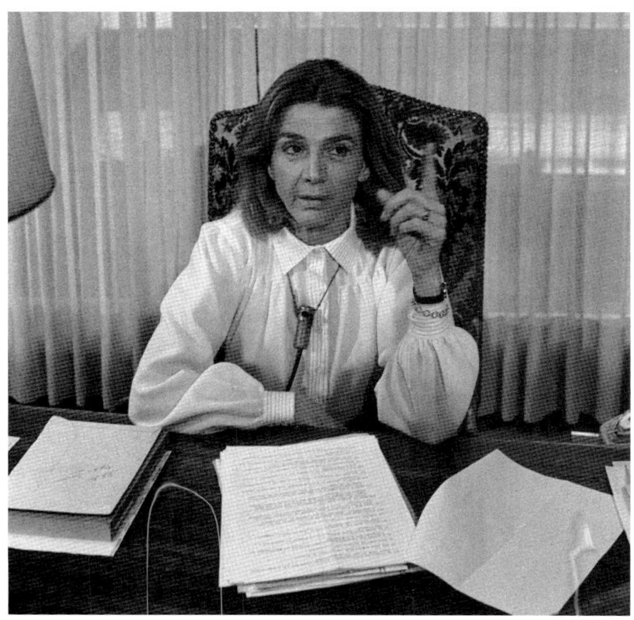

Gisèle Halimi, 1977.

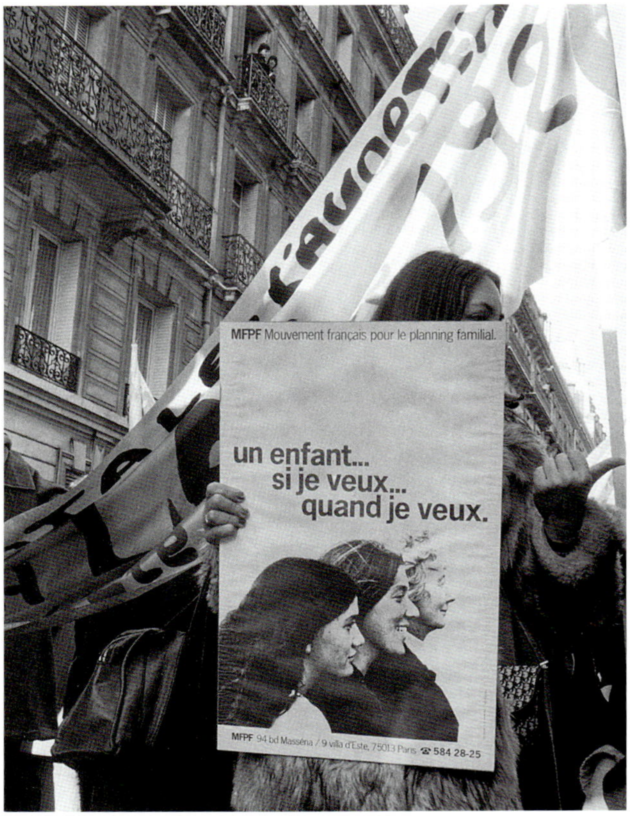

Manifestation pour l'avortement et la contraception, Paris, 1979.

osent déclarer publiquement qu'elles ont avorté, alors que c'est interdit. L'avocate fonde l'association Choisir, qui milite pour le droit de « choisir de donner la vie ». En 1971, elle défend Marie-Claude, une jeune accusée de seize ans, et maître Halimi en profite pour dénoncer une loi injuste qui interdit l'avortement aux femmes qui ne sont pas assez riches pour aller en Suisse. De grandes personnalités viennent témoigner au procès. L'accusée est relaxée et une bonne partie de l'opinion française la soutient – ce qui favorisera l'adoption de la loi Veil, quatre ans plus tard. Gisèle Halimi a donc joué un rôle important pour que les femmes jouissent de leur « liberté première, essentielle ». Elle défend ensuite les femmes battues et/ou victimes de viols. Elle est députée de l'Isère en 1981 et ambassadrice à l'Unesco en 1985. En 2008, elle milite pour une « Clause de l'Européenne la plus favorisée », qui permettrait de tirer vers le haut la législation en faveur du droit des femmes des vingt-sept pays membres de l'Union européenne.

Rebecca Gomperts

née en 1966, Pays-Bas

Médecin féministe ; fonde *Women on Waves* en 1999 : un bateau pour avorter.
Dans le monde, une femme meurt d'avortement clandestin toutes les six minutes, le plus souvent dans d'atroces souffrances. En Europe même, certains pays ont encore des législations très répressives qui obligent les femmes à avorter illégalement, avec tous les dangers que cela comporte. Rebecca décide de réagir et crée une clinique flottante, basée dans les eaux non territoriales, qui doit pouvoir venir en aide aux femmes des pays interdicteurs. En 2001, le bateau s'approche de l'Irlande. En 2003, les Polonaises s'y pressent malgré les manifestations violentes des conservateurs chrétiens. En 2004, Rebecca se porte au secours des Portugaises ; deux bateaux de guerre lui barrent la route. Le scandale qui s'ensuit provoque une discussion au Parlement, et, après un référendum, l'avortement est déclaré libre au Portugal en 2007.

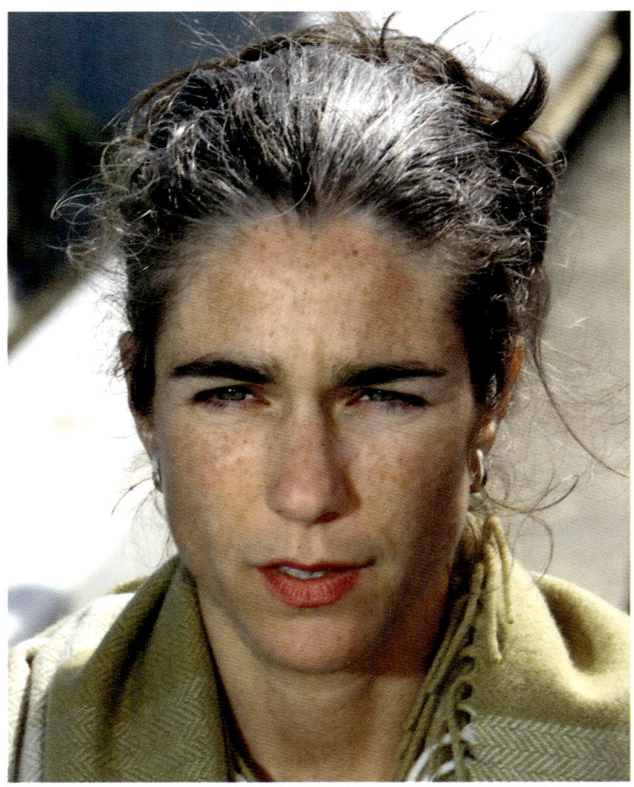

Marthe Richard

1889-1980, France

Elle a fait voter une loi obligeant à la fermeture des maisons de tolérance.

Originaire de Lorraine, où elle exerce le métier de couturière, elle s'installe à Paris à dix-sept ans et se trouve un richissime époux. Elle est une des pionnières pilotes d'avion. Devenue conseillère municipale, elle réussit, le 13 avril 1946, à faire voter une loi qui porte son nom, réprimant le proxénétisme. Les féministes abolitionnistes sont satisfaites de cette tentative d'éradiquer l'esclavage sexuel féminin. Mais, dans les faits, les prostituées travailleront dehors au lieu d'être dans des maisons closes.

Célhia de Lavarène

(dates non communiquées), France/États-Unis

Journaliste, chefe de mission onusienne, vit et travaille à New York.

Lors de missions en Afrique du Sud et au Cambodge, elle découvre les liens entre missions humanitaires et tourisme sexuel. En Slovénie, sous mandat onusien, elle est conseillère politique chargée des relations serbo-croates. En Bosnie, en 2002, elle dirige pendant deux ans plus de deux cents officiers chargés d'infiltrer les milieux de la prostitution forcée et de mener des raids. Elle recueille trois mille témoignages de jeunes Moldaves, Ukrainiennes, Roumaines, âgées de quinze à dix-neuf ans. Cent cinquante-cinq filles sont sauvées, plusieurs bordels sont fermés. Au Liberia, en 2004, elle est chargée par le chef de la mission onusienne de reprendre ce travail. Accompagnée d'une équipe de policiers internationaux, elle découvre que les clients sont de hauts fonctionnaires libériens, des diplomates, des businessmen, des membres d'ONG, des Casques bleus. Elle doit lutter contre des réseaux supranationaux très organisés, qui recrutent leurs proies dans les campagnes, en Europe de l'Est, au Maghreb. (Des mineures sont kidnappées à la sortie de l'école.) Les frontières sont passées en fraude avec la complicité d'« officiels ». À leur arrivée au Liberia, les jeunes femmes sont séquestrées, battues, droguées, violées, avant d'être livrées à la prostitution. Avec de grands risques, Célhia de Lavarène se bat pour démasquer les coupables et sauver les victimes. Elle découvre que l'ONU est au courant des faits, que les réseaux sont connus. À la fin de sa mission, elle n'est pas remplacée. C'est alors qu'elle écrit un livre, *Un visa pour l'enfer – Une femme combat les marchands du sexe*. Elle a fondé l'ONG STOP (Stop Trafficking of People).

Malka Marcovich

née en 1959, France

Consultante à l'ONU, responsable européenne de la Coalition contre la traite des femmes (CATWE).

Avant elle, des féministes ont lutté contre la prostitution, forme moderne d'esclavage, comme l'Anglaise Josephine Butler (qui crée la Fédération abolitionniste internationale dès 1875), ou les Françaises Avril de Sainte-Croix et Marcelle Legrand Falco, fondatrice en 1926 de l'Union temporaire contre la prostitution réglementée. Dans leur sillage, Malka Marcovich s'élève contre la légalisation « du crime organisé », sachant que les proxénètes gagnent des millions de dollars et que certains bordels sont cotés en Bourse. Mettre à disposition des « besoins » mâles les corps les plus vulnérables relève d'une vision archaïque de la sexualité. En 2006, à l'occasion de la Coupe du monde de football en Allemagne, elle lance une campagne avec le slogan : « Acheter du sexe n'est pas un sport ».

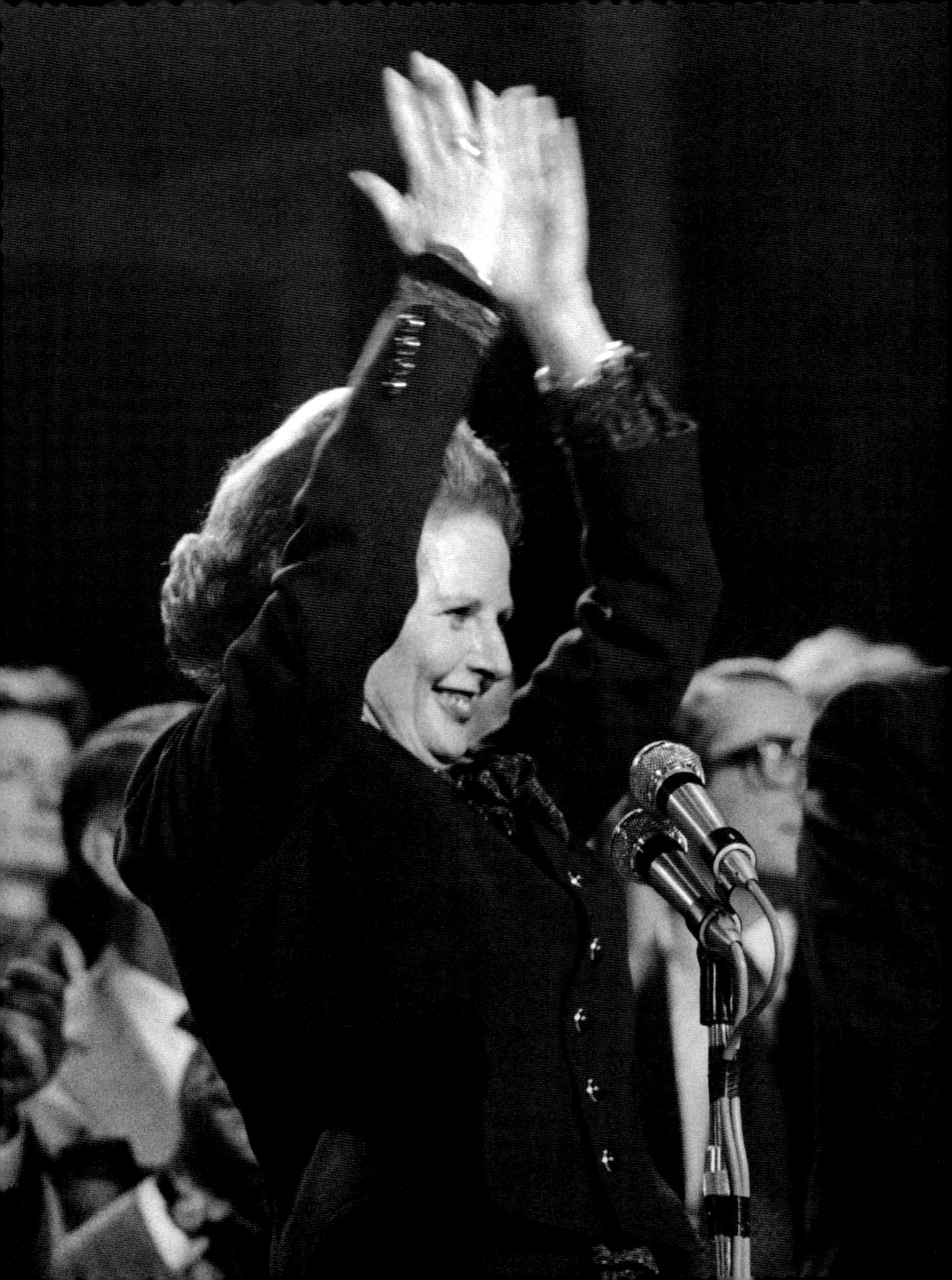

Margaret Thatcher à Blackpool, en 1979.

À la conquête du pouvoir

« Les femmes qui ont voulu sortir de la vie intérieure pour se hisser dans la vie extérieure, sur les tréteaux de la politique, ne sont pas des femmes ; ce sont des êtres sans sexe, scandalisant la nature plus encore que la société. »

Lamartine

Novembre 2008 : Barack Obama est élu président des États-Unis. Dans la plus puissante nation du globe et dans le monde entier, des millions de personnes manifestent leur joie : un Noir accède au plus haut poste du pouvoir, alors que son grand-père n'avait pas le droit de pénétrer dans bien des restaurants américains. Après des décennies de racisme, cet événement est une fabuleuse victoire.

Si **Hillary Clinton** était devenue présidente des États-Unis, c'eût été la même chose. Pour la première fois, dans ce pays éclairé par la statue de la Liberté, une femme aurait accédé au pouvoir suprême, alors que ses aïeules n'avaient pas le droit de vote. Jusqu'à une époque récente, dans le monde entier – et encore de nos jours dans certains pays –, les filles n'ont pas eu droit à l'instruction, l'accès aux grandes écoles leur était interdit et de nombreuses professions leur étaient proscrites ; les femmes ont été soumises à un régime d'apartheid. Dans un monde de domination masculine, régi par un système d'infériorisation générale des femmes, chaque fois que l'une d'elles prend la direction d'un pays, c'est un pas vers la justice et vers la démocratie.

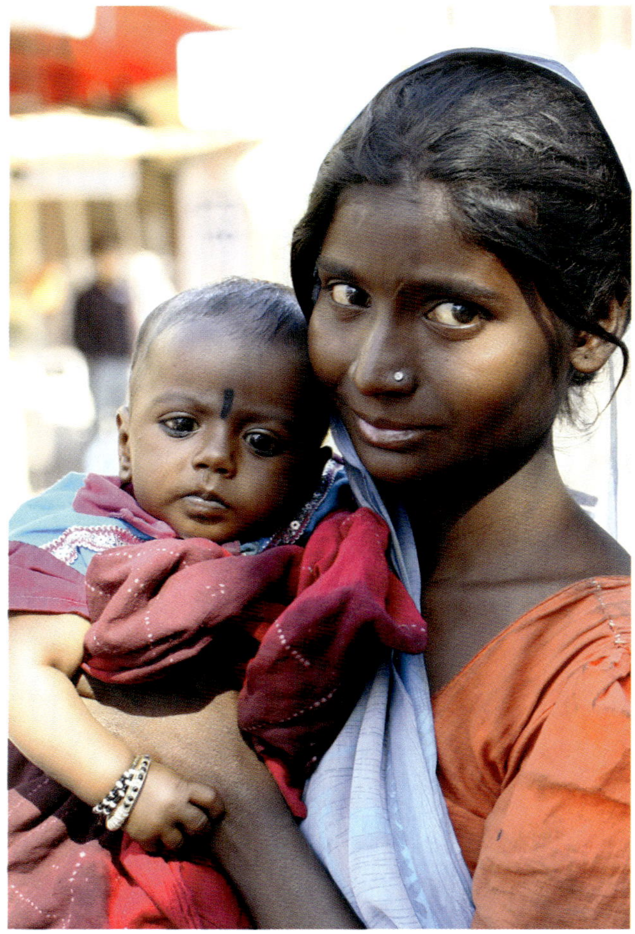

En Inde, les petits garçons ont plus de chance de survivre que les petites filles.

Cependant, une victoire contre le sexisme ne semble pas avoir autant d'importance qu'une victoire contre le racisme. La misogynie serait-elle encore plus ancrée ? Qui a pavoisé, en 1993, lorsque **Tansu Çiller** est devenue Premier ministre en Turquie, et **Sylvie Kinigi** au Burundi ? Qui connaît le nom de **Janjmaa Sühbaataryn**, qui fut présidente de Mongolie en 1953 ? et celui de **Vigdís Finnbogadóttir**, présidente de l'Islande en 1980 ? Des « penseurs » ont longtemps argumenté qu'une femme ne pouvait pas devenir un être politique, que c'était contraire à la loi de la nature, à son essence ; la société, selon eux, voguait à sa perte si une femme sortait de « son » rôle. Les hommes ne voulaient surtout pas céder « leur » place et ont lutté de toutes leurs forces pour qu'aucune femme n'ait ni la capacité, ni le droit, ni l'occasion de prendre le pouvoir. En 1912, un homme crie son indignation : « L'ambition féminine est sans limite ! Elle a fait de l'associée naturelle de l'homme une insatiable rivale, qui semble avoir juré de le déloger de toutes ses positions ! »

En effet, dans les dernières décennies du XXe siècle et surtout en ce début du XXIe siècle, une trentaine de femmes ont surpassé leurs concurrents au sommet de l'État. C'est bien tard dans l'Histoire et ce nombre est bien restreint, mais ces pionnières ont prouvé que cela était possible. Or, voici que quelques mois après l'élection d'Obama, d'aucuns se disent déçus : il ne va pas tout changer. C'est confondre deux plans. Il est juste qu'un Noir ait été élu, cela n'implique pas que sa politique soit miraculeuse. Il est juste, et encore plus démocratique, puisqu'elles sont en nombre égal aux hommes, que des femmes soient élues. De même qu'il est juste qu'elles aient le droit de vote – même si, comme le craignaient les socialistes et les radicaux au début du XXe siècle, elles risquaient de voter pour « le parti des curés »... L'accès des femmes au pouvoir est, en soi, un progrès pour l'humanité.

Pour autant, la face du monde en a-t-elle été changée ? À quoi bon, soupirent les pessimistes, les femmes au pouvoir sont pires que les hommes ! En tout cas elles sont pareilles. **Sheikh Hasina Wajed** et **Khaleda Zia**, qui dirigent le Bangladesh alternativement, passent leur temps à envoyer des troupes l'une contre l'autre tandis que le peuple est écrasé par la misère. En fait, ces femmes n'existent pas par elles-mêmes. La première est « fille de », la deuxième est « veuve de », comme Indira Gandhi était « fille de » ; Bhutto « fille orpheline de » ; aux Philippines, **Cory Aquino** « veuve de », puis **Gloria Macapagal Arroyo**, « orpheline de » ; **Sirimavo Bandaranaike**, Sri-Lankaise (première femme au monde véritable chefe de gouvernement en 1960), veuve d'un leader assassiné. Voilà donc la première grande espèce de femmes au pouvoir : dans des pays souvent féodaux, elles incarnent un clan, elles sont une Bhutto, une Gandhi, un peu comme Catherine et Marie, en France, étaient d'abord des Médicis. Elles sont le drapeau et l'arme de la vengeance, une allégorie qui les mène au sommet de l'État, une déesse adulée et martyre. Leur poigne de fer peut faire plier sous le joug un peuple affamé et ignorant. Dans le pays d'**Indira Gandhi**, il manque aujourd'hui 60 millions de personnes de sexe féminin : elles ont été tuées, soit dans le ventre de leur mère, soit à la naissance, petites filles ou même femmes mariées. Et, dans le pays de **Benazir Bhutto**, des écolières sont menacées de mort si elles persistent à vouloir aller à l'école, des femmes sont vitriolées au moindre désir de liberté. Ces dirigeantes appartenaient à la caste dominante, et leur premier souci n'était pas le bien commun – comme c'est le cas de nombreux dirigeants masculins.

Il est de fait que, souvent, des femmes n'ont accès au domaine réservé des hommes, à la sphère du pouvoir politique, qu'en jouant des coudes d'autant plus fort que leur sexe est au départ donné perdant. Elles vont alors allègrement renier le féminin qui est en elles et oublier, voire mépriser, les autres femmes, et vont renforcer le côté « mâle » de leur personnalité. Les trois grandes premières pionnières qui ont dirigé leur pays, **Indira Gandhi**, **Golda Meir** et **Margaret Thatcher**, ont été des guerrières. Ces « dames de fer » ont hélas bien prouvé leur « virilité » !

Hillary Clinton et Barack Obama : un accès à la présidence des États-Unis pour un Noir ou une femme est dans tous les cas un grand pas vers la démocratie.

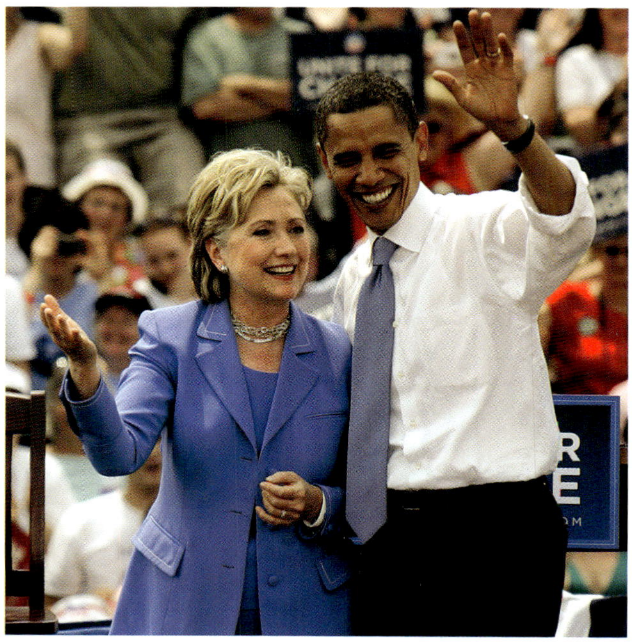

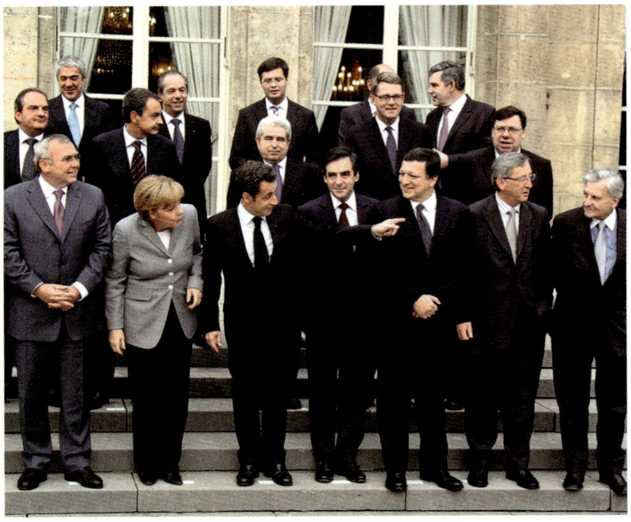

Réunion des gouvernants de la zone euro en 2008 : l'exception est d'être femme.

Loin de cette « mâle attitude » affichée, une **Ellen Johnson-Sirleaf**, par exemple, dirige le Liberia comme une bonne mère, qui gronde ses enfants égarés, soutient les victimes et les faibles ; on la surnomme Old Ma. Et **Mame Boye Madior**, Premier ministre du Sénégal, déclare : « On m'attend avec l'épée, je réponds avec le sourire. » Pour mettre fin à la terrible guerre civile entre Libériens, **Sando Ruth Perry** dit avoir utilisé sa « sensibilité de femme et de mère ». Cet argument a souvent été employé par les femmes qui voulaient avoir le droit de voter et d'entrer en politique : nous administrons fort bien notre famille, nous pouvons de même veiller sur la nation.

Dans un Occident qui, non sans luttes, a permis aux femmes de s'instruire et d'avoir peu à peu des droits identiques à ceux des hommes, les dirigeantes peuvent parvenir au pouvoir par leurs mérites propres. À condition d'affronter le poids de la misogynie. Combien de femmes chefes d'État, dans la vieille Europe, entre **Margaret Thatcher** en 1979 et **Angela Merkel** en 2005 ? (On peut d'ailleurs noter la différence de style entre l'Anglaise, pionnière absolue, cramponnée à l'idée de ne surtout pas appartenir au sexe dit faible, et la chancelière qui gomme tranquillement la différence des sexes.) Entre les deux, une zone molle, une **Mary Robinson** en Irlande en 1990, une **Édith Cresson** en France ou une **Kim Campbell** au Canada en 1991, plutôt inefficaces. Il faut attendre 2006 pour que **Myung-Sook** soit portée au pouvoir en Corée du Sud, et, plus médiatisée, **Michelle Bachelet** au Chili, sur ce continent macho où l'année suivante la rejoint **Cristina Kirchner** en Argentine : des dirigeantes pragmatiques, réalistes, des travailleuses, peu portées sur les grandes idéologies mais avançant concrètement – dans la lignée d'Angela Merkel. Fin 2008 encore, sur les dix-neuf dirigeants de la zone euro dix-huit sont des hommes. Les femmes au pouvoir restent bien l'exception.

Exercent-elles le pouvoir autrement ? Un monde plus mixte serait-il un monde plus civilisé ? Est-ce un rêve ? **Julia Kristeva**, grande penseuse franco-américano-bulgare, y croit : « L'action spécifique des femmes au sein de la vie politique permettrait, si elle se réalisait, de revaloriser la partie cachée de notre expérience psychique, celle-là précisément qui contribue à éviter la pensée calcul au profit d'une vie de l'esprit. » Parce qu'elles portent la vie à l'intérieur d'elles-mêmes et s'en détachent, les femmes « sont plus attentives à une vie quelconque ». L'accès au pouvoir politique des femmes est si récent dans l'Histoire qu'il est sans doute trop tôt pour dresser un bilan.

Une lumière en ce sens vient-elle des filles du Nord ? Dirigeantes de pays où l'égalité hommes/femmes n'est pas un vœu pieux, elles conquièrent le pouvoir sans avoir honte d'être des femmes, sans même cacher leur féminisme. Sans, non plus, se croire obligées de singer les hommes, ni de poser à la déesse ou à la sainte. Ainsi, la Finlandaise **Tarja**

Halonen sait diriger son pays, tout en poursuivant son engagement dans de nombreuses organisations civiques, pour la diversité, pour la justice sociale, contre la peine de mort et la guerre en Irak, et tout en soutenant la campagne du Conseil de l'Europe contre les violences faites aux femmes ; avec elle, un autre monde est possible ! Il en est de même pour **Gro Harlem Brundtland**, aujourd'hui présidente de l'Organisation mondiale de la santé (OMS), au pouvoir en Norvège dès 1981 et pendant dix ans, première en Europe à former un cabinet ministériel entièrement paritaire et capable d'élaborer et de mettre en chantier l'idée de développement durable dès 1983. De nos jours, ce concept circule partout… et l'Américain Al Gore a reçu le prix Nobel en 2007 pour avoir attiré l'attention sur ce sujet.

« Le problème en politique, proteste **Helen Clark**, qui occupe vigoureusement le poste de Premier ministre de la Nouvelle-Zélande, c'est que l'on prête souvent plus d'attention à la manière dont les femmes sont habillées qu'à ce qu'elles disent. » Il est temps de les écouter – et de les voir vraiment. Il est temps aussi de prendre conscience de leur vitalité inventive.

Un grand jour à l'Unesco lors de la prise de fonction de sa première présidente, Irina Bokova, le 23 octobre 2009.

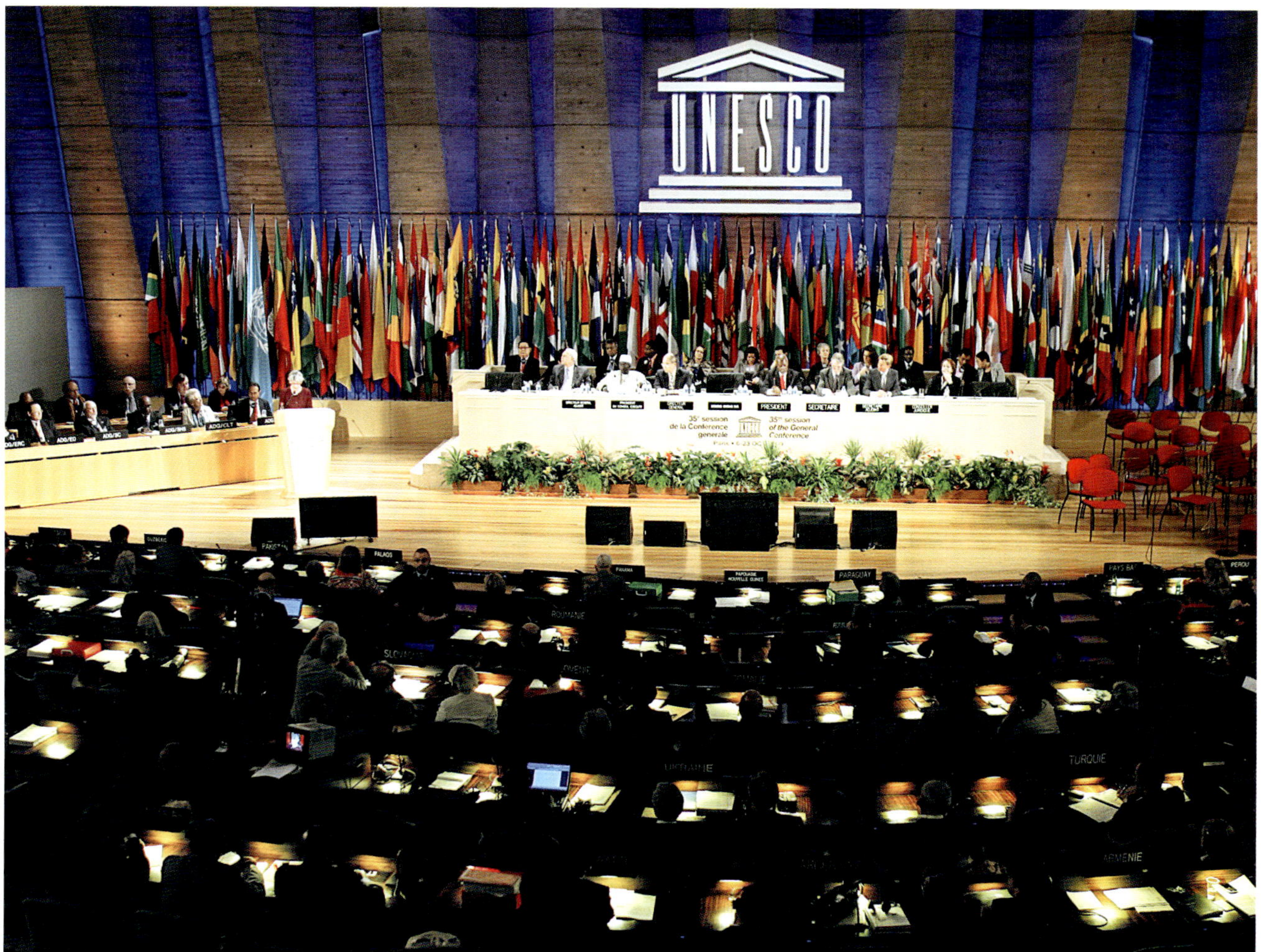

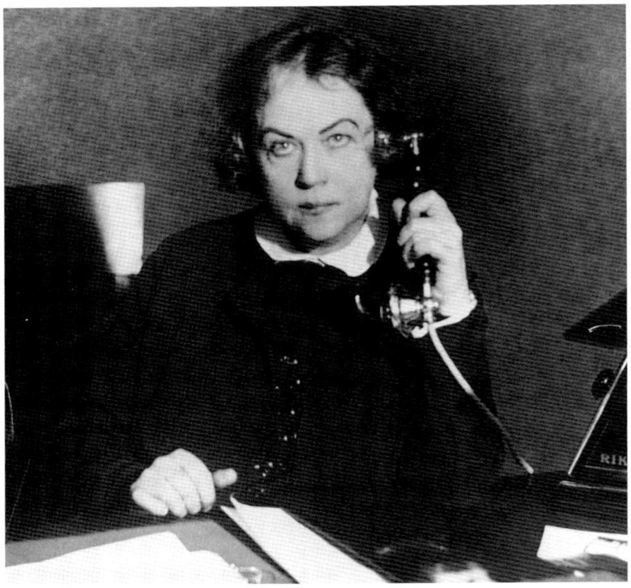

Alexandra Kollontaï

1872-1952, URSS

Première femme au monde membre d'un gouvernement : ministre en 1917.

Fille d'un général ukrainien de l'armée impériale et d'une riche Finlandaise, elle obtient son baccalauréat à seize ans, se marie à dix-neuf avec un ingénieur, met au monde un garçon, divorce et adhère au mouvement social-démocrate en 1889. Elle soutient les grèves ouvrières, étudie à l'étranger, revient en Russie, adhère au parti menchevik en 1906, puis au parti bolchevik en 1917 : elle se montre très active dans la propagande et devient membre du Comité central du parti communiste. Peu après la révolution d'Octobre, elle est la première femme élue au Comité exécutif du soviet de Petrograd, puis Lénine la nomme commissaire du peuple (l'équivalent de ministre) aux Affaires sociales. Bien qu'elle soit quelque peu dissidente face au parti – elle soutient l'opposition ouvrière –, elle fait une carrière de diplomate à l'étranger : elle représente l'URSS en Norvège (à partir de 1923), au Mexique, puis en Suède (jusqu'en 1945). Alexandra surprend dans ce monde politique entièrement masculin. Le nouveau pouvoir soviétique se méfie de ses convictions féministes ; elle affirme en effet que l'aliénation des femmes est un problème politique et développe sa conception des relations amoureuses dans *Place à Éros ailé*. Elle vit en « union libre » avec Pavel Dybenko, chef des matelots de la Baltique, mais est contrainte de l'épouser pour se conformer à la morale du parti. Une fois au pouvoir, elle est pour beaucoup dans la promulgation du Code de la famille, qui établit l'égalité totale entre les conjoints et l'autorité parentale sur les enfants. Plus novateur encore : la femme n'est pas obligée de prendre le nom de son mari. Sa grande idée est que les femmes doivent être libérées par l'État du travail domestique et de la tâche d'élever les enfants. « La séparation de la cuisine et du mariage, affirme-t-elle avec audace, n'est pas moins importante, pour les femmes, que celle de l'Église et de l'État. » Ministre de la Santé en 1920, elle légalise l'avortement. Elle dirige pendant deux ans le Jenotdel, section féminine du Comité central du parti communiste, dont le rôle est d'aider les femmes à participer pleinement à la vie publique : obligation faite aux hommes de payer les pensions alimentaires, application de quotas en faveur des femmes à l'embauche, alphabétisation, lutte contre la prostitution, cours de formation et d'information pour les ouvrières, qui, à leur tour, diffuseront leur savoir.

Margaret Bondfield

1873-1953, Grande-Bretagne

Travailliste, première femme ministre du Royaume-Uni.

À quatorze ans, elle est apprentie dans la boutique d'un drapier. Mais elle parvient à s'éduquer et à se politiser. En 1921, un million de femmes sont syndiquées. Margaret devient la présidente du conseil général du Trades Union Congress (TUC) et ministre du Travail dans le gouvernement McDonald en 1929.

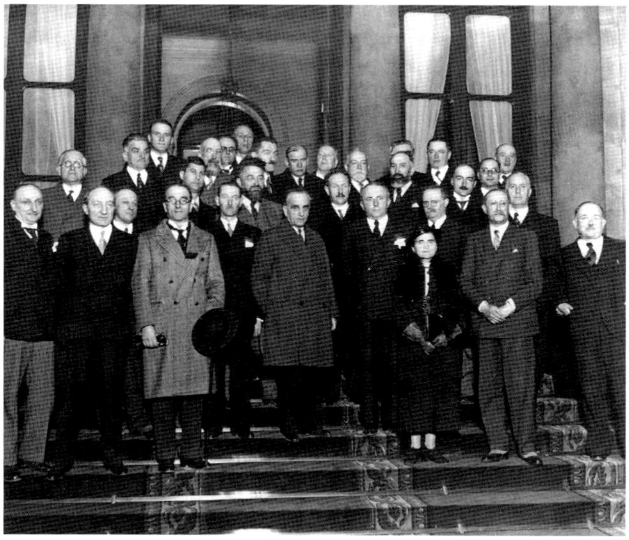

Suzanne Lacore entourée du gouvernement constitué par Léon Blum en 1936.

Suzanne Lacore

1875-1975, France

Sous-secrétaire d'État à la Santé publique, en 1936, au moment du Front populaire.
Elle est en cela pionnière avec Irène Joliot-Curie et Cécile Brunschvicg, même si on ne leur permet pas de s'exprimer au sein du Palais-Bourbon. Institutrice en Dordogne, elle est socialiste et féministe. Elle met en place un service de visiteuses sociales à domicile afin d'améliorer le sort des enfants.

Cécile Brunschvicg

1877-1946, France

Sous-secrétaire d'État à l'Éducation nationale, nommée par Léon Blum en 1936 au moment du Front populaire (avec Irène Joliot-Curie et Suzanne Lacore). Féministe issue de la bourgeoisie intellectuelle, elle devient visiteuse sociale et s'indigne des conditions de travail des femmes. C'est parce qu'elles sont isolées qu'elles peuvent être ainsi exploitées, pense-t-elle, et elle les incite fortement à se syndiquer. En 1917, elle participe à la création de l'École des surintendantes d'usine. Mme Brunschvicg défend le droit au travail des femmes, demandant une égalité de salaire avec les hommes, et que leur soient évités les travaux trop pénibles. Modérée et pragmatique, elle se tiendra toujours à cette position à la fois égalitariste et différentialiste. Présidente de l'Union française pour le suffrage des femmes, elle écrit des centaines d'articles pour que le vote des femmes soit admis. Ils paraissent dans le journal *La Française*, qu'elle dirige.
Ces implications associatives font qu'elle est choisie comme sous-secrétaire à l'Éducation nationale jusqu'en juin 1937, puis comme vice-présidente du Conseil supérieur de la protection de l'enfance et du Conseil supérieur de l'hygiène sociale. Les Français lui doivent la création d'un millier de cantines scolaires et une formation d'instituteurs spécialisés pour les enfants déficients et délinquants.
En 1919, elle s'implique dans la création de l'Union féminine pour la Société des Nations, organise le 10e congrès de l'AISF (Association internationale pour le suffrage des femmes) à Paris en 1926. Elle collabore également à l'Institut international de coopération intellectuelle et s'engage dans la campagne d'une Europe unie.

Cécile Brunschvicg (au centre) récompense le dévouement des infirmières de la Caisse de compensation de la région parisienne dans les années 1930.

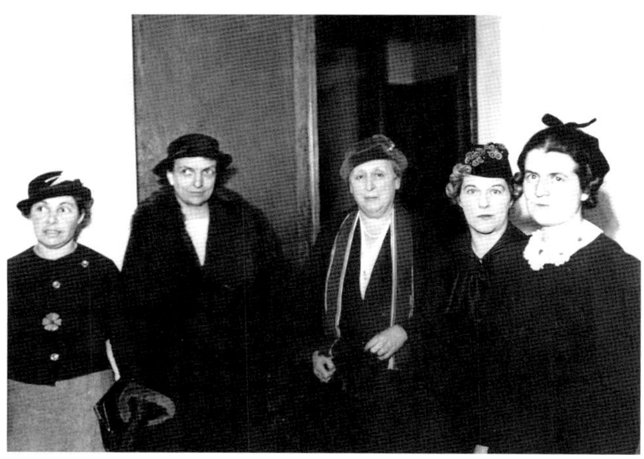

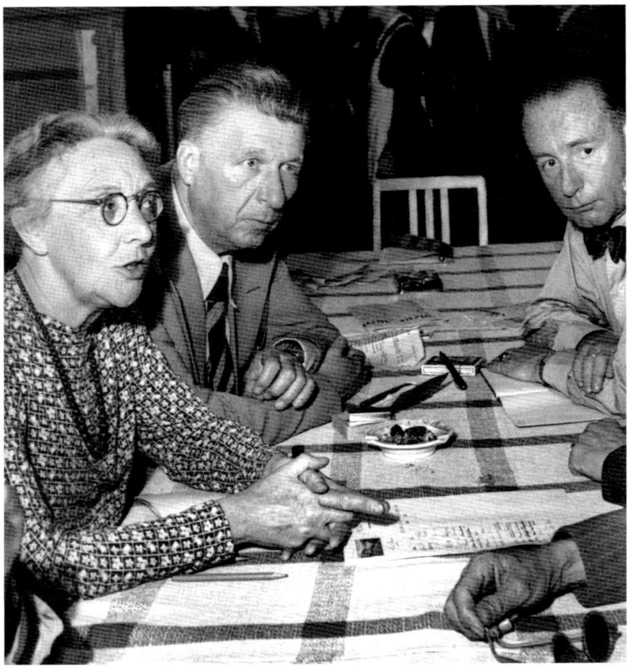

Louise Schröder entourée de ses conseillers à Berlin, 1948.

Louise Schröder

1887-1957, Allemagne

Femme politique, militante du parti SPD, elle est la première femme à être membre du Bundestag pendant la république de Weimar.
Elle aide à fonder l'Arbeiterwohlfahrt (l'Institut du bien-être des travailleurs). Comme elle participe beaucoup à ce mouvement, elle est l'objet de suspicions de la part des nazis dans les années 1930-1940 pour ses opinions socialistes. Elle est même renvoyée de la faculté allemande de politique où elle donnait des conférences depuis 1925. Dès 1945, elle lutte pour rétablir la démocratie en Allemagne, en tant que membre du Conseil de la ville.
En 1947, elle déploie une éloquence vigoureuse pendant le blocus des Soviétiques et devient maire de Berlin. Infatigable, elle fait partie du comité de fondation de la Freie Universität de Berlin. Après la division de l'Allemagne, elle devient maire de Berlin-Ouest de 1948 à 1951, puis membre du Parlement européen. De 1946 à 1951, elle édite le magazine *Das sozialistische Jahrhundert* (*Le Siècle social*). Son courage et sa popularité lui valent d'être décorée de la grand-croix du Mérite et d'être nommée première citoyenne d'honneur de Berlin en 1957.

Anna Kéthly

1889-1976, Hongrie

Première députée hongroise en 1922, sous un régime très conservateur.
Membre du parti social-démocrate (seul parti de gauche autorisé), elle est l'unique femme députée. Aussi s'engage-t-elle pour soutenir les droits des femmes, en particulier le combat pour le vote féminin, mené depuis 1903 par l'Association féministe, fondée par Ágnes Szabó.

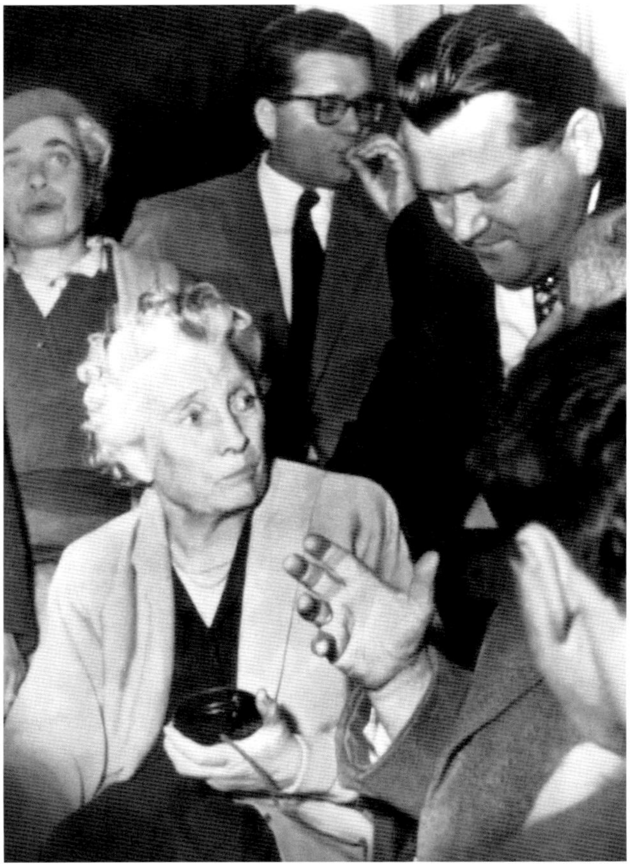

En route pour New York, Anna Kéthly fait escale à Francfort, 1956.

Ana Pauker

1893-1960, Roumanie

Première femme en Roumanie ministre des Affaires étrangères de 1947 à 1952.
À vingt-quatre ans, elle adhère au parti communiste roumain ; à vingt-neuf ans, elle est élue au Comité central. Malgré l'exécution de son mari lors des grandes purges staliniennes de 1938, elle devient membre du Secrétariat du Comité central du parti communiste roumain, puis ministre des Affaires étrangères, enfin vice-Premier ministre. Mais elle est démise de ses fonctions pour « cosmopolitisme » et « déviationnisme », et arrêtée en 1953 – Staline s'est sans doute souvenu qu'elle est née dans une famille de rabbins, sous le nom de Hannah Rabinsohn.

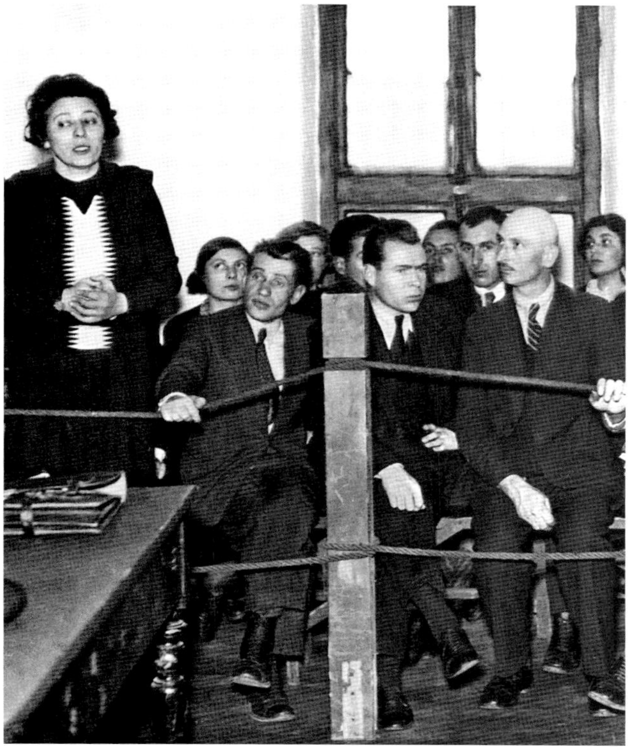

Ana Pauker se défend pendant un procès contre les communistes, 1936.

Germaine Poinso-Chapuis

1901-1981, France

Première française ministre de la Santé publique et de la Population en 1947, dans le gouvernement de Robert Schuman.
Avocate, ancienne résistante et féministe modérée, tendance démocrate chrétienne, elle fait voter des lois sur la protection de l'enfance. Elle lutte contre l'alcoolisme et la prostitution. Elle nomme un cabinet paritaire : cinq hommes et cinq femmes. Elle reste au pouvoir moins d'un an, de novembre 1947 à juillet 1948.
En France, la prochaine ministre femme sera aussi à la Santé publique ; ce sera Simone Veil, vingt-six ans plus tard !

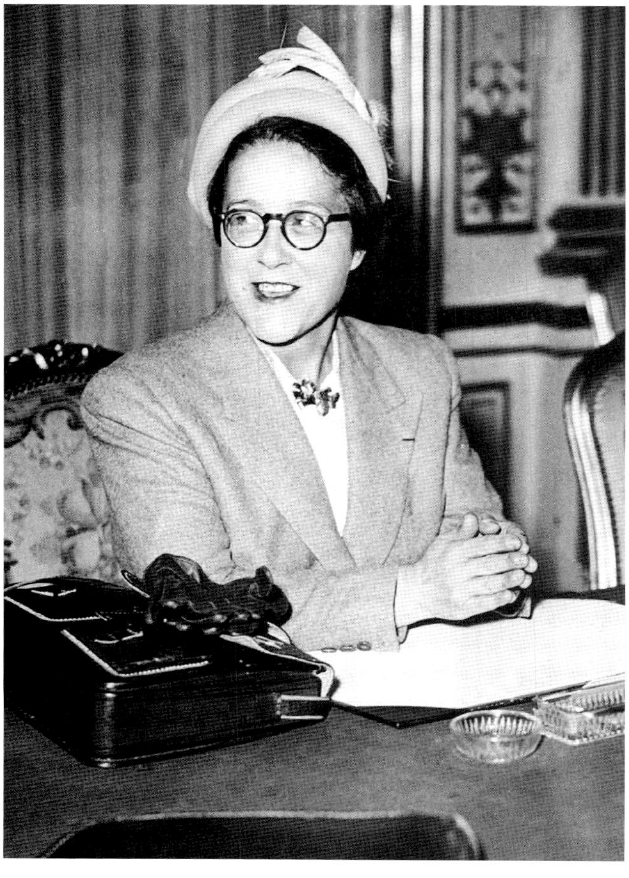

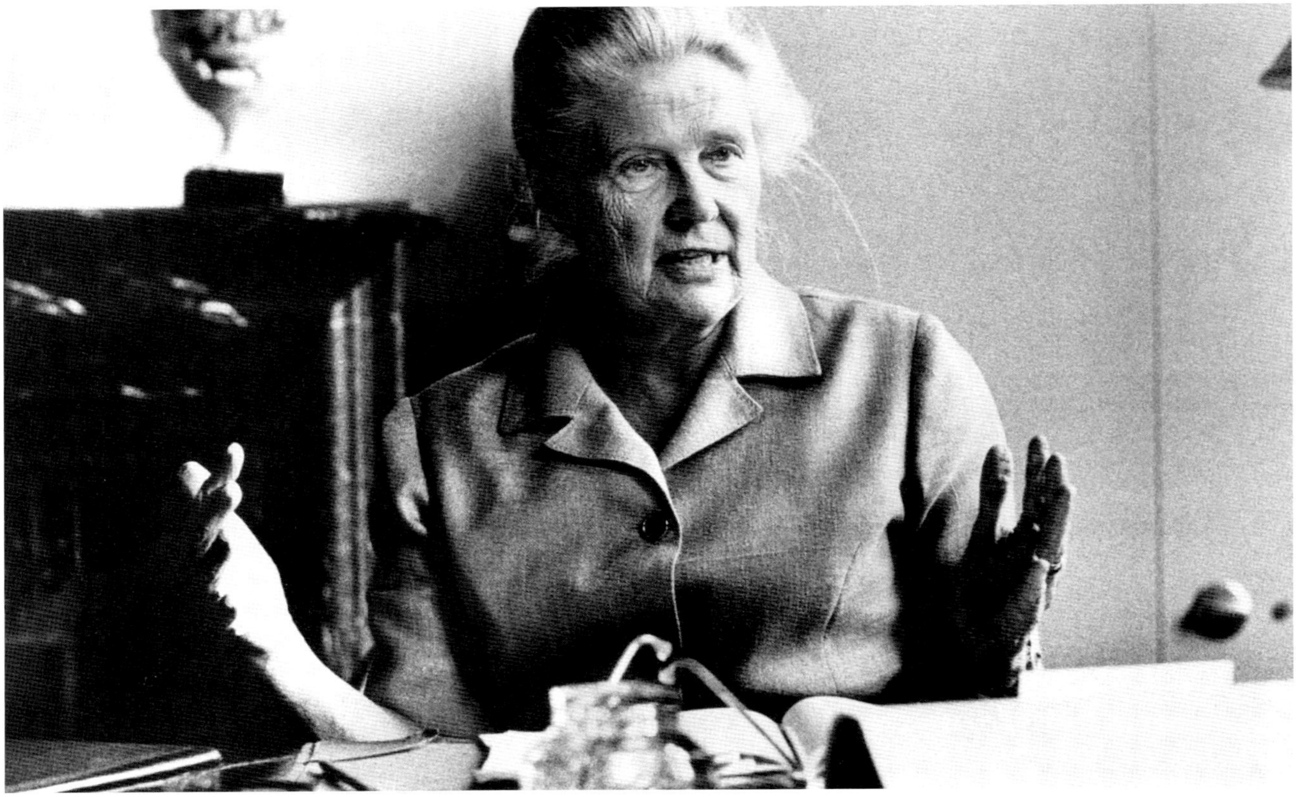

Alva Myrdal

1902-1986, Suède

Première femme à diriger la commission des Affaires sociales de l'ONU en 1949 ; première ambassadrice en Inde en 1955 ; ministre du Désarmement en 1966 ; première femme chefe de délégation à la conférence de Genève sur le désarmement de 1962 à 1973. Prix Nobel de la paix en 1982.

Elle influence fortement le gouvernement suédois social-démocrate, au pouvoir à partir de 1932, dans sa politique progressiste pionnière en faveur des femmes : congé de maternité en 1936, contraception en 1938. Sociologue de formation et féministe dans l'âme, elle veut libérer les femmes des grossesses non voulues en autorisant l'avortement, mais également donner de bonnes conditions aux femmes qui désirent être mères (crèches, repas gratuits dans les cantines). Dans *Crise dans la question démographique*, elle réclame des allocations familiales et une information soutenue sur la sexualité, la contraception et l'avortement pratiqué légalement, sans danger, par des médecins. Puis elle s'attaque au problème de la menace de guerre. En 1961 elle fonde le Sipri (Institut international pour les recherches sur la paix), qui regroupe des scientifiques du monde entier désireux d'unir leurs recherches en vue du désarmement.

Pour elle, il y a un temps pour chaque problème : « Dans les années 1930, je me suis consacrée à la politique familiale, dans les années 1940 à la politique scolaire, dans les années 1950 à la politique d'aide au tiers-monde, dans les années 1960 aux questions de désarmement et dans les années 1970 aux relations entre l'Église et l'État. » À quatre-vingts ans, elle tire vigoureusement la sonnette d'alarme : « La guerre est un assassinat. Et les préparatifs militaires que l'on fait aujourd'hui ont pour but un assassinat de masse. Au siècle de l'atome, les victimes se compteront par millions. Le siècle où nous vivons ne mérite qu'un seul nom : c'est l'ère de la barbarie. »

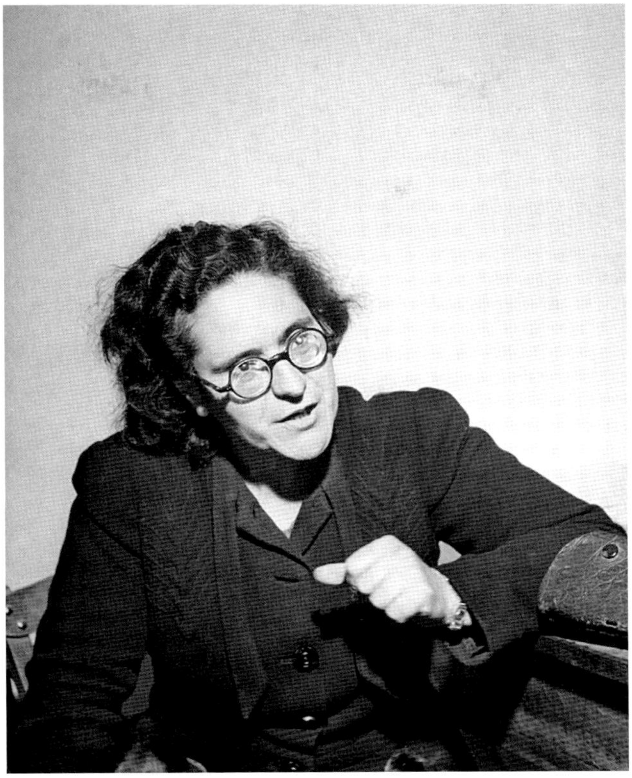

Federica Montseny

1905-1994, Espagne

Première femme ministre en Europe occidentale en 1936.

Anarchiste, militante à la FAI (Fédération anarchiste ibérique), affiliée à la CNT (Confédération nationale du travail), elle en devient membre du Comité national. Il est si rare de voir une Espagnole monter à la tribune des meetings qu'on la surnomme « la femme qui parle ». Au sein du *Frente Popular*, gouvernement d'union de la gauche, Largo Caballero la nomme ministre de la Santé. Elle développe un ambitieux programme de soins et de préventions. Féministe convaincue, elle légalise l'avortement dès octobre 1936, crée des centres de formation pour les femmes (en particulier pour reclasser les prostituées), et recrute des femmes aux postes les plus importants des services de santé. Elle est aussi une écrivaine prolifique.

Nafisa Sid Cara

1910-2002, France

Née en Algérie, membre du gouvernement français de 1959 à 1962.

Première femme ministre de la Ve République. Elle milite activement en faveur des droits sociaux des femmes, et est à la tête du mouvement pour la suppression du voile des musulmanes. Mais son engagement pour l'Algérie française ne va pas dans le sens de l'histoire : elle est la sœur de Chérif Sid Cara, coprésident, avec le général Massu, du comité putschiste, qui tente de renverser par la force le président de Gaulle. Professeure de lettres (françaises), puis élue députée d'un quartier d'Alger en 1958 à l'Assemblée nationale (française), elle est nommée par Michel Debré « secrétaire d'État chargée des questions sociales en Algérie et de l'évolution du statut personnel de droit musulman ». Elle est ensuite inspectrice générale des affaires sociales jusqu'en 1975, puis, à partir de 1979, membre de la Commission nationale chargée de l'étude des problèmes des Français musulmans.

Elle est faite commandeure dans l'ordre de la Légion d'honneur en 2001.

Le Premier ministre français Michel Debré présente son gouvernement au général de Gaulle. Nafisa Sid Cara (au deuxième rang, troisième en partant de la droite) est la seule femme.

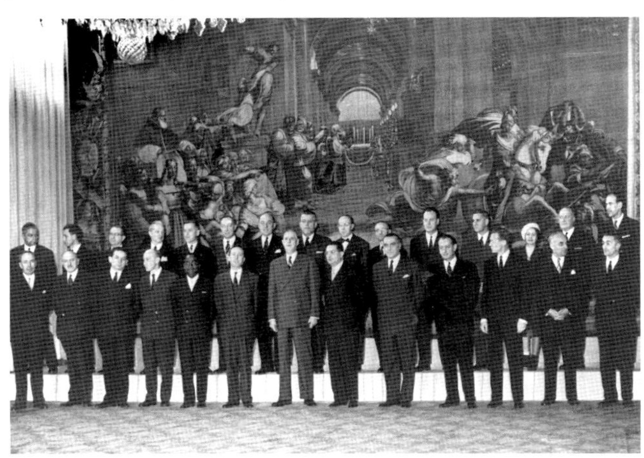

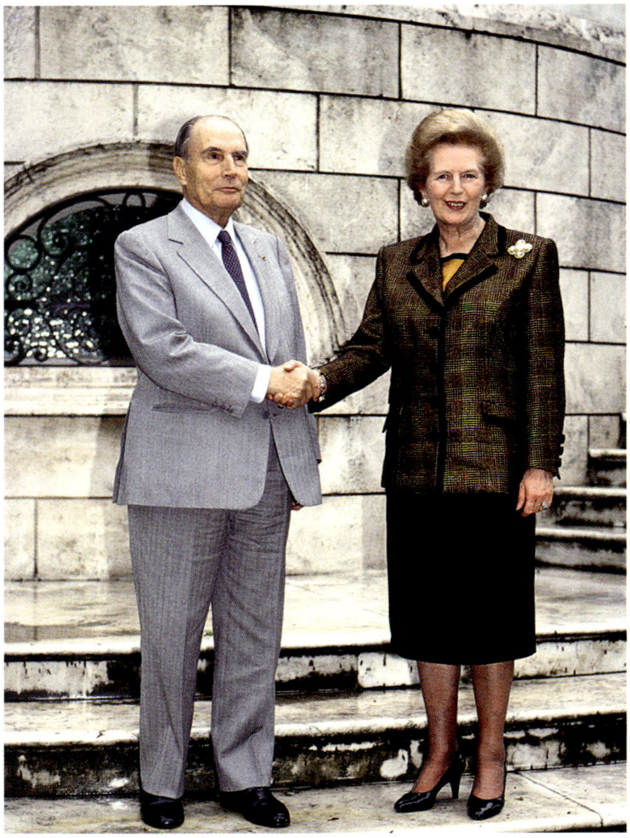

Margaret Thatcher et le président François Mitterrand lors du sommet européen de 1990, à Rome.

Margaret Thatcher

née en 1925, Grande-Bretagne

Premier ministre de 1979 à 1990.

Maggie Roberts, fille d'un épicier, obtient une bourse pour faire des études de chimie à Oxford, où elle prend très vite le leadership des étudiants conservateurs. Elle opte pour un mariage de raison avec le riche Denis Thatcher et accouche de jumeaux. Une gouvernante puis la pension pour ses fils lui laissent le temps de poursuivre des études de droit et d'être élue députée conservateur en 1959. Elle s'acharne au travail, dormant à peine trois ou quatre heures par nuit ; elle est admirée pour sa mémoire d'éléphant, haïe pour ses manières hautaines et sentencieuses. En 1962, elle est nommée sous-secrétaire d'État à la Sécurité sociale, puis au Logement, au Trésor et à l'Énergie. Chargée de l'Éducation en 1970, elle se fait remarquer en supprimant la distribution de lait gratuite dans les écoles. La presse se déchaîne et lui fait une réputation d'insensible. Présidente du parti conservateur en 1975, elle claironne le credo libéral qui ne la lâchera pas : chacun doit pouvoir travailler sans entrave de l'État, dépenser de même, être propriétaire, monter dans l'échelle sociale par son courage et sa combativité, et vive la réussite individuelle ! La sienne, due à son agressivité, à sa force de conviction, à sa redoutable volonté, à son intelligence, c'est de diriger la Grande-Bretagne.

Elle a clairement annoncé un programme de droite, et ne tarde pas à le mettre en œuvre. En 1981, des militants irlandais de l'IRA réclament d'être considérés comme des prisonniers politiques. Elle leur oppose une fin de non-recevoir. Ils entament alors une grève de la faim, provoquant la mort du plus faible, Bobby Sands. Margaret Thatcher ne bronche pas. Vient la mort du deuxième… Elle les laissera mourir ainsi l'un après l'autre, jusqu'au neuvième, refusant d'entendre leur revendication. Elle semble insensible à la souffrance. C'est peut-être en réponse à cette détermination aveugle qu'elle est la cible d'un attentat de l'IRA à Brighton en 1984. Là encore, elle reste de marbre : on balaie les gravats, on emmène les morts (ses collaborateurs) et on se replonge aussitôt dans le programme du colloque. La colère populaire monte, mais elle réussit à faire l'union nationale derrière elle en trouvant un ennemi extérieur au pays : les généraux argentins qui s'adjugent les îles Falkland. Elle leur déclare la guerre, son armée traverse l'Atlantique, écrase l'armée argentine (avec l'appui de son ami le général Pinochet). Gloire aux vainqueurs et à celle qui les a menés au combat. Ainsi triomphe-t-elle aux élections de 1983, puis de nouveau en 1987. Après onze ans de pouvoir quasi absolu, elle démissionne quand elle pressent qu'elle risque de perdre. Elle est anoblie par la reine.

Simone Veil

née en 1927, France

Ministre de la Santé en 1974. Elle est reçue à l'Académie française en 2010.

Simone Jacob est élevée à Nice, dans une famille juive parfaitement intégrée et totalement laïque. Elle passe le baccalauréat le 28 mars 1944 ; le 30, elle est arrêtée par la Gestapo – elle a seize ans, sa jeunesse est finie. Elle apprendra seulement en 1945 qu'elle a été reçue à son examen. Elle connaît l'horreur à Drancy, puis à Auschwitz-Birkenau, où sa mère meurt d'épuisement et du typhus. Une fois libérée, elle a le courage extraordinaire de ne pas rester marquée par la haine de ses bourreaux.

Attachée à la Direction de l'administration pénitentiaire, elle tente d'améliorer les conditions de vie des détenus, surtout en Algérie. À la Direction des affaires civiles, elle rédige une loi sur l'adoption, « dans l'intérêt et pour le bonheur de l'enfant ». Ministre de la Santé, elle œuvre pour l'amélioration des conditions de vie des personnes âgées et des handicapés. C'est à elle que l'on doit l'allongement du congé de maternité et la création du congé parental. En 1976, elle élargit la sécurité sociale à la majorité de la population. En 1979, en tête de la liste RPR-UDF, elle devient présidente du Parlement européen et assume cette responsabilité jusqu'en 1982, puis elle est membre du Conseil constitutionnel jusqu'en 2007. En 2008, elle est élue à l'Académie française (c'est la sixième femme seulement à entrer sous la Coupole).

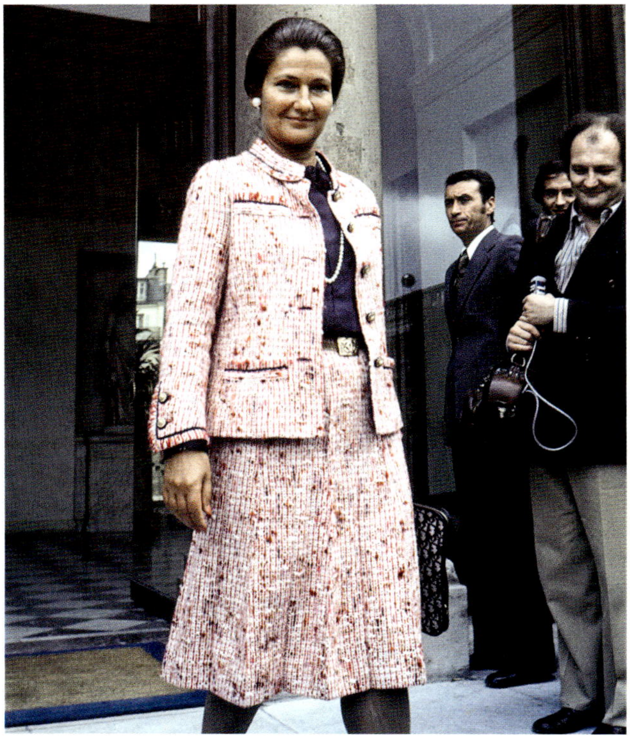

Son action la plus remarquable reste la loi qui porte son nom et qui autorise l'avortement – rebaptisé IVG – sous certaines conditions, votée en 1975. Dès 1974, elle défend avec vigueur et clarté à l'Assemblée nationale le remboursement des contraceptifs et la liberté pour les mineures d'en user. C'est grâce à elle si la loi autorisant la contraception, votée fin 1967, est devenue vraiment démocratique. En novembre 1974, à l'Assemblée, une meute d'hommes déchaînés lui jettent à la tête toutes sortes d'inepties : elle va déclencher une guerre civile, une profonde décadence des mœurs, avec des hommes porcins et des femmes criminelles, des « ogresses qui tuent leurs enfants » ; « la race blanche va disparaître » ; et elle va faire comme les médecins nazis : jeter les enfants au four crématoire. Femme de granit, elle ne plie pas une seconde ; femme de cœur, elle demande qu'on écoute les femmes en détresse, enfermées dans l'opprobre, traumatisées, mutilées par les avortements clandestins ; probe, elle dénonce l'hypocrisie de ceux qui font semblant d'ignorer les centaines de milliers d'avortements qui ont lieu chaque année et l'injustice qui pénalise les femmes pauvres tandis que les riches vont en Suisse ; féministe, elle veut libérer les femmes du fardeau des grossesses à répétition pour permettre leur épanouissement personnel et leur engagement dans la société ; femme de droite, elle argumente que sa loi rétablira l'ordre dans un pays où l'ancienne loi est bafouée quotidiennement.

Et elle gagne. Elle a ainsi contribué à ce que les femmes, en maîtrisant leur fécondité, deviennent des êtres humains à part entière.

Vigdís Finnbogadóttir

née en 1930, Islande

Première présidente d'une nation démocratique en 1980.
Elle est réélue en 1984, en 1988 et en 1992. Elle fait des études de littérature française et de dramaturgie à la Sorbonne, puis en histoire du théâtre à Copenhague, enfin en littérature anglaise et pédagogie en Islande. Divorcée, mère d'une fille adoptive, elle n'hésite pas à innover. Elle défend les droits de la femme, préserve l'écologie et encourage l'accès à une bonne éducation multilinguistique. En 1996, elle renonce à briguer un cinquième mandat et devient présidente de la Commission mondiale de l'Unesco pour l'éthique et la connaissance scientifique et technologique.
Elle fonde le Young International Women's Council, qui se donne pour mission de soutenir les droits des femmes dans le monde.

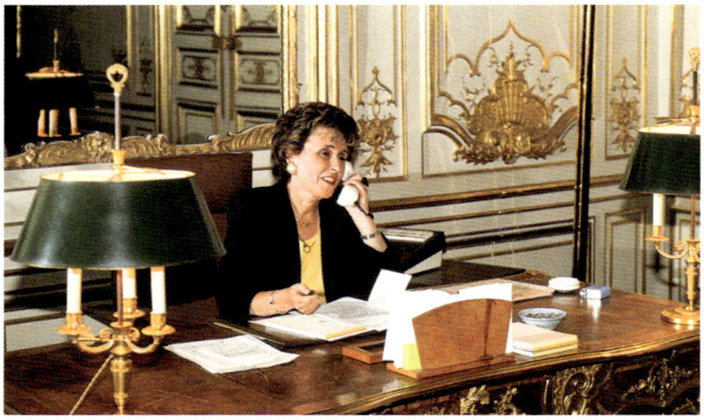

Édith Cresson

née en 1934, France

Seule femme à avoir eu le poste de Premier ministre en France (1991-1992).
Ministre de l'Agriculture en 1981, puis Premier ministre, elle est en butte à des insultes misogynes. Elle nomme cinq femmes ministres. Devenue commissaire européenne en 1994, elle est accusée de favoritisme et se voit dans l'obligation de démissionner.

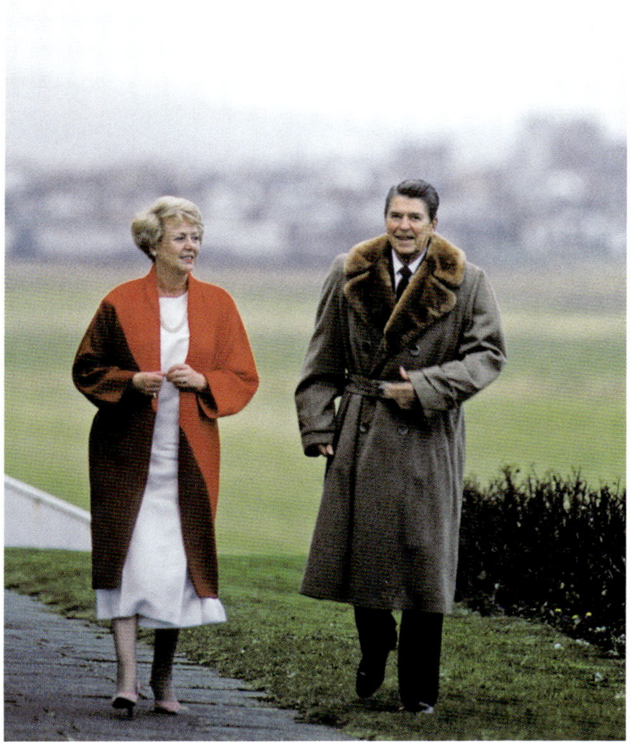

Vigdís Finnbogadóttir et Ronald Reagan lors du sommet de Reykjavík, 1986.

Vaira Vike-Freiberga

née en 1937, Lettonie

Première présidente de Lettonie de 1999 à 2007.
Son père, marin, se noie quelques semaines après sa naissance. Sa famille fuit les massacres de l'Armée rouge et souffre de la faim. Mais elle a une grande force de résilience. De 1954 à 1998, elle vit au Canada où elle obtient un master de psychologie et enseigne à l'université de Montréal. Elle se préoccupe de l'éducation des jeunes, de l'identité lettone et du devenir de son pays. Elle devient vice-présidente du Conseil scientifique du Canada et membre du Conseil mondial des femmes dirigeantes à Harvard. En 1998, elle dirige l'Institut de Lettonie. Elle fait adhérer son pays à l'Otan et à l'Union européenne.

Gro Harlem Brundtland

née en 1939, Norvège

Première Norvégienne Premier ministre en 1981.

Enfant, elle voulait être médecin, comme son père. Elle le sera et deviendra même directrice des services de santé scolaire. Dès l'âge de sept ans, son père l'inscrit à la section enfants du parti travailliste norvégien ; plus tard, elle conduira trois fois ce parti à la victoire. Si elle a pris son père comme modèle, elle l'a dépassé, et n'a pas oublié pour autant d'être solidaire des autres femmes, autrement dit une féministe déclarée et efficace.

Gro fait des études aux États-Unis, obtient un master en santé publique et une bourse d'études par la Harvard School of Public Health. À Oslo, elle travaille au ministère de la Santé à partir de 1965, ainsi qu'à l'hôpital national. Sa réputation de compétence s'élargit et elle devient ministre de l'Environnement (de 1974 à 1979). Elle atteint très jeune (quarante et un ans) le plus haut niveau du pouvoir exécutif en étant nommée Premier ministre. Elle est réélue en 1986 (jusqu'en 1989) et en 1990 (jusqu'en 1996), toujours à la tête du gouvernement social-démocrate.

Son gouvernement est parfaitement paritaire – alors que les femmes sont minoritaires partout dans le monde. Elle a l'idée de créer un fonds de réserves pour les générations futures – elle est donc une pionnière du développement durable, dont on ne parlait pas encore. En 1983 elle dirige la Commission de l'ONU pour l'environnement et le développement, qui remet un rapport intitulé « Our common future » (« Notre avenir à tous »), plus connu sous le nom de rapport Brundtland. On peut y lire ce que les instances dirigeantes semblent seulement découvrir vingt-cinq ans plus tard : la demande énergétique va augmenter de 50 % en Asie ; 1,2 milliard de personnes vivent avec moins de un dollar par jour ; 20 % de la population utilise 80 % des ressources mondiales. La seule solution est le développement durable – ou le développement soutenable (*sustainable development*) –, clairement défini comme « un développement qui répond aux besoins des générations du présent sans compromettre la capacité des générations futures à répondre aux leurs ». Le rapport Brundtland conduira au Sommet de la Terre, à Rio, en 1992.

Elle est à la tête de l'Organisation mondiale de la santé de 1998 à 2003 – c'est la première femme à occuper ce poste de haute responsabilité où elle fait merveille. Elle lutte contre le tabagisme. Parfaitement consciente qu'une démographie galopante appauvrit les pays et que des grossesses à répétition affaiblissent, voire tuent, les femmes, qui sont moteur de stabilité et de progrès, elle œuvre fortement pour la libéralisation de l'avortement, sachant que « 20 millions d'avortements à risque sont pratiqués chaque année ». En 1994, à la Conférence internationale du Caire sur la population et le développement, elle prend la parole pour demander que l'avortement soit décriminalisé dans le monde. C'est un tollé de la part de tous les intégristes, musulmans et catholiques. Elle interroge ces supposés « pro-life » avec pertinence : « Qu'est-ce qu'une morale de la vie, qui accepte la mort en couches de centaines de milliers de femmes, sinon de l'hypocrisie ? » C'est à cette conférence que la notion de « santé reproductive » a été adoptée. Mme Brundtland déclare à la tribune de l'ONU que le rôle de cet organisme est « la réduction des souffrances » humaines dans tous les pays. Il est certain qu'elle-même y contribue fortement.

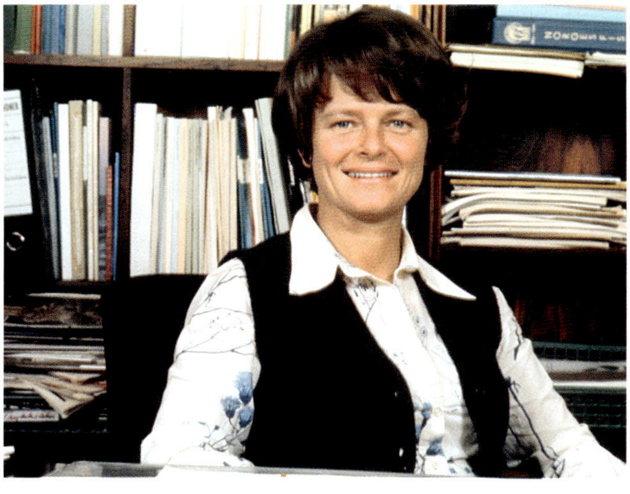

Ruth Dreifuss

née en 1940, Suisse

Première présidente de la Confédération suisse en 1999.
Licenciée ès sciences économiques de l'université de Genève, elle est journaliste, assistante à l'université de Genève, puis secrétaire de l'Union syndicale suisse. En 1993, il faut une manifestation de dix mille Suissesses pour qu'elle soit élue au Conseil fédéral. Elle soutient l'assurance maternité, l'assurance maladie et vieillesse, et s'oppose aux restrictions des droits des étrangers. Elle est la première femme juive à être membre du Conseil fédéral.

Ludmila Jivkova

1942-1981, Bulgarie

Ministre de la Culture, de 1975 à 1981.
Elle fait des études d'histoire de l'art à Oxford et à Moscou, devient présidente du Comité des arts et de la culture en 1975 et membre du Bureau politique du Comité central du parti communiste. Pendant les six ans de son ministère, elle fait rayonner la culture bulgare à travers le monde.

Johanna Sigurdardottir

née en 1942, Islande

Première Islandaise Premier ministre en 2009.
Première dirigeante au monde à ne pas cacher son homosexualité. Mère de deux grands fils, elle est mariée depuis 2002 avec Jonina Leosdottir, écrivaine. Ancienne syndicaliste, cinq fois ministre des Affaires sociales, elle siège depuis 1978 au Parlement l'Althing. Cette ex-hôtesse de l'air prend la tête de l'Islande au moment où l'économie du pays s'effondre dramatiquement et où les épargnants sont ruinés par les faillites des banques. Des mois de manifestations parfois violentes ont fait perdre le pouvoir au centre droit. À la tête d'une coalition de centre gauche, l'Alliance sociale démocrate, s'appuyant sur le parti Gauche-Vert, elle n'hésite pas à s'attaquer aux responsables de la crise. Proclamée Premier ministre par intérim le dimanche 1er février 2009, elle réclame dès le lendemain la démission immédiate des trois directeurs de la Banque centrale ! Actuellement, les deux principales banques nationalisées sont dirigées par des femmes, et la parité est totale au sein du gouvernement.

Tarja Halonen

née en 1943, Finlande

Première femme à être élue présidente de Finlande en 2000, réélue en 2006.
Une femme féministe, pacifiste et altermondialiste à la tête d'un État : la chose est exceptionnelle. Dans sa famille, elle est la première à obtenir son baccalauréat. Elle milite depuis sa jeunesse pour les minorités tziganes et lapones, pour la diversité culturelle, la justice sociale, et préside une organisation de défense des

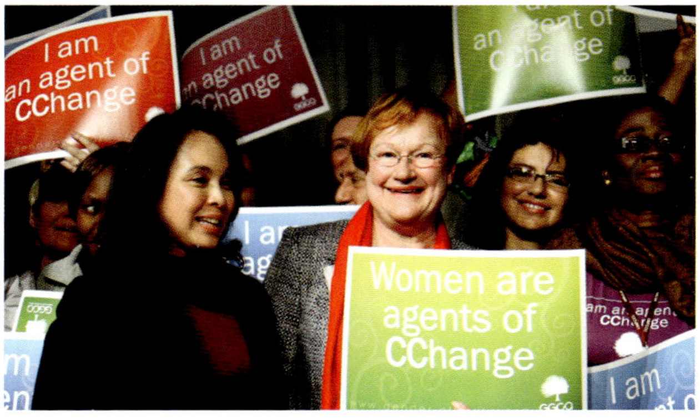

Tarja Halonen (au centre) lors d'une rencontre avec d'autres dirigeantes sur les problèmes climatiques à Copenhague, Danemark, 2009.

homosexuels et des lesbiennes. Membre du parti social-démocrate de Finlande depuis 1971, elle est avocate et juriste syndicale, puis assistante parlementaire du Premier ministre en 1974 et 1975. Sa carrière politique commence véritablement avec son élection en 1977 au conseil municipal d'Helsinki, puis au Parlement (où elle siège pendant plus de vingt ans). Elle est la première Finlandaise à devenir ministre de la Santé et des Affaires sociales de 1987 à 1990, de la Justice en 1990-1991, des Affaires étrangères de 1995 à 2000. Mère célibataire, vivant en union libre avec un homme qui n'est pas le père de son enfant, elle a fini par accepter d'épouser son compagnon à cause de problèmes de protocole lors de séjours à l'étranger. Dans un pays très religieux, où l'Église luthérienne est presque religion d'État, elle proteste contre le fait que les femmes ne peuvent être ordonnées, et n'hésite pas à se dire libre penseuse. Elle est contre la peine de mort et pour la construction d'une Europe de justice sociale. Elle soutient la campagne du Conseil de l'Europe contre les violences domestiques. « Tarja la rouge », comme on la surnomme, a cette phrase lumineuse de justesse : « Il faut absolument mondialiser la démocratie et démocratiser la mondialisation. »

Mary Robinson

née en 1944, Irlande

Première Présidente de la République d'Irlande de 1990 à 1997.

Ses positions comme sénatrice, pendant vingt ans, pour le divorce, pour la contraception, contre la discrimination envers les enfants nés hors mariage, pour les droits des homosexuels, ont pu choquer ce pays très religieux. Pourtant elle est élue, ce qui, symboliquement, est fort : première femme à occuper cette fonction et première travailliste. Mais un président de la République a peu de pouvoirs en Irlande. En 1997,

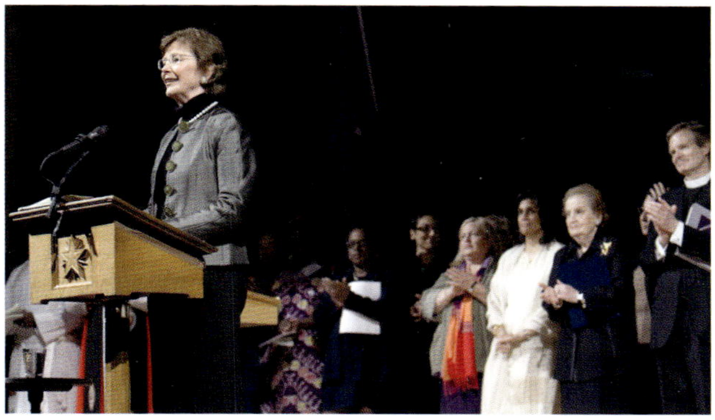

Mary Robinson lors d'un congrès à Washington, le 13 avril 2008.

elle démissionne pour devenir haut-commissaire des Nations unies pour les droits de l'homme, jusqu'en 2002. Elle critique la « sale guerre » de Tchétchénie aussi bien que la prison de Guantanamo. Ni Poutine ni Bush n'apprécient…

Hanna Suchocka

née en 1946, Pologne

Première Polonaise Premier ministre de 1992 à 1993. Elle s'emploie surtout à faire entrer son pays dans l'Otan, « pilier de la sécurité et de la stabilité en Europe », « réelle puissance militaire », et à empêcher les progrès des droits des femmes. Même après la fin de son mandat, elle use de toute son influence, mobilisant les députés démocrates-chrétiens à l'Assemblée du Conseil de l'Europe, pour renforcer la position du pape. Le Saint-Siège fait en effet barrage à la demande de l'ONU de diffuser les moyens contraceptifs et de procurer de meilleures conditions aux femmes obligées d'avorter. Comme le pape, elle juge que ce n'est pas grave si les 50 millions de femmes qui avortent chaque année dans de mauvaises conditions risquent d'avoir des séquelles ou de mourir. Elles n'ont pas droit à ce que l'ONU appelle « la santé génésique » qui inclut le pouvoir de contrôler leur fécondité. On peut qualifier Hanna Suchocka de réactionnaire.

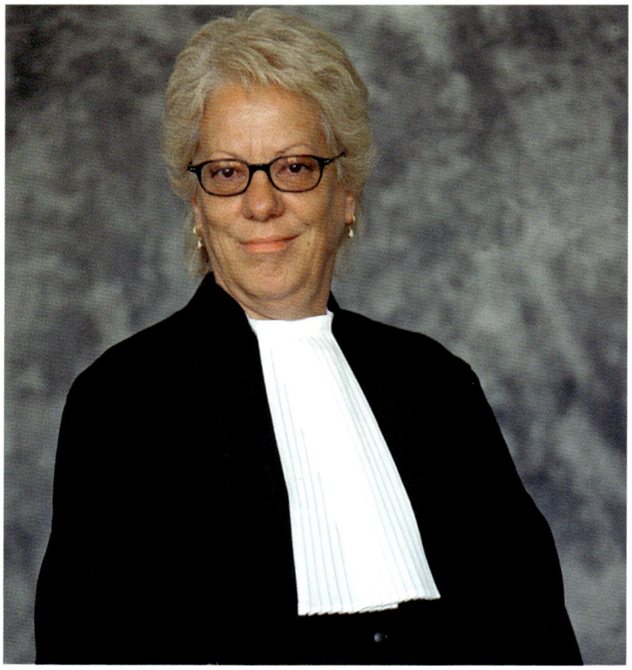

Carla Del Ponte

née en 1947, Suisse

Présidente du Tribunal pénal international de 1999 à 2007.

Magistrate, elle est nommée coprocureure du TPI rwandais de 1999 et 2003, puis procureure générale pour l'ex-Yougoslavie, succédant à la Canadienne Louise Arbour. Elle fait tomber des génocidaires rwandais et continue de traquer les criminels de guerre. Dans son rapport remis en octobre 2007 aux ministres européens des Affaires étrangères, elle rappelle que la Serbie ne coopère pas suffisamment pour permettre l'arrestation de Radovan Karadzic ou du général serbe Ratko Mladic, inculpé de génocide en 1995 pour le massacre de huit mille musulmans. Carla sait que de sa diligence dépend l'espoir des mères et des veuves de Srebrenica. Sa vie est perpétuellement menacée : elle est l'une des personnalités les plus protégées au monde, mais aucune menace n'aura fait faiblir cette femme au courage et à la probité exemplaires. Le 1er janvier 2008, ayant été au bout de son mandat, elle devient ambassadrice de Suisse à Buenos Aires, en Argentine. Elle publie alors un livre, *La Chasse, moi et les criminels de guerre*, dans lequel elle accuse des leaders albanais du Kosovo, dont l'actuel Premier ministre Hashim Thaçi, d'avoir trempé dans un épouvantable trafic d'organes. En 1999, trois cents prisonniers serbes auraient été transportés depuis le Kosovo jusqu'en Albanie, enfermés dans des « cliniques » où des chirurgiens leur auraient prélevé leurs organes avant qu'ils soient tués. Cette pratique rappelle celle des médecins nazis dans les camps de concentration. Carla Del Ponte reconnaît que les preuves sont insuffisantes pour qu'elle puisse ouvrir une enquête. Mais aujourd'hui, après la parution de cet ouvrage, la Serbie va demander au TPI de lancer cette enquête.

Emma Bonino

née en 1948, Italie

Militante féministe depuis les années 1970.

Elle se bat pour la légalisation de l'avortement : en 1978, la loi fasciste de 1932 visant à « défendre la race » est enfin abrogée. Emma est élue députée à partir de 1976 jusqu'en 1994. En 1995, elle est commissaire européenne, chargée de l'aide humanitaire. En 2007, elle est nommée ministre des Affaires européennes et du Commerce extérieur dans le gouvernement Prodi. « La Bonino » est connue à travers l'Europe.

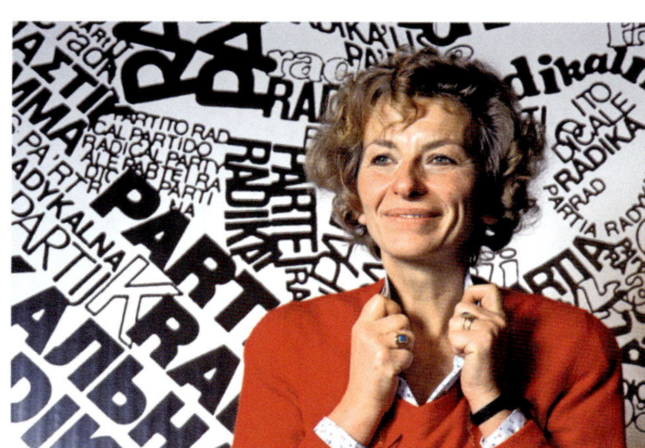

Mary MacAleese

née en 1951, Irlande

Deuxième présidente irlandaise (après Mary Robinson) en 1997 – et la première née en Irlande du Nord.

Avocate, elle enseigne le droit et la criminologie, puis dirige une chaîne de télévision et une compagnie d'électricité. Catholique fervente, nationaliste et conservatrice, elle est très populaire. Elle est la première femme à être vice-chancelière de la Queen's University à Belfast. Élue présidente en 1997 –fait rare encore dans l'histoire politique : elle succède à une autre femme et se présente contre trois autres femmes–, elle est réélue en 2004. Elle se dit féministe, souhaite que les femmes s'imposent aux postes de direction et qu'elles puissent être ordonnées prêtres, mais elle est totalement contre l'avortement et le divorce. Elle se déclare en faveur de la mainmise de l'Église sur l'enseignement. Mais elle n'a en fait guère de pouvoir.

Irina Bokova

née en 1952, Bulgarie

Première femme élue directrice générale de l'Unesco en octobre 2009. Au cinquième tour de scrutin, elle l'emporte sur l'Égyptien Farouk Hosni.

Fille d'un dirigeant du parti communiste bulgare, elle étudie à l'Institut des relations internationales, devient conseillère aux Nations unies à New York, puis coordinatrice des relations de la Bulgarie avec l'Union européenne et ambassadrice de la Bulgarie en France. Elle est députée et vice-présidente de la commission des affaires étrangères de 2001 à 2005. Ses liens avec l'Unesco sont en place depuis 2005 (ambassadrice) et 2007 (membre du Conseil exécutif). Divorcée, mère de deux enfants, elle parle parfaitement l'anglais, le français, l'espagnol et le russe. À peine élue, cette amie de Simone Veil se rend au Women's Forum de Deauville (le « Davos féminin »), montrant ainsi qu'une de ses principales priorités est l'égalité hommes/femmes, passant par la lutte contre les stéréotypes sexistes.

Ségolène Royal

née en 1953, France

Femme politique, présidente de la Région Poitou-Charentes. Première femme en France à accéder au second tour de l'élection présidentielle en 2007 (la première Française à se présenter à une élection présidentielle est Arlette Laguiller, en 1974).

Licenciée en sciences économiques à l'université de Nancy, puis diplômée de Sciences Po en 1978 et adhérente au parti socialiste la même année, elle entre à l'ENA, où elle rencontre François Hollande qui devient son compagnon. Elle est chargée de mission au secrétariat général du président François

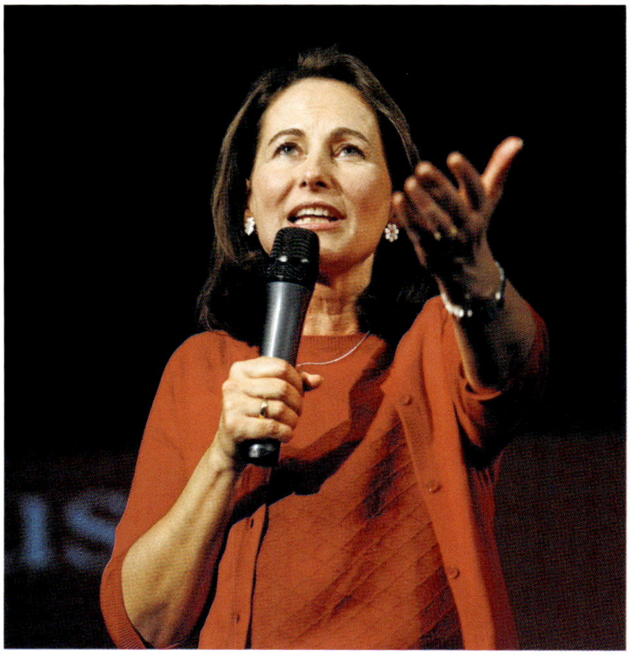

Mitterrand en 1982. En 1988, elle devient députée des Deux-Sèvres. À l'Assemblée, elle propose deux lois : une sur la « prévention des violences faites aux femmes », l'autre demande une « lutte contre l'utilisation marchande et dégradante du corps humain dans la publicité ».

Elle est nommée ministre de l'Environnement en 1992-1993, puis ministre déléguée à l'Enseignement scolaire de 1997 à 2000. En 1999, elle autorise les infirmières scolaires à délivrer la pilule du lendemain aux jeunes filles « en situation de détresse ou d'extrême urgence ». Ministre déléguée à la Famille et à l'Enfance entre 2000 et 2002, elle crée près de vingt mille places en crèches et un congé de paternité de deux semaines. En 2004, elle conquiert la région Poitou-Charentes, fief du Premier ministre. Elle n'est pas la première femme présidente de région (Élisabeth Morin-Chartier l'a précédée), mais elle est la seule dans toute la France en 2004. Elle refuse d'attribuer des aides aux entreprises qui délocalisent et licencient alors qu'elles font des bénéfices ou ne respectent pas la qualité de l'environnement. Quand elle annonce sa candidature à l'élection présidentielle, un leader socialiste s'exclame : « Mais qui va garder les enfants ? » (Son compagnon n'est-il pas, lui, très occupé par son travail de premier secrétaire du parti ?). Elle échoue à la présidence de la République face à Nicolas Sarkozy.

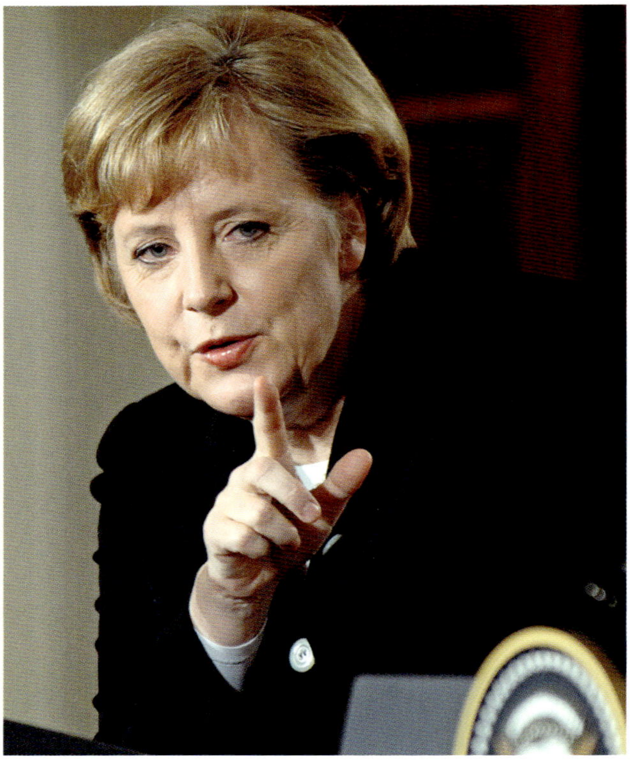

Angela Merkel

née en 1954, Allemagne

Première chancelière fédérale allemande en 2005.

Son père, pasteur, sa mère, professeur d'anglais, ne font pas de politique, acceptant un communisme qu'ils ne peuvent éviter. C'est après la chute du mur de Berlin qu'elle entre au parti chrétien du Renouveau démocratique et devient rapidement une femme politique reconnue, d'autant qu'elle est une Ossie et que les Allemands souhaitent réunifier leur pays rapidement. Elle bénéficie de l'appui de Helmut Kohl, qui la nomme en 1991 ministre de la Jeunesse et de la Condition féminine, puis, en 1994, ministre de l'Environnement. Mais celle qu'on surnommait « la gamine de Kohl » va révéler sa force et sa soif de pouvoir : lorsque son protecteur est mis en difficulté, elle l'enfonce et… lui succède en 2000 comme leadeuse de la CDU, parti chrétien-démocrate. Elle est la première Allemande à exercer le pouvoir suprême (à cinquante et un ans). Elle instaure un gouvernement de coalition, des mesures fermes et peu populaires d'austérité, mais toujours prudentes. Gouvernant le plus près du centre, surtout pas trop à gauche, elle accepte l'immigration, à condition que « les coupoles des mosquées ne soient pas plus hautes que les clochers ».

Elle fait également preuve de fermeté quand l'Allemagne accède à la présidence de l'Union européenne, n'hésitant pas à critiquer Bush pour Guantanamo et Poutine pour les entorses faites à la démocratie en Russie. Européenne convaincue,

Mme Merkel exerce une politique patiente, tenace, pragmatique. En s'associant avec les libéraux, elle remporte une nouvelle victoire en 2009 ; un nouveau mandat de quatre ans.

Dalia Grybauskaitė

née en 1956, Lituanie

Première femme présidente de la république de Lituanie en juillet 2009.
Diplômée d'économie de l'Institut de finance et d'économie de Leningrad, en URSS, en 1983, puis docteure ès sciences économiques de l'Académie des sciences de Moscou en 1988, elle approfondit ses études aux États-Unis (université de Georgetown, Washington DC). Polyglotte, elle parle lituanien, russe, anglais, français, polonais. Championne de karaté, enseignante à Vilnius, elle est vice-ministre des Affaires étrangères en 2000-2001, ministre des Finances entre 2001 et 2004, Commissaire européenne à la programmation financière et au Budget entre 2004 et 2009. À peine élue, elle attaque violemment le précédent gouvernement qui n'a rien entrepris pour juguler l'inflation, l'accusant d'avoir fait « un festin au temps du choléra ».

Ioulia Timochenko

née en 1960, Ukraine

Égérie de la « révolution orange » en 2004.
Le président Viktor Iouchtchenko la nomme Premier ministre en 2005 et la renvoie sept mois plus tard. En septembre 2007, de nouveau alliée à Iouchtchenko, pro-occidental, elle arrive en tête des élections législatives anticipées : son parti, Biot, obtient 32,06 % des suffrages, soit dix points de plus qu'aux élections précédentes ; elle devance le Premier ministre sortant, Viktor Ianoukovitch, pro-russe, et redevient Premier ministre en décembre 2007 (après un curieux vote à main levée, suite au vote électronique qui lui avait été négatif). La jolie blonde aux cheveux tressés en couronne, dans la plus pure tradition slave, a fait fortune dans le commerce du gaz et est surtout préoccupée de défendre les intérêts du groupe Privat, qui depuis la révolution orange a étendu son influence sur l'économie, l'énergie, l'industrie métallurgique et la sphère financière. Au point qu'on la surnomme « la princesse du gaz ». Elle échoue aux présidentielles de 2010.

Livia Jaroka

née en 1972, Bulgarie

Première députée européenne rom en 2004.
Quand on sait à quel point les Tziganes sont mal vus en Bulgarie, on peut se réjouir qu'une femme issue de leur communauté, par son père (et juive par sa mère), soit ainsi élue – sur une liste de centre droit.

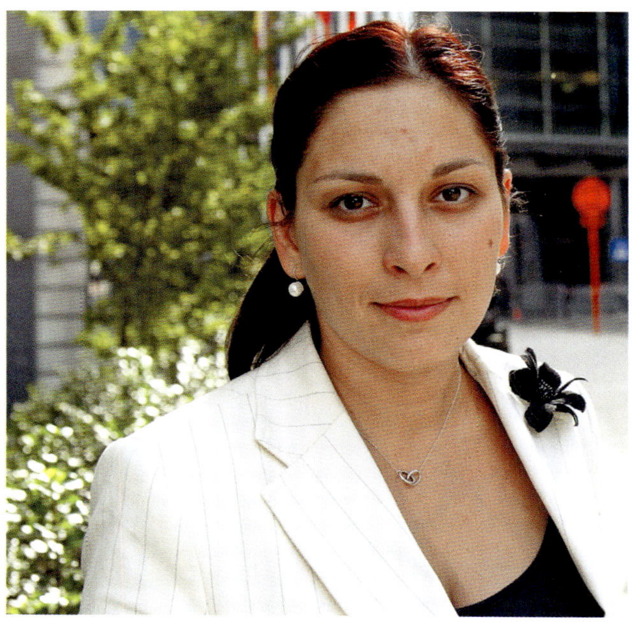

Livia Jaroka.

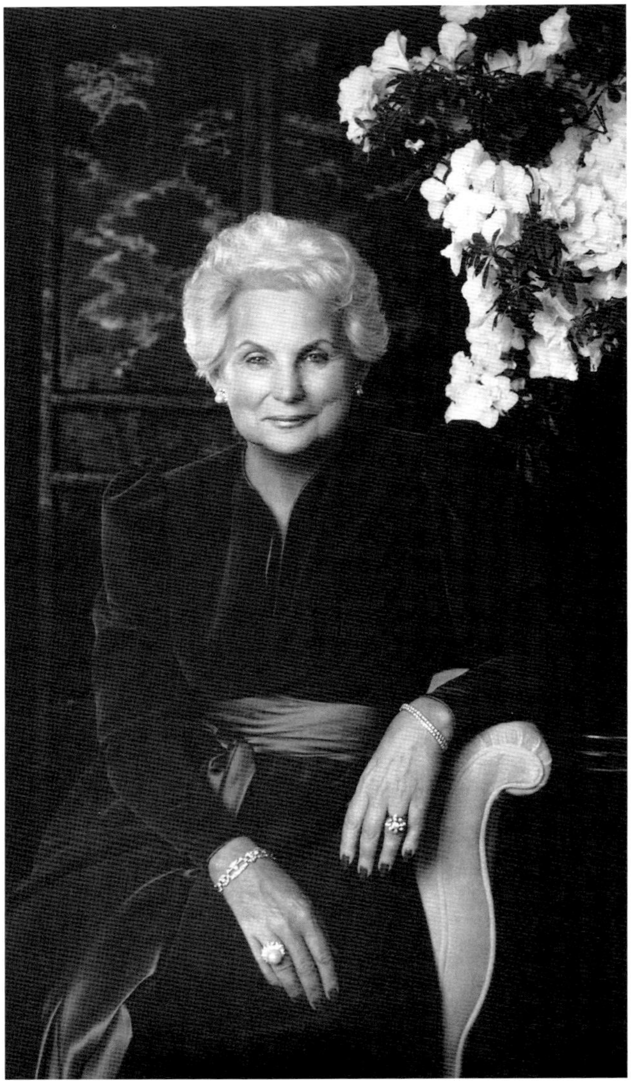

Jeanne Sauvé.

Jeanne Sauvé

1922-1993, Canada

Gouverneure générale de 1984 à 1990, première femme à ce poste, depuis cent seize ans.
On la dit première en tout (*the woman of the firsts*), et d'abord au couvent Notre-Dame-du-Rosaire à Ottawa. Pendant vingt ans, elle fait une carrière de journaliste, avant de se lancer en politique en 1972 ; elle gravit alors tous les échelons, sans efforts apparents, mue par « l'ambition de s'accomplir ». Elle est élue députée sous l'étiquette libérale, puis le Premier ministre, Pierre Eliott Trudeau, la nomme ministre chargée des Sciences et de la Technologie. Voici la première Québécoise à accéder au gouvernement fédéral. En 1974, elle est ministre de l'Environnement, puis de 1975 à 1979 ministre des Communications. En 1980, elle est élue présidente de la Chambre des communes : c'est la première femme « au perchoir » (*speaker*) à la législation fédérale. Elle devient « Son Excellence », fonction de prestige et « percée importante pour les femmes de tout le pays ». Elle meurt couverte de médailles et a droit à des funérailles nationales en la cathédrale de Marie-Reine-du-Monde.

Lise Payette

née en 1931, Canada

Première femme ministre à la Condition féminine en 1976.
Journaliste féministe, elle traite d'Yvettes – sorte de surnom ironique – les femmes au foyer qu'elle juge ouvertement passives. Ces femmes se rebiffent et refusent de voter « oui » au référendum qui aurait pu aboutir à l'indépendance du Québec vis-à-vis de la Confédération canadienne. Cette dirigeante, dans sa volonté d'assurer une sorte d'égalité forcée, a minimisé le poids traditionaliste des femmes qui forge aussi l'identité nationale.

Madeleine Albright

née en 1937, États-Unis

Première Américaine secrétaire d'État, première femme ayant accédé au plus haut rang politique de l'histoire des États-Unis.

Juive tchèque, elle parle sept langues. Citoyenne américaine depuis 1957, diplômée en sciences politiques et titulaire d'un doctorat en droit public, elle se charge de formuler la politique du président Jimmy Carter, de 1978 à 1981. En 1993, elle entre dans l'administration de Bill Clinton, qui la nomme ambassadrice aux Nations unies. Curieusement, elle récuse le terme de génocide au Rwanda, et juge qu'un demi-million d'enfants irakiens peuvent bien mourir à cause des sanctions. De 1997 à 2001, en tant que ministre des Affaires étrangères, elle sillonne le monde pour vanter la démocratie et les droits de l'homme. Elle joue sans doute un rôle dans les frappes aériennes de l'Otan sur Sarajevo, en vue de libérer la ville.

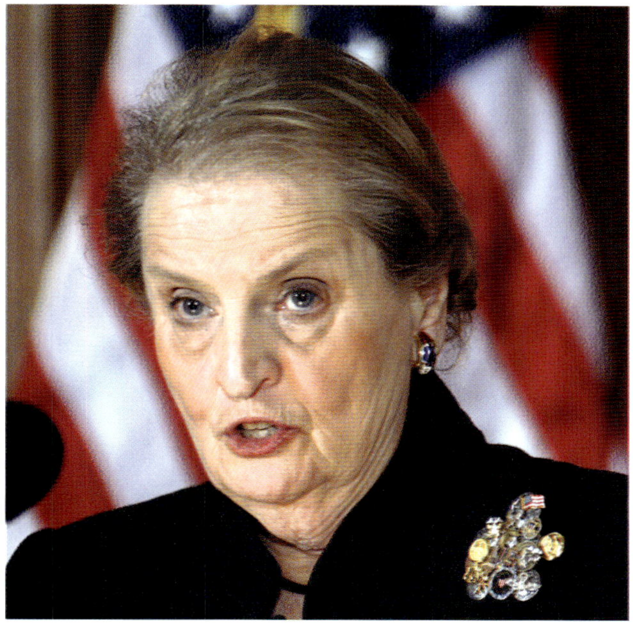

Madeleine Albright.

Nancy Pelosi

née en 1940, États-Unis

Première femme américaine à accéder au poste si envié de présidente de la Chambre des représentants en 2007.

Elle est porte-parole du parti démocrate pour la Californie du Nord et défend la justice sociale. Progressiste, elle soutient le droit à l'avortement, les peines de substitution à la prison, s'oppose à la prière à l'école et au maintien des troupes en Irak. Mais en 2001, elle vote pour le Patriot Act, qui, sous prétexte de lutte contre le terrorisme, favorise les arrestations arbitraires. Elle est représentante du 8e district de Californie au Congrès des États-Unis depuis 1987, et chefe de file du parti démocrate à la Chambre des représentants depuis 2002.

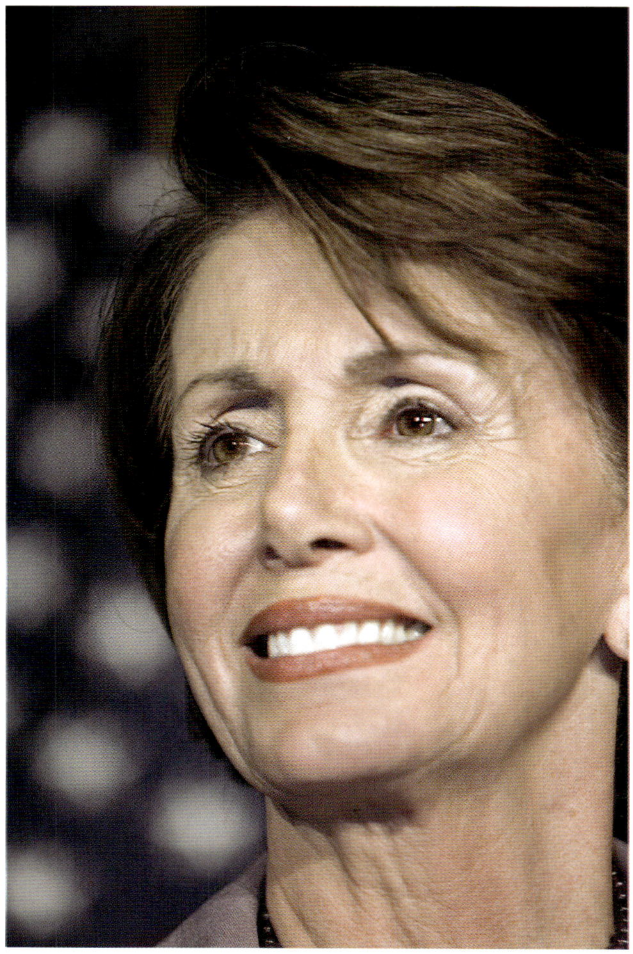

Nancy Pelosi.

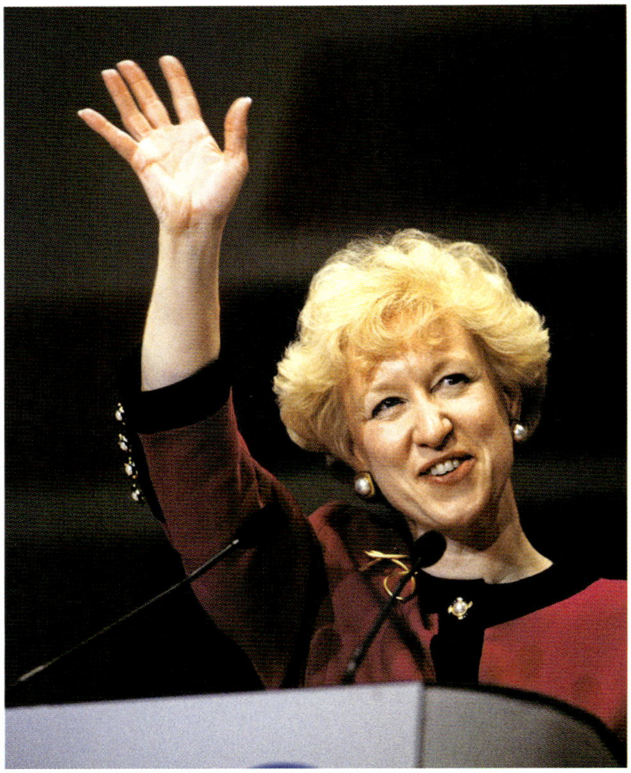

Kim Campbell

née en 1947, Canada

Première femme ministre de la Justice au Canada en 1990 ; première femme ministre de la Défense en 1993 ; première femme Premier ministre de juin à novembre 1993, seule chefe d'un gouvernement national nord-américain.

Titulaire de deux baccalauréats (arts et droit), elle obtient un doctorat en gouvernement à la London School of Economics. Elle enseigne les sciences politiques à l'université de la Colombie-Britannique et au Vancouver Community College. Députée, ministre, elle se bat pour diriger le parti progressiste-conservateur – elle-même est surtout conservatrice. Comme Premier ministre, elle est d'abord très populaire (les Canadiennes sont heureuses d'avoir une femme à leur tête), mais elle ne prend aucune mesure innovante et c'est la défaite. Elle devient présidente du Council of Women World Leaders.

Hillary Clinton

née en 1948, États-Unis

Femme politique, sénatrice, secrétaire d'État, candidate à la présidence des États-Unis.

Elle n'est pas la première candidate à la présidence des États-Unis. Victoria Claflin Woodhull l'a été dès 1872. Véritable pionnière, traductrice du *Manifeste du parti communiste* en Amérique, prônant l'amour libre, Woodhull eut droit à l'appellation de « Mrs. Satan » et à un emprisonnement.

Hillary Clinton, née Rodham, quant à elle, soutient son mari, Bill Clinton, même lorsque, Président en exercice, il est accusé de harcèlement sexuel. Avocate renommée, militante républicaine puis démocrate et luttant pour le droit des enfants, elle essaie de faire aboutir le projet d'une couverture sociale pour les plus démunis. Sénatrice démocrate de New York depuis 2000, elle est devenue une candidate décidée à la présidence des États-Unis. Mais elle perd les primaires démocrates devant Barack Obama, qui la nomme secrétaire d'État aux Affaires étrangères. Elle veut « civiliser la démocratie ». Mais elle peine à régler les lourds dossiers du nucléaire iranien et du conflit israélo-palestinien.

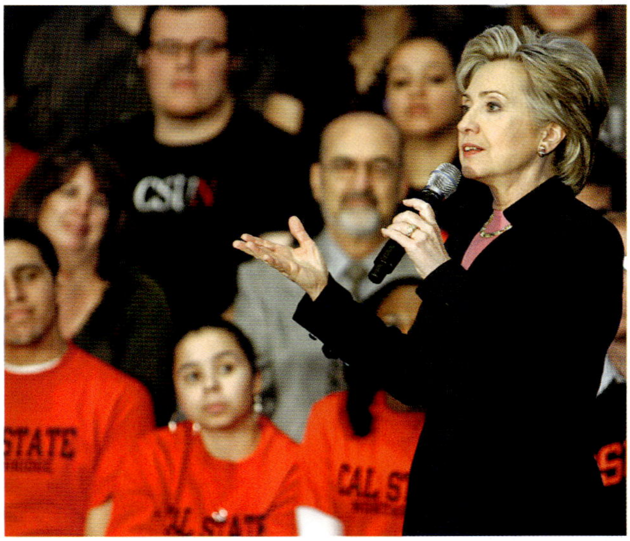

Hillary Clinton, pendant la campagne pour les élections présidentielles, en janvier 2008.

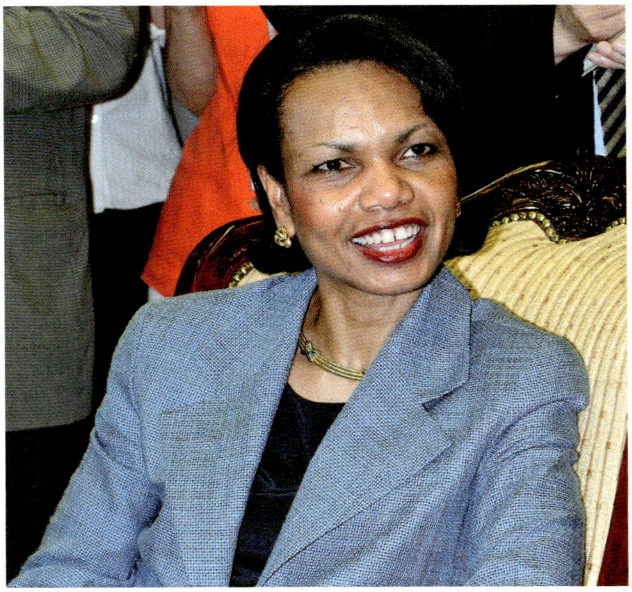

Condoleezza Rice

née en 1954, États-Unis

Première Américaine de couleur conseillère d'un président (George W. Bush) en 2001, puis secrétaire d'État en 2004.
Née à Birmingham, dans l'État d'Alabama, le plus raciste des États-Unis. Son père, pasteur, lui recommande de faire « deux fois mieux » que les Blancs pour accéder à leurs privilèges, et elle commence, à quinze ans, de brillantes études universitaires. Docteure en sciences politiques, elle devient professeure à l'université de Stanford. Son efficacité impressionne le président George Bush qui la nomme présidente du Conseil national de sécurité en 2001. En 2004, elle est une sorte de puissante ministre des Affaires étrangères. C'est elle qui mène la politique étrangère des États-Unis, en particulier dans les pays de l'Est, dont elle est spécialiste. Les services secrets américains jouent un rôle dans les changements de régime en Ukraine et en Géorgie, appelés « révolutions douces ». Mme Rice justifie le bien-fondé de la guerre en Irak afin d'« importer la démocratie, comme on a sauvé l'Europe du chaos à la fin de la Seconde Guerre mondiale ».

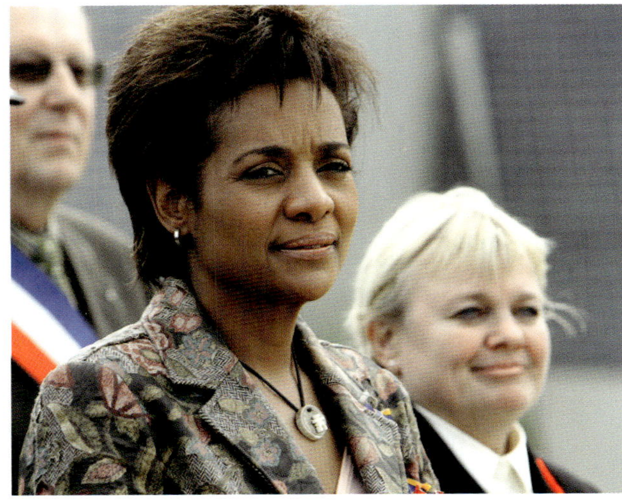

Michaëlle Jean

née en 1957, Canada

Gouverneure générale en 2005.
Originaire de Port-au-Prince, Michaëlle vit depuis l'âge de onze ans au Québec, sa famille ayant fui le dictateur Duvalier – elle est naturalisée. Possédant parfaitement cinq langues (français, anglais, espagnol, italien et créole), elle devient enseignante, puis journaliste et animatrice à la télévision québécoise, notamment pour l'émission « Grands Reportages ». Elle travaille pendant huit ans dans une association de soutien d'aide aux femmes victimes de violences conjugales et réalise une grande enquête, « La sexualité blessée », qui parvient jusqu'à l'Assemblée nationale. Elle n'est pas la première femme gouverneure issue de l'immigration – Adrienne Clarkson l'était déjà. Mais c'est la première femme de couleur à devenir « Son Excellence la Très Honorable », à représenter la reine d'Angleterre et à être commandante en chef des forces armées canadiennes. La première visite à l'étranger de Barack Obama, après son élection à la tête des États-Unis, est pour Michaëlle Jean. Même si le poste de gouverneur est surtout honorifique, Michaëlle, symbole de la diversité culturelle canadienne, en exerce les fonctions avec brio et humanité.

Mary Eugenia Charles

1916-2005, Dominique

Première femme Premier ministre de la Dominique en 1980.

Première femme à occuper ce poste dans les Caraïbes, elle est réélue en 1985 et en 1990 jusqu'en 1995 (plus de douze ans). Avocate de formation, elle est cofondatrice du parti de la liberté. Il s'agit d'abord de la liberté de la presse, puis, quand elle accède au plus haut niveau du pouvoir exécutif, de la liberté des gros producteurs de bananes. Enfin, elle est championne de la liberté de circulation des capitaux, sans impôts. « Grâce » à elle, l'île de la Dominique devient un véritable paradis... fiscal.

Janet Jagan

1920-2009, république du Guyana

Américano-Guyanaise, blanche, juive, marxiste (à ses débuts), Premier ministre de mars à décembre 1997, présidente de la république coopérative du Guyana de décembre 1997 à 1999.

Elle succède dans cette fonction à son mari Cheddi Jagan. Avec lui, elle a fondé le journal communiste *The Mirror* en 1943, le parti progressiste du peuple en 1950, et a permis au pays de s'émanciper de la tutelle anglaise. Devenue leader de ce PPP, elle est élue Présidente à soixante-dix-sept ans. Elle se révèle impuissante à redresser un pays mal décolonisé, en butte à de violentes rivalités raciales et à une corruption généralisée.

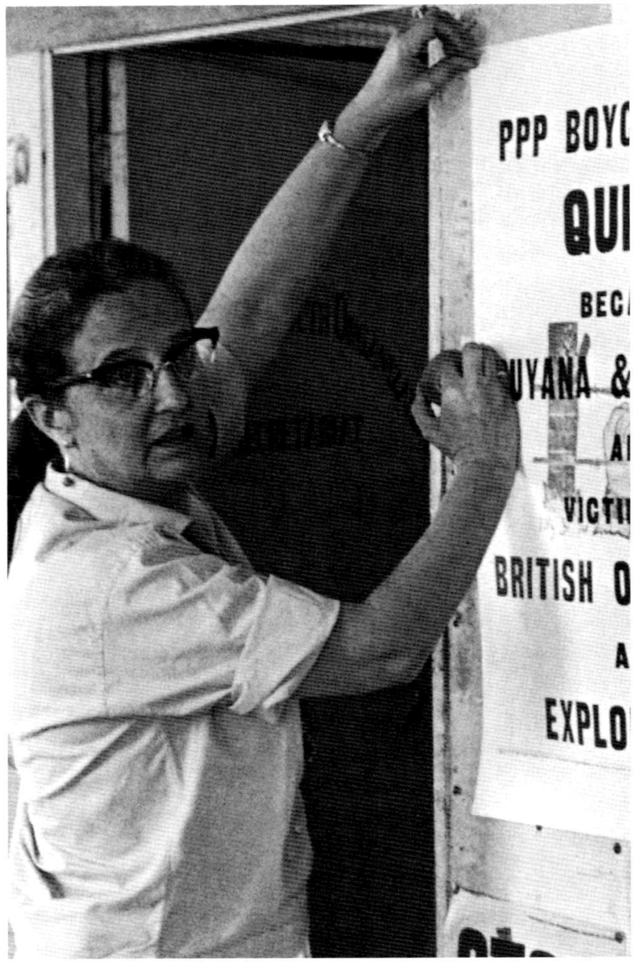

Janet Jagan.

Lydia Gueiler-Tejada

née en 1921, Bolivie

Présidente de Bolivie en 1979-1980.

Comptable, membre du parti *Movimiento Nacionalista Revolucionario*, elle devient membre du Congrès de Bolivie de 1956 à 1964. Après un coup d'État, elle vit en exil pendant dix-neuf ans. Quand elle revient en 1979, elle est élue présidente de la Chambre des députés, puis Présidente par intérim. Elle est elle-même renversée par un coup d'État, ce qui ne l'empêchera pas d'être ambassadrice en Allemagne et au Venezuela. Elle se déclare féministe et publie *La Femme et la révolution*.

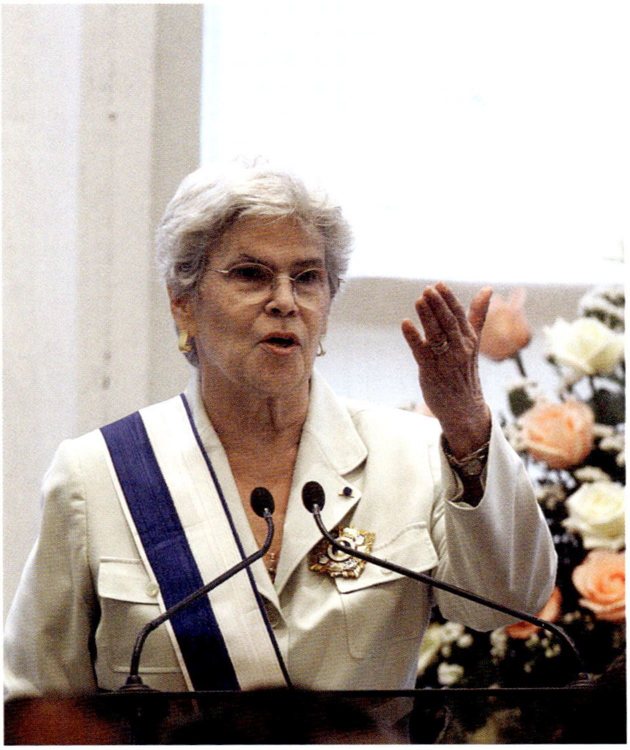

Violeta Chamorro

née en 1939, Nicaragua

Présidente du Nicaragua de 1990 à 1997 ; première femme à ce poste en Amérique centrale.
Elle est veuve d'un opposant au régime du dictateur Somoza, directeur du journal *La Prensa*, assassiné en 1978. Violeta prend alors la tête du journal antisomoziste ; elle est antisandiniste (le révolutionnaire Sandino défend les paysans et les ouvriers). Les sandinistes la soupçonnent de recevoir de l'argent des États-Unis pour renverser le gouvernement.
Quand elle arrive au pouvoir, après dix années de guerre civile, elle supprime le service militaire, fait brûler des milliers d'armes et réduit les effectifs militaires de 25 %. Mais cela n'empêche pas les contre-révolutionnaires, appelés les « contras », armés par les États-Unis, de continuer leurs exactions atroces.

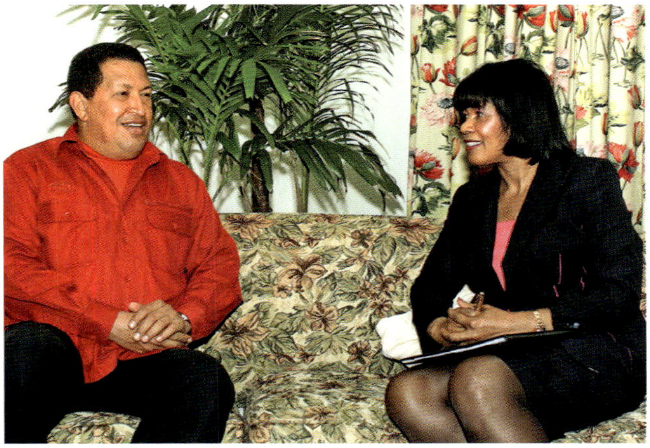

Portia Simpson Miller en compagnie d'Hugo Chavez, 2007.

Portia Simpson Miller

née en 1945, Jamaïque

Première femme Premier ministre de la Jamaïque en 2006-2007.
Bien qu'elle soit issue d'un bidonville et ayant fait peu d'études, elle est députée depuis 1976. Entre 1989 et 2002, elle est à plusieurs reprises ministre, du Travail, du Bien-Être et des Sports. Quand elle parvient en haut de l'échelle, sa popularité est grande : femme du peuple, elle va sauver le peuple de la misère, pense-t-on. On l'appelle « l'avocate des déshérités ».

Mireya Moscovo de Aria

née en 1946, république de Panamá

Présidente de la république de 1999 à 2004.
Veuve de l'ancien président, elle a une tendance dictatoriale, muselant la presse et les opposants. Son pays continue d'être sous la coupe des États-Unis qui contrôlent directement les douanes et les moyens de transport – canal de Panamá oblige. Elle est discréditée par des scandales de corruption.

Michelle Bachelet

née en 1951, Chili

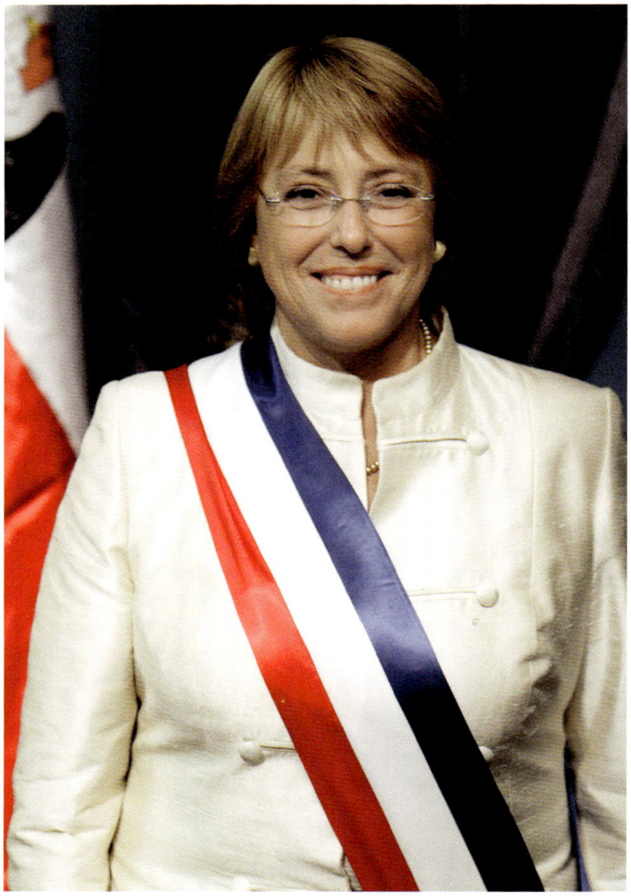

En 2006, c'est la première fois en Amérique du Sud qu'une femme est élue Présidente au suffrage universel direct (pour quatre ans).

Elle a vingt-deux ans lorsque le président socialiste Salvador Allende est renversé par le général Pinochet. Son père, Alberto Bachelet, général de l'armée de l'air, est arrêté et torturé à mort par ses collègues militaires. Michelle est engagée aux Jeunesses socialistes et n'hésite pas à agir clandestinement, tout comme sa mère, libre penseuse et archéologue, qui prône l'indépendance féminine. Toutes deux sont arrêtées, torturées, puis autorisées à s'exiler. Ces épreuves ont trempé son caractère ; elle ne se pose jamais en victime et ne manque pas d'énergie. Sa vie privée est loin d'obéir aux normes de l'Église catholique, si puissante sur ce continent. Mariée à un camarade chilien lors de leur exil en RDA, elle a un fils en 1977 et une fille en 1984, mais peu après elle quitte son époux ; elle a une liaison avec un membre de la branche armée du parti communiste, puis avec un médecin engagé à droite, avec lequel elle a une fille en 1992. Comme le divorce était interdit au Chili jusqu'en 2004, elle a donc eu un enfant de son amant, tout en étant mariée.

Chirurgienne, pédiatre, conseillère au ministère de la Santé, seule femme élève à l'Académie nationale d'études stratégiques et politiques, major de sa promotion, conseillère au ministère de la Défense, elle devient ministre de la Défense en 2002 – c'est la première femme à occuper ce poste en Amérique latine. Puis elle se lance dans la compétition pour le pouvoir suprême. Active, souriante et directe, elle gagne parce qu'elle a prouvé sa compétence, sa capacité au travail, son aptitude à écouter le peuple auprès duquel « la Michelle » est devenue très populaire. Le gouvernement qu'elle met en place, en mars 2006, est paritaire et comporte des femmes aux postes clés de la Défense et de l'Économie. L'espoir est immense, peut-être trop. Elle ne fait pas de miracle dans ce Chili où 18 % de la population vit au-dessous du seuil de pauvreté. Pragmatique, elle améliore la vie des plus démunis : les soins sont gratuits dans les hôpitaux pour les personnes âgées, nombre de crèches sont créées, le minimum retraite est augmenté. Elle permet aux 14 % d'adolescentes chiliennes qui se retrouvent enceintes de prendre la pilule du lendemain sans l'autorisation de leurs parents. La réaction de la droite catholique est très violente et finit par l'emporter : en avril 2008, le Tribunal constitutionnel prononce l'interdiction de la vente libre de cette pilule, tandis que les associations féministes lui reprochent de ne pas autoriser l'avortement. Elle est prise entre deux feux : certains ne lui pardonnent pas son manque de radicalité ; les autres tempêtent contre ses audaces. En août 2007, une grande manifestation réunit 150 000 personnes contre la politique économique néo-libérale menée par le gouvernement. Mais en 2009, elle aurait été réélue avec 80 % des voix si elle avait eu le droit de se représenter aux élections présidentielles.

Cristina Fernández de Kirchner

née en 1953, Argentine

Première Présidente de l'Argentine en 2007.

Elle succède directement à son époux Nestor Kirchner, qui, au pouvoir depuis 2003, a su donner au pays un bon taux de croissance. Cristina ayant annoncé qu'elle continuerait la même politique que son mari, les Argentins ont voté massivement pour elle, au point qu'elle est élue dès le premier tour avec 45 % des suffrages. Fait encore rare dans l'histoire politique : son principal concurrent était une femme, Elisa Carrió, laquelle a obtenu 23 % des voix.

Nicia Maldonado Cruz

(dates non communiquées), Venezuela

Indienne du Venezuela, nommée en 2006 ministre du Pouvoir populaire pour les peuples indigènes.

Parmi les 3 200 communautés indigènes, beaucoup souffrent de graves problèmes de malnutrition et la première urgence de la ministre est d'acheminer des vivres, avec huit bateaux fluviaux.

Elle organise également une première rencontre bi-nationale entre « les frères du Venezuela et de Colombie », et jette les bases de « communes indigènes socialistes ».

Casimira Rodriguez Romero

née en 1966, Bolivie

Indienne Quechua, ministre de la Justice en Bolivie depuis 2006.

Domestique à treize ans, elle s'occupe de quinze personnes, travaillant dix-huit heures par jour, sans être payée. Elle trouve la force de se révolter et fonde en 1987 le Syndicat des travailleurs à domicile. Elle parvient à faire alliance avec les organisations paysannes, les mineurs, les planteurs de feuilles de coca et les groupes autochtones. Le mouvement d'Evo Morales l'appuie, et lorsque ce dernier arrive au pouvoir il lui propose d'être ministre de la Justice. Affolée, inquiète, elle finit par accepter afin de pouvoir « marcher la tête haute » avec les camarades. Pour elle, le milieu politique est dur, étant très différent de l'ambiance des associations, majoritairement féminines. Cependant, elle tient bon. « De très nombreux enfants ne peuvent aller à l'école et sont privés d'une alimentation saine, comme moi quand j'étais petite fille. Nos *wawas* [enfants] souffrent aussi de la maltraitance, de la violence et du viol. Je voudrais voir le jour où les enfants boliviens pourront grandir entre des parents qui les aiment et en mangeant à leur faim. C'est un défi redoutable. »

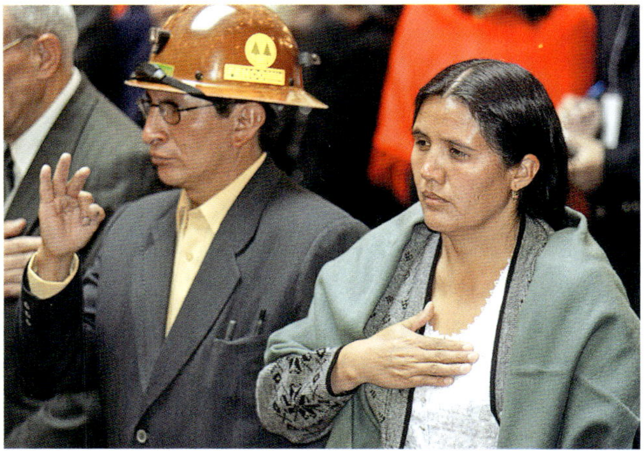

Casimira Rodriguez Romero.

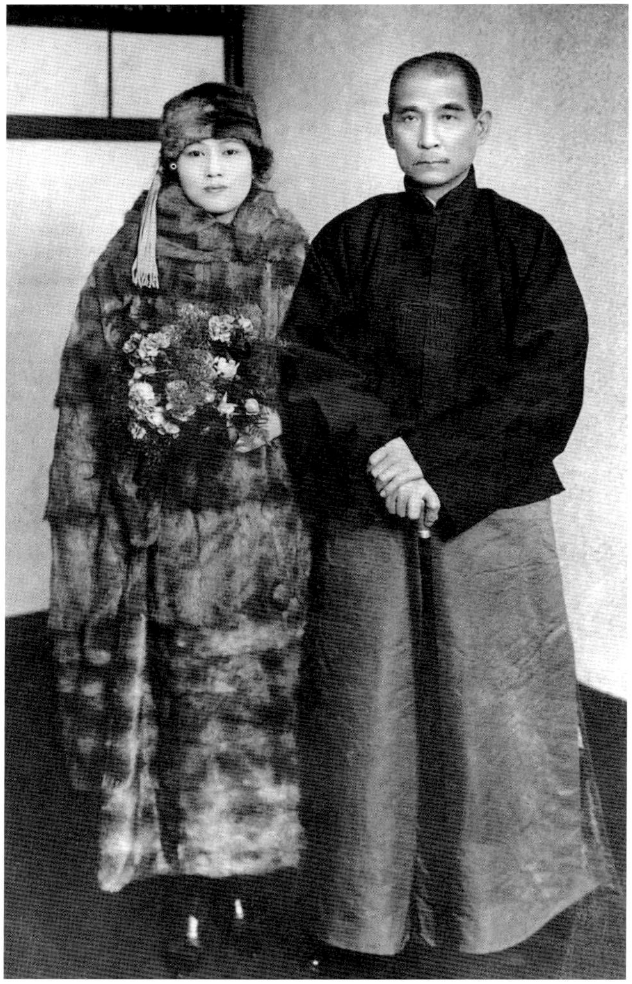

Qingling Song et son mari, 1924.

Qingling Song

1893-1981, Chine

Vice-présidente, Présidente par intérim puis présidente honoraire de Chine.

Ses parents s'opposent à son amour pour Sun Yatsen, fondateur du parti républicain et nationaliste. De peur que Qingling devienne sa concubine, ils la séquestrent à Shanghai. Elle s'évade, parvient jusqu'au Japon où elle épouse l'élu… qui vient juste de divorcer. La voici donc, à vingt-deux ans épouse du nouveau président de la Chine, puis veuve en 1924. Mme Sun Yat-sen est élue au Comité central du Guomindang deux ans plus tard. Tandis que sa sœur aînée Ailing devient l'une des femmes d'affaires les plus riches de Chine, sa cadette, Mei-ling, épouse Tchang Kai-Chek. Qingling, qui a fondé la Ligue de défense chinoise, s'engage comme communiste et s'oppose de plus en plus à sa sœur. Elle est très active, surtout pour la libération des femmes.

Mao Zedong la nomme vice-présidente du gouvernement populaire central. Dans les années 1950, elle est une ambassadrice non officielle en Inde, en Birmanie, au Pakistan, en Indonésie. Elle tourne son action vers le social, surtout la protection de l'enfance et de la future mère, elle qu'une fausse couche accidentelle a rendue stérile. Elle crée le magazine *La Chine en construction* et devient Présidente par intérim de 1968 à 1972. Bien qu'elle soit devenue critique à l'égard du Comité central, elle est nommée présidente honoraire de la République peu de temps avant sa mort.

Janjmaa Sühbaataryn

1893-1963, Mongolie

Deuxième femme au monde chefe d'État en 1953-1954 (après Anchimaa-Toka, en république de Touva).

En réalité, elle n'occupe cette fonction que par intérim et, comme de nombreuses gouvernantes après elle, c'est en tant que veuve qu'elle est désignée. Après avoir gardé le nom paternel (Nemendejen), comme c'est la coutume pour les femmes mongoles, elle prend le nom de son mari, lorsqu'il est tué. Le bénéfice est double : elle est son incarnation et c'est une « héroïne », car « baatar » signifie « héros ». Elle a tout de même des mérites personnels : elle est membre du Politburo du parti révolutionnaire du peuple de 1940 à 1954, secrétaire du Comité central de 1941 à 1947, membre du présidium du petit Choural de 1940 à 1950, et membre du grand Choural de 1950 à 1962.

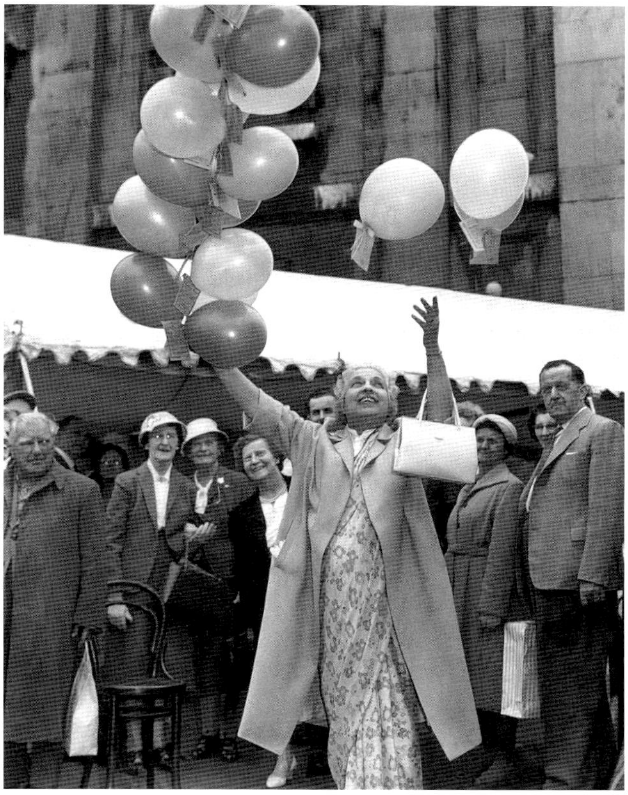

Vijaya Lakshmi Pandit

1900-1990, Inde

Première femme présidente de l'Assemblée générale des Nations unies.

Fille d'un président du Congrès national, sœur d'un vice-président du Conseil exécutif, elle est bien encadrée et instruite par des précepteurs à domicile. Elle participe à la vie politique, s'engage dans le mouvement de la désobéissance civile, ce qui lui vaut d'être emprisonnée à trois reprises. Membre de l'Assemblée législative des Provinces-Unies, elle devient en 1937 ministre de la Santé dans le gouvernement provincial. Haut-commissaire pour l'Inde à Londres, ambassadrice en Union soviétique puis aux États-Unis, Mme Pandit est engagée en faveur des femmes et des enfants. De 1941 à 1943, elle préside la Conférence panindienne des femmes, et elle crée et préside le Comité panindien de sauvetage de l'enfance.

Sirimavo Bandaranaike

1916-2000, Sri Lanka

Première femme au monde chefe de gouvernement : elle devient Premier ministre en 1960.

Comme de nombreuses Asiatiques au pouvoir, elle remplace son mari après l'assassinat de celui-ci. Elle occupe cette fonction de 1960 à 1965 puis de 1970 à 1977 –pendant ce mandat le nom de Ceylan devient Sri Lanka, en 1972 –, puis de nouveau de 1994 à 2000, tandis que sa fille est Présidente. Bien qu'elle soit d'origine bouddhiste et élevée chez les sœurs chrétiennes (comme souvent dans les très riches familles), son orientation politique est résolument socialiste : elle nationalise les banques, les assurances et le pétrole ; elle est partenaire de l'Union soviétique et de la Chine maoïste. Comme pour Golda Meir, on dit qu'elle est « le seul homme du gouvernement ». Malheureusement, au lieu de tenter de régler la grave question tamoule, qui tourne à la guerre civile, elle travaille à conserver le pouvoir face à l'ambition de sa fille – et finalement échoue. Elle démissionne en août 2000, fait son devoir électoral et s'éteint deux mois plus tard. Elle détient le record de durée comme chefe de gouvernement (dix-huit ans en trois fois).

Mao Zedong serre la main de Sirimavo Bandaranaike, 1963.

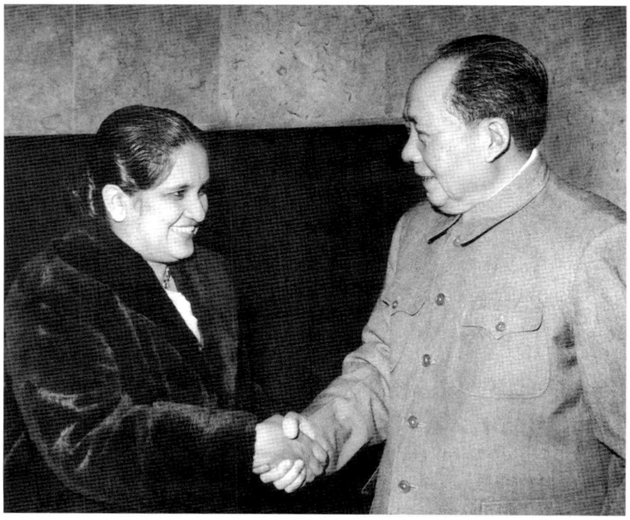

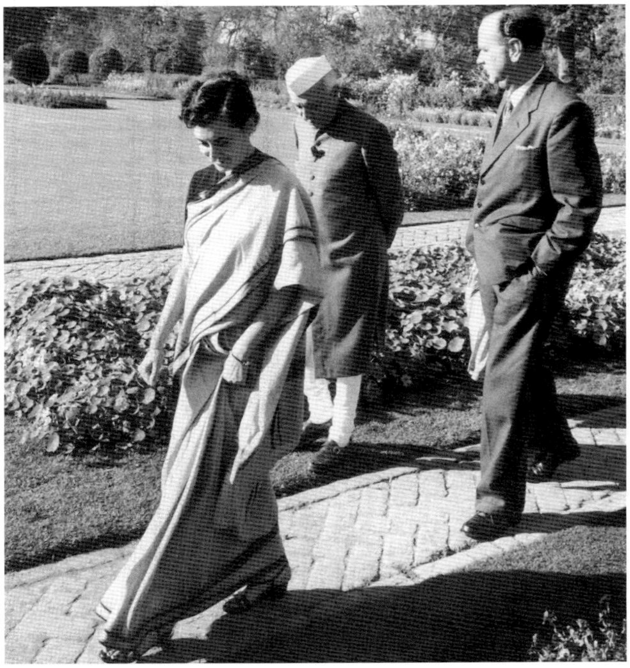

Nehru et sa fille Indira Gandhi, 1959.

Indira Gandhi

1917-1984, Inde

Premier ministre de 1966 à 1977 et de 1980 à 1984 (soit seize ans en deux mandats).

Elle est la deuxième chefe d'État après la Sri-Lankaise Sirimavo Bandaranaike. Son nom induit en erreur : elle ne descend pas du célèbre Gandhi qui se battit pour l'indépendance de l'Inde; elle est la fille de Nehru, fondateur de l'Inde indépendante, puisqu'il gouverna le pays à partir de 1947. Très jeune, elle est une nationaliste fervente, ce qui lui vaut d'être emprisonnée par le colonisateur anglais. Sa famille appartenant à la caste supérieure des brahmanes, Indira peut faire de bonnes études à Calcutta, puis en Europe (Genève et Oxford). Gandhi est le nom de son mari, avocat qu'elle a épousé bien qu'il soit d'une caste inférieure, et avec lequel elle a deux fils, Rajiv (en 1944) et Sanjay (en 1946). Elle devient veuve à quarante-trois ans. Elle se rapproche de son père, et lui devient indispensable aussi bien comme figure féminine dans les voyages diplomatiques, qui la font connaître à l'étranger, que comme conseillère avisée, voire autoritaire, pour les orientations politiques. Élue membre du puissant parti du Congrès dès 1938, elle en devient présidente en 1959, puis elle est nommée ministre de l'Information. En 1966, elle détient le pouvoir dans la « plus grande démocratie du monde », peuplée d'un milliard d'êtres humains.

C'est un pouvoir absolu à l'intérieur – poigne de fer extraordinaire qui muselle les oppositions, en particulier communiste – et belliqueux à l'extérieur. En 1971, elle fait une guerre dite de libération au Pakistan (État islamique séparé de l'Union indienne). Sa victoire sépare la province orientale qui devient le Bangladesh. Ce qui est loin de résoudre les tensions et les conflits, au point que les deux pays entrent dans l'escalade de l'armement atomique. De plus, l'Inde envahit et annexe le tout petit État himalayen du Sikkim, si cher à Alexandra David-Néel. Cette victoire ainsi que le premier essai nucléaire en 1974 font d'Indira une sorte de déesse de la guerre.

Elle est d'abord extrêmement populaire, dans ce pays où les femmes sont pourtant comptées pour des êtres inférieurs. Sorte d'incarnation d'une déesse du panthéon hindou – par exemple Durgâ, la terrible tueuse de démons, dont les sept bras brandissent diverses armes –, elle représente la puissance et en même temps la mère, avec ses cheveux grisonnants, sagement couverts du voile traditionnel. Indirama, l'appelle-t-on, « Indira, notre mère vénérée ». Mais sa politique ne nourrit pas un peuple affamé qui commence à se révolter, indigné aussi par les stérilisations forcées visant à réduire la démographie galopante. (Une politique de limitation des naissances est en effet indispensable, selon les experts de l'ONU. Dans ce but, la docteure Nayyar, qui a été le médecin personnel de Gandhi, est à la fois ministre de la Santé et du Planning familial.) Indira Gandhi répond aux revendications en proclamant l'état d'urgence, accentuant encore l'aspect dictatorial de son gouvernement.

Battue en 1977, elle revient au pouvoir en 1980, prêtant l'oreille à des astrologues et autres devins pour

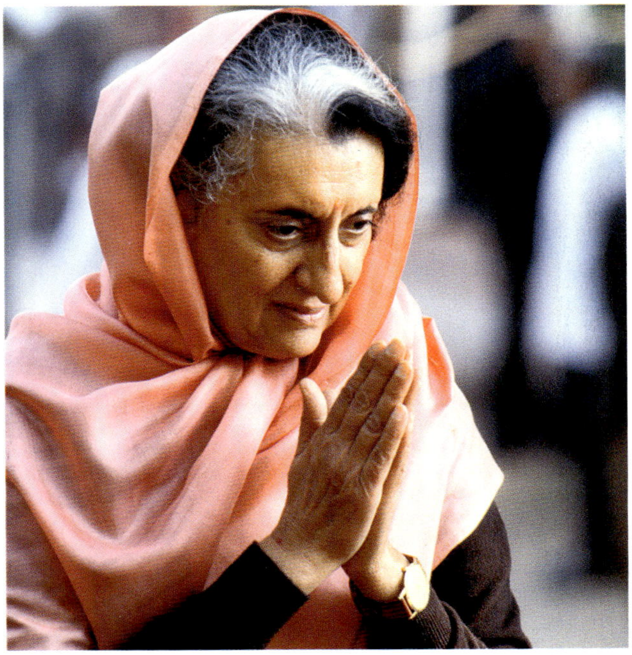

Indira Gandhi, au début des années 1970.

prendre ses décisions. Mais elle est soupçonnée de fraudes électorales, de malversations, en particulier pour tenter de placer son fils Sanja comme son successeur, et instituer ainsi une dynastie. Lorsque les sikhs se révoltent et se réfugient dans la cité sainte d'Amritsar, au Panjab, elle réprime sauvagement leur volonté d'indépendance et n'hésite pas à ordonner l'assaut du célèbre temple d'Or. L'armée tire dans la foule, y compris sur des femmes et des enfants désarmés. Peu de temps après, elle est assassinée par l'un de ses propres gardes du corps, un sikh.

Il est sans doute fort difficile de gouverner un pays aussi pauvre, un peuple divisé en castes, parlant des langues diverses et imprégné de religions différentes. Pourtant, on doit constater qu'à l'arme de la non-violence courageusement employée par un homme, Gandhi, succède un recours à la violence et à la guerre, auxquelles Indira a fait appel sans retenue. Et les Indiennes continuent à être brûlées vivantes lorsque leur famille ne peut pas payer leur dot… Et les fœtus féminins sont éliminés et les filles nouveau-nées empoisonnées, brûlées vives ou étouffées… Au point qu'en Inde, en 2007, les hommes sont cinquante millions de plus que les femmes !

Cory Aquino

1933-2009, Philippines

Première présidente des Philippines en 1986.

Corazón épouse le sénateur Benigno Aquino. Opposé au dictateur Marcos, il est emprisonné, puis exilé. Quand il revient en 1983, il est assassiné dès sa descente d'avion. Ses obsèques sont suivies par un million de personnes. L'indignation est à son comble lorsque ses assassins présumés sont acquittés. C'est donc une veuve de cinquante-trois ans, mère de cinq enfants, qui se présente aux élections présidentielles en 1986. Corazón, dite Cory, est acclamée par les foules. Marcos gagne frauduleusement les élections, mais des manifestations monstres, des grèves, des mouvements populaires puissants le contraignent à la fuite. Cory est proclamée Présidente.

Elle tente de rétablir un peu de justice dans ce pays rongé par la corruption et dont les caisses ont été vidées par Marcos et sa femme. Elle travaille à un redressement économique pour un peuple dont plus de la moitié vit dans une misère totale. Populaire jusqu'en Occident, elle négocie le remboursement de la dette et fait venir des investisseurs, surtout des femmes. À la fin de son mandat, en 1992, la situation n'a pas beaucoup progressé, mais le pays est tout de même sorti de la dictature.

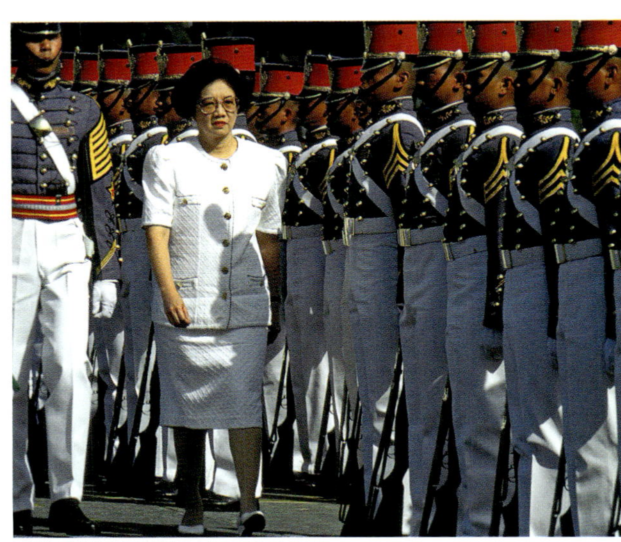

Pratibha Devisingh Patil

née en 1934, Inde

Présidente depuis le 19 juillet 2007.
Première femme à accéder à cette fonction (Indira Gandhi était Premier ministre). Trois maris, deux enfants, de solides études et un parcours sans fautes. Avocate de formation, membre du parti du Congrès, elle est facilement élue députée. Ministre adjointe à l'Éducation en 1967, elle obtient le portefeuille du Tourisme et des Affaires sociales, et devient ministre d'État de 1972 à 1978. Surtout, elle est la première femme gouverneure du Rajasthan. Désignée candidate à l'élection présidentielle sur la proposition de Sonia Gandhi, eu égard à sa longue fidélité à la famille Nehru-Gandhi, elle emporte les élections après une campagne assez rude. Elle affirme qu'elle est une présidente avec laquelle il faut compter.

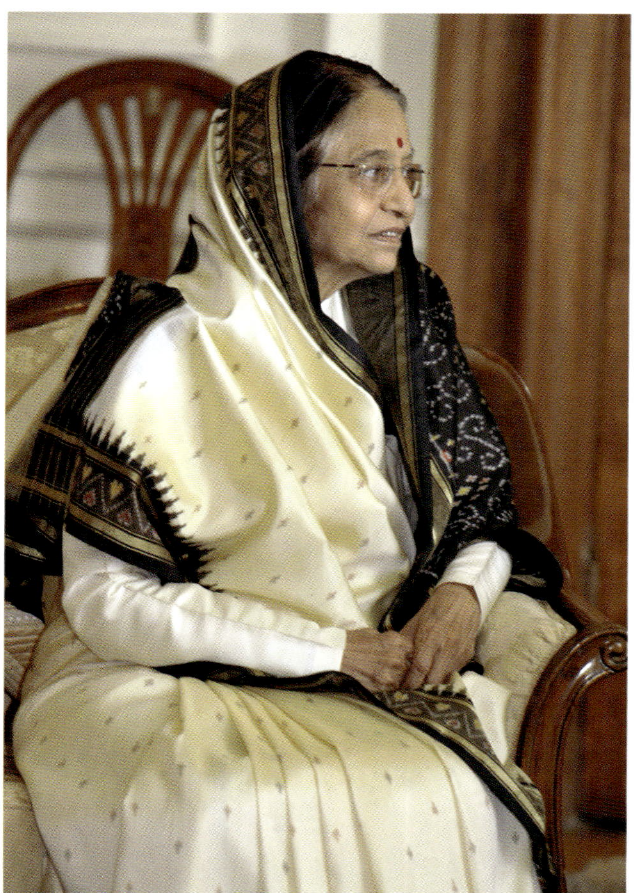

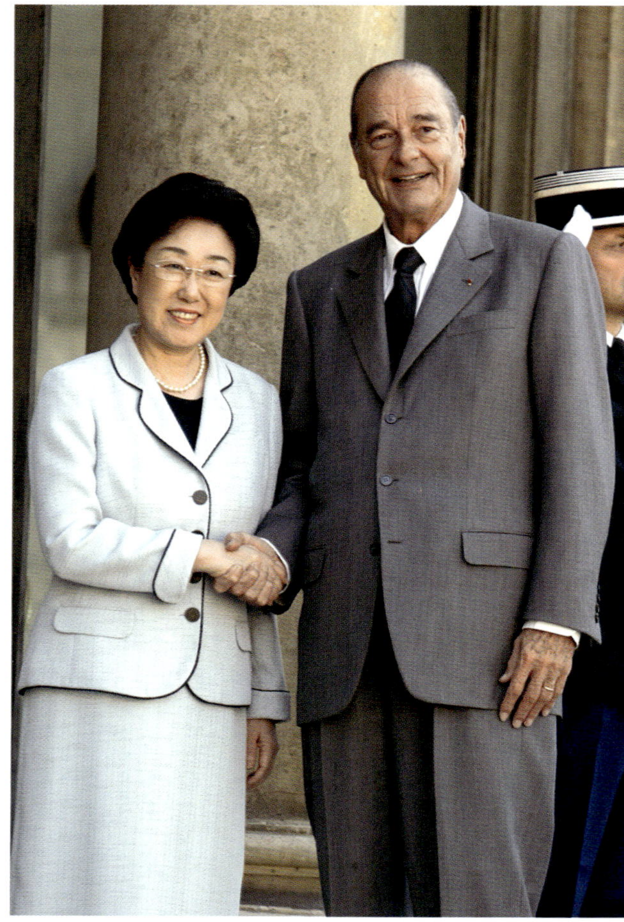

Han Myung-Sook en visite à Paris, aux côtés du président Jacques Chirac, à l'Élysée, 2006.

Han Myung-Sook

née en 1944, Corée du Sud

Premier ministre en 2006-2007.
Elle n'est pas exactement la première à ce poste. Chang Sang l'a précédée, mais pendant vingt jours seulement, du 11 au 31 juillet 2002.
Elle est une femme probe et une féministe convaincue. Elle a fait des études de théologie chrétienne et de littérature française.
Dans les années 1970, elle se bat contre la dictature du général Park Chung-hee ; elle est emprisonnée et torturée. En 1987, elle crée la KWAU (Korea Women's Association United), en 2001 elle devient ministre de l'Égalité des sexes, et en 2003 ministre

de l'Environnement. Elle réussit à faire abroger une loi qui assujettissait complètement l'épouse au chef de famille, établit un congé maternité et une protection contre les violences sexuelles. Elle voyage beaucoup, soucieuse d'entretenir de bonnes relations avec de nombreux pays – utiles à l'économie du sien. Ainsi, la Corée n'ayant pas de pétrole, elle en trouve au Nigeria en échange d'une modernisation du réseau ferré nigérian. Sous son impulsion, Séoul veut tripler son aide à l'Afrique. Elle ne néglige pas pour autant les contacts avec le Kazakhstan, l'Ouzbékistan et les Émirats arabes unis, et se réjouit de la visite du Parlement européen pour améliorer ses rapports avec ses voisins, en particulier le Japon.
Han Myung-Sook prépare son pays à recevoir l'Exposition internationale en 2012.

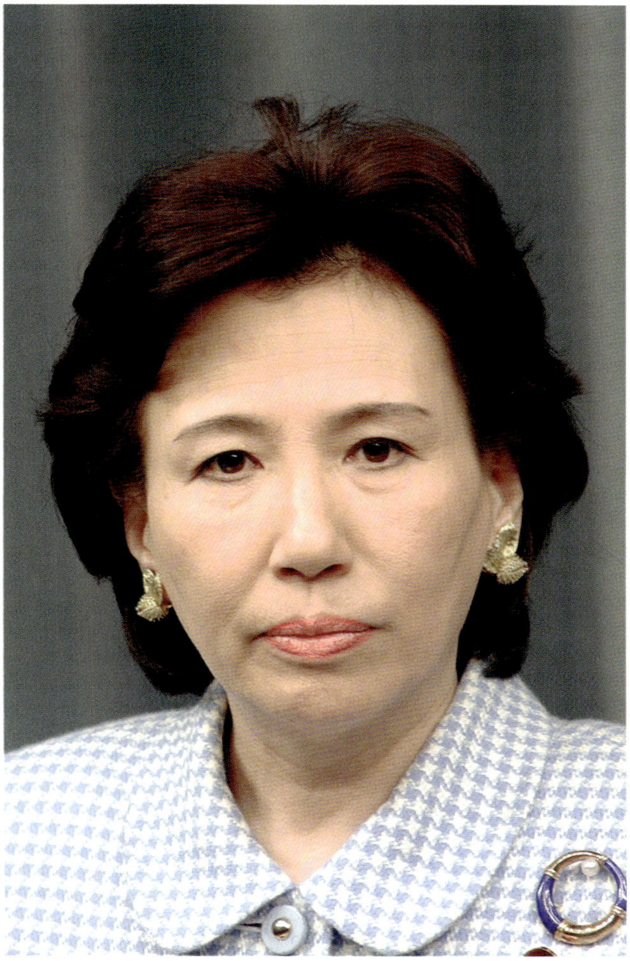

Makiko Tanaka

née en 1944, Japon

Première Japonaise à occuper la fonction de ministre des Affaires étrangères d'avril 2001 à janvier 2002.
Elle fait ses études à la Germantown Friends School aux États-Unis, obtient sa licence de Waseda University et devient polytechnicienne. Fille du ministre Kakuei Tanaka, elle travaille très jeune pour l'organisme de son père, l'organisation Etsuzankai. Très populaire, elle se donne le rôle de première dame de l'État lorsque sa mère tombe malade. Elle se fait élire à la Diète en 1993 après la mort de son père. À cinquante-sept ans, elle est nommée ministre des Affaires étrangères par le Premier ministre Koizumi. Mais elle est relevée de ses fonctions par le parti libéral démocrate qui la considère responsable d'un échec et parce qu'elle a osé critiquer Koizumi.
En 2002, soupçonnée d'avoir dilapidé des fonds de ses secrétaires, elle démissionne de la Diète. Une cour de justice à Tokyo l'acquitte, et elle se représente à la Diète comme candidate indépendante. Elle soutient désormais le parti démocratique du Japon.
Cette femme politique a pour le moins son franc-parler : elle fait des vagues pendant une visite aux États-Unis en disant que George W. Bush est « un gros connard ». Au Japon, pays où l'égalité en droit des femmes et des hommes ne date que de 1986, il y a moins de 10 % de députées ; pourtant, Makiko déclare que les Japonais sont prêts à accepter une femme comme Premier ministre. Lorsqu'elle s'est mariée avec Naoki Suzuki en 1969, elle a gardé son nom de naissance.

Chandrika Kumaratunge Bandaranaike

née en 1945, Sri Lanka

Première présidente de la République sri-lankaise en 1994.
Plus encore qu'une « fille de père » (converti au bouddhisme et assassiné par un bouddhiste), elle est la fille de sa mère Sirimavo Bandaranaike, première Premier ministre au monde en 1960. Chandrika fait des études à Paris à Sciences-Po, participe à l'explosion de Mai 68 et travaille au journal *Le Monde*. Revenue à Colombo, elle est Premier ministre en 1994 pendant quatre mois, puis Présidente la même année et pendant plus de dix ans. Elle nomme alors sa mère pour lui succéder comme Premier ministre. Son mari, acteur fétiche sri-lankais, est assassiné. Elle-même devient borgne en 1999 dans une tentative d'assassinat perpétrée par les Tigres tamouls. Elle n'est pas plus efficace que sa mère pour négocier avec ces combattants qui réclament l'indépendance.

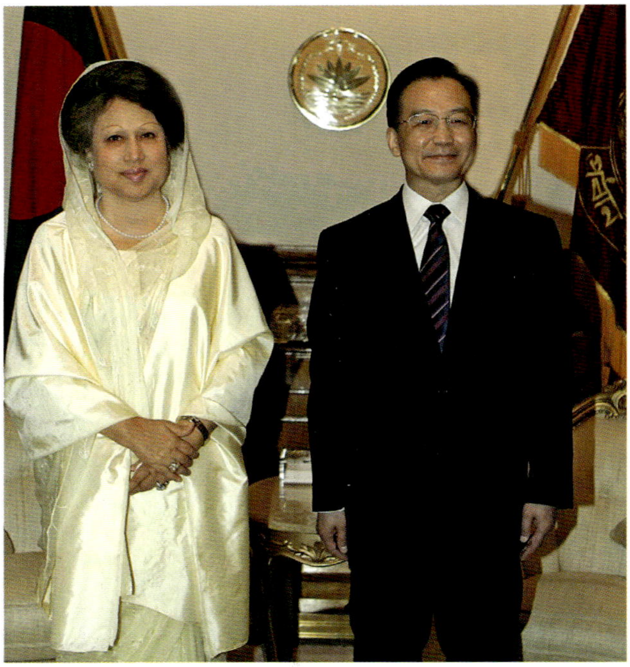

Le Premier ministre chinois Wen Jiabao rencontre Khaleda Zia, en 2005.

Khaleda Zia

née en 1945, Bangladesh

Première femme Premier ministre du Bangladesh, de mars 1991 à mars 1996 et de 2001 à 2006.
Veuve du général Zia, Président assassiné en 1981, Khaleda le remplace à la tête du parti conservateur et lutte contre les dirigeants militaires qui l'ont assassiné. Elle est emprisonnée à plusieurs reprises, mais elle parvient à être Premier ministre, soutenue par tout le clan familial. Les campagnes électorales sont toujours très violentes, son camp et celui de sa rivale Hasina Wajed Sheikh se déchaînant l'un contre l'autre. Il est difficile de penser que le pays a progressé sous le gouvernement de Mme Zia, la misère rongeant toujours la majorité de la population et les femmes étant toujours aussi mal traitées.
En 2007, elle est arrêtée et emprisonnée pour corruption dans une affaire d'attribution de marchés et non-respect des démarches réglementaires.

Megawati Setiawati Soekarnoputri

née en 1946, Indonésie

Présidente de 2001 à 2004, première femme à la tête du plus grand pays musulman du monde.
Comme Indira Gandhi et bien d'autres dirigeantes, elle est une « fille de ». Son père fut le premier Président du pays après l'indépendance, et c'est vraiment le nom Soekarno qui la propulse au pouvoir. Elle est élue députée en 1987 et présidente du parti démocratique indonésien en 1993.

Sheikh Hasina Wajed

née en 1947, Bangladesh

Gouverne le pays entre 1996 et 2001.
Presque toute sa famille est assassinée par des militaires en 1975. Son père était Premier ministre. Elle le remplace à la direction du parti politique qu'il a créé, la ligue Awami, et devient Premier ministre en 1996. Elle est en constante rivalité avec Khaleda Zia et l'accuse d'avoir fomenté un attentat à la grenade en 2004, lors d'une réunion publique. Elle lance ses troupes dans Dacca, la capitale, les blessés se comptent par milliers, et il y a des morts. Hasina l'accuse aussi d'avoir gonflé les listes électorales en créant quatorze millions de faux électeurs – ce qui est tout à fait probable. On ne voit guère quel bénéfice les Bangladais, et encore moins les Bangladaises, ont pu retirer de l'exercice du pouvoir par cette femme. En juillet 2007, elle est emprisonnée pour détournement de fonds mais devient à nouveau Premier ministre en 2009.

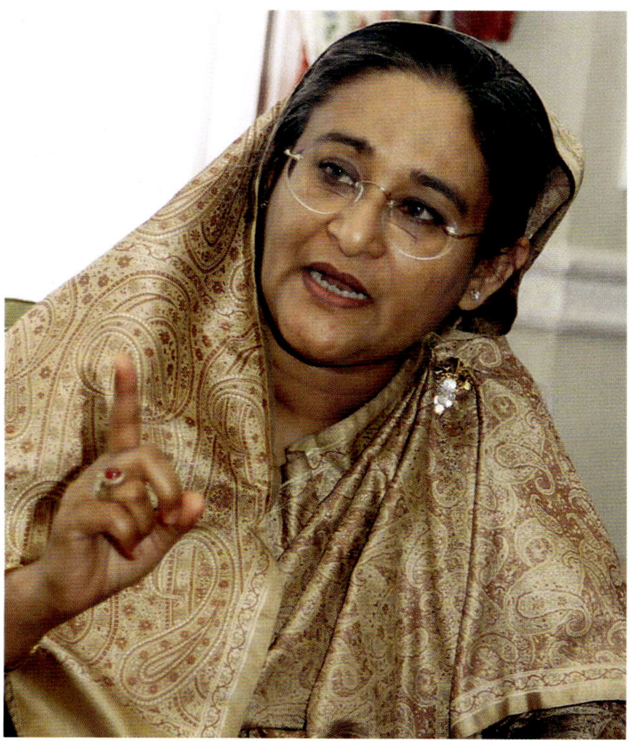

Sheik Hasina Wajed, années 1990.

Gloria Macapagal Arroyo

née en 1947, Philippines

Première vice-présidente des Philippines de 1998 à 2001 ; deuxième présidente des Philippines en 2001, réélue en 2004.
Comme beaucoup de dirigeantes asiatiques, elle est « fille de », en l'occurrence de l'ancien président Diosdado Macapagal, dit « l'incorruptible ». Comme beaucoup d'autres, elle a fait ses études aux États-Unis (à l'université de Georgetown, en même temps que Bill Clinton). Cory Aquino lui met le pied à l'étrier en la nommant sous-secrétaire d'État au Commerce et à l'Industrie de 1989 à 1992. Membre du parti chrétien-démocrate, Mme Arroyo est ensuite élue sénatrice, jusqu'en 1998. Vice-présidente à partir de 1998, elle est en même temps secrétaire d'État aux Affaires sociales et au Développement. Le président en exercice, accusé de corruption aggravée, s'étant enfui, la vice-présidente (qui a sans doute elle-même détourné des fonds) garde le pouvoir. Pour son deuxième mandat, c'est encore plus trouble : sans doute une fraude électorale lui a-t-elle permis de gagner. Cory Aquino demande sa démission. Dix de ses ministres démissionnent, mais elle ne bouge pas, arrogante et sûre d'elle. En 2006, cette fervente catholique, qui a pour mission « de défendre Dieu et les valeurs morales », signe une loi abolissant la peine de mort. Mais qui est responsable des violences, des assassinats politiques et des enlèvements ? Qui a tué 180 journalistes et opposants politiques pour la seule année 2006 ? Elle accuse les militaires – familiers des coups d'État, il est vrai. En 2007, une partie d'entre eux appellent l'ensemble de l'armée « à ne plus soutenir Mme Arroyo, dont la présidence est contraire à la Constitution » ; ils sont arrêtés. Et lorsque des femmes défilent pour fêter la journée de la femme, elle commande à sa police de les rouer de coups !

Benazir Bhutto

1953-2007, Pakistan

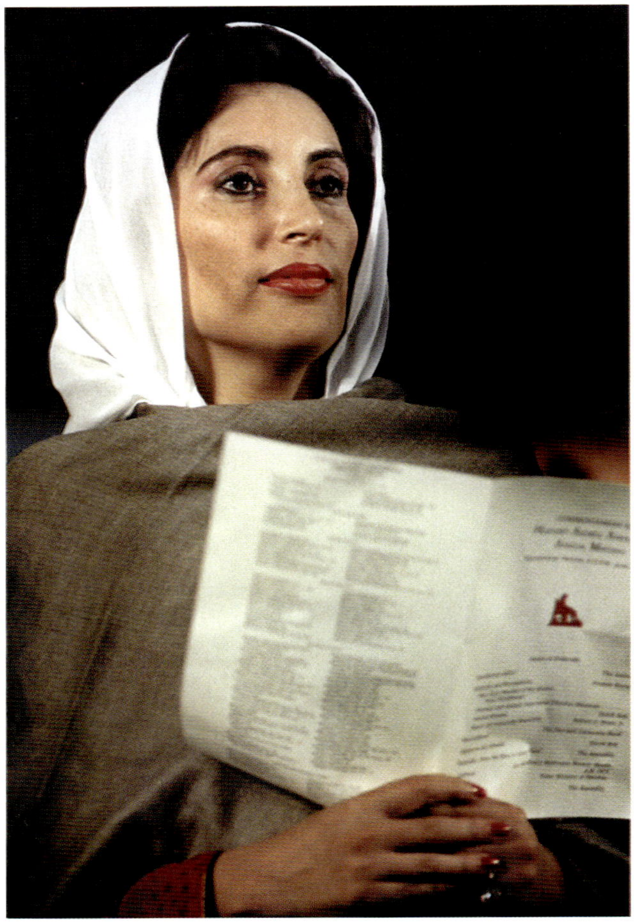

Première femme chefe de gouvernement dans un pays musulman : nommée Premier ministre du Pakistan de 1988 à 1990 et de 1993 à 1996 (soit quatre ans et demi).

Comme de nombreuses dirigeantes, filles ou veuves de leaders assassinés (Gandhi, Zia, Wajed, Aquino, Chamorro, Bandaranaike), elle est la fille d'un dirigeant pendu en 1979, et la petite-fille du fondateur du premier parti politique en 1947. Ali Bhutto l'a élevée dans l'idée d'un grand destin politique, l'a fait étudier dans les universités où il avait lui-même poursuivi ses études, les meilleures des États-Unis et d'Angleterre (à Oxford, elle est présidente de l'Union des étudiants), et il l'a prise comme assistante – ce qui lui vaut de rencontrer Gandhi en 1972. Exilée, elle revient prendre la tête du parti fondé par sa mère, la bégum Nusrat Bhutto. Quand ce parti du peuple gagne les élections, elle devient Premier ministre – légalement, même si le régime fonctionne plutôt comme une monarchie. Cette femme superbe, de trente-cinq ans, va-t-elle relever la tête face aux islamistes ? En fait, elle est vite accusée de « corruption et d'incompétence », limogée, et son mari est emprisonné. Mais elle revient, complice des militaires pakistanais et des talibans en Afghanistan, complice de l'enrichissement éhonté de son époux qu'elle n'hésite pas à nommer ministre de l'Investissement. La voilà de nouveau révoquée en 1996, avec un bilan économique désastreux. En 2007, dans ses lieux d'exil à Dubaï et à Londres, l'habile politicienne apprend que le gouvernement pakistanais de Pervez Musharraf lève les accusations contre elle ; il a besoin d'elle, de sa popularité et de son puissant parti, le PPP (parti du peuple pakistanais). Elle rentre à Karachi en octobre, acclamée

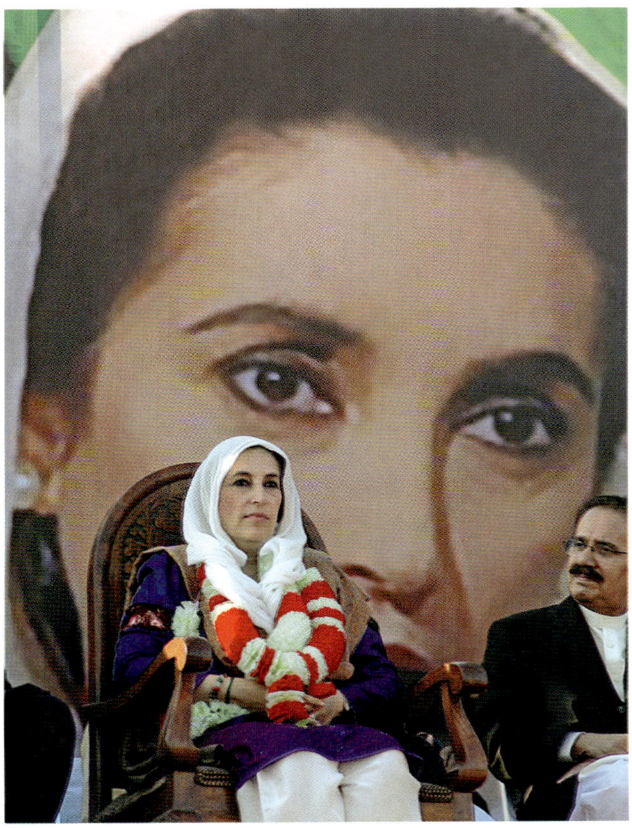

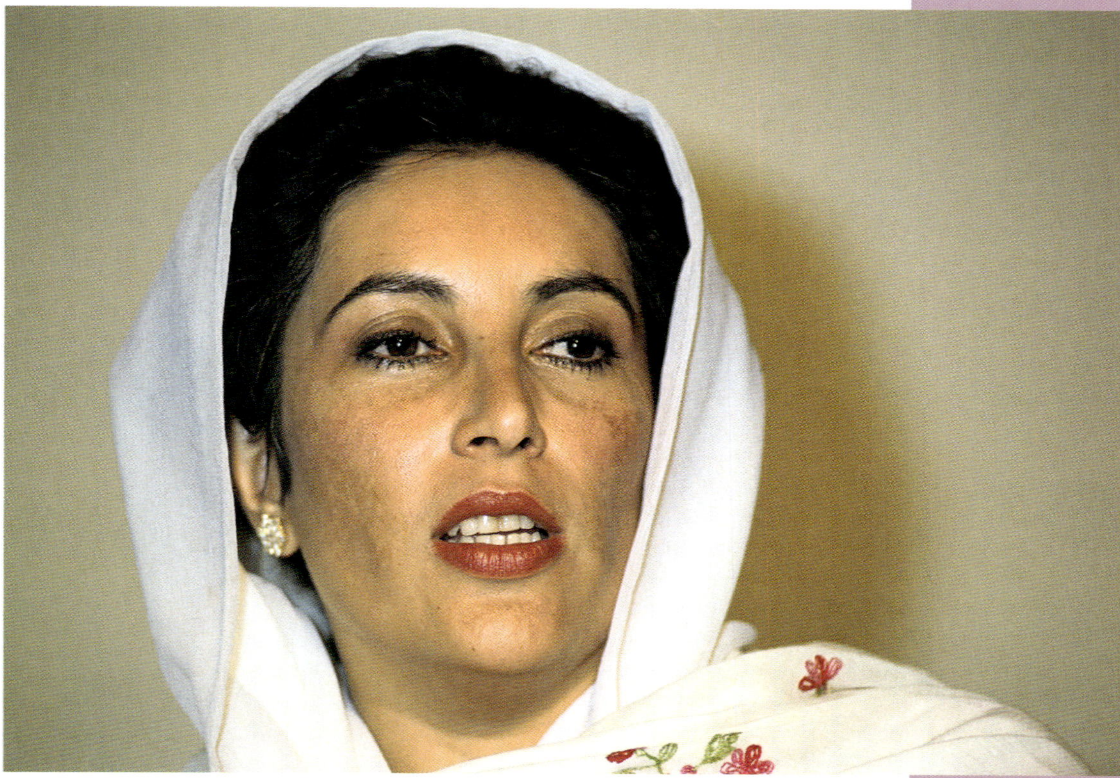

dans son fief par près d'un million de ses partisans, qui couvrent sa Jeep de pétales de roses, chantent et hurlent ses initiales en anglais. Un attentat-suicide la vise à son arrivée ; elle est sauve (par bonheur, elle s'est baissée afin de desserrer sa sandale, au fond de son véhicule blindé, juste au moment où la bombe éclatait), mais c'est un massacre (139 morts). Le 27 décembre, elle est tuée dans un attentat kamikaze, lors d'un meeting dans une banlieue d'Islamabad. Qui a tué ? Les militaires ou les islamistes ? Elle s'élevait contre les fondamentalistes qui « ont transformé [s]a patrie, de la nation pacifique qu'elle était, en une société de Kalachnikov, d'intoxication à l'héroïne et de l'islam radicalisé » – même s'ils l'avaient propulsée au pouvoir en 1996, et même si leurs liens avec l'armée et avec les services secrets sont étroits. Elle avait prédit : « S'il m'arrive quelque chose, j'en rendrai Musharraf responsable. » Or, le président putschiste est lui-même lié à la Jamiat Ulema-e-Islam, droite religieuse très puissante au Pakistan, formatrice des talibans afghans et pion sur l'échiquier des Américains. On sait que l'islamiste Oussama ben Laden était acharné à détruire le pouvoir de Benazir, « sous le prétexte qu'une femme ne peut pas diriger un pays », s'indignait-elle. Est-ce une raison pour faire de cette femme une « icône », une « *Pasionaria* de la démocratie », une innocente martyre ? Les jeunes Pakistanais laïques – en particulier avocats –, victimes d'une tenace répression, disent qu'elle était un moindre mal, sans volonté de justice sociale.

Page de gauche
Benazir Bhutto en décembre 2007, peu de temps avant son assassinat.

Ci-dessus
Benazir Bhutto lors des élections à Islamabad, 1990.

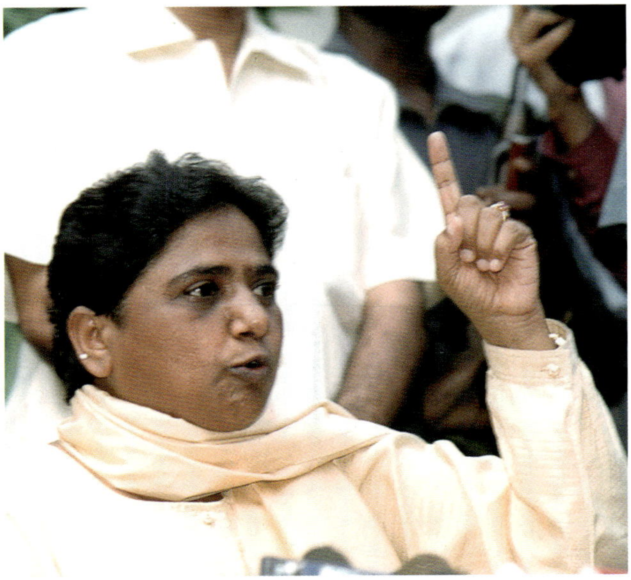

Kumari Mayawati.

Kumari Mayawati

née en 1956, Inde

Indienne de la caste des intouchables, ministre-présidente de l'État d'Uttar Pradesh en 2007.
Son père était employé des télécommunications, elle-même va à l'école, même si elle doit traire les vaches tous les soirs. Elle obtient une licence en sciences de l'éducation, poursuit des études de droit et devient institutrice. Décidée, ambitieuse, elle se lance en politique dans l'espoir de s'attaquer aux incroyables discriminations dont sont victimes les dalits. Miss Mayawati est élue à la tête de son État à trente-neuf ans, puis elle est réélue à trois reprises. Son parti, le BSP, ou parti des masses, remporte une victoire éclatante aux élections de mai 2007. Pragmatique et opportuniste, elle n'hésite pas à faire alliance, au gré des besoins, avec la caste des brahmanes, avec des musulmans et avec le BPJ, parti hindouiste ultra-nationaliste.
Richissime, soupçonnée d'avoir détourné deux millions d'euros, accusée de corruption lors de ses trois précédents mandats, elle soutient que ce sont les dons de ses adeptes – ils l'appellent *behanji* « notre sœur ». « La reine des parias » est à la tête d'un État de 180 millions d'habitants, l'un des plus pauvres de l'Inde. « Nous ferons de l'Uttar Pradesh un État libéré de l'injustice et du crime », promet-elle. Mais en 2008, il n'y a toujours ni routes, ni puits dans son État, et les femmes, frappées par la misère, se plaignent de « ne voir rien changer ». Kumari est surtout occupée à briguer le poste de Premier ministre de l'Inde, lors des élections de mai 2009. Un politologue indien a alors déclaré : « La victoire de Mayawati est capable de déclencher une nouvelle révolution sociale en Inde. » Mais elle a échoué.

Malalai Joya

née en 1979, Afghanistan

La plus jeune députée du Parlement afghan, élue en 2005.
Elle est révoquée en 2007 pour avoir osé critiquer le Parlement « pire qu'une étable ». Avec son franc-parler, Malalai fait ainsi allusion aux insultes et invectives qui tiennent lieu d'arguments à ses collègues – un ancien moudjahid l'a même un jour frappée avec sa béquille. Elle reproche au gouvernement en place d'avoir « pardonné » sans juger les criminels de guerre et les trafiquants de drogue qui ont tout pouvoir dans son pays. Elle accuse l'Alliance du Nord d'être aussi brutale, aussi anti-démocratique et aussi répressive, au nom de la religion, que les talibans. Elle risque à tout moment sa vie : elle a échappé à quatre attentats, ne circule qu'accompagnée de gardes armés – qu'elle ne peut plus payer depuis sa révocation. Elle est venue plaider la cause de la laïcité et des droits des femmes dans de nombreux pays d'Europe et dénoncer la poursuite de « l'occupation qui ne fait qu'étendre et renforcer la talibanisation ».

Golda Meir

1898-1978, Israël

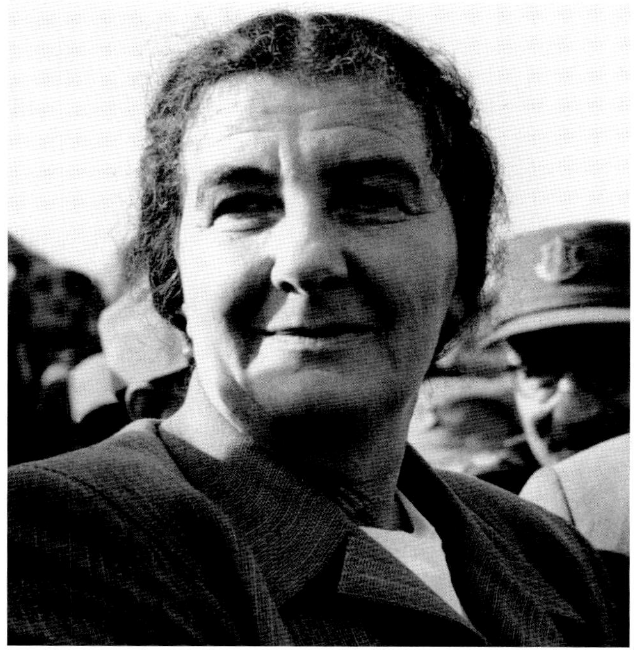

Première femme Premier ministre d'Israël, de 1969 à 1974.

Née en Ukraine, sous le tsar Nicolas II, Golda Mabovitz est en butte aux persécutions contre les Juifs. Son père, menuisier au chômage, émigre aux États-Unis. La famille le rejoint quand elle a huit ans. La jeune fille aide sa mère dans la petite épicerie que celle-ci a réussi à ouvrir, puis elle quitte la maison familiale, à quinze ans, pour faire des études d'institutrice ; elle paye ses études en travaillant comme blanchisseuse. En même temps, elle milite avec des sionistes socialistes. À dix-neuf ans, elle épouse Moritz Meyerson. Déléguée à la section américaine du Congrès juif mondial, elle émigre en 1921 en Palestine. Elle y fait trois ans de kibboutz, met au monde deux enfants, puis divorce. Elle occupe un poste de direction à l'Organisation sioniste des femmes pionnières, puis devient secrétaire exécutive à la Histadrout (qui regroupe des syndicats). Elle fait partie des personnalités qui signent la déclaration de création de l'État d'Israël en 1948. Elle devient ambassadrice à Moscou, puis en 1949 députée du Mapaï, le parti travailliste. Elle est nommée ministre du Travail jusqu'en 1956 (période cruciale où viendront des millions d'émigrés), puis Premier ministre dans le gouvernement de David Ben Gourion. « Vous êtes le seul homme de mon cabinet », lui confie-t-il. En 1956, Golda Meir (nom hébraïsé) est ministre des Affaires étrangères et le reste pendant dix ans. En 1966, elle est secrétaire générale du Mapaï. En 1969, à soixante et onze ans, elle accepte de diriger le gouvernement. Symbole de l'État d'Israël, « grand-mère du peuple juif », elle croit l'armée israélienne infaillible. Dure, intransigeante, elle refuse de parler de retrait des territoires occupés après la guerre des Six Jours, en 1967. Sa conviction est simple : « Il n'y a pas de Palestiniens ! » Au moment de la guerre du Kippour, en 1973, elle est rendue responsable, avec Moshe Dayan, des revers subis. Bien qu'ayant gagné les élections, elle démissionne en 1974.

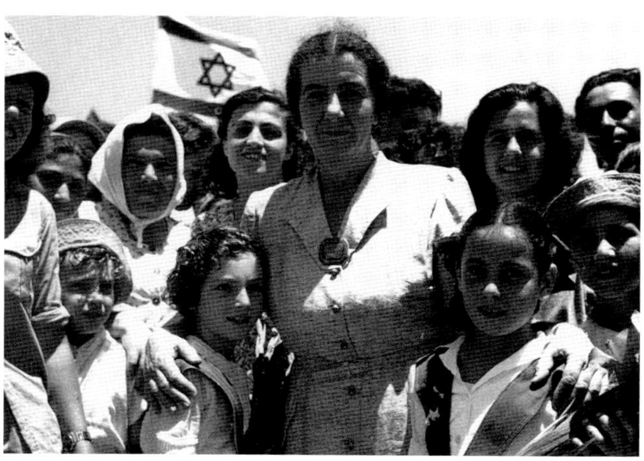

Véritable « dame de fer », comme Indira Gandhi et Margaret Thatcher, elle a guerroyé et ne s'est nullement préoccupée des femmes – sauf un jour, lors de l'inauguration d'un groupe de maisons dans la région de Tibériade : elle s'en prend aux architectes qui n'ont pas placé les cuisines de façon que les ménagères puissent admirer le lac. Et lorsque le gouvernement envisage d'interdire aux Israéliennes de sortir la nuit pour ne pas risquer d'être violées, elle rétorque : « Ce sont les hommes qu'il faut enfermer. Ce sont eux qui attaquent les femmes, non l'inverse. »

Tansu Çiller

née en 1946, Turquie

Première Turque Premier ministre en 1993.
Elle fait ses études secondaires au collège américain, obtient une licence d'économie à l'université du Bosphore, puis un doctorat aux universités du Connecticut et de Yale. Professeure d'économie à l'université du Bosphore, elle publie neuf livres d'économie. En 1990, elle se lance dans la politique en intégrant le parti de la Juste Voie (DYP), conservateur. Elle gravit rapidement les échelons : en 1991 elle est élue députée d'Istanbul, puis elle est nommée ministre de l'Économie. Devenue présidente du DYP, elle obtient la majorité au congrès du parti et devient Premier ministre. Pendant son mandat, elle n'apporte aucune solution aux problèmes des femmes. De 1995 à 1997, elle doit accepter une coalition avec le parti islamique. Elle est renversée par l'armée et accusée de corruption.

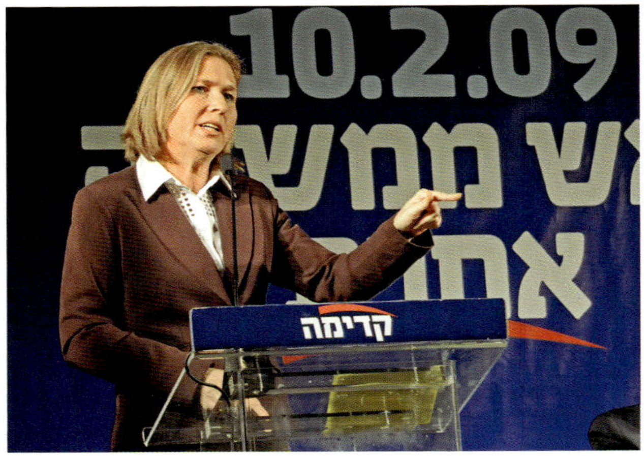

Tzipi Livni, 2009.

Tzipi Livni

née en 1958, Israël

Femme politique.
Son palmarès est impressionnant : ministre de la Coopération régionale en 2001 ; ministre de l'Agriculture en 2002 ; ministre de l'Immigration de 2003 à 2006 ; ministre du Logement et de la Construction en 2004-2005 ; ministre de la Justice et de l'Intégration en 2005-2006.
Ses parents revendiquent des attentats sanglants dans la Palestine britannique, tandis qu'elle-même, à vingt et un ans, est agent du Mossad (services secrets de renseignements), après avoir été membre du Betar, organisation de jeunesse d'extrême droite. Membre du Likoud, elle évolue vers le centre en devenant l'un des fondateurs du parti Kadima (En avant). En 2008, promue au poste capital de chefe de la diplomatie israélienne, elle soutient une guerre meurtrière dans la bande de Gaza.

Maasouma Moubarak

(dates non communiquées), Koweït

Première femme ministre au Koweït en 2005.
Professeure de relations internationales à l'université de Koweït, elle est de confession chiite et représente cette minorité religieuse au sein du gouvernement. Elle est ministre de la Planification et secrétaire d'État au développement administratif. Elle démissionne en 2007. Une nouvelle femme est au gouvernement en 2009, Nouriya Al-Sebih, ministre de l'Éducation.

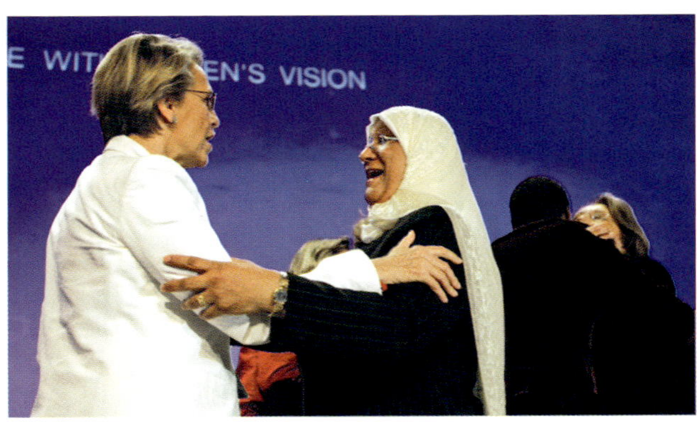

Durant le Women's Forum en 2006, la Française Michèle Alliot-Marie, ministre de la Défense, salue Maasouma Moubarak.

Élisabeth Domitien

1925-2005, République centrafricaine

Première femme Premier ministre de République centrafricaine en 1975-1976 – c'est la première femme à occuper ce poste en Afrique.

Ayant lutté pour l'indépendance de son pays, elle devient vice-présidente du parti unique. Aussi Bokassa la nomme-t-il Premier ministre. Bien qu'elle soit analphabète, elle est active pour le commerce et l'agriculture. Elle soutient que les femmes sont les piliers du développement de l'Afrique. Elle est limogée par Bokassa car elle n'est pas d'accord pour qu'il se fasse empereur. Elle est arrêtée, emprisonnée, puis réhabilitée.

Ruth Sando Perry

née en 1938, Liberia

Présidente du Conseil d'État du Gouvernement national de transition de la république du Liberia en 1996-1997.

Elle se considère, non sans fierté, comme la première Présidente africaine. En réalité, elle n'est pas élue par les Libériens, mais désignée par ses pairs du Conseil d'État. Ils la choisissent parce qu'ils ne parviennent pas à faire appliquer les accords de paix signés à Abuja et que le pays continue à être ravagé par des bandes armées, d'une extrême cruauté. Sa détermination n'en est pas moins ferme : « Je savais que j'étais capable de diriger ces hommes. » Elle parle des chefs de factions, guerriers sans foi ni loi, qu'elle a la difficile mission de désarmer. Ruth Perry n'est pas une débutante : nommée au Comité des femmes africaines pour la paix et le développement, membre du parti national démocrate du Liberia depuis 1985, elle crée le mouvement *Peace now, Peace for Liberia*, tout en étant membre fondatrice du *Women's Development Association of Liberia* et du *Liberian Women's Initiative*. Elle se lance donc dans l'aventure, en demandant l'aide de l'ONU. Le défi est de taille : « La triste réalité des enfants-soldats illustre la lourde tâche qui est à entreprendre », reconnaît-elle. Elle réussit à obtenir que des élections libres aient lieu en 1997 en faisant « appel à tout ce que l'on peut mettre au service de sa communauté, de son Église et de son foyer ». Mais elle se retire pour laisser le pouvoir à Charles Taylor, lequel se révèle le pire des chefs de guerre et se livre avec ses troupes à des crimes contre l'humanité.

Ellen Johnson-Sirleaf

née en 1938, Liberia

Présidente depuis 2005 (à la fois chefe de l'État et du gouvernement), première femme élue démocratiquement à la présidence d'un pays africain.

Diplômée d'économie de l'université du Colorado et titulaire d'un master en administration publique de l'université de Harvard, elle est membre d'*Alpha Kappa Sorority*, organisation solidaire des femmes noires. Secrétaire d'État aux Finances du Liberia de 1972 à 1978, puis ministre des Finances en 1979-1980, elle est également présidente de la Banque nationale. En 1980, elle soutient dans un premier temps le coup d'État du sergent-chef Samuel Doe, mais elle s'oppose bientôt à la corruption qui soustend sa dictature. Elle est emprisonnée, condamnée à mort, ne doit son salut qu'à la fuite et s'exile aux États-Unis où elle a des responsabilités à Citibank et dans différents organismes internationaux, dont le Fonds monétaire international et la Banque mondiale. En 1989, elle revit le même scénario : elle appuie d'abord Charles Taylor, avant de le combattre comme dictateur sanglant. Elle se présente aux élections de 1997, sans succès. Lorsqu'elle revient de son nouvel exil en 2003, elle trouve un pays ruiné, ravagé par une guerre civile des plus barbares, qui a duré quatorze ans et dont le bilan est très lourd : 250 000 morts, femmes violées et contaminées par le sida, dizaines de milliers d'enfants-soldats, bourreaux et victimes d'atroces blessures, chefs de guerre encore en état de nuire, hauts fonctionnaires corrompus. Elle devient alors, en 2004, présidente de la Commission de bonne gouvernance du gouvernement de transition, qui fait suite à la fuite de Charles Taylor, accusé de crimes de guerre. À soixante-sept ans, elle devient leader du parti de l'unité et remporte les élections avec près de 60 % des voix le 8 novembre 2005 contre George Weah, ex-vedette internationale de football. Le masculin sportif et *people* contre le féminin compétent et intègre. Ellen prête serment devant des dizaines de délégations venues du monde entier : « Je me dois de faire la fierté de toutes les femmes libériennes, de l'Afrique et du monde entier. » Elle nomme des femmes à plusieurs postes importants du gouvernement, dont la ministre des Finances, qui a fort à faire avec une dette s'élevant à trente fois le budget national. Elle promulgue une loi criminalisant le viol – en espérant que les centaines de policières indiennes, venues renforcer le contingent des Casques bleus en 2007, apportent une aide bien nécessaire pour que cette loi soit vraiment respectée.

Mme Johnson-Sirleaf est en effet parfaitement consciente qu'elle a besoin de l'ONU si elle veut faire sortir son peuple du marasme. « Je n'ai pas à m'excuser d'être pro-occidentale, se défend-elle. Je vais m'en servir pour aider au développement de mon pays. » Elle demande aussi la levée des sanctions sur les exportations de diamants. Elle parvient en outre à convaincre les États-Unis de supprimer la dette du Liberia. Capable d'exprimer fermement ses résolutions face aux grands dirigeants (blancs en général) du FMI et de la Banque mondiale, elle peut aussi écouter patiemment les doléances du plus

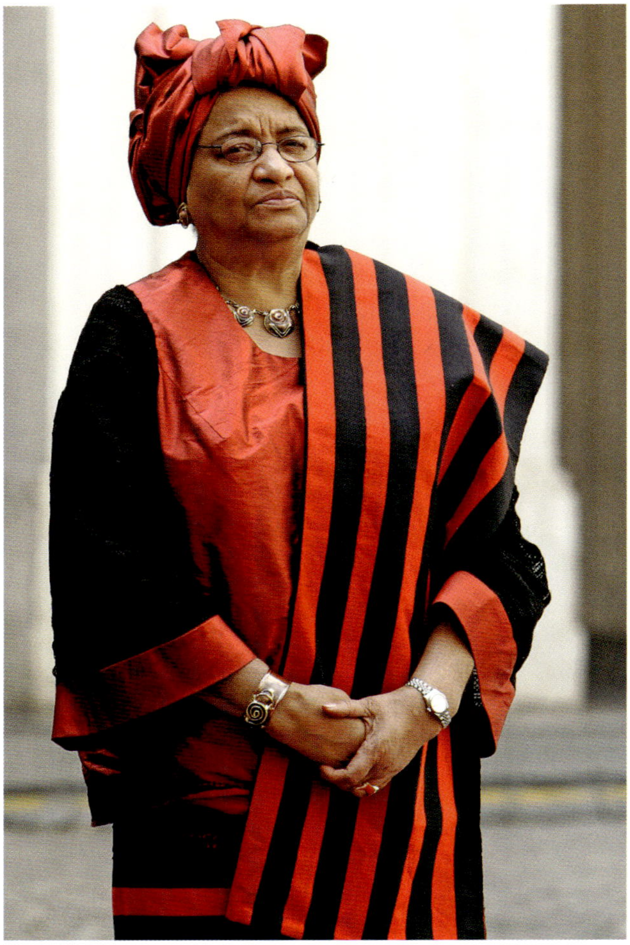

petit de ses concitoyens. Si certains la surnomment « dame de fer », elle est aussi une dame de chair, solide, sachant exercer son autorité, telle une super-mère, veillant sur son peuple et l'empêchant de se battre à nouveau. Le pari n'est pas facile à tenir, d'autant que certains anciens chefs de guerre siègent au Parlement, où son parti ne dispose pas de la majorité. Il lui faut aussi affronter le chômage, qui touche 80 % de la population, l'analphabétisme et les rivalités ethniques (elle appartient à la très petite minorité d'anciens Américains, esclaves émancipés, qui ont créé le Liberia, où vivent 95 % de groupes autochtones). Son programme est la sécurité, la primauté du droit et de l'État, la relance économique et la reconstruction des infrastructures. « Plus jamais dans ce pays, promet-elle, une personne ou un groupe d'individus ne se sentiront exclus au point de recourir à la force au nom de la justice. »

Mame Boye Madior

née en 1940, Sénégal

Première Sénégalaise Premier ministre en 2001-2002.

Elle est d'abord garde des Sceaux en 2000, puis le président Abdoulaye Wade la nomme chefe du gouvernement. « On m'attend avec l'épée, je réponds avec le sourire », dit-elle. « Tata » tente d'endiguer la misère et de promouvoir la paix. Elle est attachée à l'éducation du peuple ; sous son mandat est créée la Bibliothèque nationale du Sénégal, inaugurée en 2002. Elle nomme des femmes : Thiéo Cissé Doucouré ministre déléguée aux Collectivités locales, Awa Marie Coll Seck ministre de la Santé, Awa Gueye Kebe ministre de la Famille et de la Petite Enfance, Aïcha Agne Pouye ministre du Commerce et de la Petite et Moyenne Entreprise, et Aminata Niang Cissé présidente du Haut-Conseil de l'audiovisuel.

Elle doit démissionner après le scandale du naufrage du *Joola*, qui fait mille huit cents morts.

Aminata Traoré

née en 1947, Mali

Ministre de la Culture de 1997 à 2000.

Comme Léopold Sédar Senghor, elle fait ses études à l'université de Caen, en Normandie, et obtient un doctorat de troisième cycle en psychologie sociale et un diplôme de psychopathologie. En 1963, elle se fixe en Côte d'Ivoire, pays de son mari. À Abidjan, de 1975 à 1988, elle enseigne à l'Institut d'ethnosociologie, puis est détachée auprès du ministre de la Condition féminine.

De 1988 à 1992, elle travaille pour différentes organisations régionales et internationales visant à promouvoir le rôle des femmes dans la gestion de l'eau et l'assainissement. Elle est nommée ministre de la Culture du Mali, mais démissionne au bout de trois ans. Depuis, militante internationaliste, elle crie son indignation de voir l'Afrique « pillée et marginalisée ». Ce sont les institutions de Bretton Woods (FMI et Banque mondiale) qui appauvrissent les populations par leur « ordre cynique du monde », dénonce-t-elle.

En 2006, Aminata est responsable du Forum social mondial ; elle est également l'initiatrice du festival Migrances en 2007, et du forum pour un autre Mali ainsi que du Centre Amadou Hampâté Bâ.

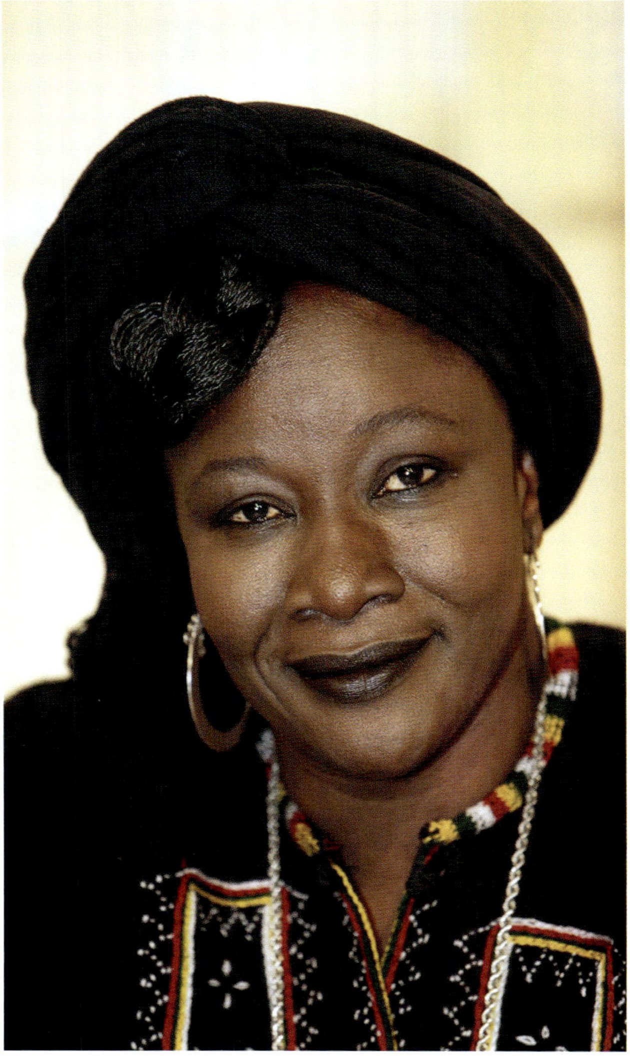

Aminata Traoré.

Sylvie Kinigi

née en 1952, Burundi

Première femme Premier ministre du Burundi en 1993-1994 (sept mois), dans le premier gouvernement multiethnique et démocratiquement élu du pays.

Elle est nommée par le président Melchior Ndadayé, parce qu'il pense qu'une Tutsie pourra réconcilier les Hutus et les Tutsis. Mais il est assassiné avec six de ses ministres. Cet acte déclenche un génocide. Mme Kinigi se retrouve, de fait, Présidente par intérim pendant cette guerre civile, à la tête d'un pays ravagé par les massacres. Elle appelle à la paix et à la réconciliation et tente de former une nouvelle administration jusqu'à l'arrivée d'un nouveau Président en 1994. En 2007, elle est conseillère politique et coordinatrice de programmes auprès du représentant du secrétaire général des Nations unies pour l'Afrique des Grands Lacs.

Agathe Uwilingiyimana

1953-1994, Rwanda

Première Rwandaise Premier ministre en 1993-1994 (huit mois et demi).

Professeure de mathématiques et de chimie, elle devient ministre du Commerce en 1989, puis ministre de l'Éducation en 1992. À ce poste, dans un esprit de justice, elle abolit le système des quotas ethniques, s'attirant ainsi la haine des extrémistes hutus. Le président Juvénal Habyarimana la nomme Premier ministre. Mais l'avion du Président est abattu ; le lendemain, Agathe et son mari sont assassinés par la garde présidentielle dont la mission était de les protéger.

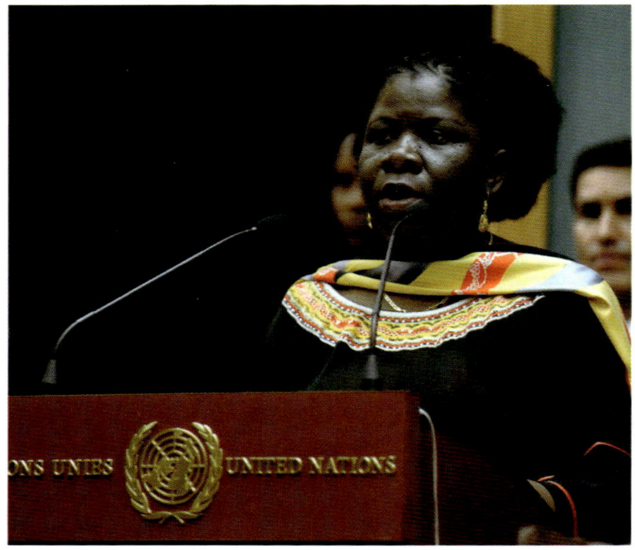

Luisa Diogo Dias lors de l'ouverture du sommet du Conseil économique et social des Nations unies, à Genève, 2006.

Luisa Diogo Dias

née en 1958, Mozambique

Première femme chefe du gouvernement du Mozambique en 2004.

Elle fait des études en Angleterre et obtient un master en économie. Membre du Frelimo (Front de libération du Mozambique), elle devient ensuite ministre des Finances en 1980, et travaille aussi pour la Banque mondiale. Le pays est ravagé par le sida et sa dette est abyssale. « Ce pays est pauvre, plaide-t-elle, et chaque centime que ce pays paie est enlevé aux habitants du Mozambique. »

Helen Clark

née en 1950, Nouvelle-Zélande

Deuxième Néo-Zélandaise Premier ministre, élue en 1999, réélue en 2002 et en 2005.

Députée travailliste depuis 1981, elle devient ministre de l'Environnement et du Logement dès 1986,

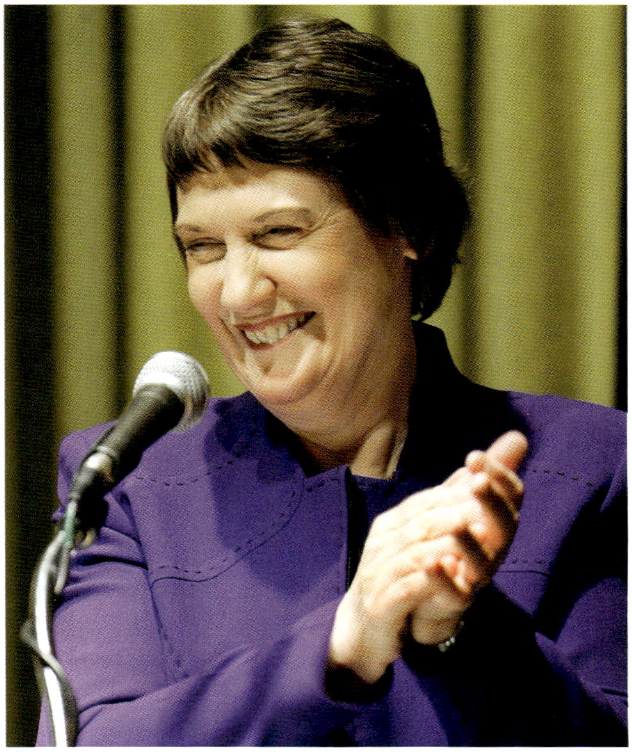

puis ministre de la Santé et du Travail. Antimilitariste, elle s'oppose à la guerre en Irak, bien que la Nouvelle-Zélande ait besoin des États-Unis pour commercer. Mais elle réussit à ne pas mettre en danger l'économie de son pays, qui progresse à la fois économiquement et socialement : faible taux de chômage, droits accrus pour les familles et les personnes âgées, progrès dans l'éducation et la santé. Écologiste, elle met en œuvre le développement durable, pionnière dans la lutte contre le réchauffement climatique. Elle est dans le même temps ministre des Arts, de la Culture et du Patrimoine. En 2009, elle est la première femme administratrice du programme des Nations unies pour le développement et présidente du Groupe des Nations unies pour le développement. Pour sa prise de fonction, elle est accueillie par une surprenante cérémonie maorie. En effet, durant ses trois mandats à la tête de la Nouvelle-Zélande, elle a permis une réconciliation avec le peuple indigène et favorisé une société multiculturelle.

Jenny Shipley

née en 1952, Nouvelle-Zélande

Première femme Premier ministre de Nouvelle-Zélande (premier pays au monde à autoriser le vote des femmes en 1893) de 1997 à 1999.
Elle adhère au parti national de Nouvelle-Zélande, qui gagne les élections en 1990 ; elle est alors nommée ministre des Affaires sociales – elle prend des mesures libérales antisociales –, puis ministre de la Santé – elle réduit les protections publiques pour laisser les gens se protéger avec des assurances privées –, et enfin ministre des Affaires féminines – poste qu'elle quitte dès qu'elle le peut pour devenir ministre des Services de l'État, des Transports et des Entreprises. (C'est Jim Bolger, le Premier ministre, qui lui a donné ce rang de ministre, mais elle profite qu'il est en déplacement en Écosse pour prendre sa place à la direction du parti… qui la désigne comme Premier ministre). Elle aurait trempé dans une affaire de contrats frauduleux.

Jenny Shipley, 2007.

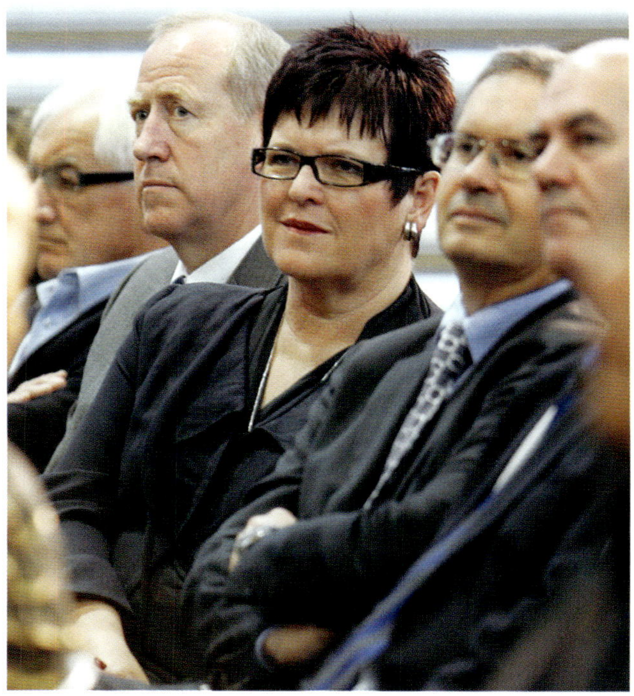

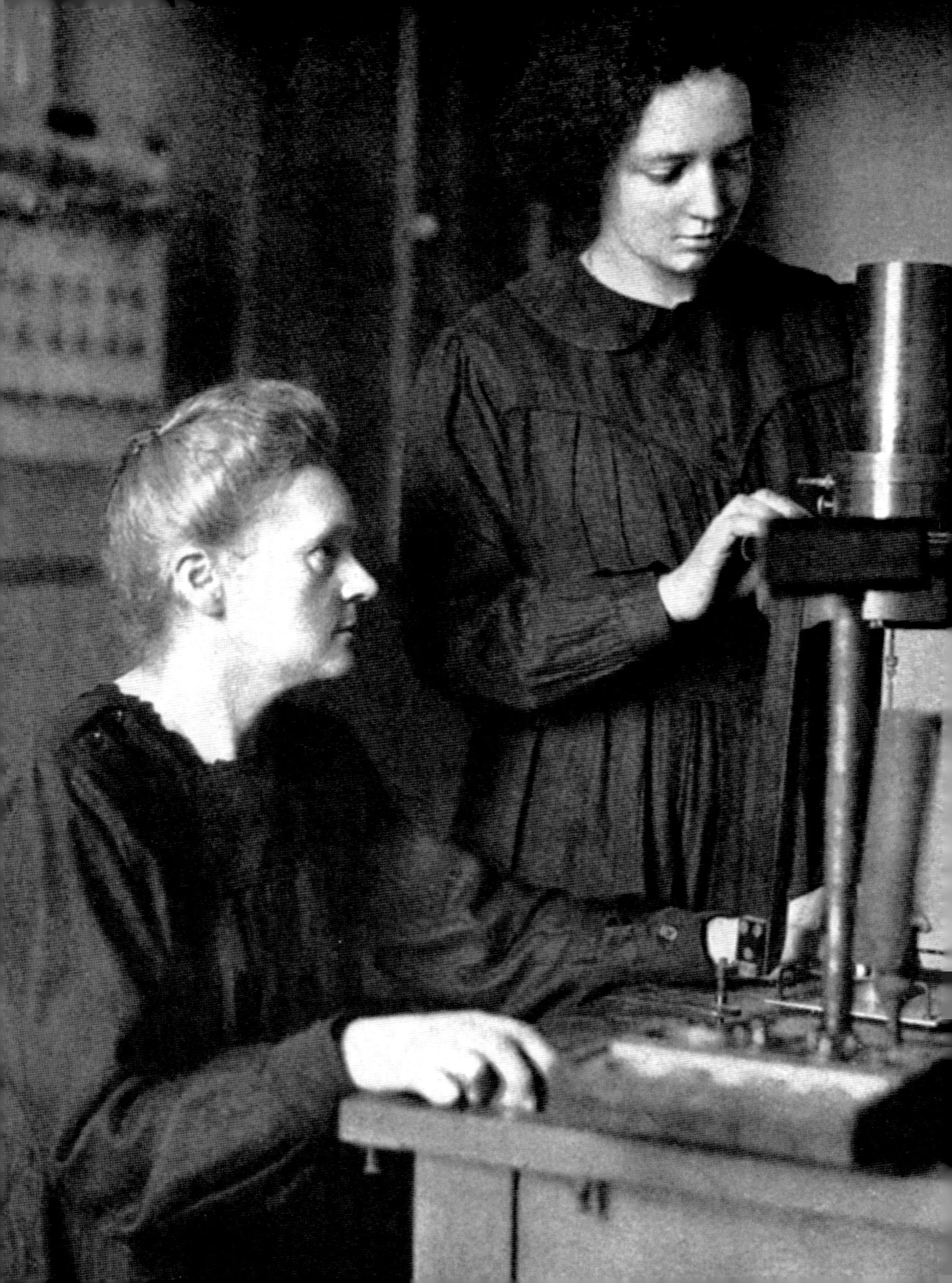

Marie et Irène Curie.
Mère et fille au travail ensemble, en 1925.

Intellectuelles et scientifiques

« Les femelles de toutes les espèces sont intellectuellement, physiquement et moralement inaptes à la médecine. »

Société médicale de San Francisco, 1874

En 1924, une réunion internationale de femmes médecins se tient à Londres. Dix-huit pays sont représentés par trois cents femmes. **Safiye Ali** est la seule représentante de la Turquie. Et pour cause : elle est la seule femme médecin du pays. À la fin de son intervention, elle déclare : « Moi je ne représente pas aujourd'hui les femmes médecins de la Turquie, puisqu'elles n'ont pas le droit de faire des études de médecine, mais la future génération de femmes médecins. » Voilà l'exemple parfait de la pionnière : elle doit lutter contre un apartheid sexiste qui lui interdit d'avoir le même accès à la science que les garçons, elle réussit, elle pense aux femmes à venir et, en plus, elle se dévoue aux enfants pauvres souffrant de malnutrition, étant l'une des fondatrices de La Goutte de lait. Son émancipation n'est pas seulement la sienne, elle est œuvre de civilisation. Exercer un métier intellectuellement exigeant, effectuer des recherches pointues, placer très haut la barre de la réflexion, devenir un savant n'est facile pour personne – mais c'est plus difficile encore pour une femme de devenir une intellectuelle, voire une savante. À toutes les étapes, elle rencontre des interdits et des obstacles : difficultés à étudier, à faire des recherches, à obtenir des postes, à être reconnue.

Parfois, les lieux d'étude sont tout simplement interdits aux filles. La physicienne hongroise **Mileva Maric** (Mme Einstein), par exemple, réussit en 1896 à intégrer la seule université scientifique ouverte aux femmes, à Zurich. En France, au début du XXe siècle, on assiste à des manifestations d'étudiants et d'enseignants, aux alentours de la Sorbonne, aux cris de « Pas de femmes ! » et « La science se fait entre hommes ! ». À l'époque, le terme « étudiante » n'existe pas, on dit « étudiant-fille ». En Italie, les filles restent enfermées dans les classes pendant les récréations. Quand **Maria Montessori** fait ses études de médecine, il lui est interdit d'assister aux séances de dissection ; elle manie le scalpel après les cours, seule, à la sauvette, à la tombée de la nuit. L'Anglaise **Rosalind Franklin**, dont la contribution à la compréhension de l'ADN sera majeure dans l'histoire de la biologie, est admise en 1938 dans un collège pour femmes, à Cambridge, mais elle renonce à se marier car une femme non célibataire n'a pas droit à une bourse et la science est son but. L'Américaine **Dorothy Reed** (pionnière de la médecine biologique) fait honte à sa famille en s'inscrivant à l'école médicale John Hopkins (« notre fille est en villégiature », dit sa mère). Cette unique université qui accepte les étudiantes est née du combat de quelques femmes déterminées, qui ont donné leur héritage pour la créer. La misogynie règne parmi les étudiants et les enseignants, qui harcèlent la gent femelle. Ainsi Dorothy Reed se voit-elle accuser de « curiosité sexuelle malsaine » lorsqu'elle effectue son internat. En effet, dans les salles où elle officie, il y a des malades noirs : ils vont la violer et c'est elle qui aura provoqué cette « sexualité interraciale » ! L'Allemande **Maria Goeppert-Mayer** (futur prix Nobel de physique) vit sa jeunesse à Göttingen, ville surnommée « le centre mathématique du monde », entourée de savants. Mais le gynécologue qui dirige la clinique universitaire pour femmes considère que

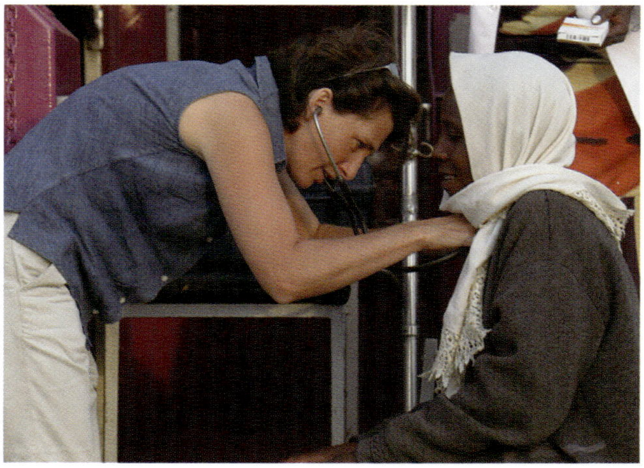

Les femmes se battront longtemps avant de pouvoir accéder aux études de médecine.

vouloir être une savante est une « exigence contre-nature » et que les activités intellectuelles sont en contradiction avec « l'instinct maternel » (Maria aura tout de même deux enfants). Même si l'université admet les femmes depuis 1920, la Britannique **Dorothy Crowfoot** (futur prix Nobel de chimie) se heurte à la « forteresse masculine » d'Oxford où, selon les statuts, le nombre de femmes ne doit pas dépasser un cinquième du nombre des hommes. C'est donc à Somerville College, réservé aux filles, qu'elle étudie puis obtient un poste de chercheuse.

Dans un deuxième temps, quand les jeunes filles ont réussi, non sans ténacité, à faire les études qu'elles désirent, il leur est très difficile d'obtenir des postes, la majorité étant réservée aux hommes. Ainsi, lorsque Karl Cori est nommé à l'université de Buffalo, son épouse, **Gerty Theresa Cori** (futur prix Nobel de physiologie), quitte joyeusement sa Tchécoslovaquie pour les États-Unis : « sachant le haut niveau de développement atteint par les méthodes biochimiques » dans ce pays, elle est sûre qu'elle aura les moyens de se consacrer à sa recherche, en travaillant en couple comme elle l'a toujours fait. Mais quand on lui demande de ne pas entraver la carrière de son mari en s'obstinant à vouloir travailler avec lui, le découragement la submerge. Pas de femmes au sommet, c'est la règle tacite. Après que les époux Cori sont devenus citoyens américains en 1928, on offre au mari des postes prestigieux, et à sa femme il est proposé un poste d'associée non rémunéré. On cherche même à l'empêcher d'être chercheuse dans le laboratoire de biochimie de Karl Cori. On veut la cantonner à chercher des amibes dans des prélèvements de selles ! Elle ruse : sous son microscope, elle remplace discrètement les selles colorées par des paramécies… Mais pendant seize ans, Gerty n'a été que *research associate*, puis *research associate professor* (c'est seulement après avoir reçu le prix Nobel qu'elle devient enfin profes-

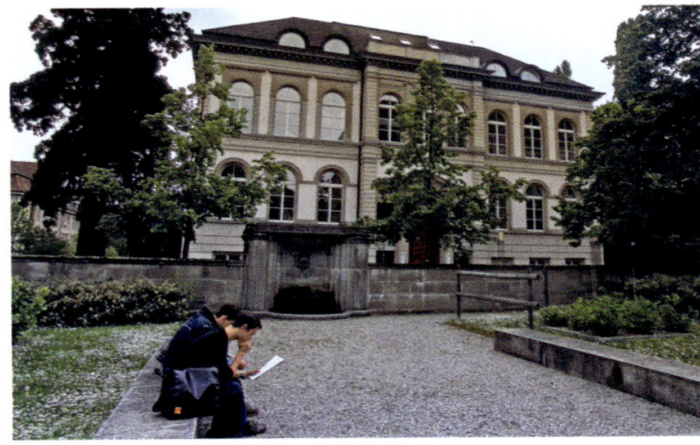

L'université de Zurich : seule université où Mileva Maric fut autorisée à étudier en 1896.

seure de biochimie et membre de nombreuses sociétés savantes). Autre exemple : en 1896, **Annie Cannon** entre à l'observatoire de Harvard où le directeur, Edward Pickering, lui demande de s'occuper de la classification de 250 000 étoiles. Un travail gigantesque. Pickering aime bien faire travailler des femmes car elles seules acceptent de très bas salaires pour des résultats excellents, dont il tire fierté et satisfaction ! Parmi celles qu'on appelle les « femmes de Pickering », Williamina Fleming (1857-1911) met au point un système de classification, selon les spectres des étoiles, qui, au bout de neuf ans d'un patient travail, servira à mettre de l'ordre dans le catalogue Henry Draper, riche de 10 000 étoiles. Elle est aussi la découvreuse des premières « naines blanches ». Cette réussite est d'autant plus extraordinaire que cette pionnière méconnue était entrée au service de Pickering comme domestique.

L'Amérique du Nord a été une planche de salut pour de nombreuses savantes, qui y ont émigré et ont été naturalisées, soit pour fuir des persécutions ou les dangers de la guerre, soit parce que les conditions de travail y étaient bien meilleures – pour les hommes aussi –, soit encore parce que l'égalité hommes/femmes y était plus avancée que dans certains pays de la vieille Europe. Mais il semble que, là

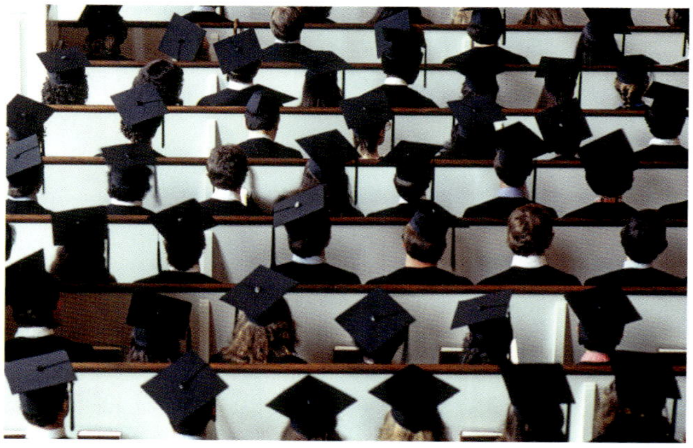

Grande tenue pour la cérémonie de remise des prix dans les années 2000 à l'université de Harvard, Cambridge (Massachusets). La mixité était encore impensable il y a moins d'un siècle.

comme ailleurs, les hommes au pouvoir dans les universités sont pris d'une sorte de panique à l'idée qu'une femme puisse faire aussi bien qu'eux – sinon mieux. « Quelle est la plus grande révolution à laquelle nous avons assisté depuis la guerre ? s'interroge Gustave Cohen, professeur à la faculté des lettres de Paris en 1930, c'est l'invasion de l'Université par les femmes [...] au point qu'on se demande avec inquiétude si, après avoir été jadis nos maîtresses, elles ne vont pas devenir nos maîtres. »

Enfin, une fois instruites et devenues chercheuses acharnées, les savantes vont-elles bénéficier d'une reconnaissance pour leurs découvertes semblable à celle de leurs collègues ? Il est permis d'en douter. Lorsque **Marie Curie** découvre la radioactivité, avec l'aide de Pierre qui s'est joint à elle, les journalistes s'obstinent à penser qu'elle est l'assistante de son mari. Elle a pourtant été reçue première à l'agrégation de physique ; elle a été la première femme, en 1900, à devenir professeure de physique à l'École normale de jeunes filles de Sèvres ; et la première femme à devenir docteure ès sciences, le 25 juin 1903, quand elle a soutenu sa thèse à la Sorbonne. Mais c'est une femme... Et quand les Curie vont chercher leur prix Nobel de physique en 1903 à Stockholm, Marie est assise dans le public car seuls les hommes sont admis à prendre la parole à l'Académie des sciences. Après Marie Curie, la prochaine Nobel de physique est Maria Goeppert-Mayer... soixante ans plus tard. Pourquoi si peu de prix Nobel décernés à des femmes ? Peut-être parce que l'Académie royale des sciences, à Stockholm, qui attribue les prix de physique, de chimie et d'économie, ne compte qu'une quarantaine de femmes pour cinq cents membres, et que les comités chargés de sélectionner les candidats dans les labos et les universités sont majoritairement composés d'hommes.

Et pourquoi les femmes nobélisées sont si souvent associées à deux hommes, comme si on les encadrait par deux gendarmes ? Ainsi **Christiane Nuesslein-Volhard**, **Gerty Theresa Cori**, Maria Goeppert-Mayer, Gertrude Elion, **Rosalyn Yalow** sont des nobélisées prises en sandwich. On a un peu l'impression qu'on craint de donner le prix en entier à une femme. Il paraît aujourd'hui certain que si **Simone de Beauvoir** a été classée deuxième à l'agrégation de philosophie et Jean-Paul Sartre premier, c'est parce que le jury n'a pas osé couronner une jeune fille devant un jeune homme.

Quelquefois, la plus haute récompense, le Nobel, leur a été « volée ». **Jocelyn Bell,** astrophysicienne britannique, découvre le premier pulsar ; mais c'est son directeur de thèse qui reçoit le Nobel de physique en 1975 pour la découverte des pulsars ! Il est vrai qu'elle n'était que son assistante. Marianne Grunberg-Manago (née en 1921), biologiste française, première femme à diriger l'Union internationale de biochimie en 1985, découvre une enzyme, la polyribonucléotide nucléotidyltransférase, qui a bouleversé la recherche sur l'hérédité et permis une meilleure compréhension de l'ADN. En récompense, son directeur de labo reçoit le Nobel. **Lise Meitner** a effectué toutes ses recherches sur la radioactivité avec Otto Hahn. Quand l'Autriche est annexée par les nazis, en 1938, la chercheuse doit s'exiler. Pendant ce temps, Hahn reçoit seul le prix Nobel. On dit que la cause de cette « étourderie » réside dans l'ignorance scientifique des Suédois isolés par les années de guerre. **Nettie Stevens** présente la différenciation des chromosomes sous les symboles X et Y, chacun d'eux déterminant le sexe de chaque fœtus. L'impact de cette découverte est énorme dans le monde entier. Cependant, seul son collègue, Thomas Hunt Morgan, reçoit le prix Nobel pour ses travaux de génétique. De la même façon, Mileva Einstein signe avec son époux l'article qui contient la fameuse formule (toujours accolée au nom d'Einstein) : $E = mc^2$. Seul Albert Einstein a atteint le sommet de la célébrité. Et que dire de la chimiste anglaise **Rosalind Franklin**, à qui son collègue Maurice Wilkins a volé un cliché et un rapport formulant l'hypothèse de la structure hélicoïdale de l'ADN, les a envoyés à deux comparses (on hésite dans ce cas à dire confrères) et a reçu le prix Nobel avec eux ? Ce sont des historiennes qui ont fait reconnaître le rôle de Rosalind et l'ont sortie des oubliettes de l'histoire.

C'est du passé ? Il n'y a plus de discrimination au XXIe siècle ? Le prix **Irène Joliot-Curie** (elle-même a tenté à plusieurs reprises, sans succès, d'être admise à l'Académie des sciences) a été créé pour promouvoir la place des femmes dans la recherche et la technologie en France. C'était en 2001 ; cette année-là, il y avait au CNRS 10 700 femmes pour 146 000 hommes. Dès 1981, la savante japonaise **Saruhashi** a créé un prix pour couronner chaque année une savante et encourager la créativité scientifique des femmes. Elle affirmait que ce prix était nécessaire car les scientifiques japonaises étaient souvent désavantagées par rapport à leurs confrères. En 2007, ce prix était remis à **Yukari Takayabu**, professeure à l'université de Tokyo, au centre de recherche de climatologie, pour ses travaux sur les nuages cumulonimbus et sur le réchauffement climatique. Qui aurait connu ses travaux si elle n'avait reçu ce qui est désormais l'un des prix les plus prestigieux décerné aux scientifiques japonaises ? L'Organisation pour l'éducation, la science et la culture dénonce en effet « un déséquilibre de longue date entre hommes et femmes dans la recherche scientifique. Non seulement les femmes restent sous-représentées dans les professions scientifiques, mais celles qui veulent faire carrière dans les sciences bénéficient de moins de soutien et ont moins d'occasions d'évolution que leurs pairs masculins, ce qui peut entraîner une perte de valeur pour la société civile ». Un jury international décerne donc chaque année des prix (d'un montant de 100 000 dollars en 2004) aux chercheuses dont les travaux innovants contribuent aux progrès de la science.

Les progrès de la science sont les progrès de l'humanité. Rosalyn Yalow (prix Nobel de physiologie et de médecine), consciente de sa valeur en tant que femme, remarque : « Le monde ne peut se permettre de perdre la moitié de ses talents s'il veut résoudre les nombreux problèmes qui l'assaillent. »

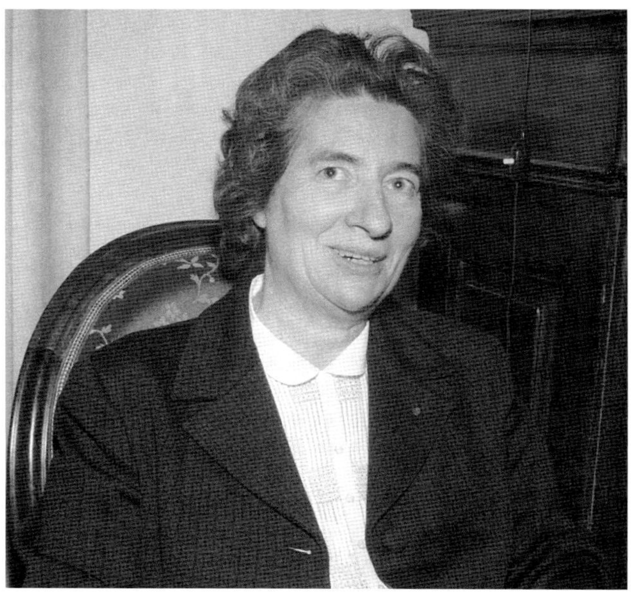

Marguerite Perey, première Française élue à l'Académie des sciences, le 14 mars 1962.

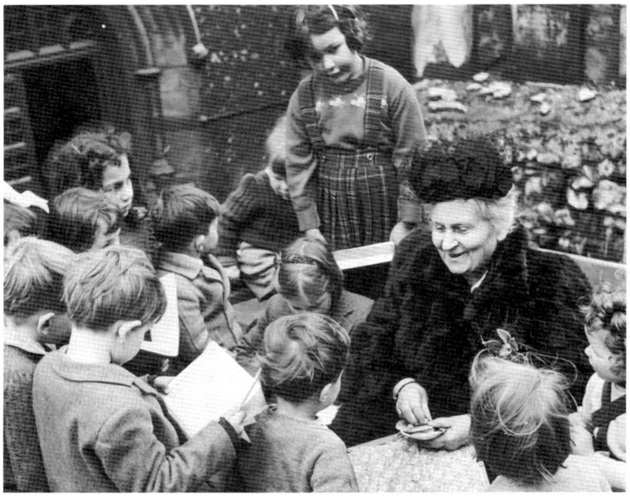

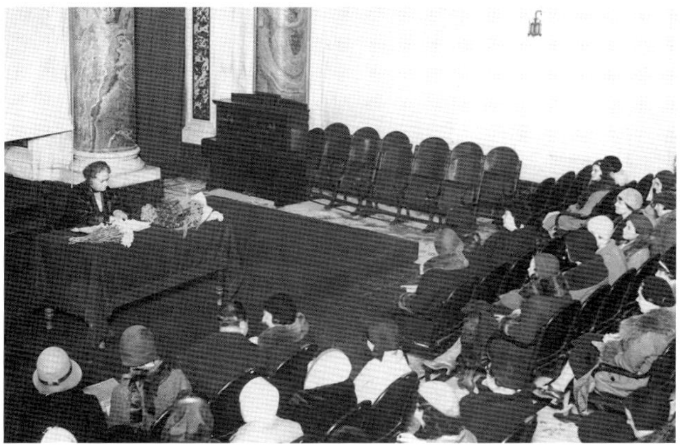

En haut *Maria Montessori au milieu d'écoliers, vers 1951.*
En bas *Maria Montessori donnant un cours à Rome, dans les années 1930.*

Maria Montessori

1870-1952, Italie

Pédagogue diplômée et première femme médecin en Italie en 1896, assistante en psychiatrie, titulaire d'une chaire d'hygiène puis d'anthropologie en 1904 à l'université de Rome.

En 1900, la Ligue pour l'éducation des enfants handicapés la nomme directrice d'une école modèle destinée à la formation des instituteurs. À partir de méthodes concrètes, fondées sur le développement des sens, dont elle use avec les enfants « arriérés », elle invente une méthode révolutionnaire et scientifique pour l'éducation de tous, qui devait se répandre dans le monde entier. Au lieu de dresser les enfants comme s'ils étaient des animaux, l'éducateur valorise la personnalité et les capacités d'éveil de chacun à l'aide de jeux de cubes, de boules, d'anneaux – tout ce qu'on utilise désormais couramment dans les crèches et les écoles maternelles. Sa première Casa dei Bambini est ouverte à Rome en 1907, et en 1909 elle publie le livre qui la rend célèbre, *Pédagogie scientifique appliquée à l'éducation des enfants* (cette méthode est traduite en vingt langues). Mussolini la nomme inspectrice générale des écoles, mais elle est expulsée d'Italie en 1936.

Mélanie Klein

1882-1960, Autriche/Grande-Bretagne

Psychanalyste spécialisée dans la psychanalyse des enfants.

Mélanie Reizes est marquée par la forte empreinte de sa mère. Elle fait des études de médecine, puis se spécialise en psychiatrie – ce qui est audacieux pour une jeune fille de ce siècle. Elle suit une analyse avec Ferenczi, à Budapest, puis une autre à Berlin avec Karl Abraham. Devenue membre de la Société psychanalytique en 1923 et de la Société britannique de psychanalyse de Londres (ville où elle s'installe définitivement), elle y fait des communications qui provoquent de vives émotions parmi ses collègues, farouchement divisés à l'égard de ses découvertes. En 1932, elle publie *La Psychanalyse des enfants*. Dans la théorie des pulsions élaborée par Freud, elle conteste la primauté capitale de la relation de l'enfant au père, soutenant que ce qui détermine l'individu est la relation du nourrisson à sa mère. Relation ambivalente d'amour et de haine, de désir et de peur, sentiments éprouvés par le garçon comme par la fille. « Le sein nourricier, écrit-elle dans *Envie et gratitude* (1957), représente pour le nourrisson quelque chose qui possède tout ce qu'il désire ; il est une source

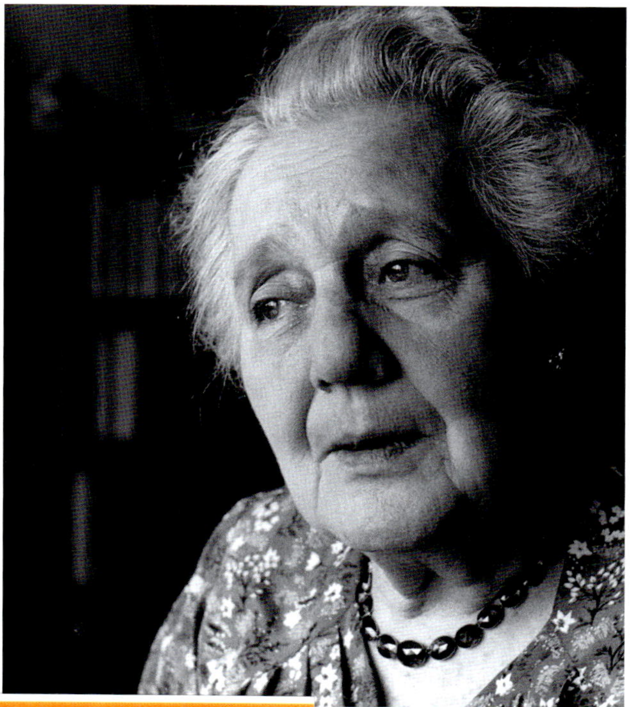

…our ; ainsi est-il le premier …fant. Ce sentiment ne fait …et sa revendication. » À …dait la différence des sexes …lle, Mélanie Klein soutient …par une envie de grossesse. …nvie de pénis à l'envie …maternel », sein que le …puisable et omniprésent », …de protéger le sujet contre …Mélanie Klein a ouvert des … « continent noir » – c'est …a sexualité féminine.

…ey

…tats-Unis

…avoir remis en question la … dont, selon Freud, toutes

Aurait-elle un complexe d'Œdipe à l'envers ? Elle a un attachement profond pour sa mère, sa chère Sonie, et développe une agressivité contre son père. Sa mère la pousse à faire des études de médecine, ce qui, en 1906, est peu recommandé pour une jeune fille. La mort de sa mère en 1911 et la naissance de sa propre fille la désorientent si profondément qu'elle entre en analyse et devient ensuite elle-même analyste. Pour elle, il est évident que la relation mère-fille est la plus forte, car tout individu, fille ou garçon, a vécu avant de naître à l'intérieur du ventre d'une femme. D'après Karen, ce sont les garçons qui souffrent de ne pas pouvoir mettre au monde des enfants. La misogynie mondiale serait une sorte de vengeance, face à cette impuissance. Son livre *Le Complexe de virilité de la femme*, paru en 1927, dérange tellement qu'elle est exclue de la Société psychanalytique américaine (pour fuir le nazisme, elle s'est exilée aux États-Unis). L'importance de la maternité sera reprise par des psychanalystes comme Luce Irigaray, qui reste cependant attentive à ne pas survaloriser la maternité comme « quelque chose en plus », comme un privilège, car « la différence des sexes n'est pas quantifiable, elle échappe au calcul économique ».

Hannah Arendt

1906-1975, Allemagne/États-Unis

La plus connue des philosophes du XXe siècle (avec Simone Weil) ; première femme professeure à l'université de Princeton.

Elle est formée en Allemagne par Heidegger et Jaspers. Sa pensée est traversée par la question de la différence juive. Elle recueille des témoignages sur la propagande antisémite de Hitler – la Gestapo l'arrête, puis la relâche. Elle doit fuir, s'exile en France en 1933, où elle prend position en faveur de la création non pas d'Israël, mais d'un État fédéral mixte judéo-

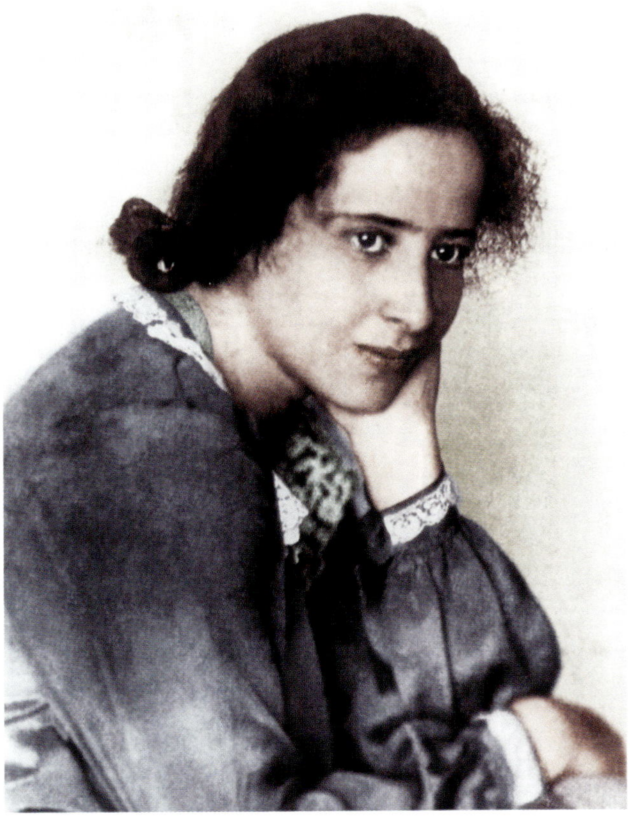

Hannah Arendt.

arabe, en Palestine. Internée dans un camp dans les Pyrénées, elle réussit à s'enfuir et à gagner New York en 1941. Elle connaît un début d'exil difficile, et commence par un travail d'aide-ménagère. Nationalisée américaine en 1951, elle enseigne dans les universités de Berkeley et de Columbia. À partir de 1963, Hannah Arendt est titulaire d'une chaire de sciences politiques à Chicago et, de 1967 à sa mort, elle enseigne la philosophie politique à la New School for Research de New York. Son livre *Les Origines du totalitarisme* (1951) est une œuvre majeure de la pensée contemporaine : pour la première fois, nazisme et stalinisme sont mis sur le même plan. Elle publie également *Eichmann à Jérusalem* (1963), étude sur la banalité du mal élaborée à partir des chroniques qu'elle a écrites pour *The New Yorker* pendant les dix mois du procès de ce responsable nazi. Son analyse est terrifiante : selon elle, n'importe quel individu peut être entraîné à cette ruine de la conscience morale et politique.

Germaine Tillion

1907-2008, France

Ethnologue, résistante, engagée pour la justice.

Lors de sa première mission en Algérie, dans les Aurès, à vingt-sept ans, elle étudie les systèmes de parenté dans une tribu semi-nomade (entre 1934 et 1937, puis en 1939-1940). À l'époque, il est très rare qu'une femme aille aussi longtemps sur le terrain. Dès juin 1940 (avant même l'appel lancé par le général de Gaulle), elle participe à la création du réseau de résistance du musée de l'Homme, à Paris, et en prend la direction lorsque les premiers chefs sont arrêtés. Elle tente de les défendre, mais le 13 août 1942 elle est arrêtée à son tour, avec sa mère, sur dénonciation d'un prêtre. Incarcérée à la Santé, puis à Fresnes (où elle commence à rédiger sa thèse), elle est déportée à Ravensbrück d'octobre 1943 à avril 1945, où meurent 90 000 détenues. Elle perd « le désir viscéral de vivre » quand elle comprend que les SS ont gazé sa mère. Une fois libérée, le travail, l'enquête et l'écriture vont la sauver. En 1946, elle publie *Ravensbrück* ; en

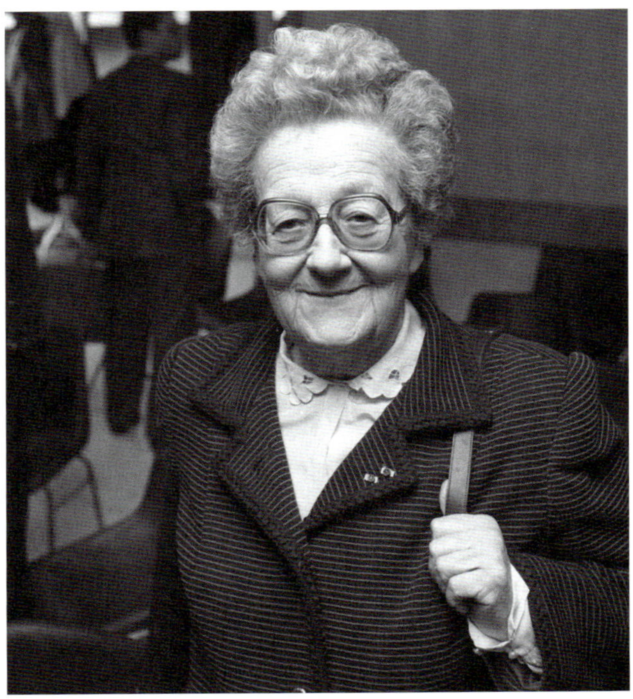

Germaine Tillion, 1985.

1960, *Les Ennemis complémentaires*; en 1966, *Le Harem et les cousins*, livre dans lequel elle analyse notamment le statut des femmes. Elle fonde ainsi une ethnologie du monde méditerranéen, fortement endogame, en opposition à l'ethnologie de Lévi-Strauss qui étudie les sociétés indiennes exogames. Elle est chargée de mission par François Mitterrand sur le sort des populations civiles en Algérie. Attachée au cabinet de Jacques Soustelle, elle met en place des centres sociaux visant à combattre les discriminations frappant les pauvres. À Alger, elle s'engage pour trouver une solution à la « tragédie algérienne », milite contre la torture et, pour consolider le tissu social, pousse au développement de l'instruction pour tous.
À cent ans, elle se dit encore « à la recherche du vrai et du juste ». Sa vie durant, elle a mis sa remarquable intelligence au service des autres.

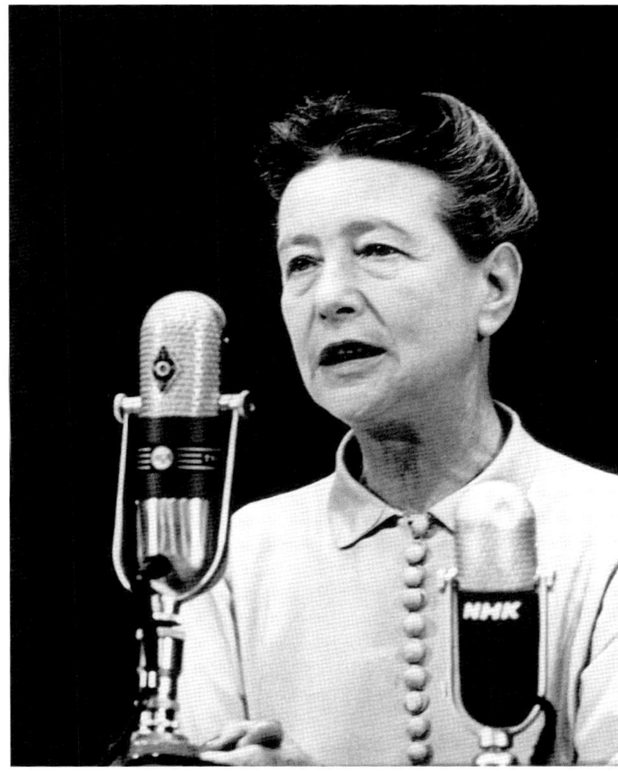

Simone de Beauvoir, lors d'une conférence au Japon, 1966.

Simone de Beauvoir

1908-1986, France

Philosophe et romancière, pionnière du néo-féminisme.
Enfance passée entre une mère qui l'emmène tous les jours à la messe, et qui lui apprend que « le corps tout entier est vulgaire et répugnant », et un père qui affirme qu'elle « a un cerveau d'homme ». Puis une brillante réussite intellectuelle. En 1929, elle est classée deuxième à l'agrégation de philosophie. Elle noue une relation avec Jean-Paul Sartre, qui sera une réussite sur le plan des idées plus que sur le plan sexuel, et qui durera toute leur vie. En 1949, elle publie l'ouvrage de référence du mouvement néo-féministe mondial : *Le Deuxième Sexe*. Écrit en quelques semaines, grâce aux effets conjugués d'une discipline de fer, de l'alcool et de la drogue, l'ouvrage provoque un énorme scandale en France et jusqu'au Vatican, qui le met à l'Index ; aux États-Unis, au contraire, il devient un best-seller dès sa parution, en 1953. La philosophe y décrit les fonctions biologiques féminines et maternelles : les règles, la défloration, la grossesse et l'accouchement, qui lui font horreur, et dit son dégoût d'être née femme. Choisir, pour résumer le livre, la formule « On ne naît pas femme, on le devient », est fort discutable, car l'auteure s'acharne au contraire à montrer comment la femme peut et doit combattre ces données naturelles afin qu'elles ne deviennent pas un destin. *Le Deuxième Sexe* appelle à un processus de libération des femmes, pour que femmes et hommes, égaux et différents, puissent enfin s'aimer sans s'aliéner.
En 1954, avec *Les Mandarins* – roman couronné par le prix Goncourt –, elle montre son goût pour la fiction, mais « informée par une idée, une philosophie ». Elle fait sien l'existentialisme élaboré par Sartre, et l'adapte dans *Pour une morale de l'ambiguïté* : « Se vouloir libre, c'est aussi vouloir les autres libres. »
Simone de Beauvoir s'intéresse au sort des peuples opprimés, colonisés, prend parti contre la guerre d'Algérie (elle signe « le manifeste des 121 ») et contre

la guerre du Viêtnam. Elle signe en 1971 « le manifeste des 343 » femmes qui osent se déclarer coupables d'avortement, car, selon elle, « la liberté, pour la femme, commence au ventre ». Ses quatre gros livres d'autobiographie ont un succès retentissant, surtout le premier, *Les Mémoires d'une jeune fille rangée*, paru en 1958. Simone se donne à fond au militantisme féministe et devient présidente de la Ligue française pour le droit des femmes, qui dénonce la discrimination sexiste.

Françoise Dolto

1908-1988, France

Psychanalyste, pionnière des soins psychiques aux enfants ; membre fondatrice de la Société française de psychanalyse et de l'École freudienne.

Enfant, Françoise Marette adore son père ; il est son modèle, sa référence, celui à qui elle veut prouver ses capacités ; elle considère sa mère comme une femme nulle et calomnieuse – mais lui pardonne car elle est « malade, donc irresponsable ». La jeune fille doit affronter les préjugés de l'époque, car elle ne veut pas être uniquement épouse et mère ; elle souhaite faire des études et devenir « médecin de l'éducation ». En 1939, elle soutient sa thèse, « Psychanalyse et pédiatrie ». La même année, elle adhère à la Société psychanalytique de Paris qu'elle quittera pour fonder la Société française de psychanalyse. Quand cette dernière est dissoute, en 1964, elle participe à la création de l'École freudienne de Paris, avec Jacques Lacan. Surtout, elle fait cette découverte fabuleuse – qui aujourd'hui semble une évidence : le bébé est une personne, c'est un être de langage, qui vit dans un bain de langage, dès sa naissance et même *in utero*. Et il faut « parler vrai », même aux nourrissons.

Au début, Françoise Dolto laisse incrédules ses confrères et le public. Mais, délaissant la tour d'ivoire dans laquelle se replient trop souvent les savants de l'âme, elle accepte avec simplicité de faire une série d'émissions quotidiennes sur France-Inter, où elle répond en direct aux lettres des parents sur leurs problèmes d'éducation. Elle parle de façon simple, sans jargonner, sans toutefois rien perdre de sa rigueur d'analyse. Selon elle, si tous les parents posaient les interdits et enseignaient à leurs enfants la première loi : ne pas nuire à autrui – sans le faire de façon oppressive, ni sadique –, afin qu'ils transforment leurs pulsions agressives en désirs socialisés, les jeunes ne commettraient pas les actes de cruauté dont ils se font gloire. Chaque abandon infantile doit être promesse de développement : perdre la quiétude du ventre maternel pour respirer ; renoncer à la jouissance de la tétée pour parler ; renoncer à être hermaphrodite pour jouir de son sexe. « Nous ne pouvons être qu'un seul sexe et ne pouvons que fabuler les plaisirs et les désirs de l'autre sexe. C'est pour cela que les hommes et les femmes ne se rencontrent jamais », affirme Françoise Dolto, dans un de ses livres les plus lus : *Lorsque l'enfant paraît.*

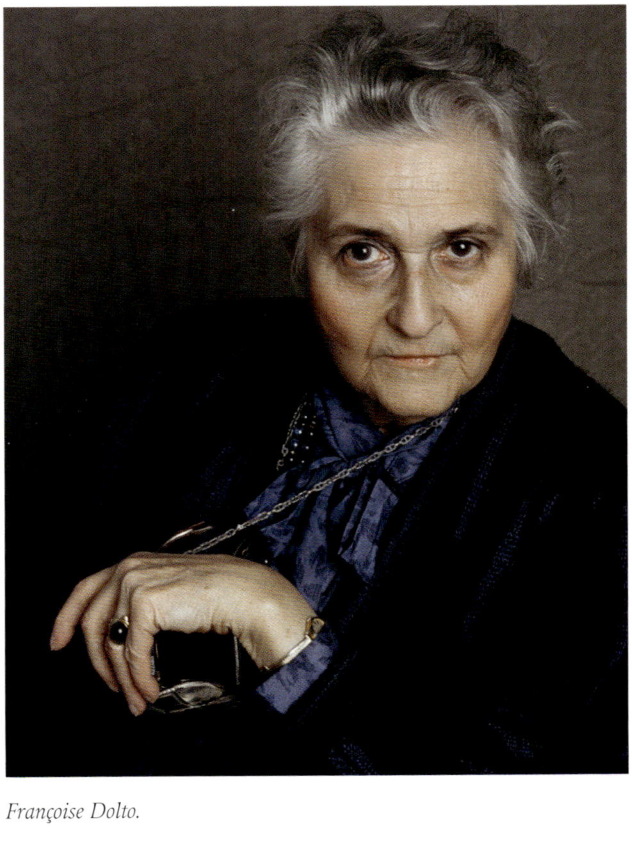

Françoise Dolto.

Michelle Perrot

née en 1928, France

Professeure émérite d'histoire contemporaine à l'université Paris VII Denis-Diderot, pionnière de l'histoire des femmes.

Agrégée d'histoire, Michelle part enseigner dans un lycée de Caen. Compagne de route du parti communiste, elle milite au Mouvement de la paix et dans l'Union des femmes françaises, puis au parti de 1954 à 1956. Elle entreprend des recherches sur l'histoire ouvrière, et n'ose encore imposer un sujet concernant frontalement les femmes ; sa thèse, qu'elle soutient en 1971, concerne le monde du travail et sera publiée en 1974 : *Ouvriers en grève*. Docteure d'État, elle s'intéresse aussi au système pénitentiaire.

Entre-temps est survenu Mai 68, qui lui donne des ailes et l'aide à lancer le grand débat : « Les femmes ont-elles une histoire ? » Si, aujourd'hui, la question peut prêter à sourire, au début des années 1970 elle s'accompagnait de multiples points d'interrogation et était mal vue des « révolutionnaires », qui la considéraient comme une diversion de la question primordiale, sinon unique, de la lutte des classes. Michelle Perrot a donc vraiment ouvert la voie de cette écoute sexuée. En 1991-1992, elle dirige avec l'historien Georges Duby la monumentale *Histoire des femmes en Occident de l'Antiquité à nos jours*, qui ouvre de véritables perspectives européennes.

Ne voulant pas se cantonner uniquement à l'histoire des femmes, elle prend la direction du collectif *Histoire de la vie privée* et reçoit des chercheurs aux champs divers dans son émission sur France-Culture. Michelle Perrot, qui est chevalier de la Légion d'honneur, officier de l'ordre national du Mérite, docteure *honoris causa* de diverses universités, présidente du conseil scientifique des « Rendez-vous de l'histoire de Blois », membre du Conseil national des programmes, a toujours su garder une grande ouverture d'esprit et toute sa sororité.

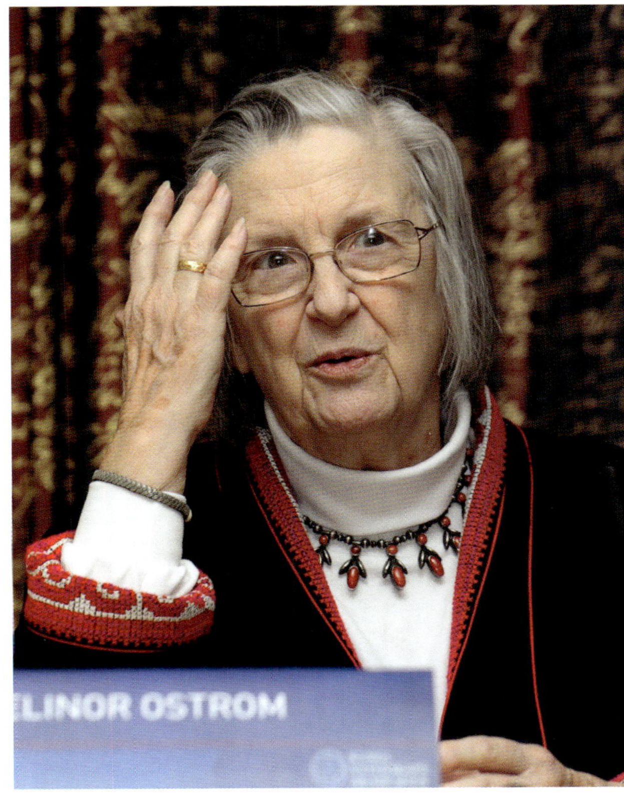

Elinor Ostrom donne une conférence de presse à Stockholm, 2009.

Elinor Ostrom

née en 1933, États-Unis

Prix « Nobel » d'économie 2009, avec Oliver Williamson, « pour avoir démontré comment des biens communs (*commons*) peuvent être efficacement gérés par des associations d'usagers » et des entreprises, car la communauté qui gère (et souvent crée) ces biens communs a pour objectif l'intérêt collectif. Une brèche dans le credo libéral de mise en concurrence forcenée et de privatisation. Elinor Ostrom a particulièrement étudié des groupes d'usagers de ressources naturelles (poissons, forêts, lacs) ; par exemple le système d'irrigation au Népal ou la distribution de l'eau à Los Angeles. Ses travaux sont donc en lien avec la protection de l'environnement. Professeure d'économie à l'université d'Indiana, elle est la première femme à recevoir ce prix, créé en 1969 « en mémoire d'Alfred Nobel ».

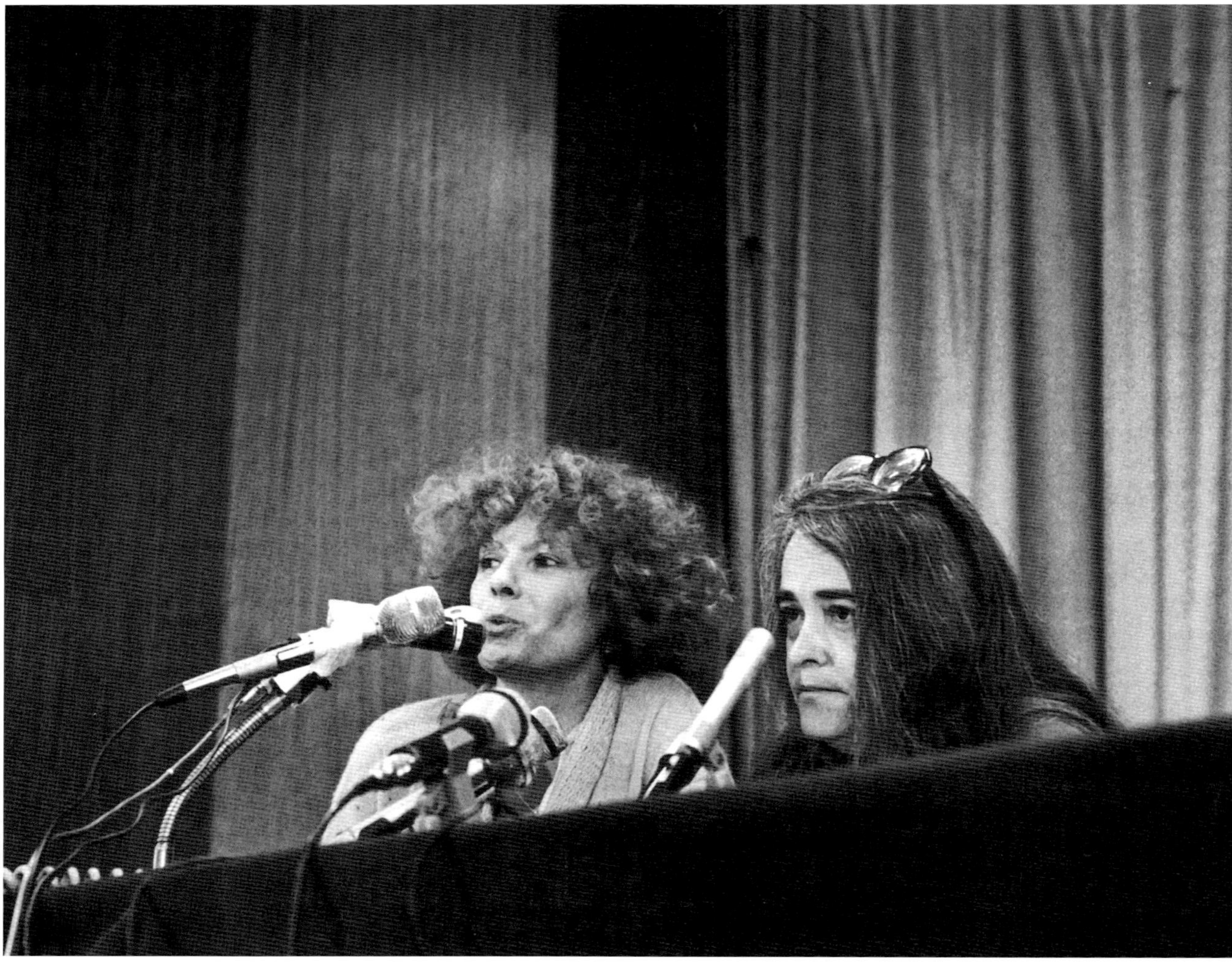

Kate Millet (à droite) et Delphine Seyrig, lors d'une conférence de presse à leur retour d'Iran, 1979.

Kate Millett

née en 1934, États-Unis

Intellectuelle, écrivaine et célèbre militante féministe.

Elle publie en 1969 *La Politique du mâle*, qui devient un best-seller. Elle y dénonce le système patriarcal qui écrase les femmes et nie leur sexualité propre. Elle n'hésite pas à attaquer les grosses pointures de la littérature anglo-saxonne, Norman Mailer, Henry Miller, D.H. Lawrence, provoquant un salutaire scandale. Son analyse sera reprise par de nombreuses féministes du monde entier. Quand elle décide de révéler au grand jour son homosexualité, le scandale redouble, le lesbianisme étant un véritable tabou. Le *Times* met sa photo en couverture afin de montrer au public quelle virago elle est ! Elle est même exclue de l'université et déshéritée. Elle réattaque avec son livre *En vol*, en 1974, revendiquant sa bisexualité.

Théoricienne et grande figure du mouvement de libération des femmes NOW, elle est aussi peintre et a créé une communauté de femmes artistes. Partout où elle vit, à New York, au Japon, en Iran, elle se bat pour améliorer la condition des femmes. Elle se dit aujourd'hui inquiète des retours de bâton du féminisme : les femmes se sont magnifiquement bien battues, on le leur fait payer.

Julia Kristeva

née en 1941, Bulgarie/France

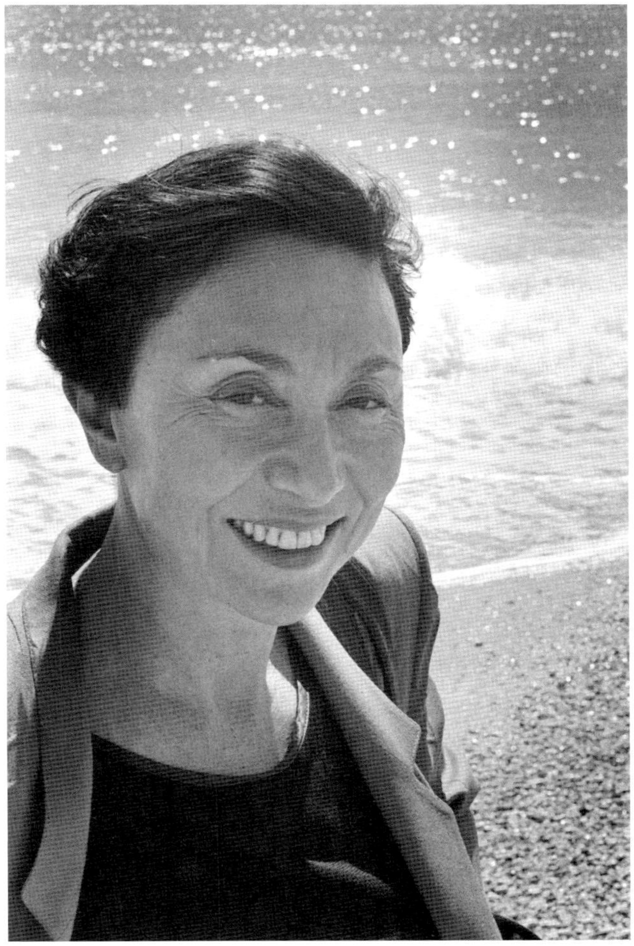

Julia Kristeva, 1997.

Sémiologue, linguiste, psychanalyste (membre de la Société psychanalytique de Paris) et romancière ; professeure à l'université Paris VII, où elle dirige l'école doctorale « langue, littératures, images » et à l'Institut universitaire français ; professeure à l'université de Columbia, à la Newschool de New York et à l'université de Toronto ; docteure *honoris causa* de huit universités ; présidente du Conseil national du handicap ; membre du groupe des personnalités qualifiées de la section des relations extérieures du Conseil économique et social ; chevalier des Arts et des Lettres en 1987 ; décorée de l'ordre du Mérite en 1991 et de la Légion d'honneur en 1997 ; prix Holberg en 2004 (le Nobel des essais).

Julia naît en Bulgarie, quitte sa mer Noire pour la France en 1966, épouse Philippe Sollers avec qui elle a un fils en 1976. Elle vit et travaille en France et aux États-Unis, où la totalité de son œuvre est traduite en anglais, ce qui lui apporte une renommée internationale. Cette citoyenne européenne et cosmopolite est un « créateur sans frontière » (trophée reçu du Quai d'Orsay), douée d'une rigueur théoricienne et d'une virtuosité de réflexion, jamais abstraite et toujours questionnant « la chair de la pensée ». Depuis *Sémiotikè*, son premier essai, et *La Révolution du langage poétique* (1974) sur Lautréamont et Mallarmé, elle dévoile pulsions, frayages, rythmes, ruptures que le symbolique vient refouler pour constituer la signifiance. Julia Kristeva ne cesse de questionner la jouissance – non-dit et refoulé de la société – et de la penser à travers des figures de femmes : depuis *Des Chinoises*, Olympe de Gouge, Charlotte Corday, Mme Rolland (*Seule une femme*), jusqu'à *Thérèse mon amour, sainte Thérèse d'Ávila* (2008), en passant par trois « génies féminins », ces insoumises du XXe siècle que sont Hannah Arendt, Mélanie Klein et Colette, et par Anne Comnène, première intellectuelle européenne, qui apparaît dans son roman à suspens traversé d'érudition et d'humour, *Meurtre à Byzance*.

Julia Kristeva explore « cette partie de l'espèce humaine [les femmes] qui reste largement méconnue », ce féminin qui est forcément maternel. Elle fait mentir Simone de Beauvoir, qui pensait que la maternité abêtit la femme. Dans son roman *Les Samouraïs* (qui répond aux *Mandarins* de Beauvoir), elle danse avec les mots, légère d'une grossesse cosmique, faisant « circuler les énergies et les langages entre différentes identités : nature-culture, moi-autre, vie-mort ». En 2006, elle donne le montant de son prix « Hannah Arendt pour la pensée politique » aux Afghanes qui n'ont « pas d'autre issue que brûler leur corps ». En 2008, elle crée le prix Simone de Beauvoir pour la liberté des femmes.

Annie Cannon Jump

1863-1941, États-Unis

Astronome, pionnière à plus d'un titre : seule femme membre honoraire de la Royal Astronomical Society ; première femme docteure de l'université d'Oxford ; première femme à recevoir la médaille Henry Draper de l'Académie nationale des sciences, en 1931.
Cannon est le nom de son père (un sénateur), Jump celui de sa mère, qui met au monde trois filles, élève les quatre enfants de son époux et se passionne pour les étoiles. Inutile de chercher plus loin la vocation de la jeune Annie. Diplômée d'astronomie et de physique du Wellesley College dans le Massachusetts en 1884, elle voyage en Europe. En 1894, elle est frappée de surdité et perd sa mère, qu'elle adorait. Elle revient alors à Wellesley où elle enseigne la physique. Mais, c'est l'astronomie qui l'attire plus que tout.
En 1896, elle entre à l'observatoire de Harvard (Harvard College Observatory [HCO]) où le directeur la charge de s'occuper de la classification de 250 000 étoiles. Elle se penche en particulier sur les étoiles de l'hémisphère Sud, et classe environ 5 000 étoiles par mois. Pour maintenir un tel rythme, elle examine les plaques photographiques et identifie le type spectral de chaque étoile jusqu'à la magnitude 9. Elle dicte ses résultats sous forme de code alphabétique à un assistant qui consigne la valeur dans un carnet. Le fruit de son travail, ainsi que celui de quelques autres femmes astronomes, est rassemblé sous la forme du *Catalogue Henry Draper* publié entre 1918 et 1924. Le code alphabétique qu'elle utilise pour identifier les différents types de spectre est à la base de la classification de Harvard et est toujours en vigueur pour désigner les types spectraux des étoiles.

Antonia Maury

1866-1952, États-Unis

Astronome, découvreuse d'étoiles.
Née à New York, elle obtient une licence d'astronomie à l'université de Vassar en 1887 et devient assistante à temps partiel à l'observatoire de l'université de Harvard entre 1888 et 1896 (tout en étant professeure de sciences dans une école de Cambridge, dans le Massachusetts, entre 1891 et 1894), puis entre 1918 et 1935. Son travail ? Classer des étoiles. Spécialisée dans les étoiles australes, elle est en particulier chargée d'étudier le spectre de l'étoile Sirius. Elle est une figure centrale du *Catalogue Henry Draper* et reçoit en 1943 le prix Annie J. Cannon de la part de la Société américaine de l'astronomie. Ni mari ni enfants : Antonia Maury a voué sa vie à la découverte de l'inconnu.

Henrietta Leavitt

1868-1921, États-Unis

Astronome.
Elle gère l'important service de photométrie photographique de l'observatoire de Harvard. Elle découvre 2 400 étoiles variables situées dans les nuages de Magellan, et en 1912 elle permet l'évaluation précise des distances de différents amas stellaires et galaxies. Un astéroïde porte son nom.

Cecelia Payne Gaposchkin

1900-1979, Grande-Bretagne

Astronome.

Elle obtient son doctorat à Radcliffe en 1925. Dans sa thèse « Stellar Atmospheres, A Contribution to the Observational Study or High Temperature in the Reversing Layers of Stars », elle détermine la composition par spectrométrie des étoiles et du Soleil, mettant en avant l'abondance de l'hydrogène et de l'hélium, différence radicale d'avec la composition de la Terre – jusque-là, on pensait que si la Terre était chauffée au même degré que le Soleil, elle présenterait le même spectre. En 1977 elle reçoit le prestigieux prix Henri Norris Russel de la Société américaine d'astronomie.

Claudie Haigneré

née en 1957, France

Scientifique et première spationaute française en 1996. Claudie André-Deshays obtient son doctorat en médecine à vingt-quatre ans. Elle exerce à la clinique de rhumatologie de l'hôpital Cochin, à Paris. En 1985, elle est recrutée par le Centre national d'études spatiales parmi un millier de candidatures, et obtient un DEA de biomécanique, puis un doctorat de neurosciences. En 1990, elle est responsable des programmes de physiologie et de médecine spatiales. En 1992, elle assure la coordination scientifique de la mission franco-russe Altaïr, séjournant souvent à la Cité des étoiles près de Moscou, puis dans le centre spatial russe du Kazakhstan. Entre-temps, elle vit parmi les vingt-deux astronautes européens qui séjournent à Cologne, en Allemagne. En 1996, nommée astronaute pour la mission Cassiopée, Claudie

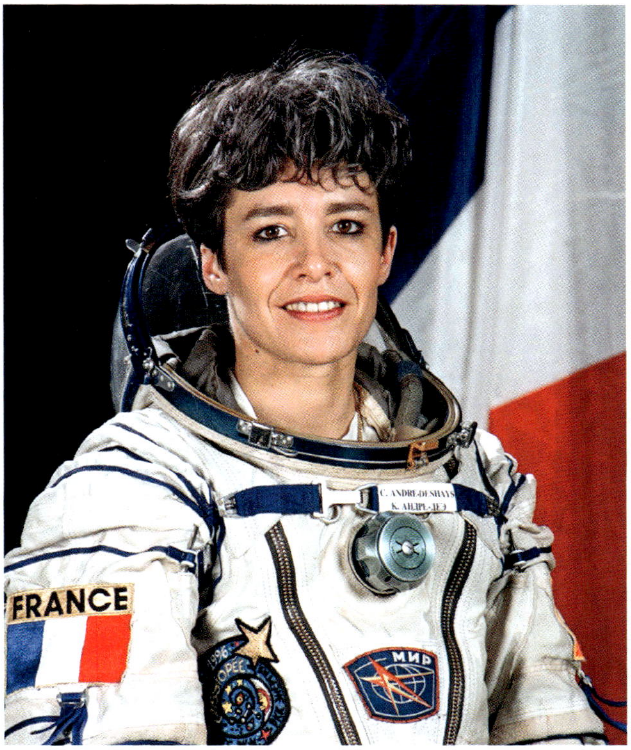

Claudie Haigneré, 1999.

Haigneré séjourne dix-sept jours dans la station orbitale russe Mir, menant des expériences en biologie et en physiologie neurosensorielle et cardiovasculaire. Pour comprendre comment l'être humain et l'animal réagissent dans ce laboratoire d'apesanteur, elle a embarqué avec elle une salamandre qui doit pondre un œuf. Grâce à cette expérience sur le vivant, elle se voit attribuer le prix « Grand Siècle ». En 2001, elle participe à la mission Andromède : après un entraînement de neuf mois, elle est la première astronaute française à voler à bord de la Station spatiale internationale, menant de nouvelles expériences scientifiques (observation de la Terre, étude de l'ionosphère en particulier). Ces exploits ne l'empêchent nullement d'avoir une fille avec Jean-Pierre Haigneré, son époux, spationaute lui-même. Elle accède au poste de ministre déléguée à la Recherche et aux Nouvelles Technologies en 2002, dans le gouvernement Raffarin, puis à celui de ministre des Affaires européennes en 2005. Elle est commandeure de la Légion d'honneur depuis 2007. En 2009, elle est nommée à la direction du Palais de la découverte et de la Cité des sciences.

Hertha Marks Ayrton

1854-1923, Allemagne

Physicienne, précurseuse de la physique des plasmas grâce à ses travaux sur l'arc électrique.

Orpheline de père à sept ans, elle doit travailler tout en poursuivant ses études à l'université de Cambridge. Elle épouse William Ayrton en 1885 et ils travaillent ensemble. Elle est la première femme à faire une intervention à l'Institute of Electrical Engineers en 1899 ; elle devient membre de cet institut la même année. Lorsque le couple réalise une étude sur les petits arcs utilisés pour l'éclairage des studios à la demande du ministère de la Marine, seul le mari est rémunéré. Hertha observe les traces sur le sable des mouvements des vagues. En 1904, elle est la première femme à faire une intervention devant la Royal Society, qui porte sur « The Origin and Growth of Ripple Marks » (« L'origine et le développement des rides de sable ») – en 1901, son intervention avait été lue par un homme... En 1906, enfin, elle reçoit la Hughes Medal de cette Royal Society.

Pendant la guerre, elle met au point un appareil pour ventiler le gaz moutarde dans les tranchées.

Marie Curie

1867-1934, Pologne/France

Physicienne et chimiste.

Première femme professeure à l'École normale de Sèvres en 1900 ; première femme professeure à la Sorbonne ; première femme docteure ès sciences à la Sorbonne. Première femme (et premier lauréat) à recevoir deux prix Nobel : un de physique en 1903, et un de chimie en 1911 ; première femme au Panthéon : la pionnière absolue.

Marie Skłodowska perd sa mère à onze ans ; son père est professeur de mathématique et de physique. Elle se plonge passionnément dans les études, mais le niveau supérieur étant interdit aux filles, elle quitte la Pologne pour la France. Malgré l'obstacle de la langue et son niveau inférieur aux autres étudiants, travaillant d'arrache-pied, elle obtient deux ans plus tard, en 1893, le premier rang en licence de physique, puis, en 1894, une licence de mathématique.

En 1895, elle épouse le physicien Pierre Curie. Tous deux ont des goûts simples, aiment la nature, considèrent la science comme un sacerdoce. Ils ont deux filles : Irène en 1897, et Ève en 1904. Marie assure pleinement son rôle maternel, tout en entreprenant une thèse sur les rayons uraniques découverts par Becquerel. Dans une misérable baraque en planches, elle analyse des tonnes de minerai, le broie, le dissout, le filtre, afin d'isoler la part radioactive. Pierre la rejoint. Après un travail de forçats

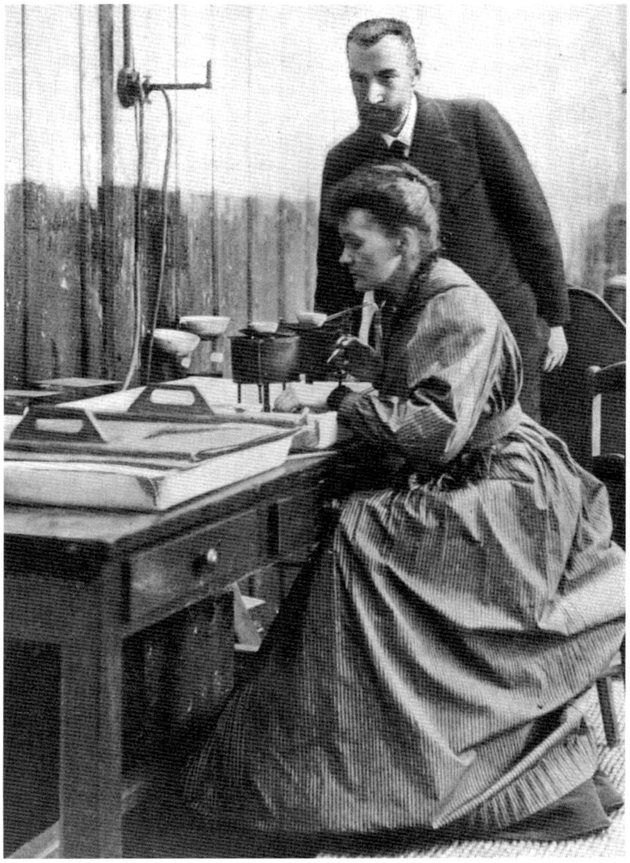

Pierre et Marie Curie dans leur laboratoire, 1898.

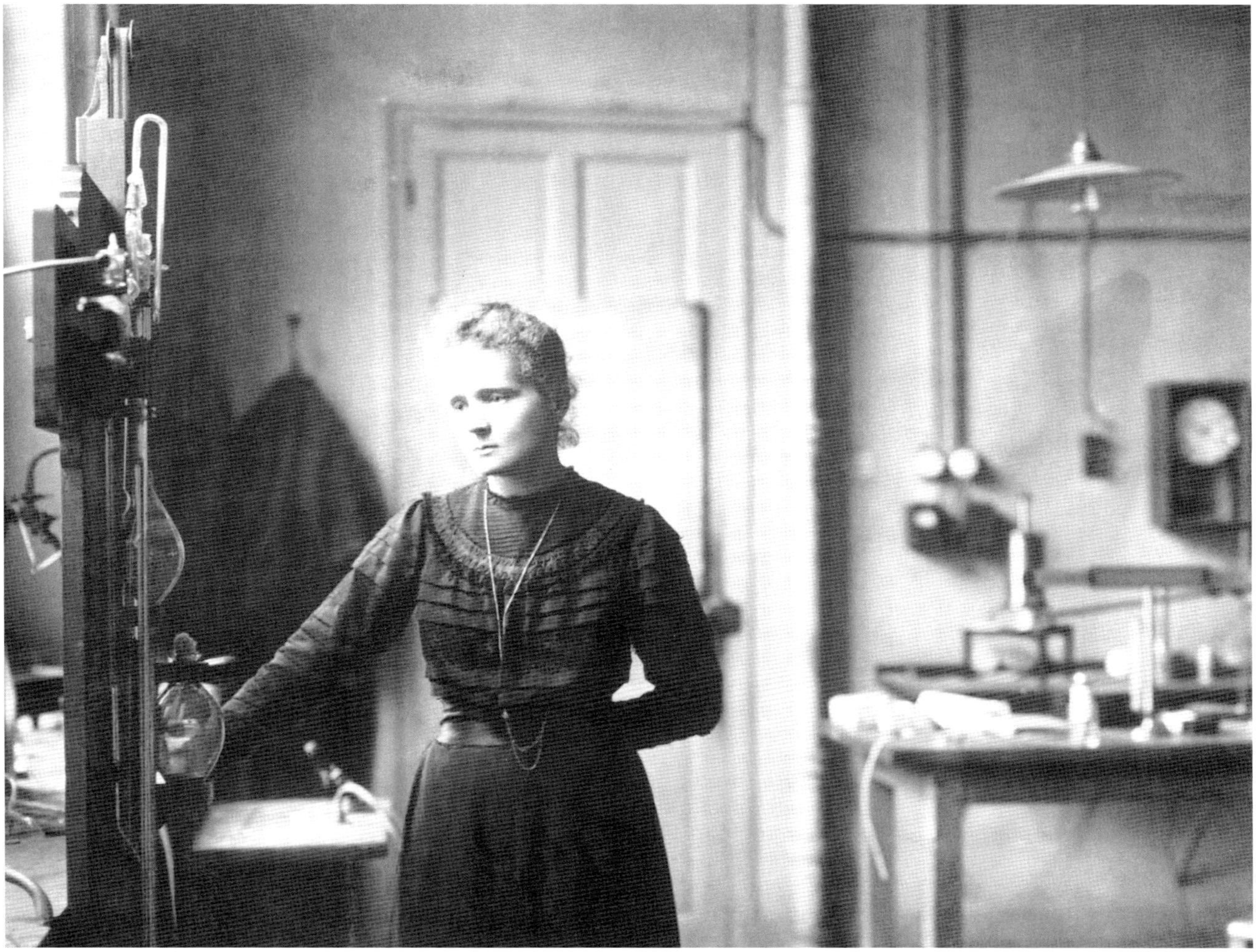

de plusieurs années, ils isolent un décigramme de sels de radium. Marie invente le mot « radioactivité ». Pour cette découverte, les Curie (pour moitié avec Becquerel) reçoivent le prix Nobel de physique. Quand Pierre meurt en 1906, on lui donne sa chaire à la Sorbonne et elle devient ainsi la première femme professeure d'université en France. Mais toute sa vie elle se heurte à une forte misogynie. En 1910, Édouard Branly lui ravit sa place à l'Académie des sciences. Puis elle doit affronter la presse, ses collègues, la xénophobie, la violence, quand sa liaison avec Paul Langevin est connue.

Elle se réfugie de plus en plus dans le travail de recherche, publie en 1910 un *Traité de radioactivité*, isole un gramme de radium pur et en établit le premier des étalons. Récompense suprême : le prix Nobel de chimie lui est attribué, cette fois pour elle seule.

Quand survient la guerre, elle se dévoue pour sa patrie d'adoption. Elle équipe avec des appareils de radiographie vingt voitures qui se déplacent auprès des blessés, passe son permis, conduit elle-même sur le front, tout en formant en urgence des infirmières radiologistes. Dès la guerre finie, elle prend la direction de l'Institut du radium où elle accueille de nombreux jeunes chercheurs, dont sa fille Irène. Une journaliste américaine, Missy, l'interroge sur ses besoins, organise une souscription auprès des femmes américaines, réunit les fonds nécessaires et emmène Marie aux États-Unis. Le président Harding la reçoit à la Maison Blanche et lui remet un gramme de radium. La physicienne continue à travailler, à transmettre son savoir à de futurs savants venus du monde entier. Mais elle est très malade, exténuée, souffre de lésions incurables, et doit à plusieurs reprises être

opérée des yeux. Elle soupçonne sans l'admettre que la radioactivité est la cause de ces maux.
Elle meurt en effet d'une leucémie due à cette exposition. Ses filles refusent des obsèques pompeuses ; elle est enterrée au cimetière de Sceaux. Cependant, le 20 avril 1995, les cendres de Pierre et Marie Curie sont transférées au Panthéon. Marie Curie est la première femme à y avoir été admise, pour sa valeur propre.
Femme d'exception, Marie Skłodowska-Curie a consacré sa vie à la science. Ses découvertes ont révolutionné la physique. Leurs applications ont ouvert une voie nouvelle pour le traitement des cancers. La cause des femmes a désormais l'exemple d'un génie scientifique au féminin.

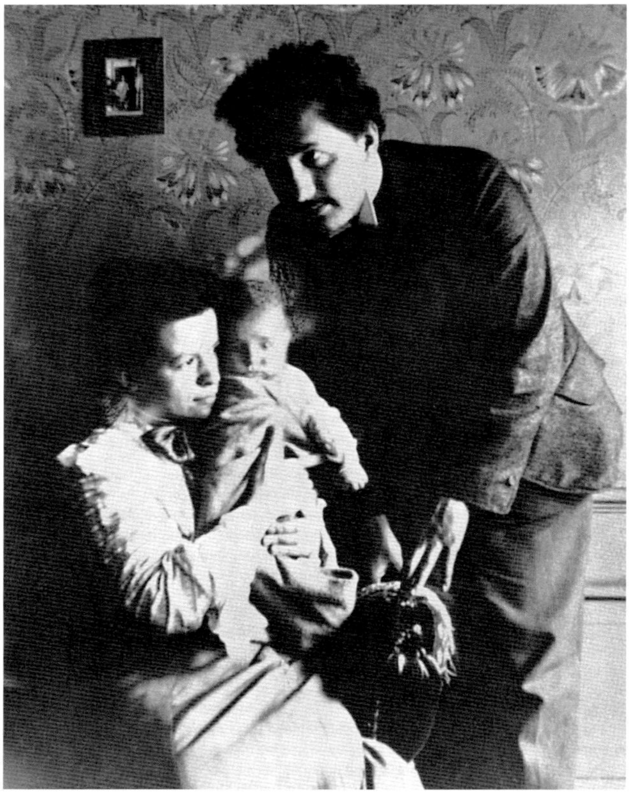

Albert Einstein, Mileva et leur fils, 1904.

Mileva Einstein-Maric

1875-1934, Hongrie

Physicienne.
Venue de Zagreb, elle réussit à intégrer l'école polytechnique de Zurich. Elle vit une passion amoureuse et une collaboration intellectuelle soutenue avec Albert Einstein ; mais monsieur Einstein père refuse qu'Albert épouse une non-Juive. Mileva est enceinte. La carrière d'Einstein progresse, tandis qu'elle accouche clandestinement, en 1902, d'une fille qu'elle est contrainte d'abandonner. Elle renonce également à passer sa thèse. À la mort d'Einstein père, elle devient officiellement madame Einstein. Le couple a deux enfants, et c'est sur elle seule que repose la lourde tâche de les élever – leur fils est handicapé mental, sujet à des crises violentes qui nécessitent des séjours en clinique. Spécialisée en physique théorique, Mileva reprend cependant ses recherches de conserve avec son époux. Ils publient ensemble plusieurs articles dans la prestigieuse revue allemande *Les Annales de physique* de Leipzig. Parmi leurs nombreux articles, l'un contient la fameuse formule : $E = mc^2$. L'article est bien signé de leurs deux noms et l'apport de Mileva a dû être important car c'est elle qui a étudié la physique quantique à Heidelberg. Or seul Albert Einstein reçoit le prix Nobel de physique en 1921. Bien qu'il soit séparé de Mileva depuis 1914, il lui remet le montant intégral de son prix.

Lise Meitner

1878-1968, Autriche/Suède

Physicienne découvreuse du mécanisme de la fission nucléaire.
Elle obtient son diplôme de docteure en 1906 à l'université de Vienne. L'année suivante, à Berlin, elle assiste aux lectures de Max Planck et, bien que les femmes ne soient pas acceptées à l'Institut de

physique, elle y travaille clandestinement. Lise Meitner découvre en 1917 l'existence du protactinium, en 1923 la transition non radioactive (le Français Pierre Auger ne la « découvrira » que deux ans plus tard, mais ce phénomène porte le nom d'effet Auger !), et en 1932 l'isomérisme de l'uranium 239. Elle effectue toutes ces recherches sur la radioactivité avec Otto Hahn, se tenant discrètement auprès de lui pendant trente ans. D'origine juive, elle doit s'enfuir en 1938 aux Pays-Bas, au Danemark, enfin en Suède. Elle continue cependant à travailler, sans beaucoup de moyens, et publie un article capital sur la fission de l'uranium en 1939. Pendant son exil, Hahn seul reçoit le prix Nobel. Elle est tout de même la première femme à remporter le prix Fermi décerné par la Commission de l'énergie atomique. Et, aujourd'hui, l'élément 109 s'appelle meitnerium.

Irène Joliot-Curie

1897-1956, France

Physicienne. Prix Nobel de chimie en 1935 ; sous-secrétaire d'État à la Recherche scientifique en 1936 ; directrice de l'Institut du radium en 1946.

Fille des nobélisés Pierre et Marie Curie, elle suit la voie qu'ils ont ouverte : licence de mathématiques et de physique à la Sorbonne et thèse sur les rayons alpha du polonium en 1925. Assistante de sa mère à l'Institut du radium dès 1919, elle conçoit un télescope à feuille d'or pour mesurer la radioactivité des engrais. À l'époque, les scientifiques pensent que les éléments chimiques nés des transmutations atomiques sont stables et non radioactifs. En faisant des études et des essais avec du bore et du magnésium, Irène et Frédéric Joliot, son mari, montrent que bien d'autres éléments radioactifs peuvent être produits artificiellement. Cette découverte fait l'objet d'un compte rendu à l'Académie des sciences et vaut aux époux l'attribution du prix Nobel. Fait remarquable : l'époux a accolé à son patronyme celui de son épouse. Elle est professeure à la faculté des sciences de Paris en 1937 ; la seule femme parmi les membres du comité scientifique du CEA (Commissariat à l'énergie atomique) ; associée à la fabrication de la première pile atomique ZOE ; fondatrice d'un nouvel institut de physique, à Orsay, qui permettra d'implanter un synchrocyclotron.

Elle occupe pendant quelques mois le poste de secrétaire d'État à la Recherche scientifique, sous Léon Blum, pendant le Front populaire. Irène est une citoyenne engagée contre la guerre : pendant la Première Guerre mondiale, à dix-sept ans, elle avait accompagné sa mère sur le front pour radiographier les blessés. Après la Seconde Guerre mondiale, elle est membre du Conseil national de la paix et du Comité national de l'Union des femmes françaises.

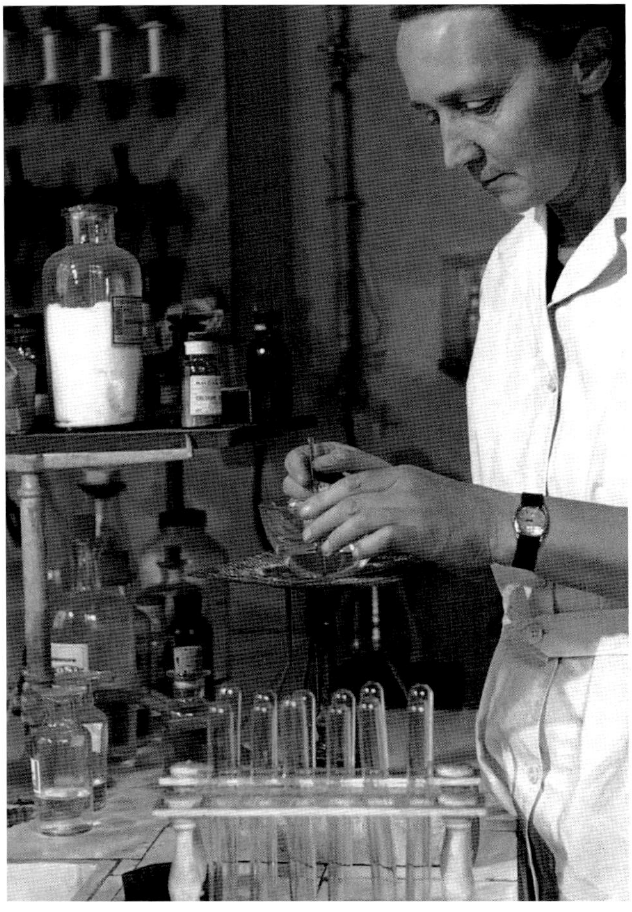

Maria Goeppert-Mayer

1906-1972, Allemagne/États-Unis

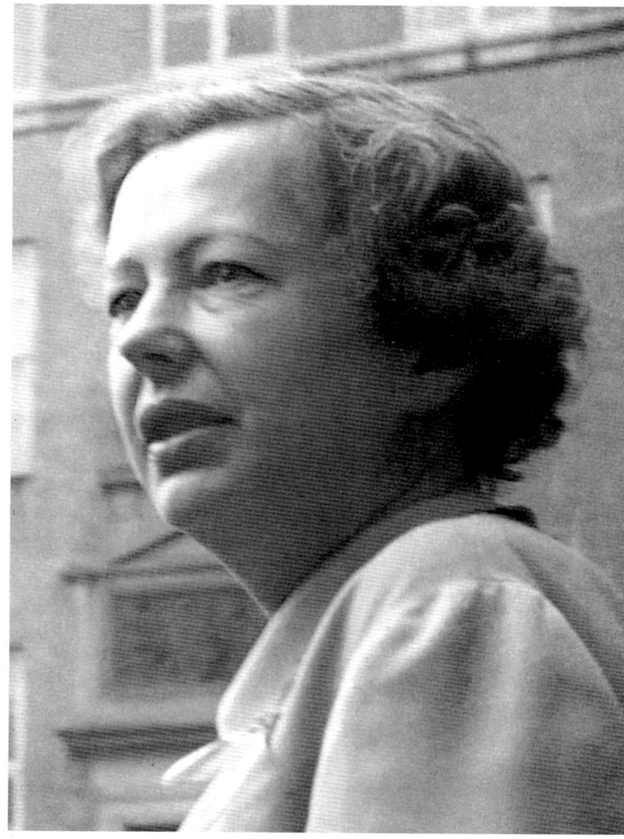

Physicienne. Prix Nobel de physique en 1963 avec Eugène Wigner et Hans Jensen. Première femme couronnée en physique théorique.

Malgré des réticences familiales, Maria épouse J.E. Mayer, un physicien américain de la Fondation Rockefeller, qui la soutient dans sa thèse de physique théorique en 1929 : elle y démontre l'existence de l'absorption à deux photons (ADP). La première application interviendra trente ans plus tard (apparition des lasers), avec de nombreux développements pratiques. Elle a une fille en 1933, un fils en 1938, et réussit cependant à mener de puissantes recherches (elle publie en 1940 *Statistical Mechanics*).

Comme il lui est impossible en Allemagne de devenir professeure, elle part aux États-Unis, où elle est cantonnée dans des tâches subalternes, aussi bien à la John Hopkins University de Baltimore qu'à la Columbia University. Ses premières recherches portent sur la séparation des isotopes, puis sur la physique nucléaire et la mise au point de l'arme atomique. En 1946, elle devient professeure au département de physique et à l'Institut d'études nucléaires, à Chicago. En 1959 elle est première physicienne à l'Argonne National Laboratory, et professeure de physique à l'Institut Fermi, à Chicago. Plus tard, elle devient membre de la National Academy de Washington et de la Heidelberg Akademie der Wissenschaften. Dès 1948, elle avance la théorie sur la structure en couches à interaction spin-orbite du noyau de l'atome, et publie le résultat de ses recherches fin 1949 dans la revue *Physical Review*.

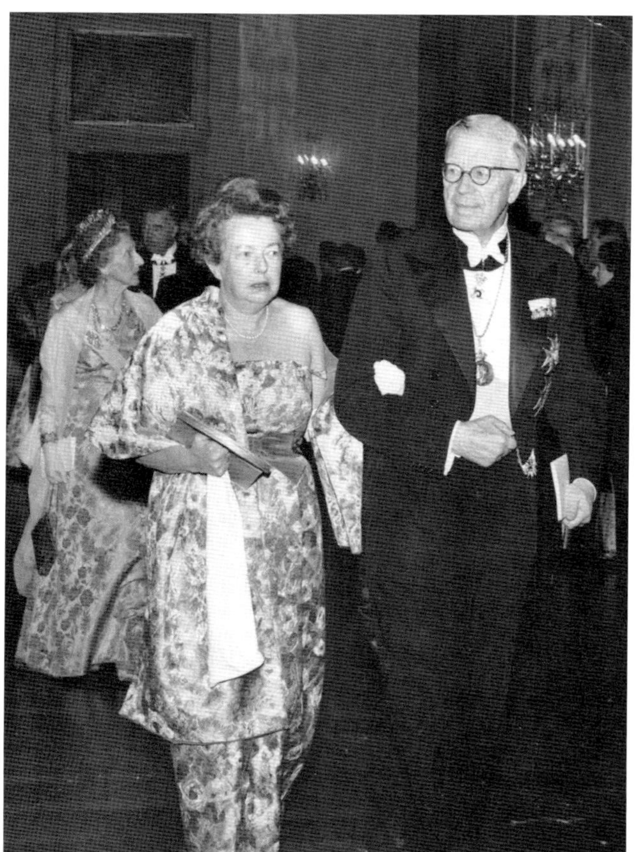

En 1960, elle occupe la chaire de physique à San Diego. Le prix Nobel lui est décerné « pour ses contributions à la théorie du noyau de l'atome et des particules élémentaires ».

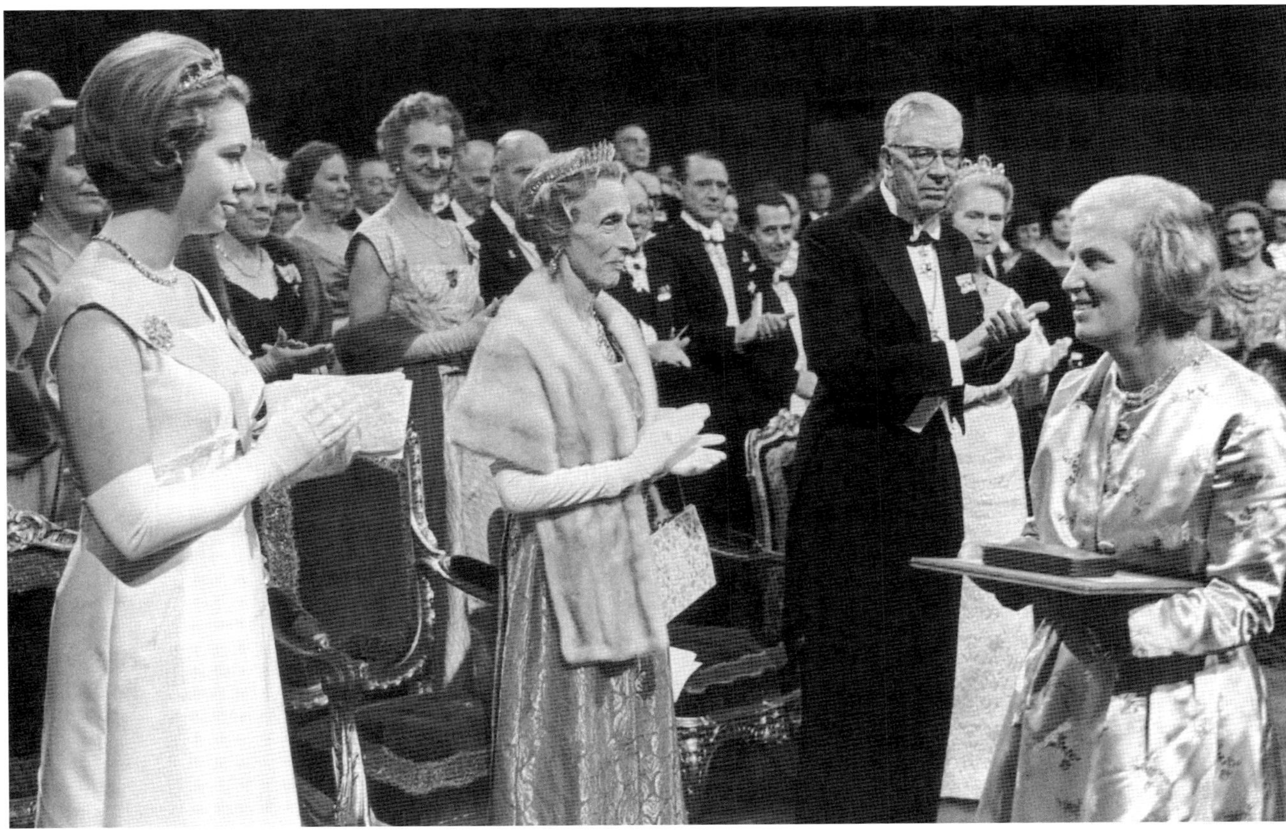

Dorothy Crowfoot Hodgkin applaudie par la princesse Christina, la reine Louise, le roi Gustav Adolf et la princesse Sibylla, le 10 décembre 1964.

Dorothy Crowfoot Hodgkin

1910-1994, Grande-Bretagne

Prix Nobel de chimie en 1964.

Cosmopolite dans l'âme – née au Caire d'un père archéologue et d'une mère férue de botanique, enfance passée au Soudan, puis en Jordanie –, c'est à Oxford qu'elle étudie, poursuit ses recherches et enseigne. « Voir » les atomes à l'aide de la radiocristallographie est la passion de toute sa vie. Elle y parvient, après des années de travail acharné. Très perspicace, elle est capable d'établir la structure d'un cristal uniquement en observant sa photo.

Avec ses recherches naît la biologie cellulaire. Grâce à la radiocristallographie, on obtient la formule chimique d'une combinaison, presque sans autres observations physico-chimiques. Elle fait l'analyse de la structure de substances importantes : le cholestérol en 1937 ; la pénicilline (publication dans la revue *Nature*, succès parmi ses pairs, admission à la Royal Society en 1947) ; la vitamine B12 en 1954 ; l'insuline en 1969, avec ses étudiantes Barbara Low et Kathy Dornberger-Schiff ; la lactoglobuline, la ferritine et le virus de la mosaïque du tabac. Elle ne néglige ni sa vie de famille ni le monde. En 1937 elle épouse Thomas Hodgkin, enseignant communiste, et met au monde trois enfants entre 1938 et 1946. Pendant la guerre froide, elle établit des liens scientifiques entre chercheurs de l'Est et de l'Ouest, préside les Conférences Pugwash, pour l'arrêt de l'armement atomique. Au Nord-Viêtnam, elle transmet ses connaissances sur les rayons X, à des fins biomédicales. En Chine, elle travaille avec des étudiants la synthèse artificielle de l'insuline. Elle reçoit le prix Florence Nightingale, la médaille Copley de la Royal Society, la médaille Lomonossov et le prix Lénine pour la paix, et est la deuxième femme décorée de l'Order of Merit.

Katsuko Saruhashi

née en 1920, Japon

Géologue chimiste, spécialiste de la radioactivité naturelle en mer.
Première femme diplômée en chimie à l'université de Tokyo (1957). Elle étudie, dans l'eau du Pacifique, les techniques de mesure de la concentration du CO_2, la propagation des résidus d'essais nucléaires (1954), la diffusion et l'absorption de CO_2.
Directrice du Geotechnical Laboratory of the MRI (1979-1980), puis de l'Association pour la recherche en géochimie (1990-1998), elle reçoit le prix Miyake en 1985 et le prix Tanaka en 1993.

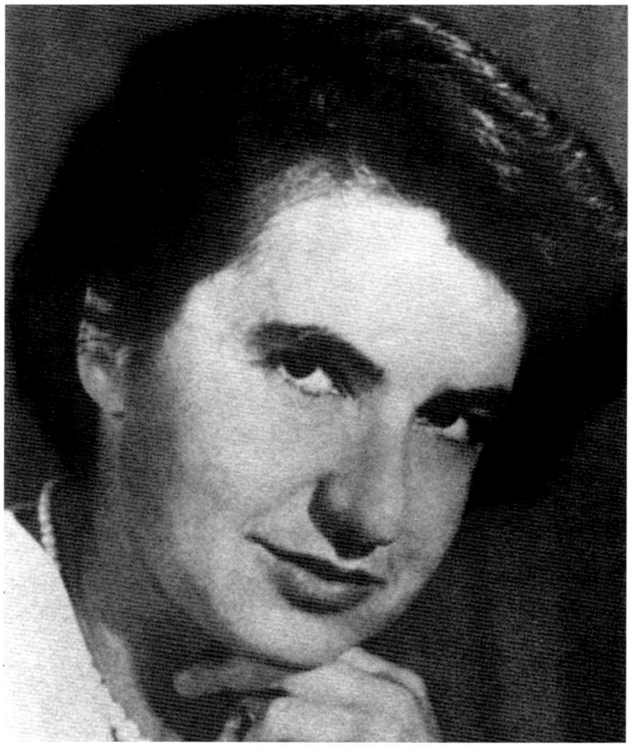

Rosalind Franklin.

Rosalind Franklin

1920-1958, Grande-Bretagne

Chimiste.
Sa contribution majeure à l'histoire de la biologie permet la compréhension de l'ADN, qui chez tous les vivants contient le génome. Elle obtient son doctorat en 1941. De 1946 à 1951, elle est chercheuse au CNRS à Paris, puis au King's College de Londres. Elle imagine et construit une machine à rayons X qui lui permet de réaliser d'excellents clichés du schéma de diffraction de l'acide désoxyribonucléique (ADN). Cette découverte est capitale pour l'avenir du monde – on sait que l'ADN est au cœur des recherches actuelles sur le clonage ou les OGM. Maurice Wilkins, qui travaille avec elle, lui vole un de ses clichés et un de ses rapports dans lequel elle formule l'hypothèse de la structure hélicoïdale de l'ADN (structure en double hélice) et la démontre, puis il envoie les précieux documents à l'Américain James D. Watson et au Britannique Francis H. Crick. Ensemble, les trois chercheurs finalisent le modèle et reçoivent le prix Nobel en 1963 pour « leur » découverte, sans même mentionner le nom de Rosalind Franklin (décédée quatre ans plus tôt).

Ada Yonath

née en 1939, Israël

Prix Nobel de chimie 2009, avec les Américains Thomas Steitz et Venkatraman Ramakrishnan pour leurs travaux sur l'établissement de la carte détaillée du ribosome, usine à protéines de la cellule, molécule qui décode l'ADN pour créer la vie et qui va améliorer la création de nouveaux antibiotiques.
Née dans la Palestine sous mandat britannique, elle est issue d'une famille pauvre, où il y a très peu de livres, mais où elle a la chance de lire la biographie de Marie Curie qui l'enthousiasme et la détermine à se consacrer à la recherche. Son père, rabbin et épicier, meurt lorsqu'elle a dix ans. Elle parvient à faire des

études de chimie à l'université hébraïque de Jérusalem, atteint la maîtrise en 1964, puis soutient sa thèse en cristallographie à l'Institut Weizmann, où elle crée le premier laboratoire de cristallographie des protéines en 1970. Elle est également diplômée du Massachusetts Institute of Technology de Boston et à la Carnegie Mellon University. Professeure de biologie structurelle à l'Institut Weizmann en Israël, elle dirige une unité du Max Planck Institute à Hambourg (Allemagne).

Pacifiste, elle ose plaider, à la radio militaire de son pays, pour la libération des Palestiniens, disant que la prison ne fait qu'augmenter le désir de vengeance et prolonger le conflit. Féministe, elle plaide la cause des femmes lors de la remise du prix L'Oréal-Unesco pour les femmes et la science en 2007 : « Les femmes constituent la moitié de l'humanité. Celle-ci perd donc la moitié des capacités de son cerveau en n'encourageant pas les femmes à aller vers les sciences. Les femmes peuvent faire de grandes choses, si on les y encourage. »

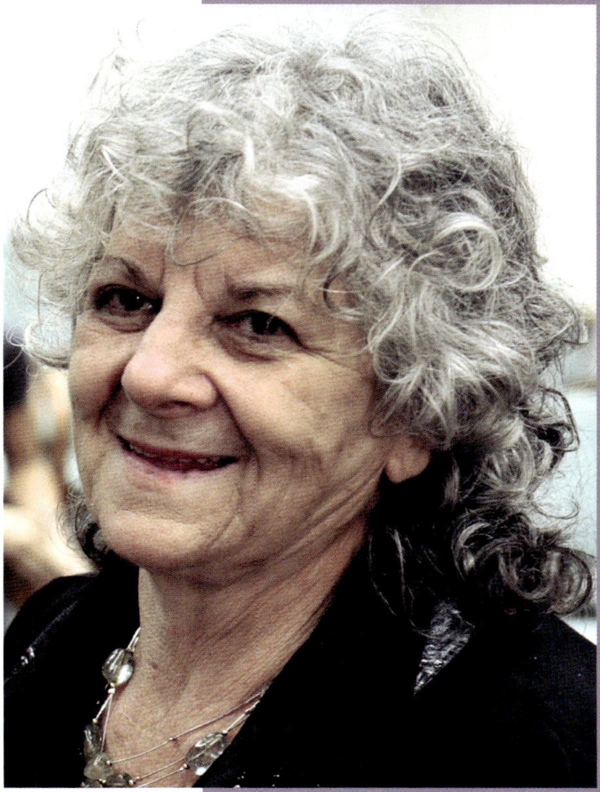

Jocelyn Bell

née en 1943, Grande-Bretagne

Astrophysicienne.

En 1967, elle est la première à découvrir les pulsars. Mais c'est Antony Hewish qui reçoit le prix Nobel de physique en 1975 pour cette découverte. Étudiante à l'université de Glasgow puis de Cambridge, elle est diplômée en sciences en 1965 et commence une thèse sous l'autorité d'Antony Hewish. Pendant les deux premières années de son doctorat, elle l'assiste dans la construction d'un radiotélescope, lancé en 1967. Jocelyn Bell découvre l'existence des étoiles à neutrons, qui tournent très rapidement sur elles-mêmes et émettent un fort rayonnement électromagnétique dans la direction de leur axe magnétique. Les pulsations sont régulières et leur position constante sur la sphère céleste.

Honorée du titre de commandeure de l'ordre de l'Empire britannique, elle reçoit le prix Beatrice M. Tinsley en 1986. Doyenne des scientifiques à l'université de Bath entre 2001 et 2004, elle est présidente de la Royal Astronomical Society entre 2002 et 2004.

Nettie Stevens

1861-1912, États-Unis

Généticienne.
Après son diplôme de Bachelor of Arts en 1899 et de Master of Arts en 1900 à l'université de Stanford, elle fait des études de biologie, avec une spécialisation en cytologie, à l'université de Bryn Maw, où elle obtient son doctorat en 1903. Elle est amenée à établir une différenciation entre les embryons, puis approfondit l'étude des chromosomes. C'est sur un coléoptère, le *Tenebrio*, qu'elle identifie le chromosome Y et déduit que la base de la différenciation sexuelle dépend de sa présence ou de son absence. Dans son article «Accessory Chromosome», en 1905, elle démontre que le chromosome X détermine le sexe de l'embryon femelle et le chromosome Y celui de l'embryon mâle. Cette découverte attaque frontalement l'idée qui prévalait alors, à savoir que le genre était une question d'hérédité. L'impact est énorme dans le monde entier. Cependant, seul Thomas Hunt Morgan (1866-1945), avec lequel elle signe l'un des articles les plus reconnus dans ce domaine de recherche en 1904, reçoit le prix Nobel pour ses travaux de génétique.

Florence Sabin

1871-1953, États-Unis

Scientifique la plus reconnue de son époque, première femme professeure titulaire d'histologie dans une université.
En 1901, elle publie l'*Atlas de la moelle et du tronc cérébral*. Au Rockefeller Institute, elle oriente sa recherche sur le support humoral et tissulaire de l'immunité. Cette étude nécessite de travailler sur des tissus vivants : c'est une première. Pendant treize ans elle dirige le département de pathologie cellulaire. En

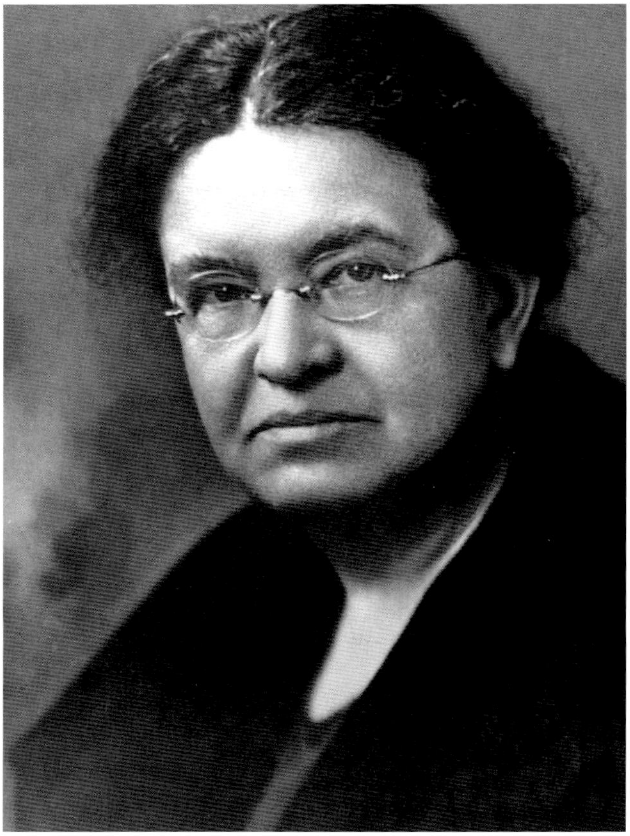

Florence Sabin.

1944, les autorités du Colorado lui confient la restructuration de la politique de santé au sein de la commission du Plan après-guerre.
Elle réussit à faire voter d'importantes réformes de santé, qu'on nommera «le programme Sabin». À Denver, elle est chefe des hôpitaux et responsable du département de la santé. Elle reçoit de nombreux prix et récompenses, et l'État du Colorado lui érige une statue dans le Capitole.

Dorothy Reed

1874-1964, États-Unis

Pionnière de la médecine biologique.
En 1901, elle démontre le rôle particulier d'une cellule dans la maladie de Hodgkin. Elle se bat pour une

bonne surveillance pré- et post-natale. Mandatée par le Bureau national de l'enfance, elle parcourt les États-Unis afin de développer les connaissances autour de la grossesse, de l'accouchement et du nourrisson.

Gerty Theresa Cori

1896-1957, Tchécoslovaquie/États-Unis

Physiologiste, première femme à recevoir le prix Nobel de physiologie et de médecine en 1947, avec son mari Karl Cori et Bernardo Houssay, pour leur découverte du fonctionnement physiologique des transformations biochimiques.
Gerty Radnitz étudie la médecine à l'université de Prague, en sort diplômée en 1920, affectionne les microscopes, fait des recherches sur les hormones thyroïdiennes, mais devient pédiatre à l'hôpital Karolimen de Vienne où les enfants souffrent de la faim. Elle va rencontrer les plus grandes difficultés pour obtenir la place qu'elle mérite.
Enfin une première étude des époux Cori, émigrés aux États-Unis, est publiée en 1923 ; l'analyse des corrélations entre le cancer et le métabolisme des hydrates de carbone met en lumière un des caractères essentiels du métabolisme des tissus cancéreux. Puis ils découvrent le métabolisme du glycogène, et en 1936 les fonctions du glucose-1 phosphate (ester de Cori), enfin ils travaillent sur les enzymes responsables de la formation/désintégration de la molécule du glycogène, l'échange de sucre et d'acide lactique entre muscles et foie (cycle de Cori). Qui a réellement fait la découverte qui leur vaut le Nobel ? « Deux voix ont formulé les pensées émises par un seul cerveau », font-ils savoir. Par la suite, elle étudie les pathologies du métabolisme du sucre dont sont victimes les enfants, prouvant pour la première fois qu'une maladie peut avoir pour cause le manque héréditaire d'un enzyme. Elle manifeste toujours le même dévouement acharné à la recherche, restant dans son laboratoire, par près de 40 °C, jusqu'à la fin de sa grossesse (elle a un fils en 1936), et même lorsque, plus tard, elle est atteinte de la myélofibrose, maladie incurable très douloureuse.

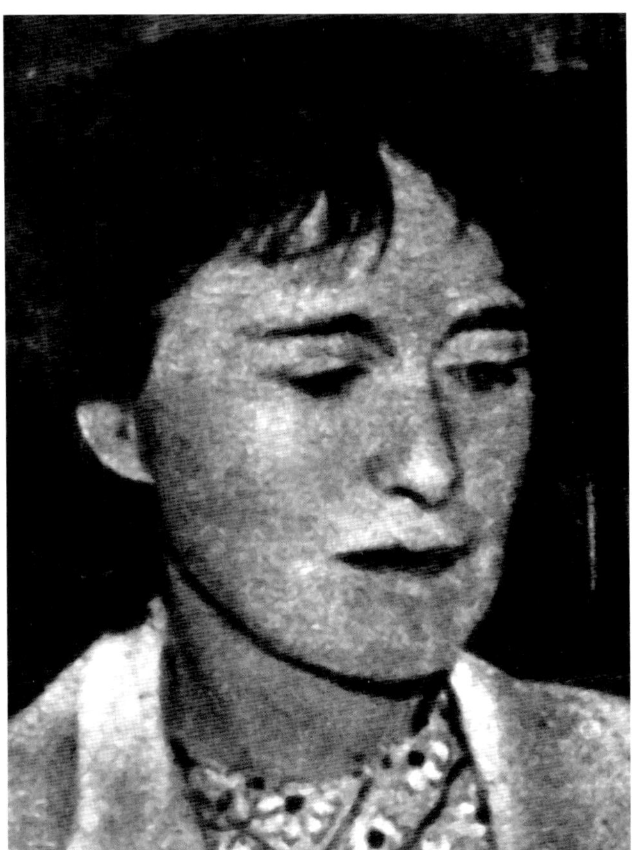

Gerty Theresa Cori.

Helen Taussig Brooke

1898-1966, États-Unis

Chirurgienne et chefe de clinique de cardiologie à Harriet Lane Home, de 1930 à 1963, elle fait l'une des découvertes les plus importantes de la médecine du XXe siècle : elle conçoit l'idée d'une correction chirurgicale des anomalies cardiaques qui maintient ouvert le « canal artériel ». Cette intervention sauve la vie des « bébés bleus ».

Safiye Ali

1900-1952, Turquie

Première femme médecin turque.

Son père et son grand-père sont de hauts fonctionnaires du Palais et lui donnent une éducation soignée. Elle rêve depuis son enfance de devenir médecin. En 1916, lorsqu'elle a terminé le collège américain d'Istanbul, ses parents l'envoient faire des études de médecine en Allemagne, à Würzburg. C'est la première femme turque qui étudie dans une université allemande. En 1921, elle devient gynécologue et pédiatre. Elle se marie avec un ophtalmologue allemand. Tous deux ouvrent un cabinet à Istanbul. Safiye représente trois fois la Turquie aux congrès internationaux de médecine.

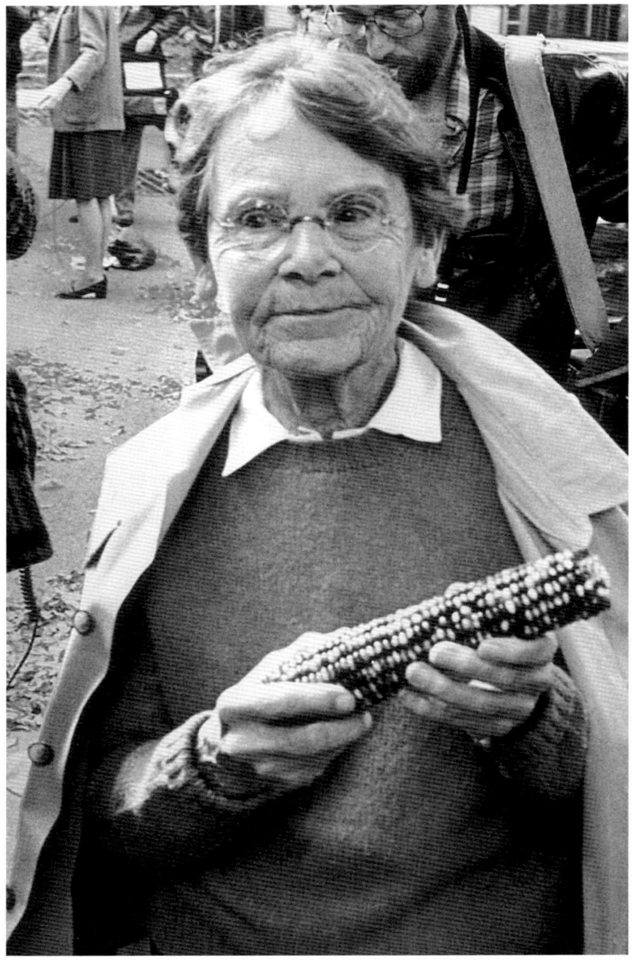

Barbara McClintock à New York, en octobre 1983. Elle vient de recevoir le prix Nobel de médecine.

Barbara McClintock

1902-1992, États-Unis

Biologiste.

Prix Nobel de physiologie et de médecine en 1983 (troisième femme à le recevoir) ; découvreuse des gènes nomades ou « éléments transposables ».

Acharnée à trouver du nouveau, elle met toute son énergie dans la recherche scientifique, avec une audace, une impatience et une endurance qui lui permettent de travailler treize heures par jour. Tant qu'elle apprend, comprend, fait des hypothèses et les vérifie minutieusement, elle est une femme heureuse. Étudiant sans modération, se « donnant des cours à elle-même » quand elle n'a pas d'argent ou que la misogynie la freine, elle obtient à vingt-cinq ans le diplôme de docteure en botanique, puis en 1927 elle est chargée de cours à l'université de Cornell. Attirée tout particulièrement par les études de cellules au microscope, elle s'engage, en pionnière, dans la cytogénétique. Aidée d'une étudiante, Harriet Creighton, elle travaille sur des plants de maïs, ne ménageant pas sa peine, y compris physiquement. Elle démontre ce que Morgan avait découvert en 1911 : ce sont les chromosomes qui portent les gènes.

En 1930, Barbara McClintock est la première à décrire l'enjambement (*crossing over*) des chromosomes homologues durant la méiose, puis en 1931, avec Harriet Creighton, elle prouve le lien entre cet enjambement des chromosomes et la recombinaison des traits génétiques. Elle publie la première carte génétique du maïs en 1931, découverte reconnue internationalement au Sixième Congrès de génétique en 1932. Cette grande pionnière est la troisième femme à devenir membre de l'Académie des sciences des États-Unis et la première à être présidente de la Société américaine de génétique. Elle reçoit de nombreux prix, mais ne parvient pas à obtenir un poste digne de son niveau, à peine professeure assistante à l'université de Missouri puis, à trente-neuf ans, chercheuse au centre de recherches génétiques de Cold Spring Harbor. Cela ne l'empêche pas d'avancer des hypothèses audacieuses à partir des mutations observées sur les plants de maïs. Après sept ans de recherches, elle parvient à la conclusion que des gènes peuvent avoir une activité régulatrice sur l'expression du génome, et d'autre part que certaines portions du génome peuvent se déplacer sur un même chromosome, voire sur un autre chromosome (transposition). Quand elle fait part de sa découverte, l'incompréhension de ses collègues est grande. Ces gènes sauteurs, déplacés et combinés, remettent en question toutes les études sur l'évolution. Mais à partir des années 1970, plus personne ne soutiendra l'immuabilité du patrimoine génétique.

Quand la radio lui apprend qu'elle est nobélisée, elle paraît surtout accablée par un honneur qui vient bien tard et qui risque de la déranger dans ses recherches. « Ce que nous appelons connaissance scientifique est une énorme plaisanterie, déclare-t-elle avec modestie. On parvient à établir de nombreuses corrélations, mais pas la vérité. La vie est bien plus merveilleuse que la science ne nous permet de le découvrir. »

Rachel Carson

1907-1964, États-Unis

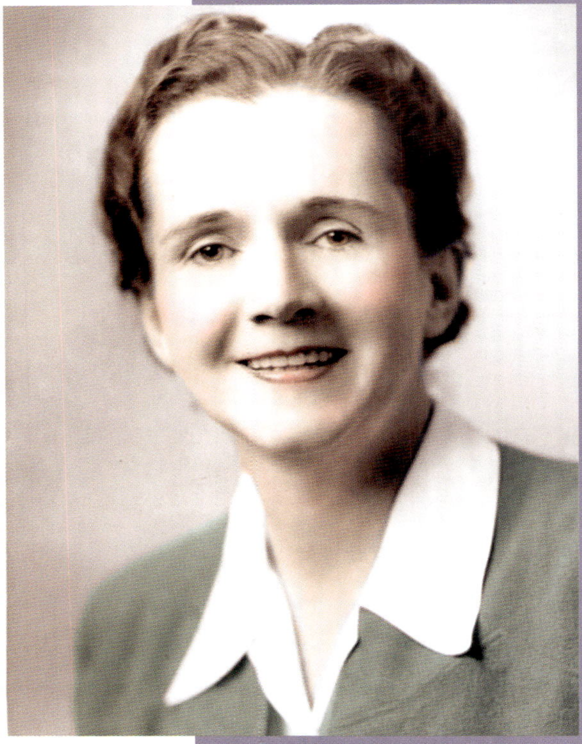

Biologiste.

Elle a joué un rôle précuseur pour l'écologie.

Diplômée en zoologie et en biologie marine, elle comprend très vite la façon dont l'industrie chimique pollue l'environnement.

Elle fait une remarquable carrière, non pour elle, mais pour alerter l'opinion publique sur les risques encourus, surtout en termes de santé.

Son essai *Printemps silencieux*, dénonçant la dangerosité des produits chimiques toxiques, paraît en 1962, longtemps avant la vague écologiste mondiale.

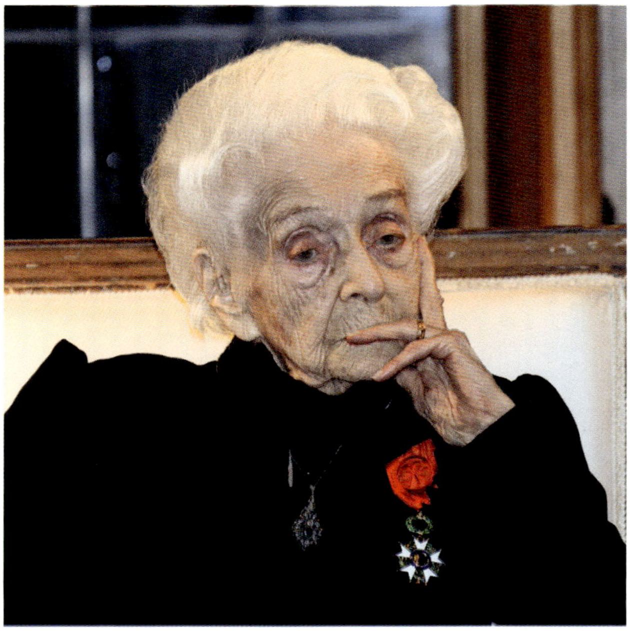

Rita Levi-Montalcini

née en 1909, Italie/États-Unis

Neurobiologiste. Prix Nobel de physiologie et de médecine en 1983.

Révoltée contre sa « destinée » de mère et de femme au foyer, elle veut être médecin. Malgré l'opposition de son père, elle étudie à l'université de Turin et s'enthousiasme pour « la jungle du système nerveux ».

Mussolini prenant le pouvoir, elle ne peut être médecin. Cachée dans la campagne italienne, elle mène ses recherches dans sa chambre, à partir d'embryons de poulet, travaillant aussi comme médecin dans les camps de réfugiés. Elle part à Saint Louis, aux États-Unis, où, aidée par un jeune biochimiste, elle isole le NGF, élucidant la transmission du signal des nerfs aux cellules. Le Nobel lui est remis pour sa découverte « des facteurs de croissance des cellules nerveuses ». À partir de là, l'approche du phénomène de la naissance des tumeurs pourra peut-être déboucher sur un emploi thérapeutique pour les maladies d'Alzheimer et de Parkinson. Elle revient en 1969 dans son Italie natale, qui lui décerne le titre de « grande signora della Scienza », et dirige l'Institut de biologie cellulaire de Rome. Elle y est sénatrice à vie. En 1988, elle publie *Louange de l'imperfection*.

Gertrude Elion

1918-1999, États-Unis

Biochimiste. Prix Nobel de physiologie et de médecine en 1988, avec le Britannique sir James Black et l'Américain George Hitchings.

Fille d'immigrés d'origine lituanienne et polonaise, ruinés par la crise de 1929, elle travaille tout en suivant des cours pour préparer son doctorat. Diplômée de chimie de Hunter College, elle ne peut progresser que comme assistante bénévole. Embauchée en 1944 par les laboratoires Wellcome, elle collabore avec G. Hitchings pour éclaircir les

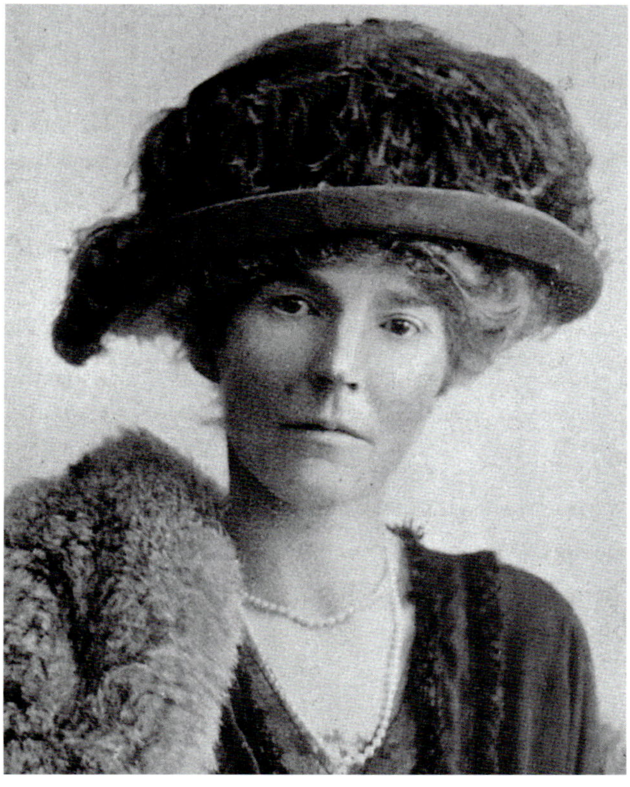

Gertrude Elion.

différences entre le métabolisme de l'acide nucléique des cellules humaines saines et cancéreuses.

Elle est successivement directrice de recherche adjointe et chefe de département de thérapie expérimentale aux Wellcome Research Laboratories, enseignante à la Duke University de Durham, docteure honoraire de la Brown University, de la George Washington University et de l'université du Michigan, membre de l'Académie des sciences pharmaceutiques et de la Chemical Society de Londres. Durant sa carrière, elle découvre le purinéthol cytostatique contre les leucémies et la puriméthamie contre la malaria (1952), l'azathioprine, contre le rejet consécutif à une greffe (1962), l'allopurinol, contre la goutte (1966), un antibiotique à large spectre (1969), l'aciclovir antiviral contre l'herpès et l'azidothymidine (1974) pour le traitement du sida.

Rosalyn Yalow

née en 1921, États-Unis

Prix Nobel de physiologie et de médecine en 1977 (avec Roger Guillemin et Andrew Scally).

Assistante en physique à l'université de l'Illinois, Rosalyn Sussman est la seule et unique femme sur quatre cents enseignants. Elle crée un service de radio-isotopes dans un hôpital du Bronx, à New York. Pendant plus de vingt ans, elle travaille avec Salomon Berson ; leurs recherches leur permettent de découvrir la radio-immunologie, invention révolutionnaire. Il s'agit d'une technique de laboratoire qui permet de mesurer toute substance biologique présente dans le sang ou dans l'urine en quantité infime (jusqu'à un millionième de millionième de gramme). L'identification et le dosage des hormones de l'hypothalamus sont utilisés pour la surveillance de certains cancers, ou pour des diagnostics d'allergie. Par exemple,

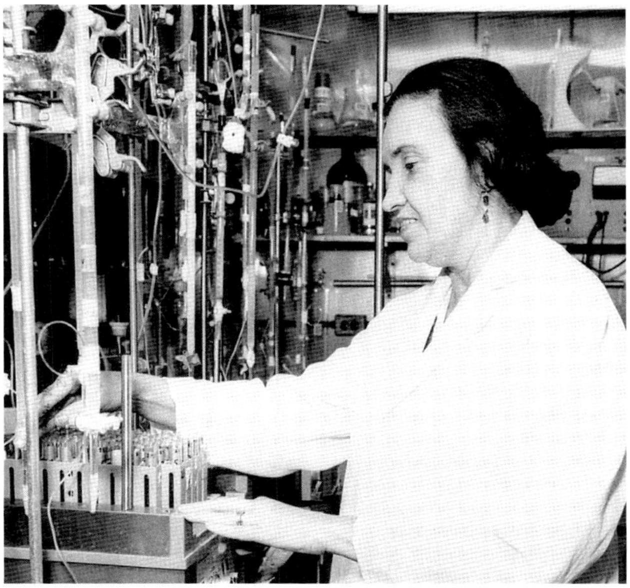

Rosalyn Yalow.

détecter chez les nouveau-nés une insuffisance thyroïdienne permet d'éviter certaines débilités graves grâce à un traitement hormonal. En France, ce dépistage est réalisé sur tous les nouveau-nés depuis 1980.

Christiane Nuesslein-Volhard

née en 1942, Allemagne

Chercheuse généticienne, prix Nobel de médecine en 1995, avec les Américains Edward B. Lewis et Eric F. Wieschaus.

Formée dans le laboratoire de Walter Gehring, elle dirige la division génétique de l'Institut Max-Planck pour la biologie du développement à Tübingen. Divorcée, sans enfant, elle est directe, simple, d'une belle vitalité.

Son centre d'intérêt : comprendre comment un amas de cellules devient un embryon avec un début d'organisation. Ses découvertes rendent possible le décryptage moléculaire des mécanismes complexes

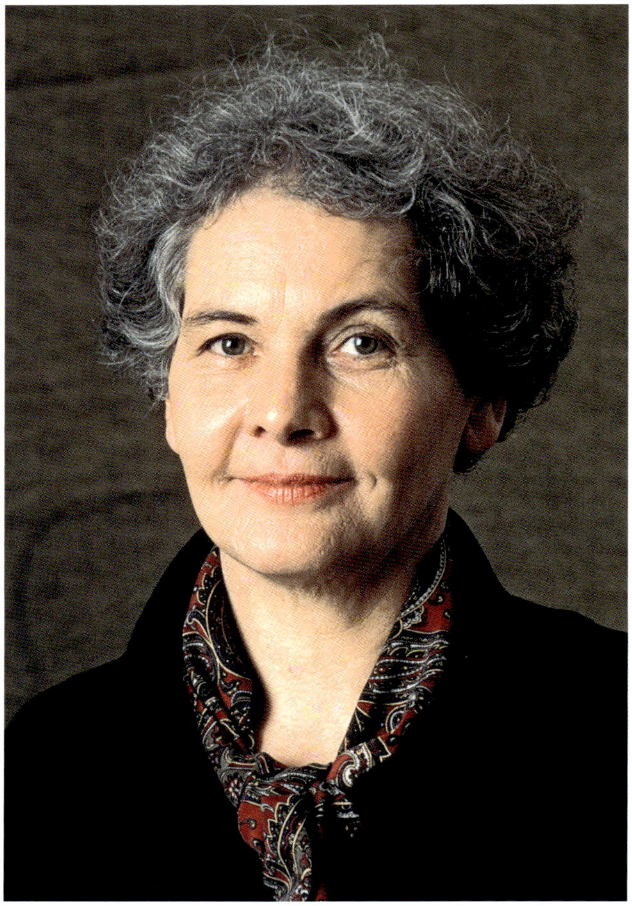

Christiane Nuesslein Volhard, 1995.

de l'embryogenèse et celui des raisons premières d'une série d'anomalies. Ces mécanismes, gouvernant les transformations cellulaires et tissulaires de l'œuf à l'organisme achevé, déjà identifiés chez la mouche drosophile, pourront désormais être considérés comme valables également pour toutes les espèces vivantes, donc pour les mammifères et les humains. Les trois Nobel ont identifié, défini et classé les gènes jouant un rôle clé dans le contrôle du développement. Ces recherches ouvrent la voie au traitement des anomalies génétiques – malgré de possibles dérives – puisque des centaines de mutations des gènes haméotiques ont d'ores et déjà été opérées. Outre le prix Nobel, elle reçoit le prix Albert-Lasker de recherche médicale en 1991, le prix Louis-Jeantet de médecine en 1992, le prix L'Oréal-Unesco pour les femmes et la science en 2006.

Lihadh Al-Gazali

(dates non communiquées), Émirats arabes unis

Pédiatre de l'université al-Ain.
Lauréate en 2008 du prix L'Oréal-Unesco pour les femmes et la science, pour les Émirats arabes unis.
Dans une région où les nombreux mariages consanguins font des ravages, elle crée le premier bureau d'enregistrement pour le contrôle des défauts de naissance et démontre l'importance d'une consultation avant le mariage pour éviter les troubles morphologiques et osseux.

Linda Buck

née en 1947, États-Unis

Biologiste, prix Nobel de physiologie et de médecine en 2004, avec Richard Axel, pour leurs travaux sur l'olfaction.
Elle obtient à l'université de Washington son diplôme en psychologie et microbiologie en 1975, et au centre médical de l'université de Texas son Ph. D (doctorat) en immunologie. Pour ses recherches post-doctorales, elle explore le fonctionnement du système olfactif, le moins étudié de nos cinq sens, dont les mécanismes de base permettent pourtant de mémoriser environ dix mille odeurs. L'importance du nez va donc être reconnue par Linda Buck, chercheuse au centre de cancérologie Fred Hutchinson à Seattle. À partir d'analyses de l'ADN de souris, possédant plus de récepteurs olfactifs que les humains, et d'études physiologiques et génétiques, elle découvre l'existence d'un millier de gènes différents codant les récepteurs olfactifs dans le génome des mammifères. Ces récepteurs olfactifs sont situés dans l'épithélium. Chaque récepteur est capable de détecter plusieurs

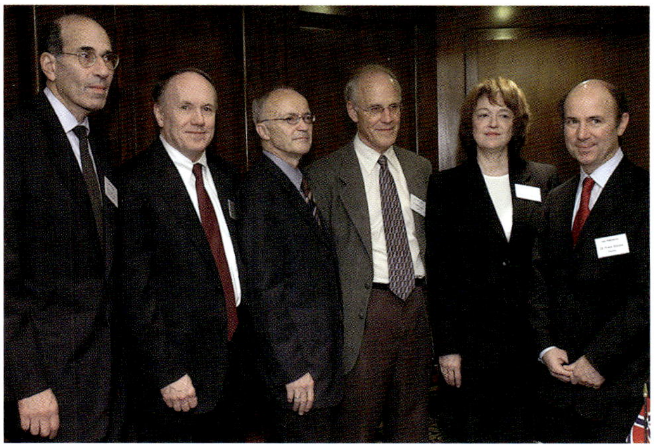

Linda Buck lors d'une conférence de presse au Wyndham Hotel à Washington, le 1er décembre 2004.

molécules composant une large palette d'odeurs. Une fois que l'odeur est détectée, le système nerveux transmet les informations au cerveau, qui les analyse. Ses travaux, commencés en 1980, aboutissent à une publication en 1991. Linda Buck devient professeure dans le département de neurobiologie du centre médical de Harvard en 2001, puis membre de l'Académie nationale des sciences en 2003. Enfin, c'est le Nobel. Elle a ouvert la voie à d'autres analyses génétiques et moléculaires des mécanismes de l'olfaction, et sur les phéromones, essentielles dans la communication, à l'origine des comportements sexuels et sociaux.

Françoise Barré-Sinoussi

née en 1947, France

Lauréate du prix Nobel de médecine en 2008, avec Luc Montagnier, pour leur découverte du virus du sida.

Moins familier que celui de son collègue, le nom de Françoise Barré-Sinoussi, pourtant professeure de classe exceptionnelle à l'Institut Pasteur et directrice de recherche Inserm de classe exceptionnelle, est associé à 216 publications originales dans des revues scientifiques internationales. Elle a reçu le prix Sovac, le prix de la Fondation Körber, le prix de l'Académie de médecine, le prix international de Médecine de la Fondation du roi Faysal, le prix Recherche et Médecine de l'Institut des sciences de la vie, le prix de l'International AIDS Society. Elle est officier de la Légion d'honneur depuis 2006. Le Nobel lui est décerné alors qu'elle participe, à Phnom Penh (elle dirige l'ANRS pour l'Asie du Sud-Est), au cinquième Congrès de la santé. Pour elle, c'est une chance de développer la coopération avec les pays du Sud. Elle se consacre sans compter à la recherche fondamentale, en immunologie et virologie, et tout autant à la recherche appliquée, afin d'être plus efficace et plus proche des problèmes humains. Elle a pris conscience du caractère dramatique de la situation des séro-positifs lors d'un voyage en République centrafricaine en 1983. Si, à cette époque, on ignore l'ampleur qu'allait prendre la pandémie, elle et son équipe font une première description du virus du sida appelé « LAV ». Aujourd'hui, après vingt-cinq ans de travail, en constatant les ravages causés, elle redouble d'énergie et se tourne vers les mécanismes innés de régulation de la maladie, observés surtout chez les primates, afin de détecter les premiers mécanismes de développement du virus en étudiant les signaux précoces à l'échelle de la molécule.

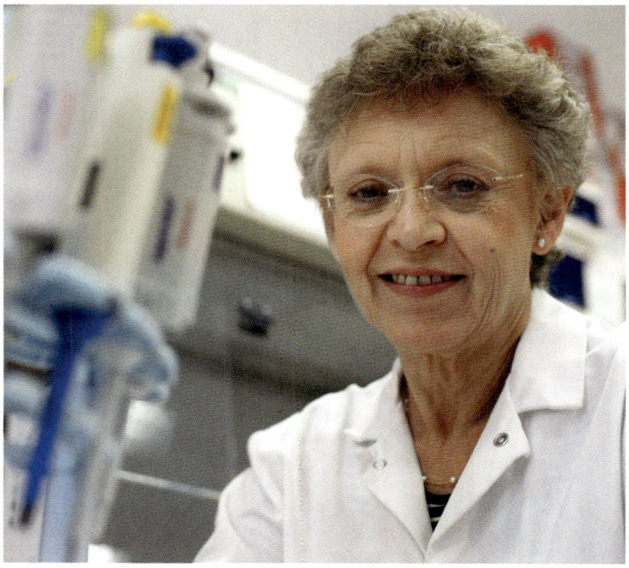

Françoise Barré-Sinoussi.

Elizabeth Blackburn

née en 1948, Australie/États-Unis

Carol Greider

née en 1961, États-Unis

Prix Nobel de médecine 2009 avec Jack Szostak pour leurs travaux sur les télomères (structures d'ADN situées aux extrémités des chromosomes) et l'enzyme télomérase qui protège les cellules du vieillissement (on l'appelle parfois « enzyme de l'immortalité »).
Ces recherches sont d'une importance capitale pour la compréhension des cancers (et permettront peut-être de trouver de nouvelles thérapies anticancéreuses) et de la mort cellulaire (et permettront peut-être de prolonger la vie humaine).
Elizabeth Blackburn, fille de médecins, a souhaité très tôt faire une carrière scientifique. Les propos d'un enseignant qui s'étonnait qu'une jolie fille comme elle se dirige vers la science l'ont choquée et ont renforcé sa détermination. Après des études secondaires en Tasmanie et à Melbourne, elle obtient sa licence de sciences et sa maîtrise en 1972. Puis elle poursuit ses études en Angleterre, obtient son doctorat à Cambridge et sort diplômée en biologie moléculaire et cellulaire de l'université de Yale en 1975 et 1977. En 1978, elle est professeure de biologie moléculaire à Berkeley, en Californie, puis au département de microbiologie et d'immunologie à l'université de San Francisco dont elle est directrice de 1993 à 1999. Actuellement elle est titulaire de la chaire de biologie et physiologie à l'Institut Morris Hertztein (UCSF).

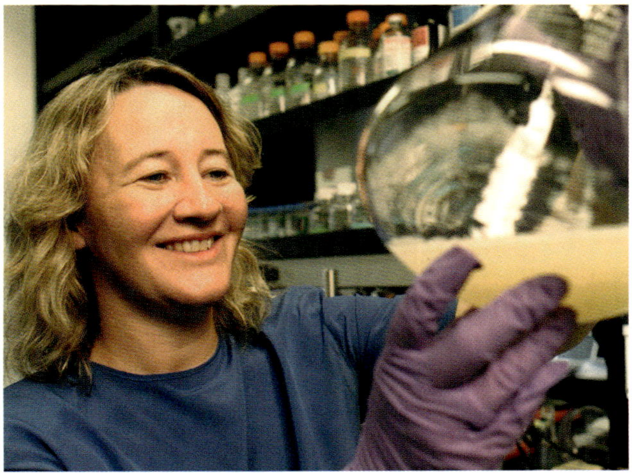

Carol Greider.

Carol Greider est professeure au département de biologie moléculaire et de génétique à la Johns Hopkins University School of Medecine de Baltimore depuis 1997. Son père est professeur de physique, sa mère meurt lorsqu'elle a six ans. Elle est l'élève d'Elizabeth Blackburn ; toutes deux identifient et nomment la télomérase dès 1985. Elles reçoivent de nombreux prix et distinctions, dont trois ensemble, avant le Nobel. Carol Greider défend la cause des femmes physiologistes, isolées au milieu des hommes – qui s'épaulent mutuellement, renforcent leur légitimité et se passent le flambeau. La nobélisée soutient que la maternité et ses devoirs ne sont en aucun cas un frein à une carrière scientifique.

Emmy Noether

1882-1935, Allemagne/États-Unis

Mathématicienne. Ses travaux fondent l'algèbre moderne.
En ce début de XXe siècle, les jeunes filles n'ont pas droit aux études supérieures. Emmy doit vaincre la misogynie universitaire pour pouvoir étudier (seulement en auditrice libre), et elle demande une dérogation pour passer ses examens.
Elle parvient à être admise à l'université d'Erlangen, la ville où elle est née, et à soutenir une thèse sur les invariants algébriques. Ce travail impressionne le grand mathématicien David Hilbert, qui l'invite dans son université de Göttingen où elle devient son assistante. À partir de 1917, elle enseigne, mais bénévolement. Hilbert tente d'obtenir un poste de maître de

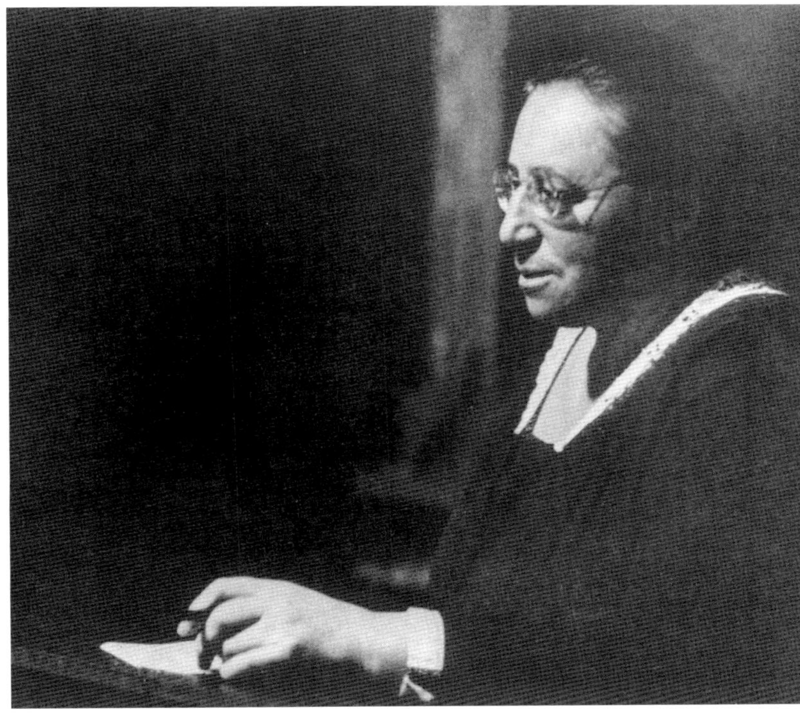

Emmy Noether, vers 1930.

conférences pour cette chercheuse si brillante, qui progresse à pas de géant, mais les préjugés sexistes sont les plus forts. C'est seulement en 1922 qu'elle est autorisée à passer son habilitation ; son mémoire sur la théorie des idéaux et des anneaux est tout à fait novateur. Elle peut être chargée de cours et être un peu rémunérée, mais rien qui soit à son niveau. Chassée par les nazis pour ses origines juives, elle part enseigner aux États-Unis, d'abord au Bryn Mawr College, puis au prestigieux Institute of Advanced Studies de Princeton. Avec les calculs et les opérations d'Emmy Noether, on quitte l'algèbre classique pour entrer dans un univers cent pour cent abstrait fondé sur des propriétés formelles, des concepts (associativité, commutativité). Malgré la difficulté, des « Noether's boys » constituent une petite école autour d'elle. Elle est passée à la postérité : on parle d'anneaux et de nodules noethériens.

Irmgard Flügge-Lotz

1903-1974, Allemagne/États-Unis

Ingénieure, spécialiste en aérodynamique, inventrice du pilotage automatique.

Son père est mathématicien, sa mère éveille son intérêt pour les sujets techniques. Son avenir se dessine : « Je souhaitais mener une carrière dans laquelle je serais heureuse même si je devais rester célibataire », se souviendra-t-elle en 1969. En 1929, elle obtient son doctorat d'ingénieure de l'université technique de Hanovre. Elle est ensuite nommée présidente du département de l'aérodynamique de l'université de Göttingen où, en 1931, elle développe une méthode (qui porte son nom : Lotz Method) pour calculer la distribution de la force d'élévation des ailes d'un avion. Grâce à leur savoir, Irmgard et son époux, également professeur en aérodynamique, peuvent rester en Allemagne pendant la Seconde Guerre mondiale en dépit de leurs sentiments antinazis. Car la recherche aéronautique est alors sous l'autorité de Göring qui fait passer la valeur technique avant la « pureté » idéologique. C'est à cette période qu'elle commence à développer le principe du pilotage automatique destiné à remplacer la conduite manuelle.

Les époux s'exilent aux États-Unis peu après la guerre, où ils sont nommés professeurs à l'université de Stanford. Irmgard y est la première femme professeure à temps complet dans le département d'ingénierie. Professeure émérite en mécanique, en aéronautique et en astronomie de l'université de Stanford en 1968, elle est nommée à l'Institut américain de l'aérodynamique et des astronautes en 1970 et reçoit le prix d'excellence de la Société des femmes ingénieures (Society of Women Engineers).

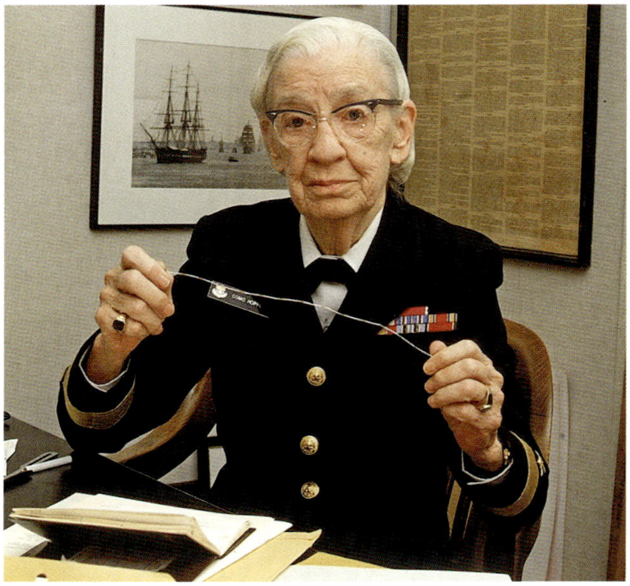

Grace Hopper.

Grace Hopper

1906-1992, États-Unis

Mathématicienne, inventrice du langage COBOL en 1957.

Licenciée en 1928 en mathématique et physique à l'université Vassar, docteure en mathématiques à Yale, Grace Murray s'engage dans la marine pendant la guerre où elle est le premier humain à programmer le premier véritable ordinateur entièrement automatique, le Harvard Mark 1. Elle travaille ensuite au développement des ordinateurs Harvard Mark II, puis III. Elle a l'idée que le langage informatique ne devrait pas être réservé aux seuls mathématiciens. Elle invente un intermédiaire, le compilateur, puis en 1959 le langage COBOL, le premier langage qui permette la programmation des ordinateurs en langage courant. C'est le langage informatique le plus utilisé au monde pendant vingt ans. En 1951, elle met au point l'Univac, le premier calculateur disposant d'une mémoire tampon. Le mot « bug » vient aussi d'elle : un jour, elle découvre un insecte coincé entre deux contacts, aboutissant à un fonctionnement défectueux ; le mot est resté pour désigner une erreur dans un programme. Elle finit avec le grade de contre-amiral et décorée de la *Defense Distinguished Medal*.

Avant elle, dès le XIXe siècle, la mathématicienne Ada Byron-King, lady Lovelace (fille de lord Byron), est à l'origine du langage informatique. En 1980, l'armée américaine développera un langage nommé ADA en son honneur.

Daisy Bates

1863-1951, Irlande

Exploratrice-anthropologue.

Après son enfance dans un orphelinat à Dublin, elle émigre en Australie mais sort très vite du cercle chrétien et urbain pour s'enfoncer dans le désert du Nullarbor : là vivent des hommes noirs et nus, à la chevelure broussailleuse, armés d'un bâton de chasse. Les bonnes âmes l'ont prévenue : ils sont sales, sauvages, ignorants ; restés à l'âge de pierre, ils vont bientôt disparaître. Arrivée avec sa voilette, ses gants, ses ombrelles et autres robes de soie, la dame se prend d'un tel amour pour ces Aborigènes qu'elle reste quarante ans avec eux. Elle les soigne, car les Blancs leur ont transmis la syphilis. Peu à peu, elle apprend à connaître leur langue et leur religion, leurs fêtes et leurs coutumes ; par pure empathie, elle effectue un travail d'anthropologue, reconnaissant qu'ils ont eux aussi une culture, une civilisation.

En 1914, à la Conférence britannique pour l'avancement de la science, elle prononce un discours, qui est un appel au secours pour ceux qu'elle nomme « son peuple », et une mise en accusation de ses condisciples, qui violent et maltraitent des fillettes indigènes de dix ans. « Si vous viviez le long de la Ligne, vous sauriez combien dangereux sont ces Blancs de vile conduite. » La sauvagerie et la brutalité sont leur fait, et non celui des Aborigènes – une véritable vision pionnière qui anticipe les luttes des indigènes au cours du XXe siècle, en même temps qu'une véritable intelligence du cœur. Les Blancs l'ont-ils entendue ? En 1934, elle est décorée du titre de commandeure de l'ordre de l'Empire britannique et se voit confier la mission de conseillère pour les affaires aborigènes. Pourtant, quelques mois après sa mort, les Aborigènes seront évacués pour laisser place aux essais nucléaires sur les terres sacrées…

Dorothy Garrod

1892-1968, Grande-Bretagne

Archéologue et préhistorienne ; première femme à être élue professeure à l'université de Cambridge en 1939. Elle fait des études à la fois à l'université Newnham de Cambridge dès 1913 et, sous la direction d'Abbe Breuil, à l'université d'Oxford où son doctorat ès sciences porte sur la France paléolithique. Elle dirige ensuite de nombreuses fouilles, à Gibraltar (1925-1926), en Palestine (1928-1931), en Irak (1931-1934), en Bulgarie (1938). Pendant ses deux ans sur le mont Carmel, elle découvre des squelettes néandertaliens (300 000 ans avant notre ère), d'abord un squelette de femme, puis d'autres – hommes, femmes, enfants. Cette trouvaille est extraordinaire : en effet, jusqu'alors, aucun squelette de cette époque n'avait été mis au jour en dehors de l'Europe – le nom Néandertalien vient de la localité de Neandertal, située près de Düsseldorf, en Allemagne. Au même endroit, elle trouve également 92 000 outils de pierre. Dorothy est donc une pionnière en archéologie.
Elle enseigne à l'université de Cambridge jusqu'en 1952. En 1948, elle poursuit ses fouilles en Europe, notamment en France, dans la Vienne, puis au Liban en 1958. Elle est décorée du titre de commandeure de l'ordre de l'Empire britannique en 1965 et, peu de temps avant sa mort, elle reçoit la médaille d'or de la Société des archéologues de Londres.

Margaret Mead

1901-1978, États-Unis

Anthropologue.
Quelle santé ! des mois parmi les Samoas, puis chez les Manaus, et un curieux séjour parmi les Iatmul, population de Nouvelle-Guinée réputée l'une des plus dangereuses de la planète Terre. Trois maris, trois divorces, une fausse-couche et une fille. Et des livres, dont *Coming of Age in Samoa* et *Growing up in New Guinea*, qui montre comment garçons et filles, élevés dans une grande liberté homosexuelle et hétérosexuelle, deviennent des adultes sans soucis ni problèmes. Mais les anthropologues des nouvelles générations contestent la véracité scientifique de ses conclusions ; ils la soupçonnent de vouloir prouver que la société américaine, lovée dans son puritanisme, ferait bien de s'inspirer des « sauvages ». Il est possible qu'elle ait en effet appelé de ses vœux une libération des mœurs. Reste qu'elle est une intrépide exploratrice dont les recherches, les milliers de photographies (de Bali, surtout) et les innombrables entretiens avec des autochtones nous sont très précieux. Elle mérite bien le renom international qu'elle a acquis avec *L'Un et l'autre sexe*, publié en 1948.

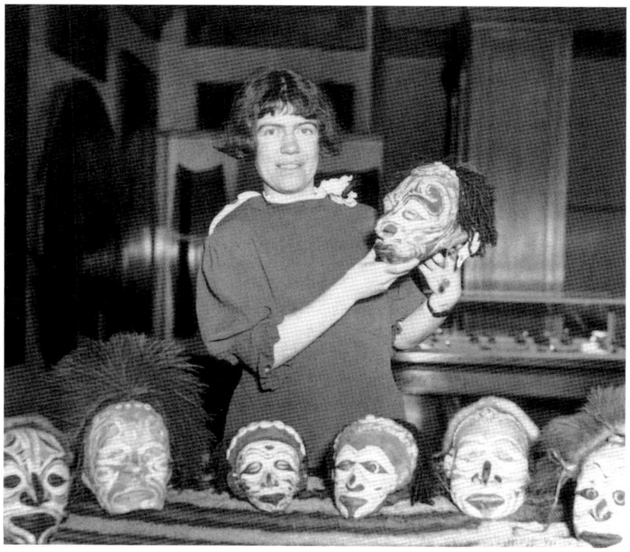

Margaret Mead étudiant les têtes réduites qu'elle a rapportées d'un voyage en Nouvelle-Guinée, 1934.

Gloria Montenegro

(dates non communiquées), Chili

Chercheuse, botaniste, lauréate en 1998 du prix L'Oréal-Unesco pour les femmes et la science, pour l'Amérique du Sud.
Elle établit un programme de réhabilitation de zones en voie de désertification. Ses abeilles butinent des plantes médicinales et produisent du miel dont on extrait un spray antibactérien qui préserve de la pourriture des tonnes de carottes et de pommes de terre.

Dian Fossey

1932-1985, États-Unis

Éthologue.
Après une enfance auprès d'un père alcoolique et violent, et un beau-père odieusement autoritaire, elle ne connaîtra le bonheur que pendant les dix-huit ans où elle vit en ermite avec les gorilles de montagne au Rwanda. Ces paisibles végétariens, friands d'écorces, de feuilles et de fruits, communiquent par de multiples signaux (sons et gestes). Dian veut défendre ces grands animaux qui nous sont si proches mais sont menacés par le braconnage, par la déforestation et par un tourisme non respectueux de la nature. Il n'en reste sans doute pas plus de trois cents dans les montagnes d'Afrique centrale. La primatologue crée le Karisoke Research Center, dans les montagnes Virunga, dans la province Ruhengeri au Rwanda, lieu d'accueil, de soins et de réinsertion de ces anthropoïdes qui peuvent atteindre 2 m de haut. Son livre *Gorilles dans la brume* et le film qui en est adapté sont connus dans le monde entier : la zoologue, environnée de ses pensionnaires, tient en alerte sur les comportements humains vis-à-vis de la biosphère. Elle meurt assassinée, ses études et son investissement dans la protection des gorilles gênant beaucoup trop les trafics.

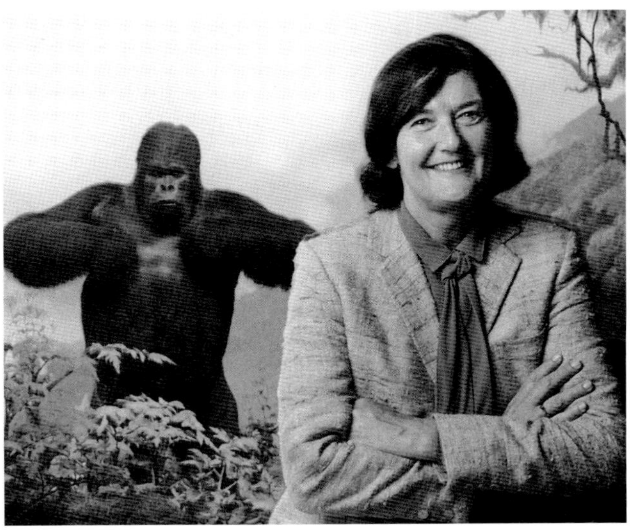

Dian Fossey.

Jane Goodall

née en 1934, Grande-Bretagne

Primatologue.
D'abord assistante du docteur Leakey, paléontologue et primatologue, elle vit avec les chimpanzés sauvages, en Tanzanie, dans la région du lac Tanganyika. Elle découvre qu'ils sont capables d'utiliser une brindille pour déterrer des termites ou de se servir d'une pierre en guise de marteau. Le chimpanzé est l'un des très rares animaux qui a cette forme d'intelligence consistant à anticiper le résultat. Jane Goodall est la première à se rendre compte que les chimpanzés sont omnivores. Elle les défend car ils sont menacés d'extinction, par le braconnage et le déboisement de la forêt à un rythme forcené : à chaque minute, l'équivalent de quatre-vingts terrains de football est défriché dans la forêt tropicale. Depuis 1945, plus de la moitié de cette forêt a été détruite. Pour alerter sur ce danger, elle fonde en 1977 le Jane Goodall Institut. Faite « Dame de

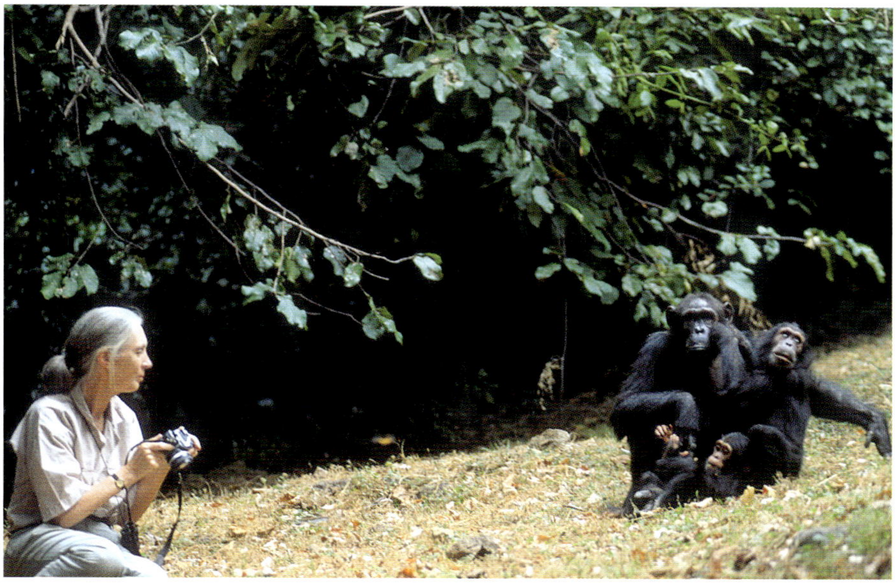

Jane Goodall en Tanzanie, 1994.

l'Empire britannique » par la reine Élisabeth II et « messager de la paix » par Kofi Annan, secrétaire général des Nations unies, en 2002, elle reçoit la médaille d'honneur de la Tanzanie, la médaille Hubbard du National Geographic, la médaille Benjamin-Franklin des Sciences de la vie, la médaille de l'Unesco et le prix Gandhi de la non-violence.

Biruté Galdikas

née en 1946, Allemagne/Canada

Primatologue reconnue mondialement pour ses études sur les orangs-outans.
Chercheuse à l'université Simon-Fraser, au Canada, elle est présidente de l'Orangutan Foundation International, qui se consacre à la diffusion des connaissances et à la protection de ces singes pouvant mesurer jusqu'à 1,50 m. Pendant ses longs séjours dans la jungle indonésienne de Bornéo, elle observe que si les mâles sont physiquement supérieurs aux femelles, celles-ci ont la finesse de s'allier pour ne pas se laisser dominer. Malgré des bras pendant jusqu'aux chevilles, cet animal – un anthropoïde en voie de disparition – a une apparence si proche de l'humain que les Malais l'ont surnommé « homme de la jungle », orang-outan, dans leur langue. Biruté Galdikas est quant à elle surnommée Leakey Angel, en référence au paléontologue Louis Leakey, qui lui a servi de guide.

Shirley Strum

née en 1947, États-Unis

Primatologue qui a fait évoluer la science éthologique. Après des études de biologie et d'anthropologie à l'université de Berkeley, elle se rend en 1972 au Kenya avec l'intention de cerner les capacités des premiers hommes, en les comparant aux babouins. Ces singes vont la captiver au point qu'elle va les étudier pendant vingt-cinq ans. Dans le parc national d'Amboseli, elle ose approcher ces bêtes qui ont la réputation de mordre facilement. Les babouins la laissent pourtant s'intégrer à leur société. Elle découvre entre eux tout un réseau de relations amicales et de communications subtiles. Elle décrypte un système réglementé de réciprocité sociale, des réseaux d'alliance par interaction. Parmi eux ce n'est pas la force brute qui règne, mais de fins compromis dans lesquels les femelles ont toutes leurs chances.
Dans son essai *Voyage chez les babouins*, elle parvient à convaincre le lecteur que les singes sensibles et futés sont presque humains. Elle s'interpose toujours lorsqu'elle voit les paysans tuer les babouins. Pourtant, ces gentils animaux pillent les cultures, et les hommes veulent se défendre…

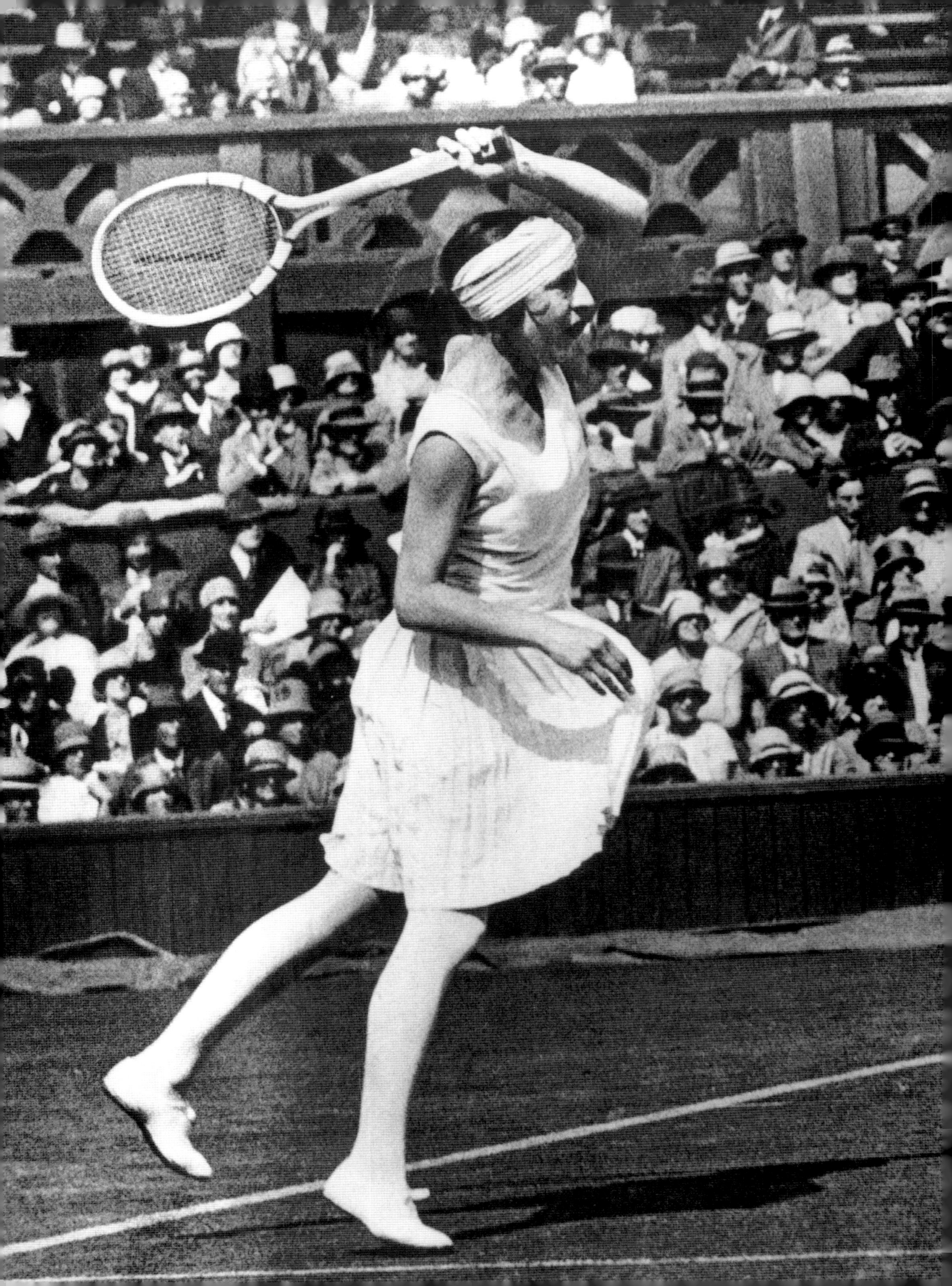

Suzanne Lenglen à Wimbledon, en 1920.

Vers la libération du corps

« L'organisation d'une olympiade femelle serait impratique, inintéressante, inesthétique et incorrecte. »

Pierre de Coubertin,
inventeur moderne des jeux Olympiques

Pendant plusieurs années, l'Afrique du Sud a été exclue des jeux Olympiques parce qu'elle pratiquait la ségrégation à l'encontre des Noirs. Or, à Barcelone, trente-cinq délégations nationales étaient exclusivement composées d'hommes. Les officiels, comme les spectateurs du monde entier, ont accepté ce fait d'apartheid contre les femmes, sans protester. Ces pays, en infraction caractérisée avec la Charte olympique (qui interdit « toute forme de discrimination pour des raisons raciales, religieuses, politiques ou de sexe »), se réclament de l'islam : « la présence simultanée d'hommes et de femmes athlètes dans un même lieu » pourrait engendrer une « corruption ». Des hommes exigent que « leurs » femmes ne sortent des maisons que vêtues de costumes qui les dissimulent, et, pour préserver une supposée pudeur, organisent pour les femmes des jeux Olympiques interdits aux hommes, c'est-à-dire fondés exactement sur la ségrégation hommes/femmes : sortes d'Olympiades du pauvre, qui ont lieu tous les quatre ans depuis 1993 à Téhéran, et où les femmes courent à huis clos, cachées derrière un tchador. Aux jeux Olympiques d'Atlanta, en 1996, les sportives des délégations d'Iran et d'Égypte étaient voilées. Le comité Atlanta+, créé par **Linda Weil-Curiel**, demanda que ne soient pas admis les pays qui pratiquent l'apartheid sexuel. En juin 2008, une sportive iranienne de taekwondo se couvrit d'un foulard pour participer à la compétition. En octobre 2008, **Rakia al-Gassra**, sprinteuse bahreïnie, a couru avec un voile islamique « profilé », ce qui lui a permis de « concilier le sport et la foi, la compétition et la religion ». En toute justice, la Ligue du droit international des femmes (fondée en France en 1983 par **Simone de Beauvoir**) réclame que la Charte olympique « exclue les pays qui excluent les femmes ». Sa présidente, Annie Sugier, rappelle que « l'oppression des femmes passe par le corps et que la place des femmes dans le sport est une mesure de leur place dans la société en général ».

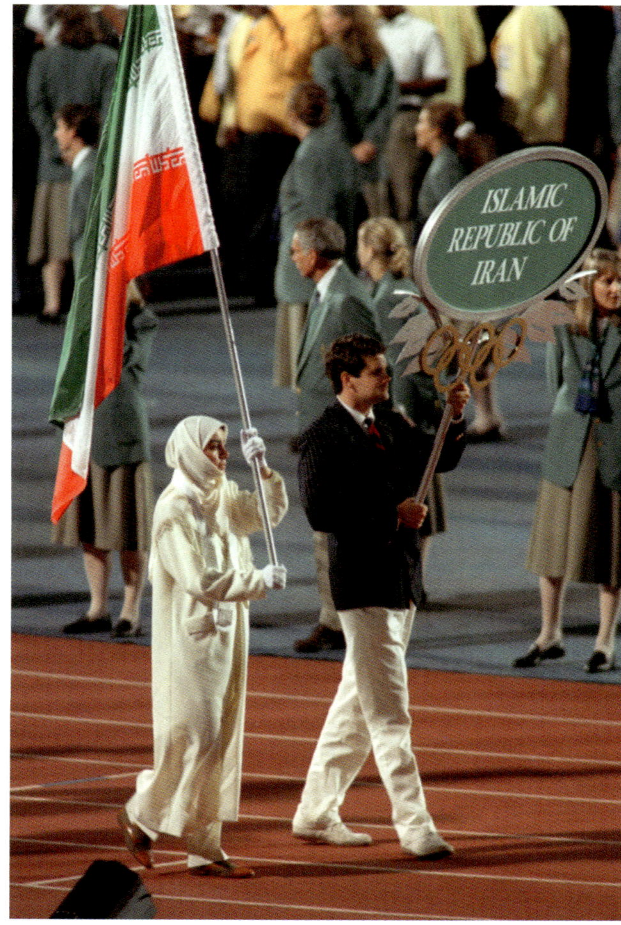

Jeux Olympiques, Atlanta, États-Unis, 19 juillet 1996.
Lida Farima en tête de la délégation de son pays, l'Iran, à l'entrée du stade olympique.

Cette régression est d'autant plus navrante que l'histoire du sport au féminin suit – et souvent précède – celle de l'émancipation des femmes, qui passe par la liberté de mouvement, donc par l'habillement. **Virginie Hériot** a attaqué de front le préjugé, bien ancré, qui veut qu'une femme porte malheur à bord ; on surnomme cette pionnière sur mer « le marin en jupon » ; en effet, si elle enfonçait un viril béret sur ses cheveux courts, elle portait un tailleur avec jupe blanche, bijoux et sandalettes – un équipement qui semble aujourd'hui bien malcommode. Dans la série des audaces vestimentaires, l'Australienne **Annette Kellermann** (1887-1975), spécialiste du ballet aquatique, s'aventure la première avec un maillot qui ne couvre pas le corps du cou au genou (seulement jusqu'aux fesses). En 1919, **Elaine Burton**, athlète anglaise, doit transgresser un fort tabou pour concourir en culotte courte. **Hélène Dutrieu**, franco-belge née au XIXe siècle, première décorée de la Légion d'honneur, est championne cycliste de France, d'Angleterre, d'Italie, d'Europe et du monde à dix-neuf ans ! Son secret ? Pédaler sans corset (inimaginable à l'époque, mais ça aide à respirer) et en pantalon (réservé aux hommes). Hélène essaie la moto, l'auto ailée, et, en 1910, gagne la coupe Femina de l'aviation. Née au XIXe siècle, la championne de tennis **Suzanne Lenglen** révolutionne la tenue sportive féminine en s'affichant avec des jupes plissées qui risquent de laisser voir le genou, alors que **Charlotte Cooper**, en 1900, n'osait guère montrer que ses chevilles. La tenniswoman américaine **Helen Wills** fut la première à remplacer les bas par des socquettes. Ces quelques exemples montrent que la liberté de mouvement a partie liée avec la liberté et l'égalité des sexes. Même si l'équipement n'est pas tout. En Amérique du Sud, des Indiennes jouent au football vêtues de plusieurs épaisseurs de jupes et chaussées de pauvres sandales. Elles grimpent dans la Cordilière des Andes pour disputer des matchs qui, outre quelques poulets, leur valent la considération de leurs époux…

En effet, ce ne sont pas seulement les contraintes vestimentaires qui ont handicapé les femmes, mais les préjugés machistes selon lesquels se lancer dans le sport était contre-nature et dangereux pour la faible constitution féminine. Ainsi, en 1928, aux jeux Olympiques d'Amsterdam, l'athlète allemande **Radke-Batschauer** gagne le 800 m et reçoit une médaille. Après cette victoire, réflexion faite, les dirigeants décident que cette distance ne convient pas à l'organisme féminin et l'interdisent. Cette course ne sera de nouveau autorisée aux femmes qu'en 1960. La misogynie transforme les foulées en sauts d'obstacles ! Quand **Junko Tabei**, alpiniste japonaise vainqueuse des sept sommets les plus hauts du globe, cherche un financement pour son expédition, on lui renvoie les ritournelles sexistes : « Élevez vos enfants avant de vous élever. » La femme ne doit avoir qu'un but dans la vie : être épouse et mère, et surtout rester à « sa » place – en bas. Comme si une femme devait forcément être mère, et comme si maternité et exploits sportifs étaient incompatibles. Junko choisit les deux : elle sera mère à trente-cinq ans et grimpera au sommet. La véliplanchiste **Raphaëla Le Gouvello** s'insurge contre l'éternelle question posée aux femmes : comment peut-on choisir de ne pas être mère ? « La vie d'une femme doit-elle forcément passer par la maternité ? Est-on une sous-femme parce qu'on n'a pas enfanté ? » Et de répondre avec les enfants de son village auxquels elle offre le rêve et l'espoir.

Et quand il s'est agi d'envoyer **Valentina Terechkova** dans l'espace, le spécialiste Sergueï Korolev a déclaré : « l'espace n'est pas un endroit

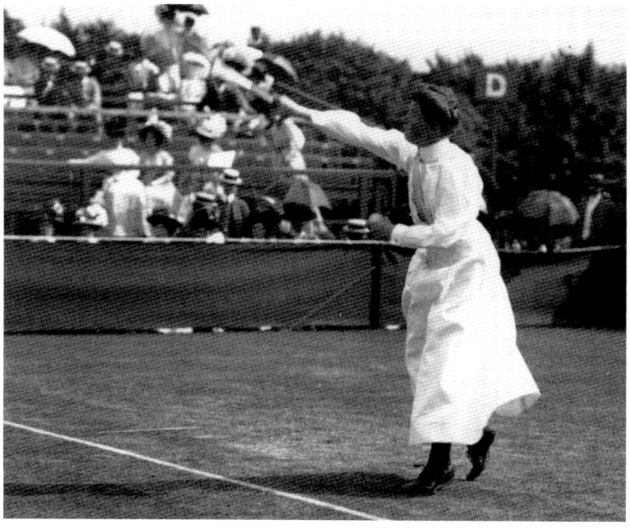

Wimbledon, 1908.
Charlotte Cooper gagne la finale simple dames.

pour les nanas », car elles sont trop nerveuses et risquent de devenir stériles (Valentina aura une fille quelques années après son vol).

Le corps est l'outil de travail du sportif. Certaines sportives se débarrassent de leurs règles, mécaniquement ou chimiquement. Souvent, on leur conseille de reporter leur grossesse ou on la leur interdit ; si elles passent outre, il arrive que ce soit la fin de leur carrière. Malgré tout, les faits montrent que les femmes peuvent être aviatrices casse-cou comme **Jacqueline Auriol**, boxeuses comme **Anne-Sophie Mathis**, danseuses comme **Carolyn Carlson**, navigatrices comme **Karine Fauconnier**, gymnastes comme **Larissa Latynina** (mère à seize ans), athlètes comme **Wilma Rudolph** (mère à dix-sept ans), aventurières sur la banquise comme **Bettina Aller**. Elles savent prendre des risques mortels, affronter l'épreuve la plus extrême, dépasser les limites des possibles du corps, s'engager, à travers une discipline si rigoureuse, jusqu'à la victoire complète et l'accomplissement de soi, sans que cela les empêche d'être mères. **Caroline Aigle**, première femme commandant d'escadrille, première tireuse d'élite, championne militaire de France et du monde de triathlon et championne de parachutisme sportif, mère d'un garçon de deux ans et de nouveau enceinte, apprend qu'elle est atteinte d'un cancer foudroyant ; elle demande alors à être accouchée par césarienne, pour voir son enfant vivant, et décède quelques jours après. La preuve est faite, s'il en était besoin, que cette particularité que la femme a d'enfanter n'est pas un poids ni un handicap, mais au contraire une force. Les entraîneurs, en particulier soviétiques, l'ont bien compris, qui n'ont pas hésité à demander aux sportives de haut niveau d'être enceintes, sachant que dans les premiers mois de grossesse le corps a plus de vitalité – l'augmentation du volume sanguin entraîne une augmentation du transport de l'oxygène dans la musculature. Quitte à ensuite les obliger à avorter. Terrible instrumentalisation de la spécificité physiologique féminine.

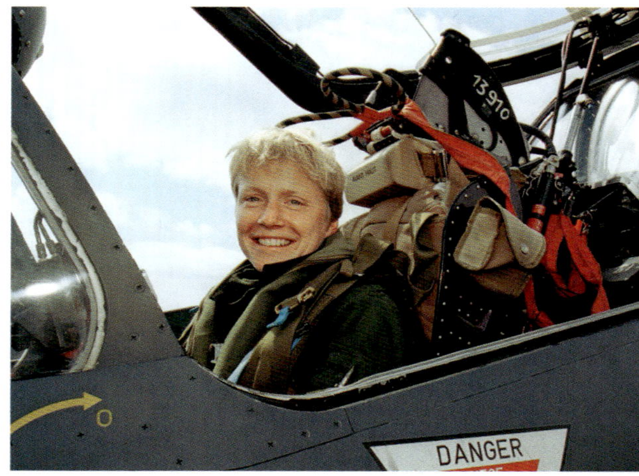

Avec plus de 1 600 heures de vol à son actif, Caroline Aigle est ici aux commandes d'un Mirage 2000. La photographie a été prise en 1999, l'année où elle fut brevetée pilote de chasse, quelques mois avant son décès, à l'âge de trente-deux ans.

Dans l'ensemble, les pionnières sportives ne se laissent pas facilement dicter leur conduite. C'est même la qualité qui les caractérise presque toutes : un courage à toute épreuve, une audace qui frise l'inconscience, une inflexible volonté de vaincre – et en premier chef les préjugés sexistes de leur entourage. Car si tous les sportifs doivent dominer leur organisme et le forcer à aller toujours plus loin, les sportives ont dû, au cours du XXᵉ siècle, aller à contre-courant de l'image classique de la femme : immobile, souriante et calme, avec des gestes doux et mesurés. Faire du sport est une conquête et signifie être compétitif, se surpasser aux yeux de tous, et cela a longtemps été reçu comme une provocation. Les championnes sont conscientes que leurs exploits sont une transgression. « Les airs sont le seul endroit exempt de préjugés misogynes », disait **Bessie Coleman**, première pilote noire américaine, s'envolant comme un oiseau depuis son pauvre village texan. Et **Junko Tabei** respire mieux quand elle atteint les sommets : « Comparées au monde quotidien, les montagnes traitent les hommes et les femmes à égalité. » Certaines, même, tiennent leur revanche contre les hommes. La boxeuse **Myriam Lamare** ne supporte pas les freins que les hommes lui mettent depuis le début de sa carrière, ni leur entêtement à ne pas reconnaître son travail. Alors elle frappe encore plus fort, sur eux aussi (en pensée) : « C'est un défi qui offre le double intérêt de se battre en tant que sportive et en tant que femme. » Faut-il plus de filles sur le ring pour que les femmes ne soient plus écrasées ? À Kinshasa, des Africaines pauvres boxent pour survivre, gagnant un pagne ou une boîte de lait. « Je sacrifie mon corps », dit l'une d'entre elles. Le sport n'est plus ce qu'il devrait être, une promesse de liberté ; il devient alors une impasse.

Or c'est bien cette sensation de liberté que nous renvoient maintes pionnières, qui furent des modèles et ouvrirent des portes aux plus jeunes. **Amelia Earhart**, pionnière aviatrice américaine, enfiévrait l'imagination des filles qui la voyaient comme un exemple à suivre ; elle était parfaitement consciente de montrer la voie. Dans son ultime lettre à son mari, elle écrit : « Je mesure les risques pris, mais les femmes doivent tenter aussi ce que les hommes ont tenté. Si elles échouent, d'autres relèveront le challenge. » Ne font-elle pas rêver, toutes celles qui montent au ciel en avion, celles qui dominent la mer depuis la passerelle d'un paquebot ou d'un porte-conteneur ; les « coureuses au large » qui affrontent les déferlantes sur leur mono- ou multicoque, celles qui se coulent à la surface de l'eau sur leur planche à voile ou à la rame, celles qui marchent dans le blizzard, celles qui battent les hommes au tennis, ou les affrontent à la course, en vélo et même avec leurs poings ? Ce sont leurs manières à elles de composer avec la dureté et la sauvagerie de la nature, de gagner, d'être fières, bref, de faire exploser la vieille mais tenace idée de l'infériorité de la femme.

Une magnifique vision de cette victoire est celle de **Samantha Davies** (Anglaise née en 1974), qui franchit la ligne d'arrivée troisième au Vendée Globe 2009 : sur son bateau, en maillot de bain, elle danse, musique à fond, sur la chanson « Girls just wanna have fun ». Samantha a la fierté de son sexe : « J'aime bien être une fille », déclare-t-elle en souriant. Catherine Delahaie, directrice de la rédaction du journal féministe *Clara Magazine*, en est éblouie : « Ce n'était plus de vents contraires ni d'exploits sportifs dont nous parlait la navigatrice, mais de la vie. Je ne voyais plus ni mer ni voile. Elle semblait contenir l'Humanité. Voilà ce que les femmes apportent avec elles lorsqu'elles s'emparent d'une discipline. Elles interrogent l'universel avec des gestes simples. »

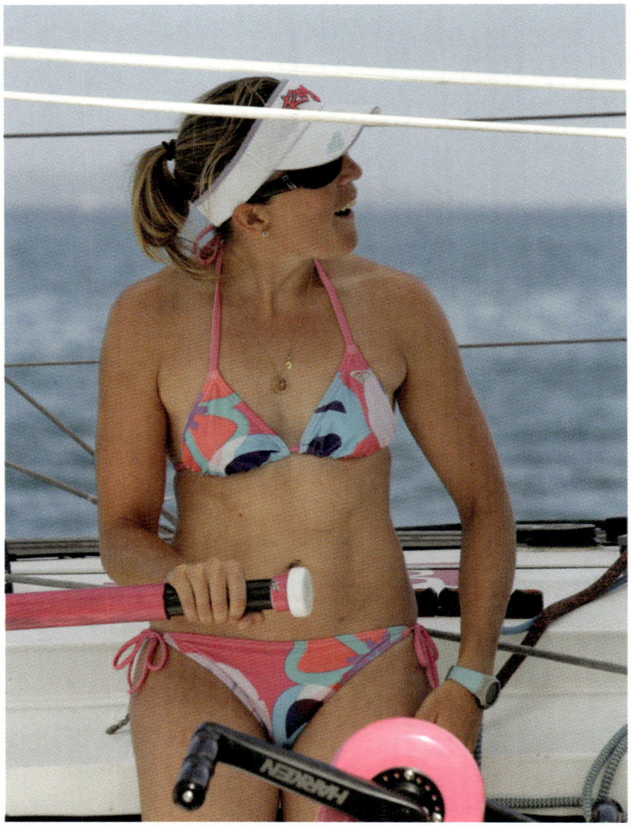

Samantha Davies à bord du monocoque Roxy. Elle obtient la dixième place de la transat Jacques Vabre, 8e édition « Le Havre-Salvador ».

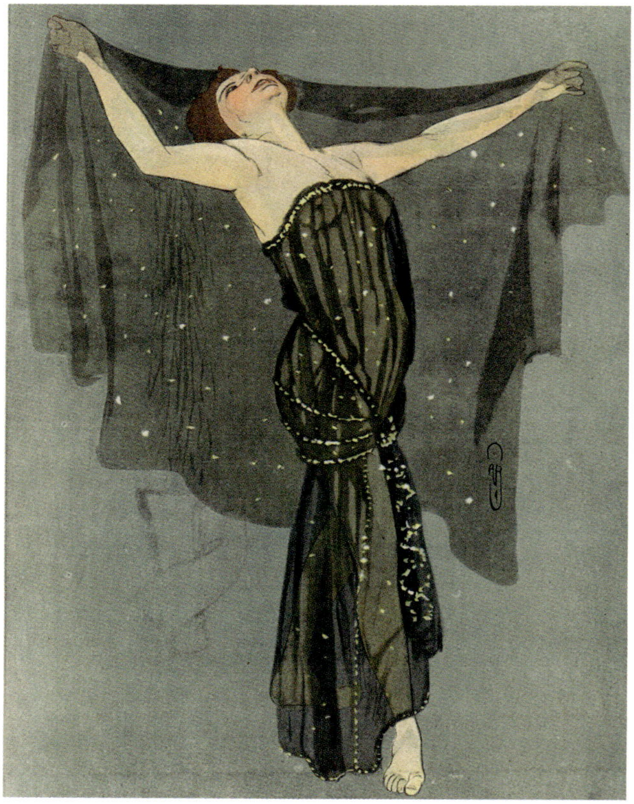

Loïe Fuller

1862-1928, États-Unis

Pionnière de la danse moderne.
Marie-Louise Fuller n'est peut-être pas la meilleure danseuse, techniquement parlant, mais elle invente des jeux d'amples voilages, qui l'auréolent, prolongés par des bâtons qu'elle agite au bout de ses doigts pour amplifier le mouvement et créer de curieux jeux de lumière, tels de puissants projecteurs qui l'environnent de mouvantes clartés. Dans ses spectacles *Papillon* (1892) et *Lis de feu* (1895), elle s'applique à faire circuler l'espace et le mouvement, s'identifiant aux éléments de la nature. Fée « électricienne », elle plaît énormément à Paris, aux Folies-Bergère, à l'Olympia, au Châtelet, et jusque dans la maison de Pierre et Marie Curie.

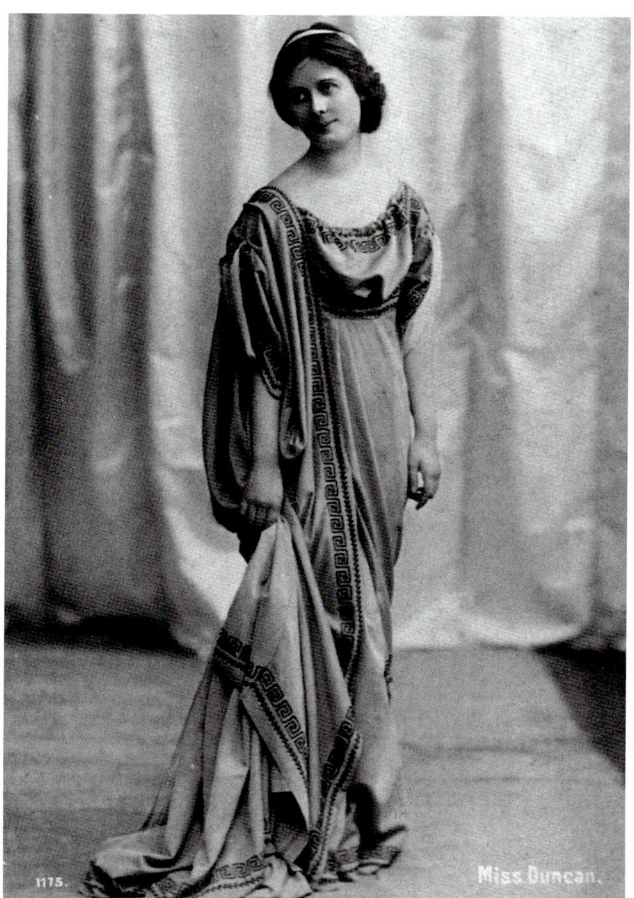

Isadora Duncan

1878-1927, États-Unis

Pionnière de la danse moderne.
Élevée par sa mère, Irlandaise, Isadora va très jeune monter des spectacles avec ses deux frères et sa sœur. Formée à la danse classique, elle s'en émancipe peu à peu et improvise, dansant pieds nus, les cheveux dénoués, vêtue d'une tunique légère qui rappelle la toge. Elle est fascinée par la Grèce antique. À Londres d'abord, puis à Paris, à Berlin, à Florence et à Moscou, elle est appréciée pour sa danse fluide sur des musiques non prévues pour la chorégraphie : la *Septième Symphonie*, ou encore Chopin et Gluck. Femme libre marquée d'une forte personnalité, elle évolue avec ses « Isadorables » dans de grandes tournées aux États-Unis, où son modernisme a fini par être apprécié. Elle a de nombreux amants, parmi lesquels le metteur en scène Gordon Craig, avec lequel

elle a une fille, et le richissime industriel, Paris Singer, qui lui donne un fils. Viennent ensuite les tragédies : la mort accidentelle de ses deux enfants et le suicide du poète russe alcoolique Sergueï Essenine, qu'elle a épousé (malgré un long refus du mariage, cet « état dégradant ») et dont elle s'est séparée. Elle meurt étranglée par son écharpe coincée dans les rayons de la roue de sa voiture.

Ruth Saint-Denis

1879-1968, États-Unis

Pionnière de la danse moderne.

Influencée par Isadora Duncan et Loïe Fuller, elle rompt avec le code du ballet classique, notamment en dansant pieds nus. En 1915, à Los Angeles, elle fonde avec son mari, Ted Shawn, une école de danse – la Denisshawn – qui forme les meilleurs danseurs à la *modern dance*, enrichie d'influences égyptiennes et indiennes. Martha Graham lui doit sa vocation et reconnaît cet héritage : « Elle était tout pour moi. » Ruth est aussi chorégraphe ; parmi ses meilleures chorégraphies, citons *A Pageant of Egypt* et *Greece and India*.

En 1931, le couple se sépare et l'école ferme ses portes. Mais la grande danseuse, mère de la danse moderne, se produira sur scène jusqu'à quatre-vingt-trois ans.

Mary Wigman

1886-1973, Allemagne

Pionnière de la danse moderne.

Elle ne commence sa formation de danseuse qu'à vingt-quatre ans, ses parents, marchands de vélos à Hanovre, étant bien éloignés des milieux artistiques. Le chorégraphe Rudolf von Laban, qui est aussi un excellent professeur, lui permet de développer son style. Elle peut ainsi ouvrir une école de « danse libre » à Dresde en 1920, où elle encourage ses élèves à se lancer dans des improvisations, mais toujours structurées. Elle enseignera sa technique originale dans différents pays, et surtout à New York, après avoir fait une tournée triomphale à travers les États-Unis dans les années 1930. En 1936, elle chorégraphie la cérémonie des Olympiades à Berlin, mais s'oppose au pouvoir nazi.

Sa danse en soliste la plus connue est *La Danse de la sorcière* (*Hexentanz*), sorte de transe par laquelle elle se libère de la danse traditionnelle, qu'elle pulvérise, au rythme violent des percussions, loin de toute joliesse. « C'était merveilleux, commente-t-elle, de s'abandonner au désir maléfique, de s'imbiber des puissances qui osent se manifester sous notre façade civilisée... »

Mary Wigman.

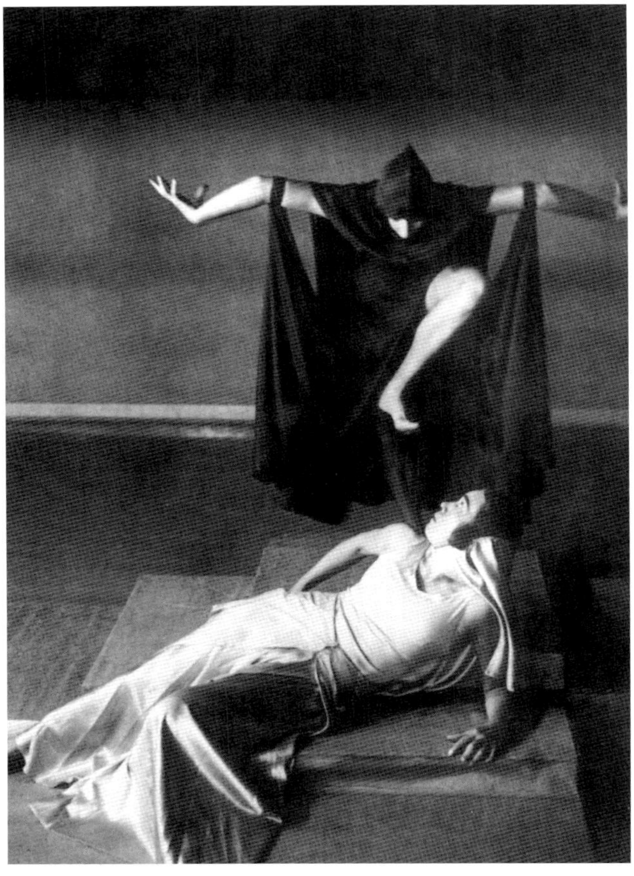

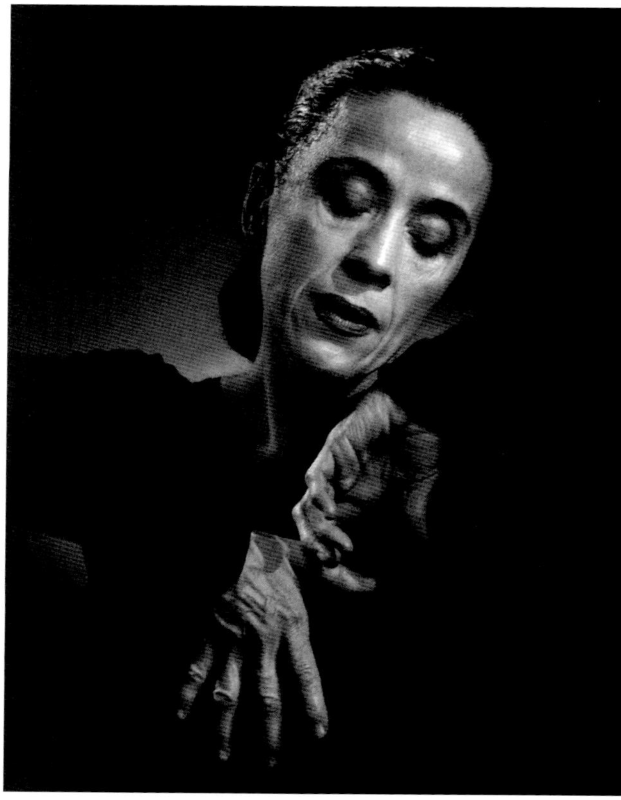

Martha Graham

1894-1991, États-Unis

Elle est la plus importante chorégraphe et danseuse américaine du XXe siècle.
Élève de Ruth Saint-Denis, elle se démarque très vite de son professeur, sa seule source d'inspiration étant la vie. Dans *Imperial Gesture* ou dans *Every soul is a circus*, elle paraît voler. Non qu'elle ait des ailes, mais elle sait respirer. Sa fameuse *contraction release* est proche des danseurs africains, des yogistes et des taoïstes. Pour elle, la *modern dance* est fondée sur la respiration : « Nous naissons et nous finissons avec le souffle. La colonne vertébrale est l'arbre de la vie. » (Une de ses anciennes élèves, Carlotta Ikeda, dirige aujourd'hui le seul groupe féminin de danse japonaise Butô). Pour « remonter à la source des émotions », Martha s'inspire des premiers Américains (« danse des esprits » des Sioux), des Incas (*Xochitl*, danse barbare, tellurienne), des Égyptiens et autres *Primitive Mysteries* (chorégraphie de 1931). Elle va vers les *sombres prairies de l'âme*, nos propres vérités premières, notre inconscient. Et Martha –dont le père était médecin aliéniste– fait remonter au jour les sentiments élémentaires violents incarnés par des femmes : Médée (*Cave of the Heart*, 1946), Jocaste (*Night Journey*, 1947), Clytemnestre (*Clytemnestra*, 1958), Judith (*Legend of Judith*, 1962). « Chaque femme est Médée. Chaque femme est Jocaste. Dans la plupart des ballets que j'ai créés, le triomphe de la femme est absolu, total. La femme tue, elle veut tuer. » Ses premiers ballets sont uniquement pour danseuses « Bouge ton vagin », leur conseille-t-elle. Ensuite viennent les danseurs, dont la virilité est superbe. Parmi eux, Merce Cunningham et Erick Hawkins. Elle a quarante-quatre ans lorsqu'elle admet ce dernier à ses répétitions, cinquante-quatre quand elle l'épouse.
Les Européens, pense-t-elle, ont bien besoin de la danse américaine pour devenir des « acrobates de Dieu ». Les États-Unis sont un pays neuf, sans le carcan de la traditionnelle danse classique (pointes, chaussons, tutu), et le corps des Américaines est libre. Son pays l'honore d'ailleurs à sa juste valeur : elle est membre du Comité d'art municipal de New York depuis 1935 ; Mme Roosevelt l'invite à danser en 1937 à la Maison Blanche, où elle est reçue solennellement en 1976 ; et elle reçoit la *Medal of Freedom*, la plus haute distinction civile aux États-Unis.

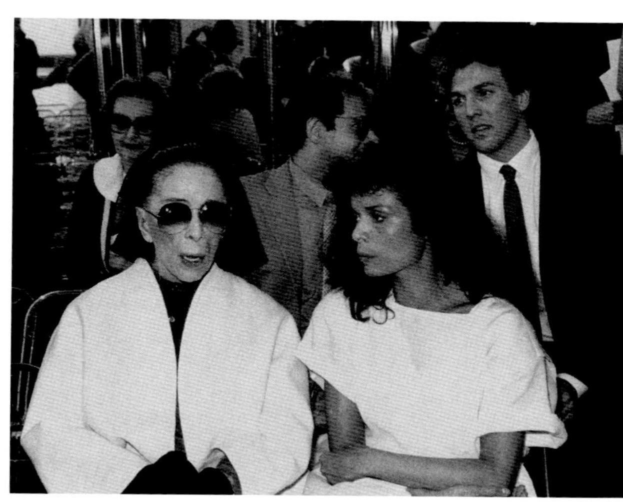

Martha Graham et Bianca Jagger, 1983.

Pina Bausch

1940-2009, Allemagne

Danseuse, chorégraphe et directrice de ballet.

Elle est surnommée l'« anarchiste de la danse ». Dans ses chorégraphies sans concession, danseurs et danseuses mettent en scène une différence des sexes tordue, tortueuse, tourmentée et paradoxalement harmonieuse. Pina Bausch extériorise jusqu'au dégoût la domination masculine, brutale et hystérique, acharnée à avilir le corps des femmes, qui en sont les pires complices. *Rough Cut*, le titre de son spectacle (danse, théâtre, musique, *happening*), joué en 2005, est éloquent. Dans les cris dérangeants et les gestes lancinants, dans les corps secoués par la jouissance ou la douleur, dans la nage en eaux troubles ou les bonds dans les fleurs, sourd une profonde révolte contre ce monde guerrier dans lequel nous vivons. Au départ choquées, les institutions finissent par reconnaître en Pina une capacité à imprimer une nouvelle direction à l'art théâtral. Depuis 1973, elle dirige le ballet de l'Opéra de Wuppertal, le *Tanztheater*, nouveau concept qu'elle introduit sur la scène internationale. La réalisatrice française Chantal Akerman (elle-même pionnière d'un cinéma féministe) tourne un documentaire sur Pina en 1983 ; la même année Fellini la filme dans *E la nave va*, et Almodovar dans *Parle avec elle* en 2002. Elle fait jouer *Kontakthof* à des acteurs non professionnels de cinquante-huit à soixante-dix-sept ans, danse avec un cheval, brouille les codes de la séduction… En 2004, elle reçoit le prix Nijinski du meilleur chorégraphe, et en 2007 le prix Kyoto, proche d'un Nobel pour la culture. À la Biennale de Venise, la même année, le Lion d'or lui est décerné.

Le Sacre du Printemps, *spectacle donné au Sadler's Wells, à Londres, 2008.*

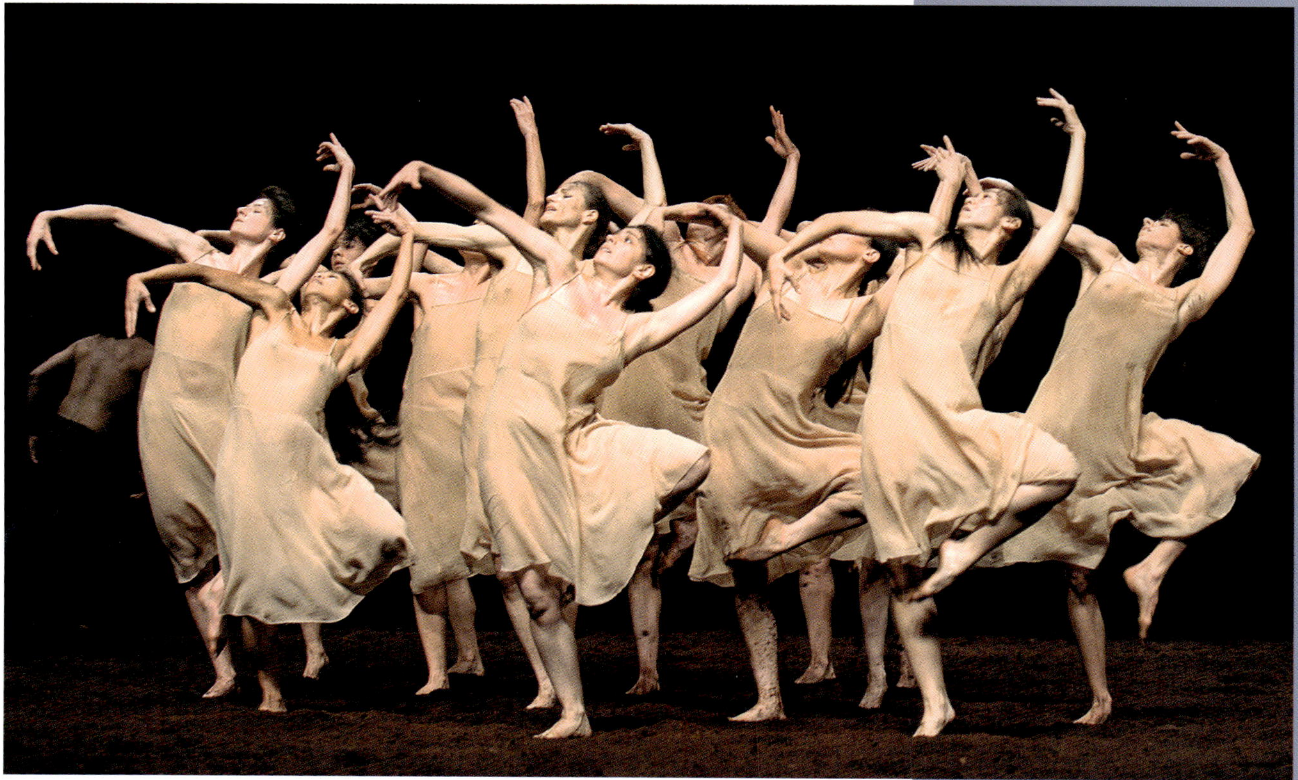

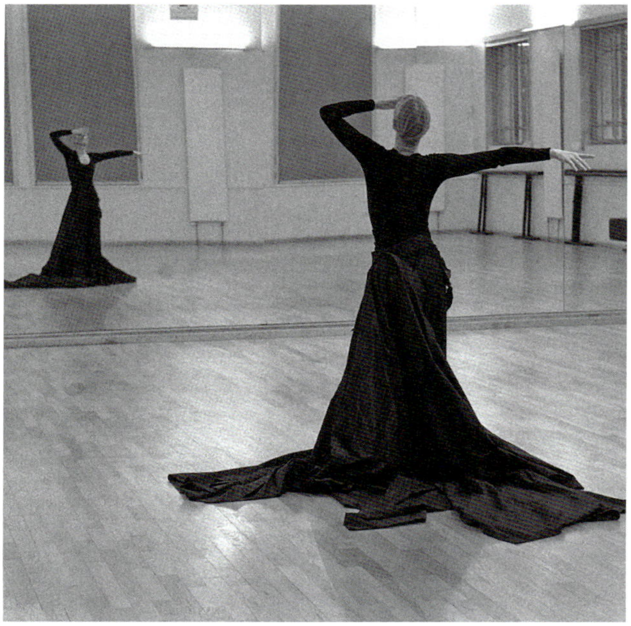

Carolyn Carlson

née en 1943, Finlande/États-Unis

Danseuse et chorégraphe américaine.
Elle réinvente la danse et popularise la *modern dance*. Ses parents veulent des enfants artistes; son père l'encourage à improviser et, à sept ans, elle reçoit son premier prix de danse. Elle suit des cours de danse classique à l'université de l'Utah et au San Francisco Ballet. Très internationale, très novatrice, elle fait ses débuts au Alwin Nikolais Danse Theatre entre 1964 et 1971, où elle se révèle être une danseuse virtuose. Après s'être produite à Avignon, Hambourg, Milan, Bordeaux, elle est nommée « étoile-chorégraphe » (titre spécialement créé pour elle) à l'Opéra de Paris en 1974, où elle est aussi responsable du Groupe de recherches théâtrales et participe ainsi à l'émergence de la nouvelle danse française des années 1970-1980. Elle crée à Paris des chorégraphies audacieuses, comme *Densité 21,5* sur une partition de Varèse (1973), ou son fameux solo, *Blue Lady* (1983), dans lequel elle évoque la naissance de son fils Aleksis (né en 1981), « moment où l'on retourne dans le passé ». Elle mène une carrière remarquable avec les plus grands noms de la danse dans les lieux les plus prestigieux, dont La Fenice de Venise, de 1980 à 1984, où elle crée le Teatro Danza. Nomade, elle vit pendant huit ans à Venise, puis de 1991 à 1992 elle réside en Finlande où elle crée notamment le ballet *Mao*, œuvre de « poésie visuelle », sur une musique de Kaija Saariaho. Elle dirige ensuite le Ballet Cullberg de Stockholm de 1992 à 1994. En 1999, la compagnie Carolyn Carlson s'installe à la Cartoucherie de Vincennes. La chorégraphe y crée un centre de cours de haut niveau de danse contemporaine pour les professionnels, dirigés par des chorégraphes réputés dans le monde entier. Elle est également nommée directrice artistique de la section danse de la Biennale de Venise. En 2000 et en 2008, elle reprend à l'Opéra Bastille *Signes*, œuvre créée en 1997 pour la merveilleuse danseuse Marie-Claude Pietragalla et pour le danseur étoile Kader Belarbi. Depuis 2004, elle est directrice artistique du Centre chorégraphique national Roubaix-Nord-Pas-de-Calais. La chorégraphe travaille souvent avec des musiciens de jazz, en particulier son compagnon, le compositeur français René Aubry. « Je suis une femme-oiseau », dit-elle d'elle-même. Elle a reçu le Lion d'or de la Biennale de danse contemporaine de Venise en 2006.

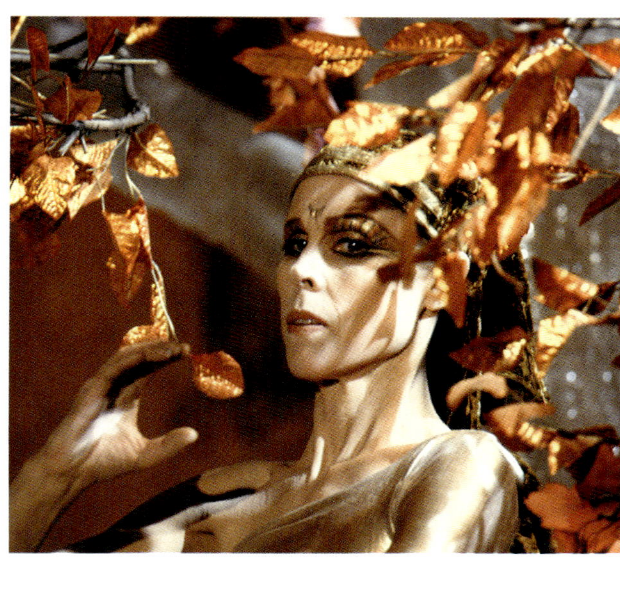

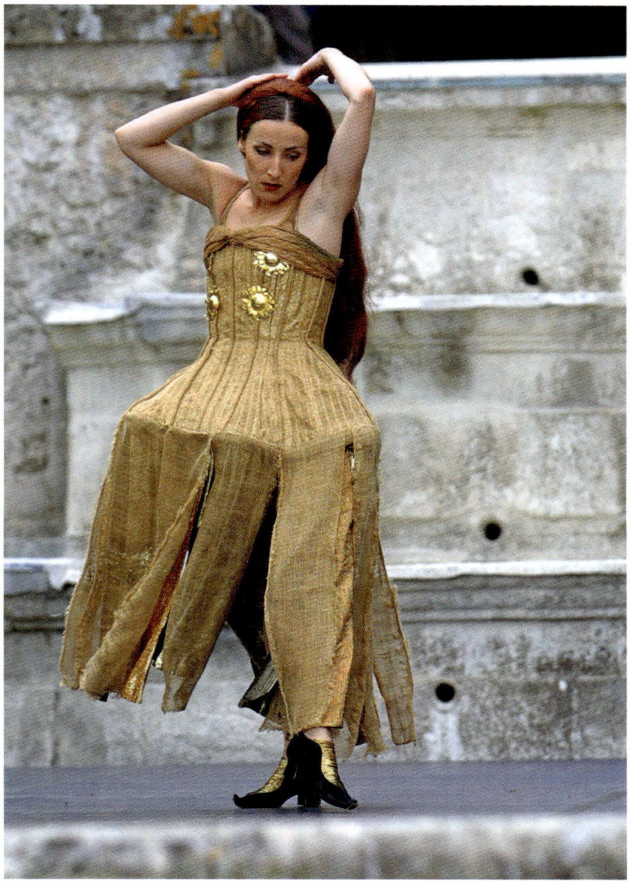

Karine Saporta

née en 1950, France

Chorégraphe et artiste multiforme.

Elle fait des études de danse classique, mais aussi de philosophie et sociologie à l'université de Paris X, puis de vidéo, télévision, photographie et chorégraphie aux États-Unis. Cette palette de formations fait d'elle non seulement une chorégraphe innovante, mais aussi une photographe (ainsi l'exposition « Hurlante et Douce Antigua »), une réalisatrice de cinéma (*Les Larmes de Nora*), une metteuse en scène de théâtre (ainsi son adaptation de *L'Envers du music-hall* de l'écrivaine Colette), une chanteuse, une enseignante aux universités de Paris X, de Caen, puis d'Évry, enfin une directrice de Centre chorégraphique national (Caen/Basse-Normandie). Ses chorégraphies convoquent des univers futuristes, flamboyants, appels vers des mondes heurtés et sensitifs. Dans sa recherche de mélange des genres, elle flirte parfois avec le hip-hop, parfois avec le cirque, dans sa création équestre et chorégraphique avec Eva Schakmundès, écuyère de Zingaro. Le festival d'Avignon lui donne carte blanche. Avec sa propre compagnie Le Dansoir, elle est chez elle partout, sur le parvis de la Bibliothèque nationale de France comme à la Comédie-Française, à Paris, ou au théâtre Stanislavski, à Moscou.

Meg Stuart

née en 1965, États-Unis

Étudiante, danseuse et assistante chorégraphe à New York, elle y donne son premier spectacle en 1991 : *Disfigure Study*, dont le titre dit déjà qu'elle n'hésitera pas à montrer la laideur, la blessure, voire la difformité – un peu dans la foulée de Pina Bausch. Meg vient en Europe, vit à Bruxelles (puis à Berlin), travaille à Gand, et fonde sa compagnie Damaged Goods. Hors genre, ses mises en scène font souvent appel à des musiciens, vidéastes et plasticiens autant qu'à des danseurs, jouant à la frontière du théâtre et des arts visuels. Mais dans une de ses chorégraphies les plus remarquables, *Do Animals Cry*, ce sont les seuls corps des acteurs qui s'emmêlent et se défont, articulant les relations passionnelles et troubles des membres d'une même famille emprisonnante ; la violence, la drôlerie parfois, la cruauté, les tensions de ce spectacle peuvent évoquer la férocité drôle des livres d'Elfriede Jelinek. En 2007, elle symbolise l'ouragan Katrina qui a dévasté sa ville natale, La Nouvelle-Orléans, par un homme avançant à travers un décor qui tourne en bouillie sous le déluge. En 2008, un Bessie Award, à New York, la reconnaît comme une figure vraiment novatrice de la danse.

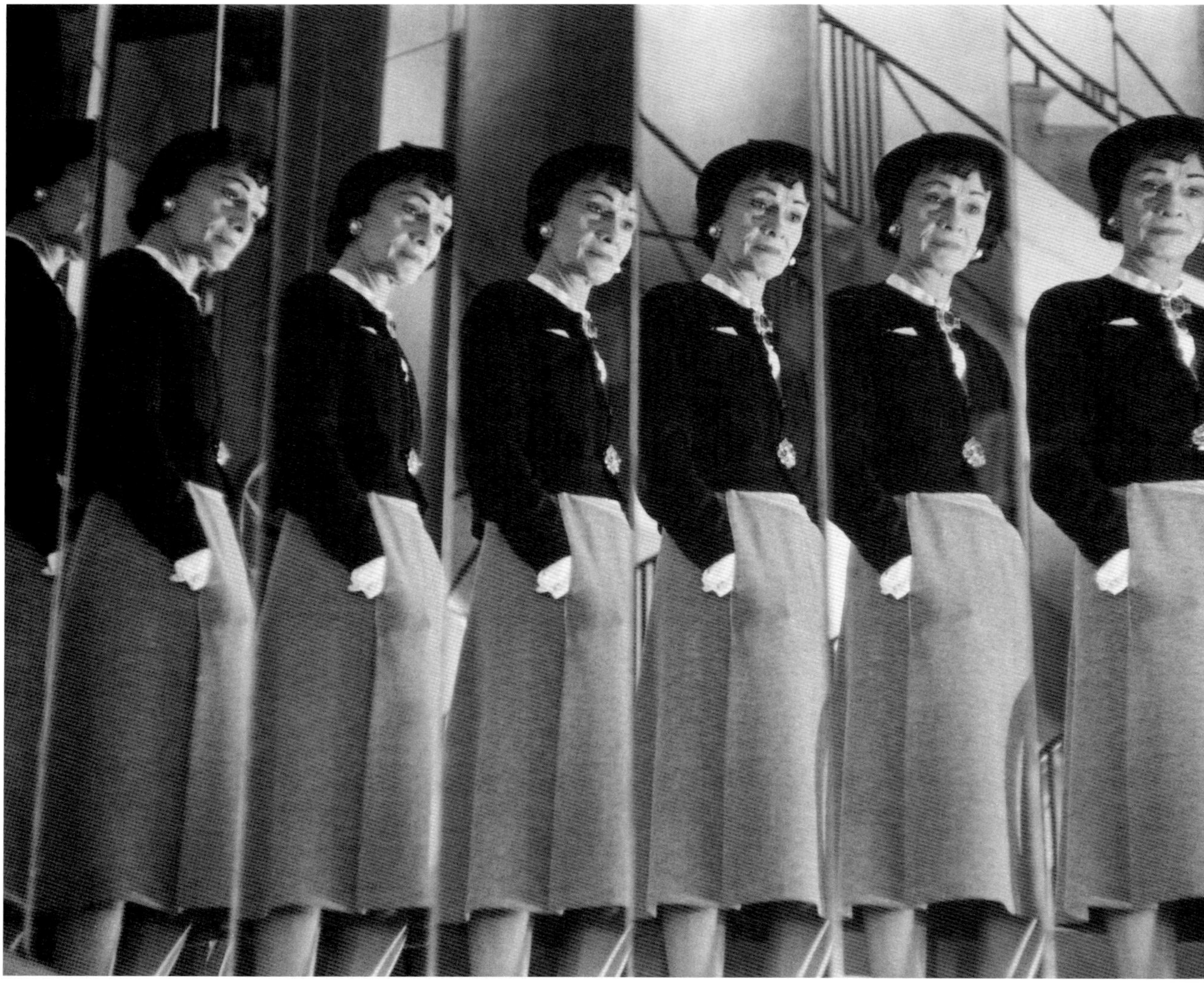

Gabrielle Chanel, dite Coco Chanel

1883-1971, France

Créatrice de mode, pionnière de la silhouette féminine moderne.
Orpheline à sept ans, pauvre, Gabrielle Chanel monte à Paris et réussit, grâce à des amants fortunés, à ouvrir sa maison de couture rue Cambon. En 1917, elle est une des premières à couper ses cheveux et à raccourcir les robes. Elle révolutionne la mode qui contraignait le corps des femmes et les couvrait de fanfreluches. Pour elle, la féminité peut aussi bien se révéler avec une robe simple, confortable, une robe qui, assure-t-elle, doit permettre à une femme de monter à cheval. Elle choisit des tissus faciles à porter, du tweed, du jersey, du lainage, grâce auxquels les femmes restent élégantes tout en bougeant librement. Elle va même jusqu'à lancer la mode des manteaux de voyage hyper-confortables et des pantalons de marin. Le noir, qui jusqu'alors était réservé au deuil, va devenir une teinte chic en toute circonstance et pour toutes les couches de la société.
Ses tailleurs, ses parfums (le Chanel N° 5, créé en 1924), ses bijoux (le sautoir de la tzarine devenu collier fantaisie) ne sont plus réservés à une toute petite élite fortunée. Elle-même est richissime,

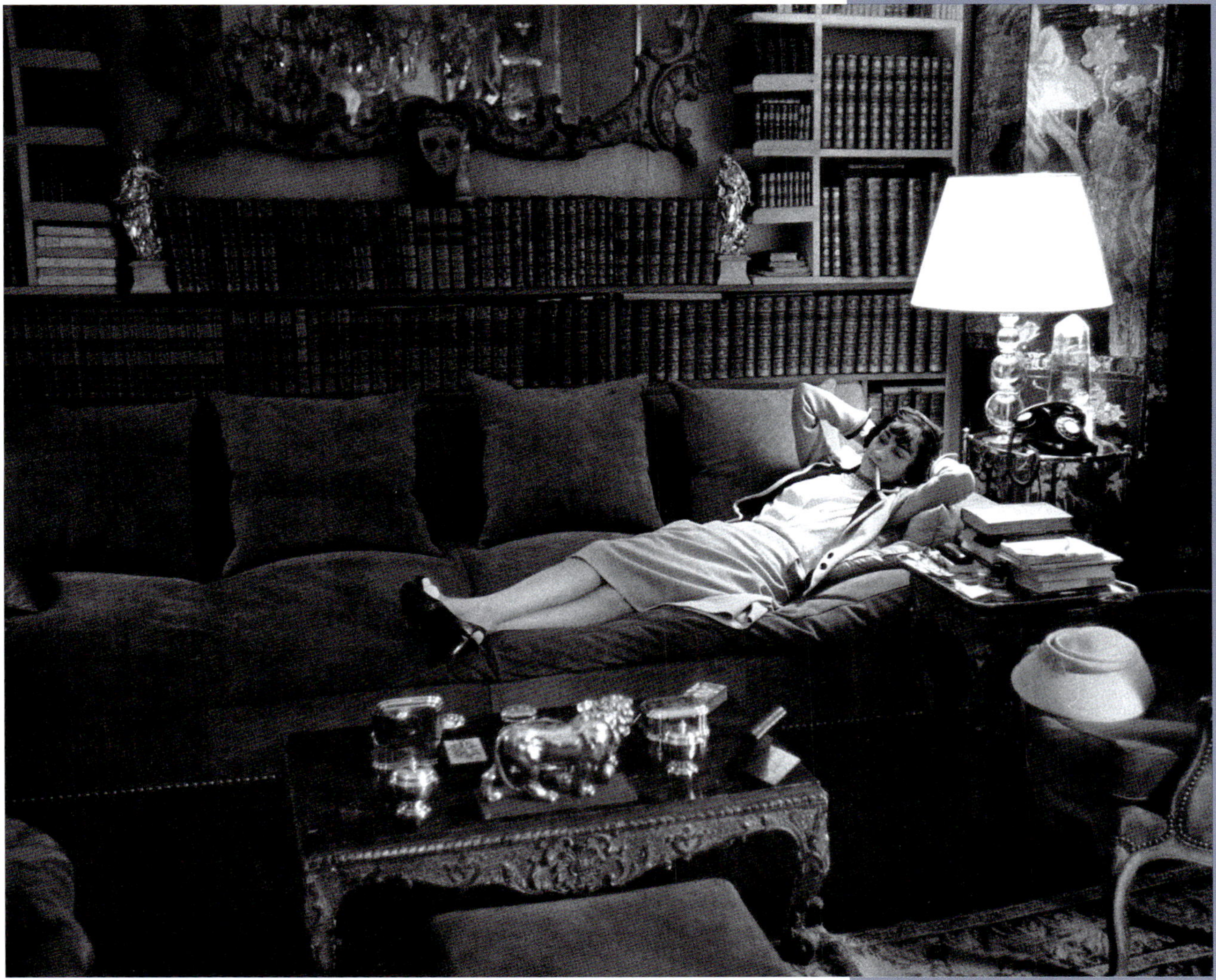

Coco Chanel, chez elle, rue Chambon à Paris, 1954.

dédaignant d'épouser le duc de Westminster, l'un des hommes les plus riches et les plus raffinés d'Angleterre, recevant dans son somptueux hôtel particulier des artistes dont elle est souvent la mécène.

La « grande demoiselle » ferme sa boutique pendant toute la durée de la guerre, qu'elle passe au Ritz en compagnie d'un officier allemand. Le retour sur le devant de la scène de la mode est difficile. Elle réussit pourtant à imposer, de nouveau, sa simplicité élégante : son fameux petit tailleur noir, attaché à son nom, agrémenté d'une ganse de couleur et porté sur un corsage de soie, fait les délices de la duchesse de Windsor, de Greta Garbo et de Jackie Kennedy, tout en étant copié par la femme de la rue. Cela la ravit car, dit-elle, « ma mode est destinée à toutes les femmes ». Elle est enterrée, vêtue d'un tailleur… Chanel.

Gertrude Bell

1868-1926, Angleterre

Exploratrice, archéologue, espionne.
Diplômée d'Oxford, elle part défier quelques sommets des Alpes, puis tombe définitivement amoureuse du Moyen-Orient, lors d'un itinéraire Jérusalem-Damas-Bagdad. Elle parle arabe, passe des journées entières à cheval ou à dos de chameau, tisse des liens avec les bédouins, ce qui lui permet, pendant la guerre, de donner de précieuses informations à l'Intelligence Service. Puis elle se mêle directement de politique secrète : elle soutient si bien Fayçal ibn Hussein, fils du chérif de La Mecque, qu'elle finit par obtenir pour lui, de la part de l'Empire britannique, le titre de roi d'un nouveau pays : l'Irak. On peut la comparer à Lawrence d'Arabie. Mais, il est sans doute plus difficile pour une femme que pour un homme de jouer le rôle de « faiseur de rois » (lesquels, d'ailleurs, ne lui en sont guère reconnaissants). Elle finit par se suicider, seule à Bagdad, qu'elle n'a pas voulu quitter.

Gertrude Bell en Irak, 1922.

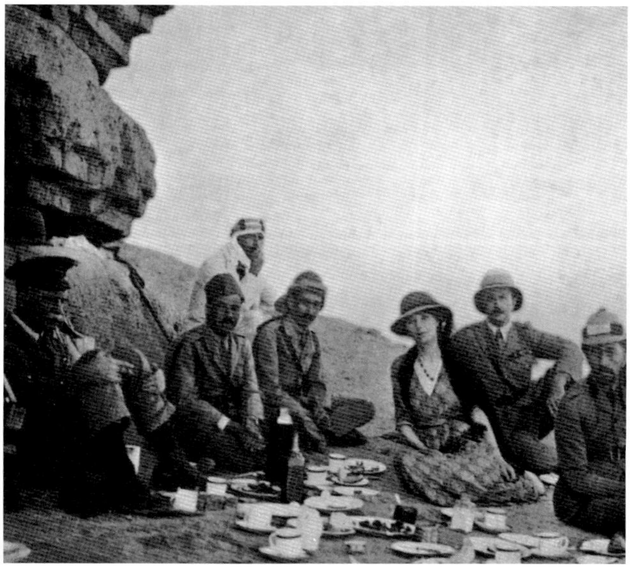

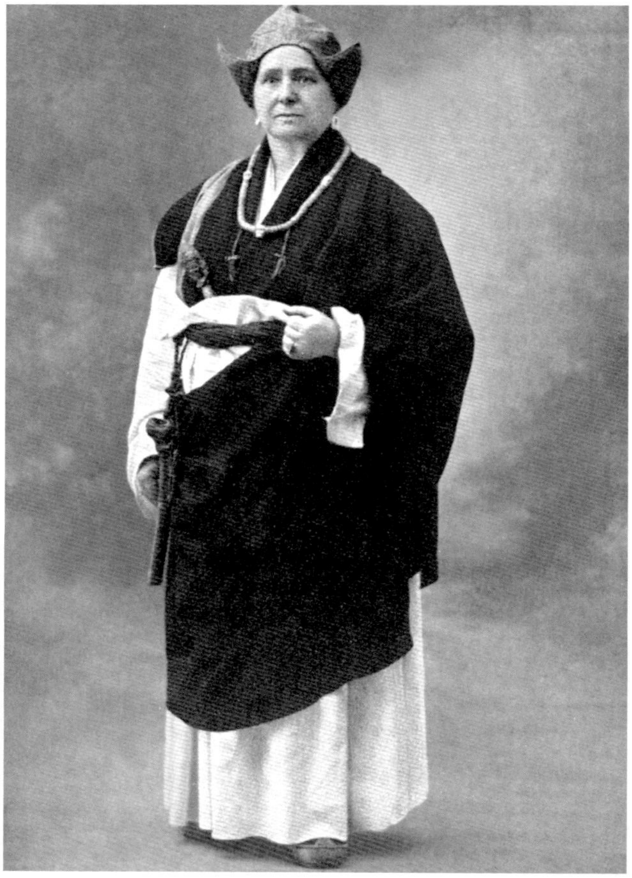

Alexandra David-Néel en costume tibétain, 1929.

Alexandra David-Néel

1868-1969, Belgique/France

Exploratrice et orientaliste.
À cinquante-cinq ans, Alexandra marche pendant des mois, seule avec Aphur, son boy tibétain (il deviendra son fils adoptif), le visage noirci à la suie, mendiante absorbant de vieux restes de nourriture (elle refuse quand même le bouillon de charogne !), dormant dans une tente minuscule par des froids intenses, en butte à des rencontres hostiles. Les deux aventuriers tombent dans des gouffres, essuient des tempêtes de pluie, de neige et de sable…
Le 24 décembre 1923, ils font bouillir des morceaux de cuir de leurs bottes pour tromper la faim. Et ils réussissent enfin à pénétrer dans la capitale du Tibet, interdite aux étrangers. « La femme sur le

toit du monde » devient célèbre partout en publiant en 1926 *Voyage d'une Parisienne à Lhassa*.

Après une triste enfance en Belgique et une jeunesse de soprano, elle devient directrice de casino sous le nom d'Alexandra Myrial, vivant en union libre avec un compositeur. « Restez seules, restez libres et fières et vierges », conseille-t-elle aux femmes. Pourtant elle se marie en 1904 avec Philippe Néel. Mais très vite elle s'ennuie dans son rôle d'épouse et, profitant de l'argent et de la complaisance de son mari, dont elle usera et abusera, elle le quitte (pour dix-huit mois, lui assure-t-elle) et se transforme en une voyageuse solitaire intrépide, explorant l'Asie durant quatorze ans.

Sa principale motivation est de s'imprégner de la terre du Bouddha, car elle est devenue bouddhiste et a appris le sanskrit. La voici à Colombo, avec son attirail, dont un tub en zinc (elle prend un bain tous les jours, même en plein air quand il y a deux mètres de neige), puis à Calcutta où elle se pare de l'écharpe orange des renonçants puis de la robe ocre. Au Sikkim, petit pays presque inexploré par les Européens, à Darjeeling, elle est reçue par le fils du maharadjah qui devient son ami, puis par le dalaï-lama (qu'elle juge « pas assez érudit »). Elle voyage à dos de yack, franchit des cols dans le Haut Himalaya à 5 400 m (il fait –7 °C à l'intérieur de sa tente), met en fuite un tigre par la force de sa méditation, voyage au Népal, au Japon, en Corée, à Pékin. Elle reçoit le titre de dame-lama et le surnom de Lampe de sagesse. Au milieu des guerres civiles, armée d'un revolver ainsi que d'un chapelet de 108 rondelles de crânes humains, rien ne l'arrête, ni les brigands de grand chemin, ni les soldats armés qui lui barrent le passage et sur lesquels elle tape avec son bâton, pour le plus grand bonheur de son boy : « Oh ! précieuse Révérende, comme vous les avez bien battus ! Votre bâton a été cassé en deux. » À son retour en France, en 1924, elle est reçue comme une héroïne nationale, une « femme surhomme ». Elle achète une propriété à Digne : *Samten Dzong*, forteresse de la méditation. Mais, elle ne peut rester en place à méditer : à soixante-huit ans, elle repart pour la Chine ; à quatre-vingts ans, elle campe à plus de 2 000 m ; à cent ans, elle fait renouveler son passeport !

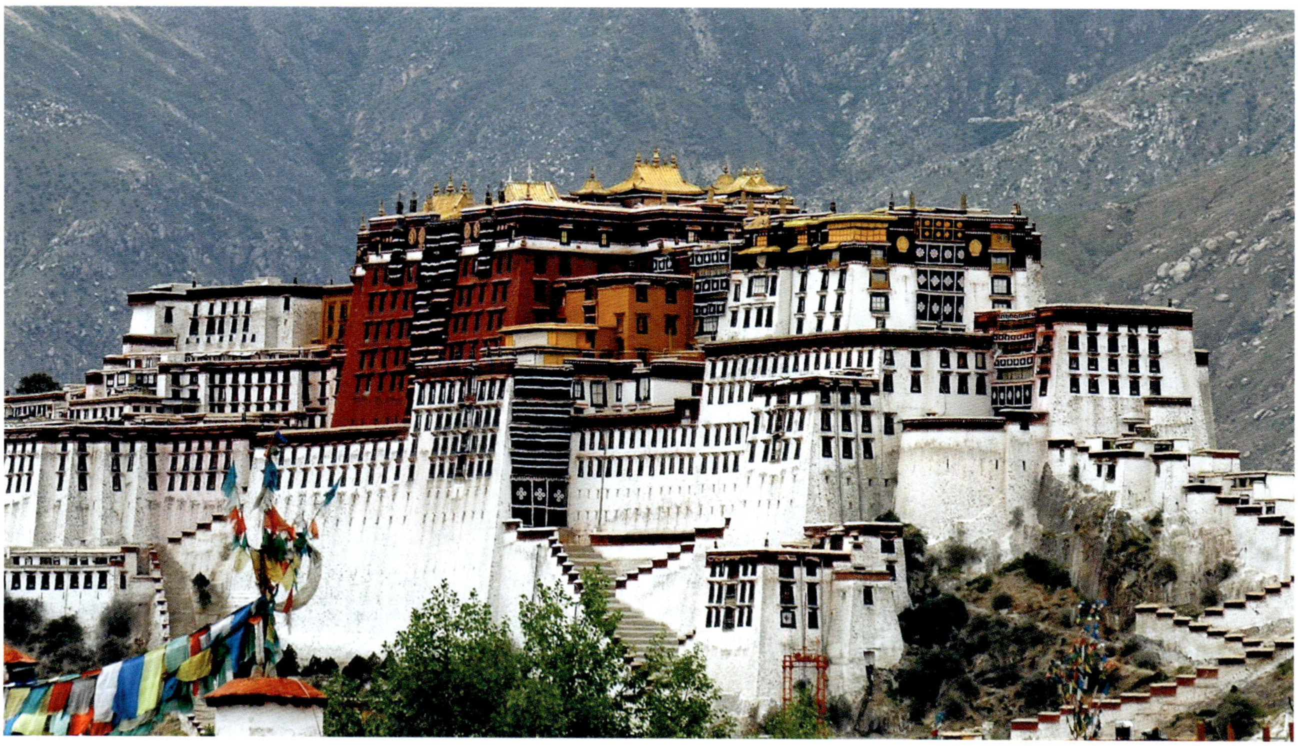

Le palais du Potala à Lhassa.

Anita Conti

1899-1997, France

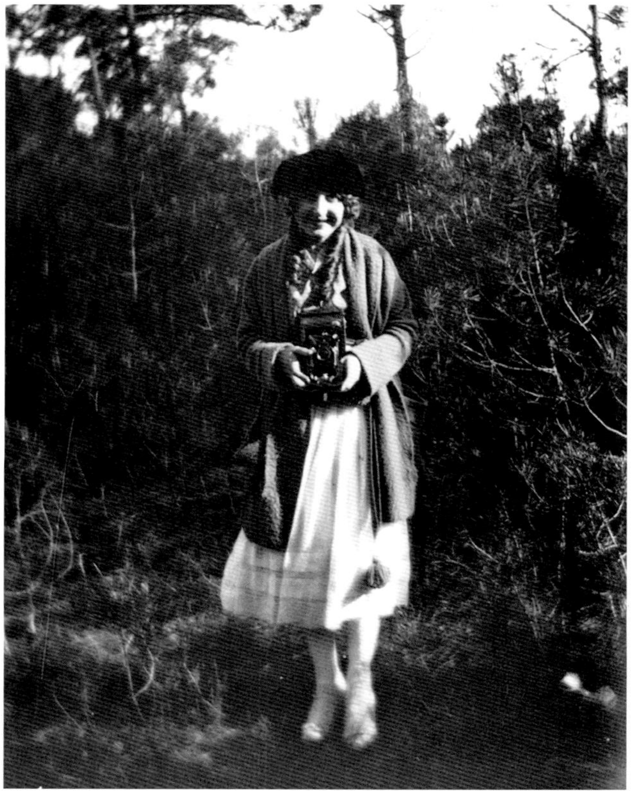

Exploratrice française des mers, première femme océanographe, photographe documentaliste humaniste, chargée de mission par l'Office scientifique et technique des pêches maritimes, puis par le ministère des Colonies, démineuse, journaliste, chercheuse au musée de Monaco, écologiste.
Qui ne connaît Cousteau, homme et commandant ? La figure d'Anita Conti est beaucoup moins connue. L'un et l'autre ont pourtant autant œuvré pour faire découvrir la mer et ses trésors fragiles – Anita, femme discrète, a sans doute davantage payé de sa personne en partageant le travail et la vie des pêcheurs. Comment se faire accepter dans le monde réputé brutal des terre-neuvas, où la femme est traditionnellement considérée comme un élément perturbateur ? Il faut savoir souffrir, de la faim, de la soif, du manque d'hygiène, du grand froid, de la dureté et de la saleté des couchettes, et ne jamais s'en plaindre. Anita a une véritable empathie pour ces « hommes harassés, le dos arrondi par la lassitude ».
Aussi, que va faire cette femme seule sur des chalutiers empestant la morue qui s'y entasse par dizaines de milliers de kilos, parmi les soixante marins du *Bois rosé*, ou sur des pirogues avec des Africains à la chasse aux requins, de Terre-Neuve à Dakar, de Conakry à Saint-Pierre, d'Islande en Gambie, au lieu de jouir tranquillement de sa situation aisée ? Elle s'appelle Caracotchian et ses parents la forment aux vertus du sport et du grand air en commençant par la jeter à la mer quelques jours après sa naissance ! Départ tonique, vivifiant, elle nage dans sa potion magique et ne la quittera pas. Elle mène une vie de femme libre – elle épouse un attaché d'ambassade, qui lui donne son nom et son appui, et c'est à peu près tout – et navigue. Sans jamais avoir fréquenté l'école, elle agit en scientifique, effectue des prélèvements d'eau, calcule la salinité, établit des cartes de pêche, analyse les espèces nutritives, protège leurs lieux de ponte. Pendant la Seconde Guerre mondiale, son exceptionnel savoir concernant les courants la rend indispensable au déminage ; elle est ainsi la première femme à avoir le droit de monter à bord d'un bateau militaire, et, plus tard, la première à descendre dans un bathyscaphe jusqu'à 280 m de fond.
« Créature solide à travers le vent », comme elle le dit d'elle-même, Anita a l'audace d'une aventurière tremblant d'excitation lors de la capture d'un squale (« étonnante activité pour une femme », grogne Cocteau), joyeuse de « pêcher la mine ». Elle a la rigueur d'une savante, travaillant à répertorier des espèces inconnues, révélant les propriétés vitaminiques du foie de requin. Elle a la véhémence d'une écologiste, alertant avant l'heure sur le danger d'épuiser les richesses de l'océan, sur nos devoirs vis-à-vis de cette eau nourricière, sur les captures massives non sélectives qui pillent sans permettre la reproduction. Elle a l'humanité de défendre les pêcheurs, ces « seigneurs d'un métier de brute », lesquels finissent par la surnommer « la grande dame de la mer ».

Première femme à surclasser les hommes aux jeux Olympiques en 1928.

Héritière d'une immense fortune, mariée à un vicomte (qui lui offre un yacht comme cadeau de mariage), elle a une authentique passion pour la mer et se fait construire les plus belles coques d'Europe, dont un 10 m JI (10 m de jauge internationale), voilier nommé *Aile*. « Je rayonne sur mer », dit-elle. Elle vit luxueusement sur *Meteor II*, sa goélette de 45 m de long, jaugeant 400 tonneaux et déployant plus de 1 000 m² de voile. Avec un équipage d'une vingtaine d'hommes, Virginie parcourt 150 000 milles marins sur toutes les mers du globe.

Excellent skipper, elle gagne de nombreuses coupes : Espagne en 1924, Italie, Angleterre, France, Danemark, Finlande en 1925, devient championne olympique à Amsterdam en 1928 sur *Aile VI* – tous les autres bateaux étant gouvernés par des hommes. En 1929, les Anglais la nomment *Greatest Yachtwoman in the World*. Elle œuvre pour que la mer « soit le trait d'union entre les peuples pour le même idéal de prospérité, de sécurité et d'entraide réciproque ». Décorée de la Légion d'honneur et du Mérite maritime, « Madame de la mer » meurt comme un capitaine, sur son yacht, dans le bassin d'Arcachon.

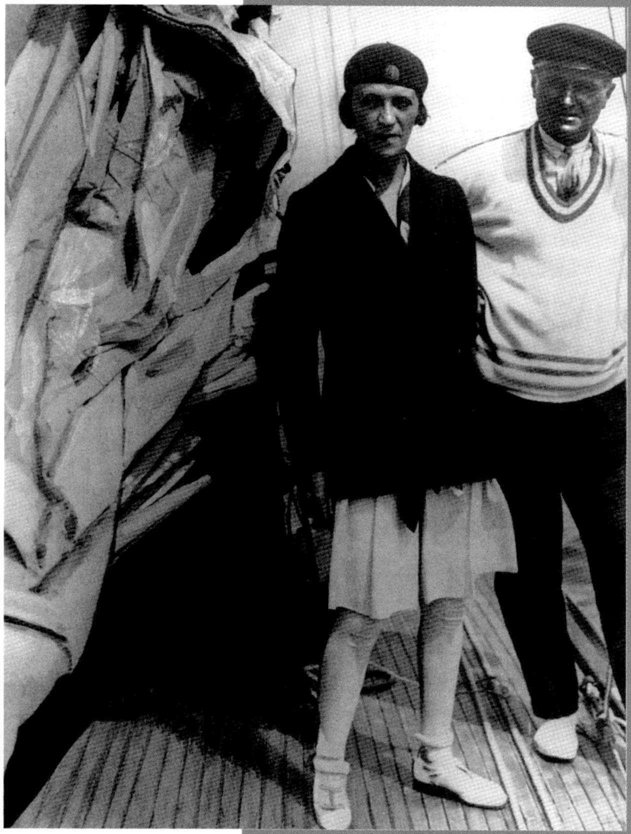

Virginie Hériot

1890-1932, France

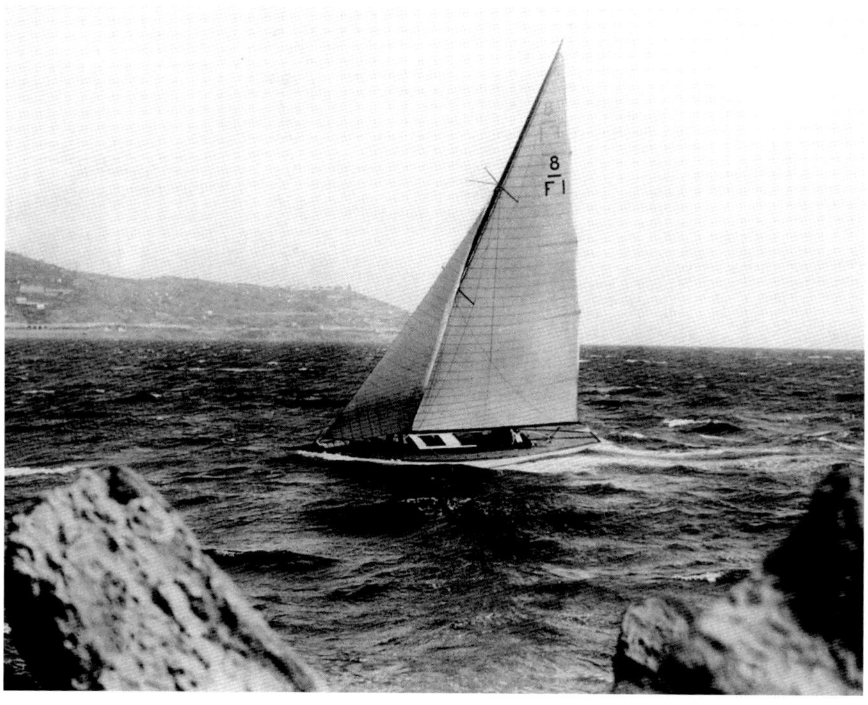

Ci-dessus
Virginie Hériot sur le canot de 8 m avec lequel elle va tenter seule le voyage du Havre à Los Angeles dans les années 1930.

À gauche
Entre 1929 et 1932, en Italie, Virginie Hériot barre son voilier AILE VI de classe 8 m en tête de la régate de San Remo.

Sharon Adams

née en 1930, États-Unis

Première femme à traverser l'océan Pacifique à la voile et en solitaire en 1969.
Seule à bord d'un sloop de 7,60 m, elle vogue depuis la Californie jusqu'aux îles Hawaii, parcourant 5 000 km en trente-neuf jours. Puis elle réalise l'exploit, à bord d'un 9,60 m, depuis le Japon jusqu'en Californie, de parcourir 11 920 km en soixante-quatorze jours. Au milieu des tempêtes avec des vagues de 13 m, son bateau chavire, sa radio ne répond plus, on la croit à jamais disparue en mer. Elle parvient pourtant à bon port, fière de son record, mais sans se départir de sa sérénité.

Krystyna Chojnowska-Liskiewicz

née en 1944, Pologne

Première femme à faire le tour du monde à la voile en solitaire, en 1976.
Diplômée de l'École polytechnique de Gdańsk, ingénieure en construction navale, capitaine en grande navigation, elle obtient en 1975, de l'Union des navigateurs polonais, le budget pour un tour du monde. Commence alors la construction d'un beau voilier de 11 m, le *Mazurek*. Mais il y a une condition, un défi féministico-publicitaire : elle doit être la première femme à réaliser ce tour du monde. En 1978, après un remorquage de son voilier sur un cargo, de la Baltique prise par les glaces jusqu'aux Canaries, Krystyna part confiante, évite le cap Horn en passant par le canal de Panamá et se croit tranquille. Mais la nouvelle lui parvient que deux autres femmes se sont lancées dans la même aventure… L'Australienne Naomi James (née en 1950) affronte les quarantièmes rugissants et une énorme tempête en Tasmanie, passe le cap Horn sous une pluie glacée, est contrainte de faire réparer son mât aux îles Falkland. Elle parvient au port le 8 juin. La Française Brigitte Oudry (née en 1949) voit son bateau se coucher dans l'eau, au milieu de l'océan Indien, double le cap Horn dans des vents glacés et touche terre le 28 août. Au final, la Polonaise avait choisi la bonne route : elle est arrivée la première le 21 avril. Mais le courage exemplaire de ces trois femmes est remarqué de tous.

Isabelle Autissier

née en 1956, France

Première navigatrice à terminer une course autour du monde en compétition, en septembre 1991.
Ingénieure halieute (l'halieutique est l'art de la pêche), Isabelle se lance d'abord sur un voilier de 6,50 m en acier, qu'elle a mis trois années à construire, pour la Mini-Fastnet. Pour la Solitaire du *Figaro*, elle s'embarque sur *Écureuil Poitou-Charentes*, un bateau très étroit, fuselé. Une nuit, une « vague vicieuse avec son dos pointu ouvrant sur un à-pic de 5 m » écrase son bateau et brise le mât en plusieurs morceaux. Isabelle se classe quand même septième. Elle repart en 1993 pour la Route de l'Or, 26 000 km contre les vents dominants. Comme elle approche

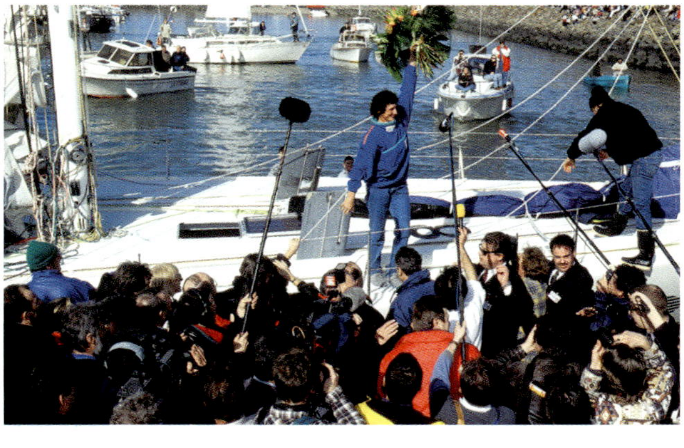

Isabelle Autissier lors de l'arrivée du Vendée Globe, en 1997.

des cinquantièmes, un ridoir de hauban lâche et le mât s'écroule sur le pont, près des Kerguelen. Quelques jours après, le tout chavire, Isabelle est à l'eau pendant trois jours avant que les secours la sauvent. La « coureuse du large » devient alors journaliste de radio et écrivaine. En 2009, elle préside l'un des quatre groupes du Grenelle de la mer, dirigé par le ministre de l'Environnement.

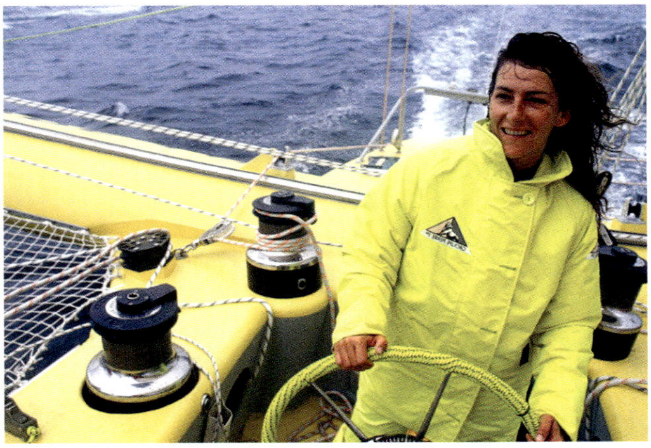

Florence Arthaud à la barre de son bateau, en 1988.

Florence Arthaud

née en 1958, France

1990 : record de la traversée de l'Atlantique en solitaire et première victoire d'une femme dans la Route du Rhum.

Elle sait affronter les coups du sort. Compartiment avant rempli d'eau, bris de bôme, étai rompu, drisses cassées, chute du haut du mât qui la laisse suspendue à un filin, la tête en bas : c'est sa première transat sur son *X.Perimental* en 1978 ; elle termine onzième, elle a vingt et un ans. Sur son trimaran *Pierre I*er, en 1990, elle prend le départ de la Route du Rhum souffrant d'une hernie discale et gênée par une minerve. Malgré ces handicaps, Florence est vainqueure de Loïck Peyron, de Philippe Poupon et de tous les champions masculins. Après quatorze jours et dix heures de traversée, elle fait une entrée triomphale à Pointe-à-Pitre.

Raphaëla Le Gouvello

née en 1960, France

Première personne à traverser l'Atlantique en planche à voile en 2000, la Méditerranée en 2002, le Pacifique en 2003 et l'océan Indien en 2006.

Elle prend des risques inouïs : se noyer dans les milliers de mètres cubes d'eau (même si elle a un minuscule habitacle où se réfugier), être attaquée par des requins (même si elle a une jambière qui émet une onde électromagnétique), être sans défense face aux éléments déchaînés (même si elle a un système d'airbag). Mais son but n'est pas de réaliser des prouesses, il est de montrer le bonheur limpide de l'océan, en même temps que la folie des humains qui y rejettent frauduleusement leurs déchets. Spécialiste d'aquaculture, elle a été employée dans un laboratoire de produits pharmaceutiques, puis à la tête d'une société pour l'hygiène et la santé aquacoles. Elle a aussi une conscience citoyenne qui bondit au moment de la grande marée noire, due au naufrage du pétrolier géant *Torrey Canyon*. Depuis, elle n'a de cesse d'alerter sur la pollution aquatique qui menace la survie du monde. Elle dit joliment : « Je planche pour la planète. »

Catherine Chabaud

née en 1962, France

Première femme à terminer un tour du monde à la voile en solitaire lors du Vendée Globe 1996-1997.

Elle multiplie les performances dans la Route du Rhum en 1998, la Course de l'Europe 1999 ou le Vendée Globe en 2000. Elle est aussi écrivaine, consultante sur Europe 2, rédactrice en chef de *Thalassa*, administratrice du musée de la Marine et membre du Conseil supérieur de la navigation de plaisance. Elle se bat pour la préservation de l'environnement maritime.

Victoria Murden

née en 1963, États-Unis

Première femme au monde à traverser l'Atlantique à la rame, elle accoste à Pointe-à-Pitre en décembre 1999.

Victoria a le sens du défi. À bord de l'*American Pearl*, elle quitte les îles Canaries, rame dix heures par jour et arrive en Guadeloupe douze semaines plus tard, victoire d'autant plus méritoire qu'elle a dû affronter le cyclone Lenny. « Tori » reçoit le trophée Peter Bird en 2000. Lorsqu'elle apprend la nouvelle du départ de Victoria, la Française Peggy Bouchet (qui a déjà fait la tentative en 1997 sur une barque de 700 kilos, laquelle s'est renversée sous une vague de 6 m de haut, la coinçant au-dessous) est en train de ramer, comme « enfermée dans le tambour d'une machine à laver en marche » sous l'effet des déferlantes. Elle arrive à la Martinique le 5 janvier 2000, un mois après Victoria.

Elisabeta Lipă-Oleniuc

née en 1964, Roumanie

Rameuse la plus titrée avec sept médailles olympiques. Championne du monde d'aviron en 1981 et 1989, première femme à être nommée générale des armées pour hauts faits sportifs.

En 1984, un triomphe aux jeux Olympiques de Los Angeles, en deux de couple, récompense la jeune Elisabeta des rudes entraînements dans les régions glacées de son pays qu'elle adore et qu'elle est fière de représenter. Le plus grand club roumain, le Dinamo de Bucarest, la recrute, et Cornel Lipă l'épouse. L'un comme l'autre la poussent et la soutiennent. Après sa cinquième victoire aux jeux Olympiques (en 1984, en deux de couple toujours et en quatre de couple en 1988, en skiff en 1992 et en huit avec barreur en 1996), elle prend le temps d'élever son fils Dragos né en 1997. Et elle reprend de plus belle. Avec une très bonne équipe de neuf rameuses roumaines, elle remporte la médaille d'or à Sydney en 2000 et à Athènes en 2004. Gloire nationale, elle apparaît sur trois séries de timbres et elle est élevée au grade de générale des armées.

Karine Fauconnier

née en 1972, France

Elle est l'une des rares femmes à skipper un trimaran de 60 pieds. Jeune, elle sillonne les océans sur l'un des bateaux les plus rapides qui existent, un multicoque de 18 m, et elle est autant médaillée que les meilleurs navigateurs masculins. Elle sait même diriger une équipe de six hommes sur un multicoque de course.

À la barre de son trimaran, elle fonce à près de 30 nœuds, perchée sur l'un des flotteurs. En 2004, elle remporte la transat Québec-Saint-Malo, et en 2005, elle reçoit le trophée Femme en Or. En novembre 2007, dix-huit mois après avoir mis sa fille au monde, elle reprend le large, en course et pour gagner, dans la transat en double Jacques Vabre. Elle refuse de choisir et veut être à la fois « jeune maman et aventurière ».

Ellen MacArthur

née en 1976, Grande-Bretagne

En 2005 elle bat le record absolu du tour du monde à la voile, en solitaire et sans escale, sur un multicoque, en soixante et onze jours.

Rares sont les humains qui ont une telle détermination et une vocation aussi précoce : à onze ans, elle se prive du déjeuner à la cantine pour économiser l'argent qui doit lui servir à acheter un bateau. Elle sait

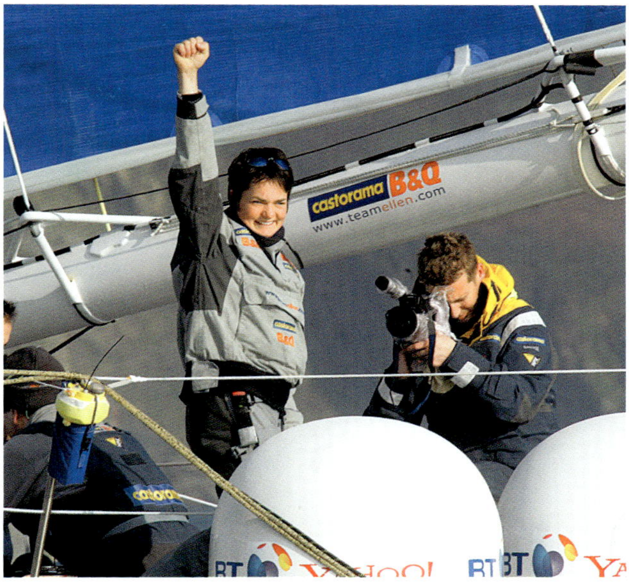

Arrivée du tour du monde d'Ellen MacArthur en 71 jours 14 heures 18 minutes et 33 secondes.

ce qu'elle veut et elle l'obtient, à force de méthode, de travail et d'audace. Ce qui ne l'empêche pas d'être conviviale. Sacrée « Young Sailor of the Year » à dix-sept ans pour son tour des îles britanniques sur un minuscule voilier, elle prend le départ de la Mini-Transat à Brest, en 1997, seule fille contre cinquante garçons, capable, en cas d'avaries de têtière de grand-voile, de grimper les 30 m de son mât alors que sa monture risque de chavirer par gros temps. Résultat : une médiocre dix-septième place. Il en faudrait plus pour décourager Ellen qui apprend ainsi le métier où elle va exceller : coureuse au grand large en solitaire. En 2000, elle est la première femme à remporter la Transatlantique anglaise et la plus jeune skipper. En 2003, elle est la première femme à remporter le Vendée Globe et sa célébrité s'accroît. Elle s'embarque sur son *Castorama* pour son tour du monde, essuie des tempêtes terrifiantes et des calmes plats angoissants ; elle lutte, concentrée, efficace, se blesse, dort deux heures par nuit, et, à vingt-huit ans, devient le marin en solitaire le plus rapide du monde, dépassant son principal concurrent, Francis Joyon, d'un jour et huit heures. Mais en 2008 le Français pulvérise le record, effectuant la traversée de l'océan Indien en solitaire en quatorze jours de moins. Bonne joueuse, Ellen déclare, en bon français, qu'elle est heureuse pour lui et qu'il le mérite. Toutefois, elle n'exclut pas de tenter de le battre un jour...

Maud Fontenoy

née en 1977, France

Navigatrice, pratiquant la rame et la voile.

Le 13 juin 2003 elle entreprend la terrible aventure de traverser l'océan Atlantique à la rame dans le sens ouest-est. Dos cassé, ampoules aux mains qui deviennent de la corne, ecchymoses sur tout le corps, hantise d'être écrasée sous le poids des déferlantes, peur des baleines, des requins et des cargos, longs jours dans le brouillard complet ou sous une pluie glaciale, courts moments de sommeil – à peine 10 minutes d'affilée – obligation de se cramponner pour être moins projetée contre la paroi du minuscule habitacle. Partie de Saint-Pierre-et-Miquelon, elle arrive à La Corogne, en Espagne, le 10 octobre ; elle est la première femme à avoir réalisé cet exploit. En 2005, elle est la première femme à traverser l'océan Pacifique. En 2007, elle reçoit les insignes de chevalier national du Mérite. Elle anime une émission sur Europe 1. En 2008, elle met au monde un garçon.

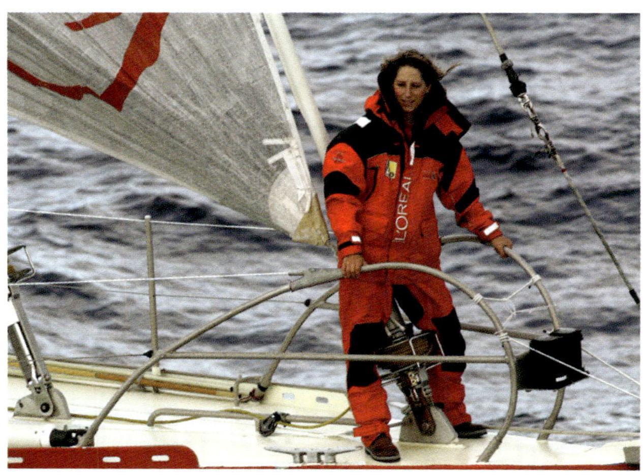

Maud Fontenoy avant son tour du monde à la voile, en solitaire et contre la montre, en 2009.

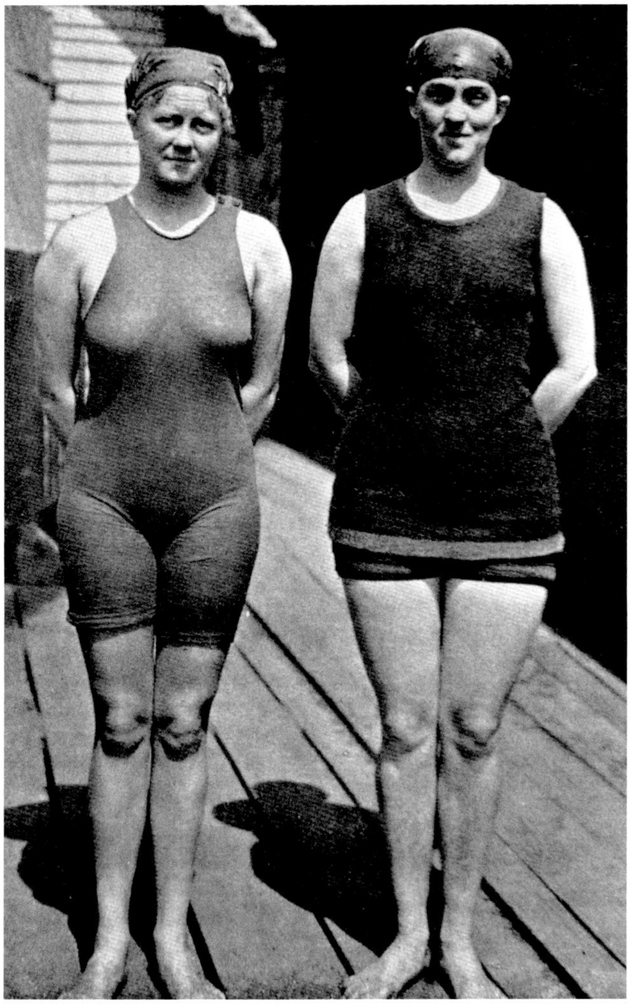

Fanny Durack (à droite) et Mina Wylie, autre nageuse australienne.

Gertrude Ederle

1906-2003, États-Unis

Première femme à traverser la Manche à la nage en 1926.

Atteinte de surdité totale à six ans, elle a une volonté hors du commun. À quinze ans, elle est déjà capable de nager à travers la baie de New York, soit plus de 30 km en moins de 7 h – mieux que les hommes qui l'ont précédée. En 1923 et 1924, elle bat les records du 100, 200 et 400 m nage libre. Elle veut traverser la Manche à la nage. Sous une pluie battante. « Trudy » a pris soin de s'enduire généreusement le corps de lanoline, contre le froid, et d'ajuster ses lunettes avec du caoutchouc et de la cire, contre les vagues aveuglantes. Elle est plus rapide de deux heures que le nageur qui l'a précédée.

C'est ainsi que la jeune femme entre dans l'histoire des États-Unis, est reçue à la Maison Blanche et promenée en triomphe dans les rues de New York.

Fanny Durack

1889-1956, Australie

Première championne olympique de l'histoire au 100 m nage libre en 1912.

Son problème est de pouvoir être admise en compétition, car des hommes vont la voir nager, et c'est choquant ! Il lui faut obtenir une dérogation pour participer aux jeux Olympiques de Stockholm et elle ne bénéficie pas d'une avance de frais comme les nageurs.

L'Australie y gagne pourtant sa première championne olympique, qui battra ensuite onze records du monde de 1912 à 1918.

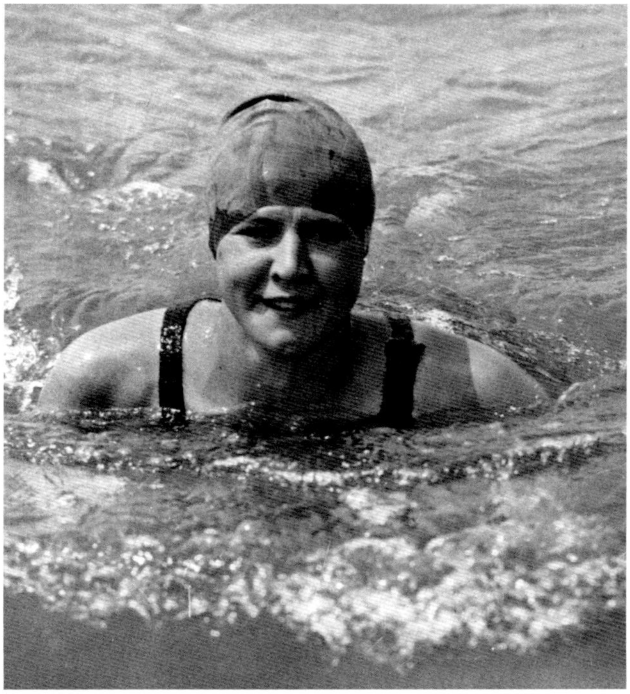

Gertrude Ederle.

Dawn Fraser

née en 1937, Australie

Première femme à nager un 100 m en moins d'une minute en 1962 à Melbourne. En 1956, elle y avait reçu la médaille d'or aux jeux Olympiques, tout comme aux jeux du Commonwealth à Cardiff, en 1958. Elle est encore championne olympique en 1964, à Tokyo, améliorant son record d'une seconde, devant une Américaine de quinze ans, Sharon Stander. Elle fait preuve d'une indépendance frondeuse, refusant d'endosser les tenues officielles lors de remise de victoires, volant même une fois le drapeau olympique. La fédération australienne, n'ayant pas le sens de l'humour, mais celui de la discipline, l'a suspendue par trois fois, brisant sa carrière.

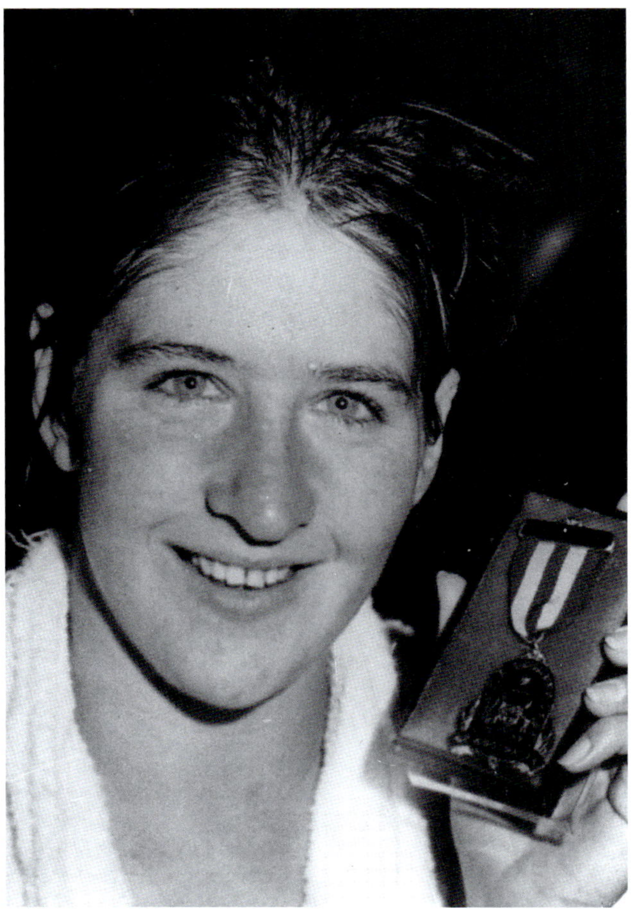

Dawn Fraser.

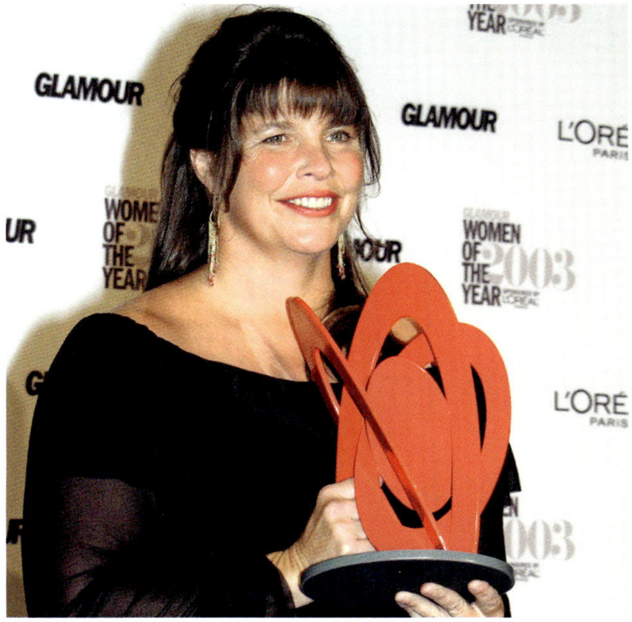

Lynne Cox.

Lynne Cox

née en 1957, États-Unis

Nageuse longue distance. Première personne à franchir à la nage le détroit de Magellan en 1976, et en 1987 le détroit de Béring.
Elle commence sa carrière de nageuse avec l'équipe de Manchester (New Hampshire). Elle a douze ans quand sa famille déménage à Los Alamitos, en Californie. Lynne s'entraîne alors avec Don Gambril, coach de quatre équipes olympiques. Et c'est parti pour les traversées et les records précoces. À quatorze ans, avec un groupe d'adolescents, elle parcourt la mer Catalina (le long de la Californie), soit 43 km en 12 h et 36 min. Un an plus tard, elle traverse la Manche en 9 h et 57 min, record impressionnant qui la propulse au sommet. En 1975, Lynne est la première femme à traverser le Cook Strait entre les îles du nord et du sud de la Nouvelle-Zélande : son temps est de 12 h et 2,5 min. On ne peut citer ici tous ses exploits, notamment au Danemark et en Suède. Mais rappelons son « Tour du monde en quatre-vingts jours » à la nage, en 1985, où elle affronte à la suite douze mers très difficiles.

Fanny Bullock Workman

1859-1925, États-Unis

Alpiniste et exploratrice.

Première femme à marcher au-dessus de 6000 m ; « la femme la plus haute du monde », dira-t-on. Quand elle se lance dans l'ascension des sommets de l'Himalaya, à quarante ans, elle est en jupe. Elle a la prétention de corriger les cartes de géographie, mais se trompe parfois elle-même. En 1903, elle réussit l'exploration du Chogo Lungma. En 1906, elle annonce qu'elle a atteint le sommet du Nun-Kun (7085 m) – sans doute est-ce plutôt le Pinacle Peak (6950 m) [une autre femme, Claude Kogan, escaladera pour la première fois le Nun en 1953]. Au cœur même de l'exploit physique et de dangereuses péripéties – traversée de rivières tourbillonnantes, chute dans une profonde crevasse –, elle trouve le moyen, sur le glacier Siachen en 1912, de se faire photographier tenant une pancarte sur laquelle est inscrit : « Vote for women ». Une très haute suffragette !

Junko Tabei

née en 1939, Japon

Première femme à atteindre le sommet de l'Everest en passant par la face sud, en 1975.

En 1992, à l'âge de cinquante-deux ans, elle est la première femme à avoir escaladé les sept sommets les plus hauts de chacun des continents : Everest (Himalaya, 8882 m), Aconcagua (Andes, 6959 m), mont McKinley (Amérique du Nord, 6194 m), Kilimandjaro (Tanzanie, 5892 m), Elbrouz (Caucase, 5633 m), Vinson (Antarctique, 5140 m), Kosciusko (Australie, 2230 m).

À dix ans, elle fait sa première ascension au mont Nasu, avec son professeur. Elle étudie la littérature anglaise, est diplômée de l'université de Showa, réservée aux femmes, et en 1969 elle crée un club d'alpinisme pour femmes. Elle conquiert le mont Fuji-Yama (volcan de 3776 m au centre de l'île Honshu), puis le Cervin, dans les Alpes suisses, (4478 m) – en 1907, une Française, Mme Bayeux, avait réussi cette ascension, vêtue d'une jupe culotte et coiffée d'un petit bibi – et l'Annapurna (un très haut sommet de l'Himalaya, 8078 m).

À trente-six ans, elle souhaite atteindre le plus haut sommet du monde. Une expédition se forme avec quinze Japonaises, et progresse à partir de Katmandou. Lors d'un bivouac à 6300 m, une avalanche ensevelit tout, il faut s'extirper ; Junko est blessée, soignée par les sherpas népalais, et veut poursuivre l'ascension seule avec le guide. La douleur est extrême, « le cœur lui remonte à la bouche tous les cinq mètres ». Douze jours après l'avalanche, le 16 mai 1975, elle plante le drapeau japonais au sommet. (Onze jours plus tard, Phantog, Tibétaine, sera la deuxième femme à vaincre l'Everest.) Quand les médias apprennent l'exploit de Junko, ils titrent : « Une femme au foyer japonaise escalade l'Everest. »

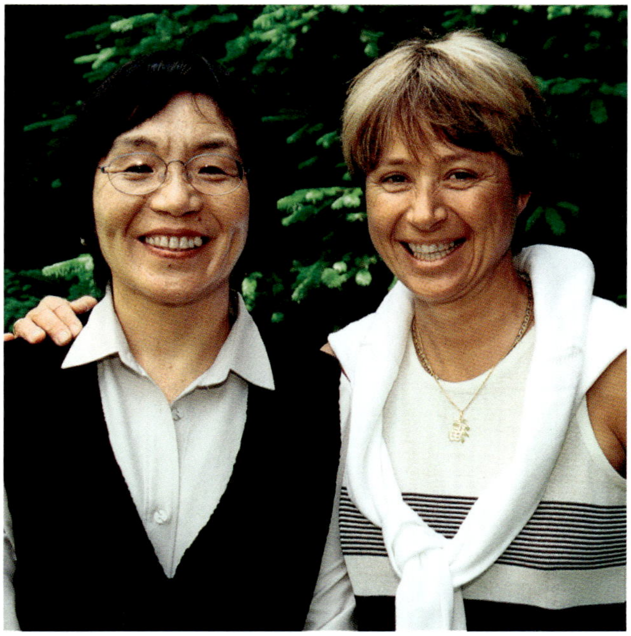

Junko Tabei (à gauche) avec Christine Janin, première femme au monde à atteindre le pôle Nord en 1997.

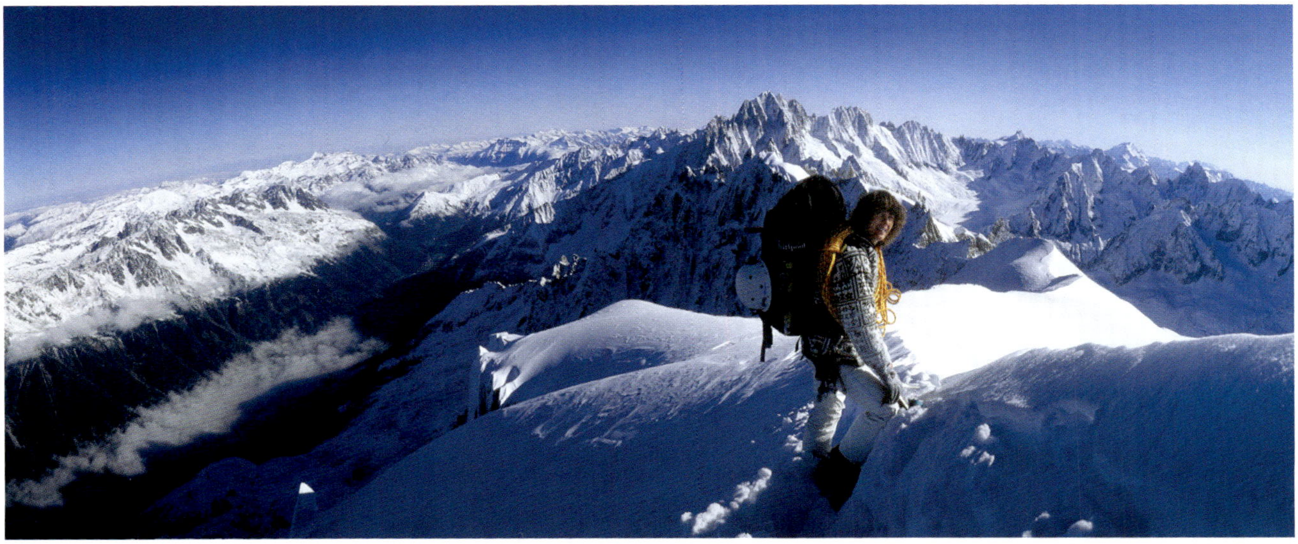

Catherine Destivelle sur le massif du Mont-Blanc, 1993.

Catherine Destivelle

née en 1960, France

Seule femme à atteindre en solitaire le Cervin et à gravir la face nord de l'Eiger, en hiver, à mains nues, en 1992.

En 1991, elle ouvre un chemin dans les Drus, qui porte son nom. En véritable pionnière, ce qui l'intéresse, « c'est l'ouverture de voies dures qui n'ont pas encore été répertoriées ». « La dompteuse de parois » décide de s'attaquer à la paroi la plus redoutable, friable et à pic, des Dolomites, en Italie. Dans un froid intense, elle grimpe pendant deux jours et parvient au sommet : elle est la première femme à avoir réussi, seule. De même, elle fait l'ascension de la face nord du Ben Nevis, en Écosse, piégée de cheminées de glace. Sa volonté de vaincre, de dominer et d'être plus forte que les autres la menait alors. « Je passais comme une fusée devant ces beaux messieurs les guides, rudes montagnards et fiers de l'être en leur décochant un beau sourire. » Aujourd'hui, elle grimpe plus calmement, sûre d'elle, mais modeste. A-t-elle peur ? Peut-être. « Quand je grimpe, je ne pense qu'au rocher. Je fais corps avec lui. » Elle éprouve sensuellement « sa texture, sa matière, les odeurs de neige, de mousse ». Elle monte en grâce, en harmonie.

Oh Eun Sun

née en 1966, Corée du Sud

Elle est la femme qui a conquis le plus grand nombre de sommets de plus de 8 000 m : treize sur les quatorze qui existent dans le monde.

Elle commence « doucement » par grimper un seul sommet en 1997, un en 2004 (l'Everest) et un en 2006. En 2007, elle vainc deux sommets, en 2008 quatre. En 2009, elle a déjà vaincu quatre sommets, dont le terrible Gasherbrum. Rien ne semble lui faire peur, pas même la mort de sa compatriote Gi Mi Sun, qui redescendait ses 8 126 m en juillet 2009. En avril 2010 Oh Eun Sun atteint le sommet de l'Annapurna, devenant la première femme à avoir gravi les 14 sommets de plus de 8 000 m.

Derrière elle, viennent deux femmes qui ont grimpé douze « 8 000 » : l'Espagnole Edurne Pasaban et l'Autrichienne Gerlinde Kaltenbrunner, qui a échoué dans sa tentative de grimper sur le K2 (8 611 m). Toutes trois grimpent sans assistance respiratoire et font partie des « summiters ». L'Italienne Nives Meroi a été la première à gravir dix « 8 000 ». Des femmes aux sommets...

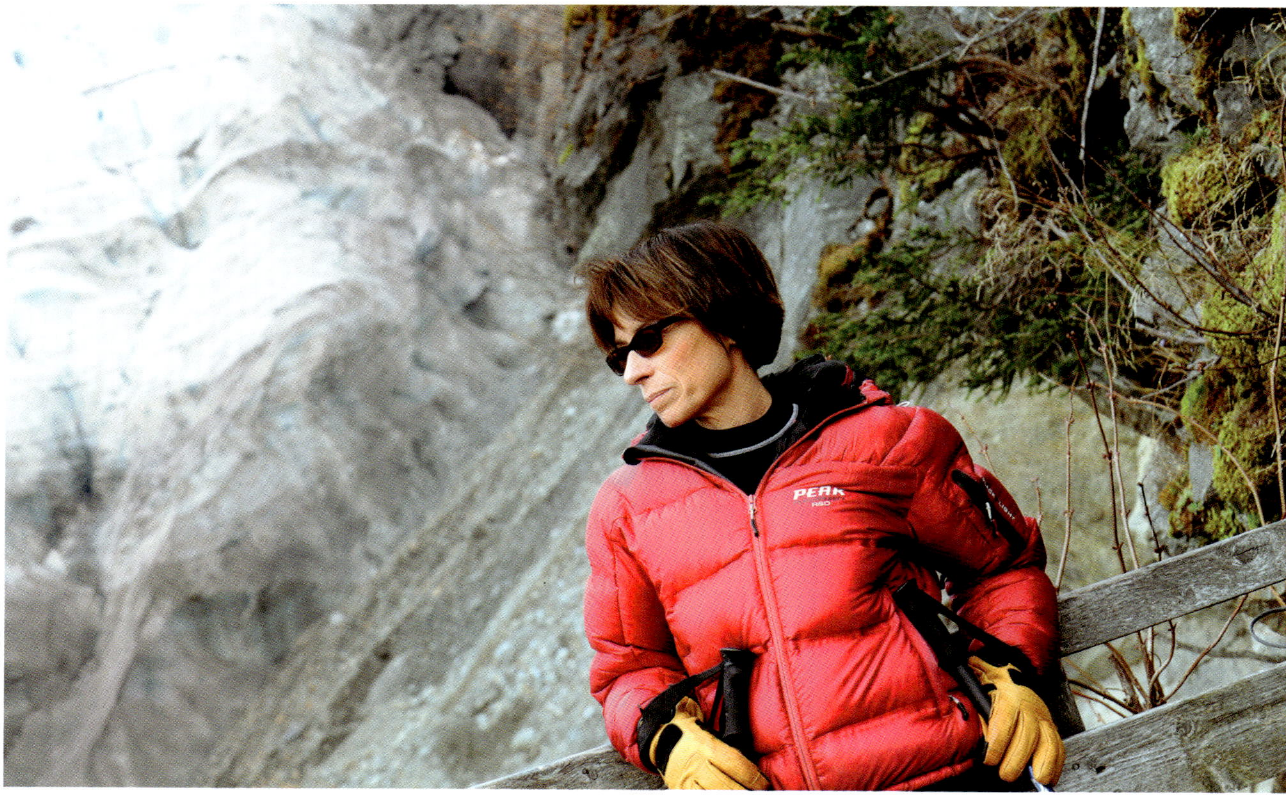

Laurence de la Ferrière

née en 1957, France

« La Femme de l'Antarctique », première personne au monde à atteindre le pôle Sud à ski, seule, en 1997.

Elle se lance dans la traversée du bord ouest du continent antarctique jusqu'au pôle Sud en connaissance de cause, puisqu'elle a déjà tenté cinq fois cette expédition avec une équipe, sans succès. Là, elle est seule, sans chiens pour la chaleur et pour tirer son traîneau, elle s'attelle et traîne 130 kilos, nourriture comprise car elle ne doit en recevoir qu'une seule fois pendant ses 1 300 km. Durant cinquante-sept jours, elle avance, par – 40 °C, mordue par le blizzard, sans s'arrêter sous peine de geler sur place, sans s'écarter du droit chemin sous peine de périr égarée, sans accélérer l'effort sous peine d'être prisonnière de la carapace de glace formée par sa transpiration… mais sans avoir le droit de ralentir. Elle n'est que douleur : crampes, courbatures, gelures, tendinites, brûlures, faim tenaillante. Et la calotte glaciaire réserve des pièges extrêmes : des crevasses énormes « qui bougent, que l'on sent prêtes à se rompre, qui craquent ». Alors pourquoi toutes ces souffrances ? Pour la science ? Oui, car elle prélève des échantillons de neige pour le CNRS. Elle photographie et rapporte des météorites à l'Institut français pour la recherche et la technologie polaire. Pour la beauté inouïe du paysage ? Oui, les aurores scintillent et tirent sur le bleu, « c'est une immense étendue opaline ». Mais, au-delà, le sentiment qu'elle a réussi à survivre dans ces conditions extrêmes et l'accomplissement de cet exploit la bouleversent. Elle est allée au-delà du possible ; elle a mis sa vie en danger et elle en est sortie victorieuse. Elle éprouve une joie intense, à la mesure de la cruauté de l'épreuve, d'être allée jusqu'au bout d'elle-même. Pas tout à fait… car elle repart en 1999, et cette fois ce seront 3 000 km à travers l'Antarctique, du pôle Sud à la terre Adélie.

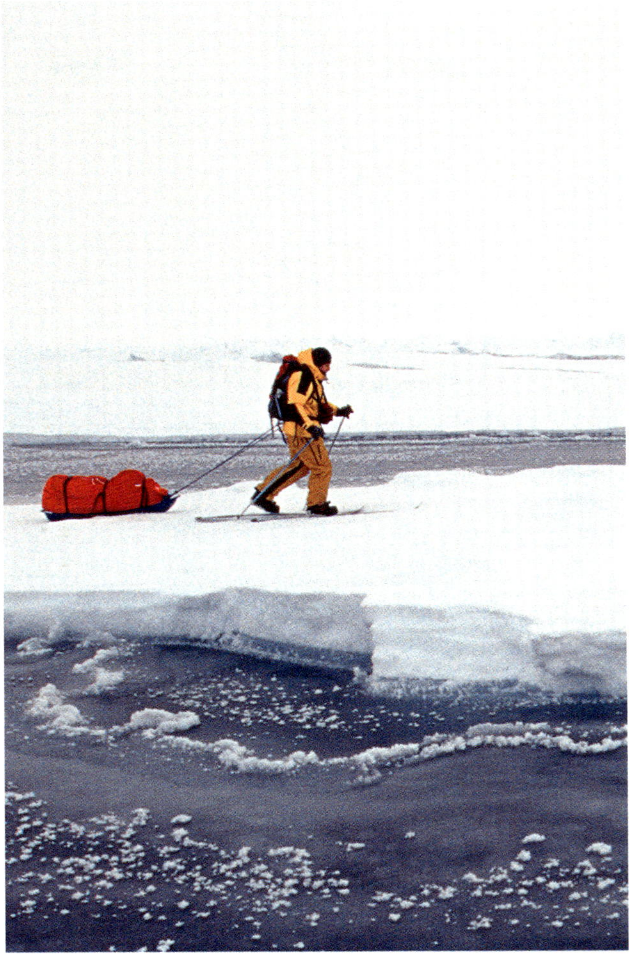

Shan Zhang

née en 1968, Chine

Tireuse d'élite, elle bat tous les concurrents masculins aux jeux Olympiques de Barcelone en 1992.
Elle laisse loin derrière elle les supposées meilleures gâchettes (tout mâles et tout Occidentaux qu'ils sont !). Imperturbable, concentrée, rapide, elle fait mouche avec son arme de chasse de calibre 12 maximum : 150 plateaux d'argile défilent devant elle, elle en touche 150 ! Au lieu de s'incliner devant cette réussite, les responsables du CIO modifient le règlement : désormais, l'épreuve du skeet est exclusivement réservée aux hommes. En 2000, à Sydney, le skeet est de nouveau accepté comme épreuve de tir féminin.

Shan Zhang en 1992 aux jeux Olympiques de Barcelone, portée en triomphe par la médaille d'argent Juan Giha Yarur (à gauche) et la médaillle de bronze Bruno Rossetti (à droite).

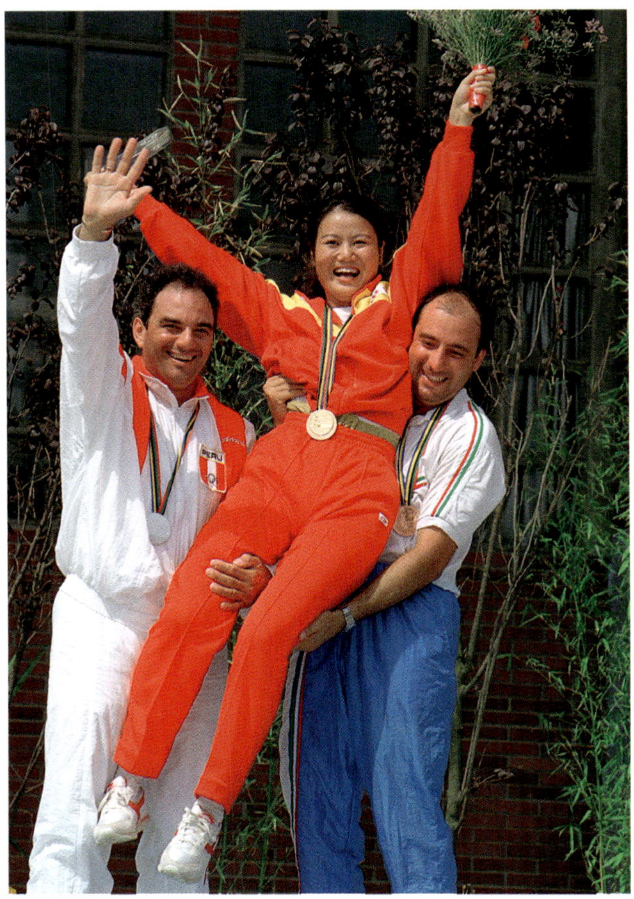

Bettina Aller

née en 1964, Danemark

Première femme à réaliser la traversée totale de l'Arctique à pied et à ski, en 2006, avec Jean-Gabriel Leynaud.
Bettina accomplit cet exploit en quatre-vingt-dix-neuf jours, soit 2 000 km d'étendue glacée, par – 40 °C. Elle a dû faire face aux crevasses, aux trous d'eau mouvants, à la banquise craquelée, à la menace des ours polaires, et a eu un œil complètement gelé. Quand elle n'arpente pas la calotte glaciaire, Bettina s'occupe de ses deux jeunes enfants et dirige une grande maison d'édition.

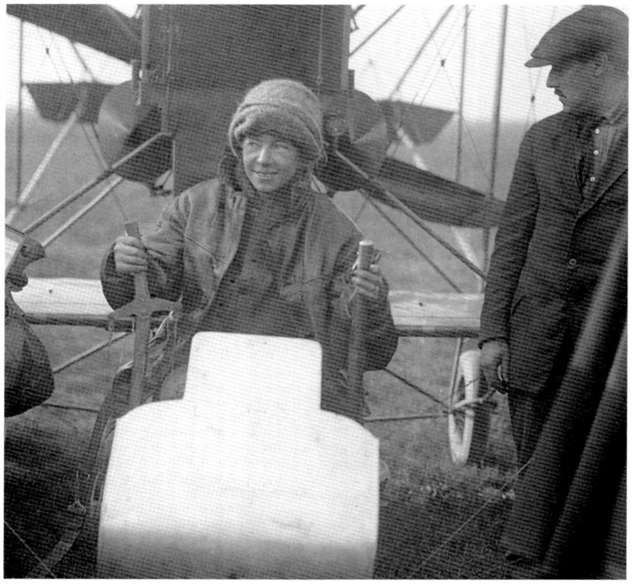

Ruth Law.

Ruth Law

1887-1970, États-Unis

À vingt-cinq ans, elle s'inscrit à l'école d'aviation de Burgess, obtient très vite son brevet de pilotage et s'empresse d'aller acheter son premier engin.

Dès 1915, elle commence ses acrobaties dans le ciel, et fonde le *Ruth Law's Flying Circus* (Cirque volant de Ruth Law). Avec deux autres avions, elle fait de jolies pirouettes et surprend un grand nombre de spectateurs. Elle est vraiment la première femme à réussir les loopings et autres acrobaties dangereuses, n'ayant peur de rien, et surtout pas des concurrents masculins. Après avoir battu trois records lors d'une course entre Chicago et New York, Ruth Law surpasse les pilotes hommes en 1917 lors de la course Chicago-New York et établit ainsi le record de 950 km sans escale. Son but était de faire cesser la suprématie masculine, manifeste dans ce domaine, et elle l'a atteint. En 1917, elle est la première femme à porter l'uniforme militaire, mais, en tant que femme, n'a pas le droit d'intégrer l'armée de l'air. Elle a également battu le record d'altitude : 3 300 m. En 1915, il fallait oser !

Bessie Coleman

1892-1926, États-Unis

Première pilote noire américaine en 1921.

Sa mère, qui élève seule ses cinq enfants, les incite tous à faire des études, bien qu'elle ne sache elle-même ni lire ni écrire. Bessie termine le lycée, s'inscrit à l'université, mais y reste un seul semestre, car l'argent que sa mère a réussi à mettre de côté est épuisé. Pour survivre, elle devient manucure dans l'échoppe d'un barbier, tout en rêvant d'être aviatrice. Elle est encouragée par un journaliste du *Chicago Defender*, qui se transforme en une sorte de manager. Il la pousse à faire son apprentissage en France où les préjugés raciaux sont moins forts. Lorsqu'elle revient dans son pays en 1921, elle a son permis en poche, et bientôt un permis international. Pour gagner sa vie, elle veut devenir cascadeuse et y réussit d'emblée, en 1922, lors d'une démonstration publique, à Curtiss Field, près de New York. Ses talents impressionnent David L. Behncke, fondateur et président de l'Association internationale des Pilotes de ligne, qui devient son manager officiel. Elle se produit à travers

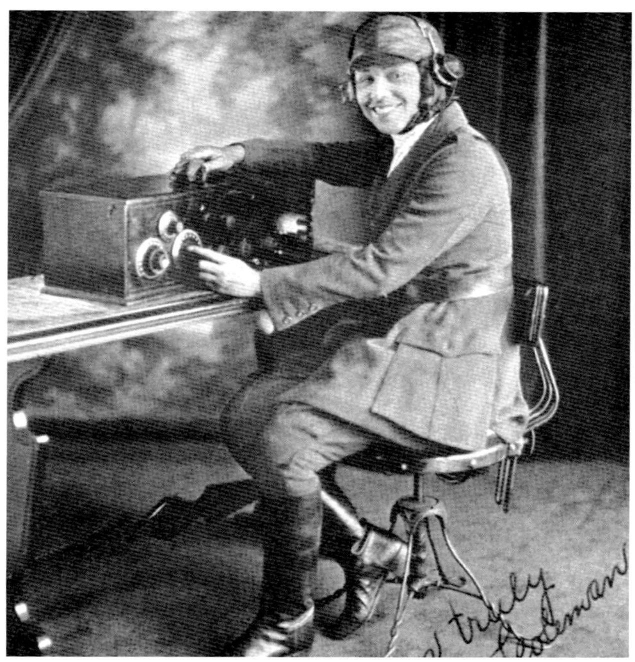

Bessie Coleman.

tout le pays. À chaque démonstration, ses exploits attirent des milliers de spectateurs, qui l'appellent *Brave Bessie* (« Bessie la courageuse »).
Elle meurt très jeune, à trente-quatre ans, dans un terrible accident d'avion à Jacksonville, en Floride, lors d'une simple répétition. Les contrôles de l'avion se bloquent, et elle est éjectée de l'appareil.

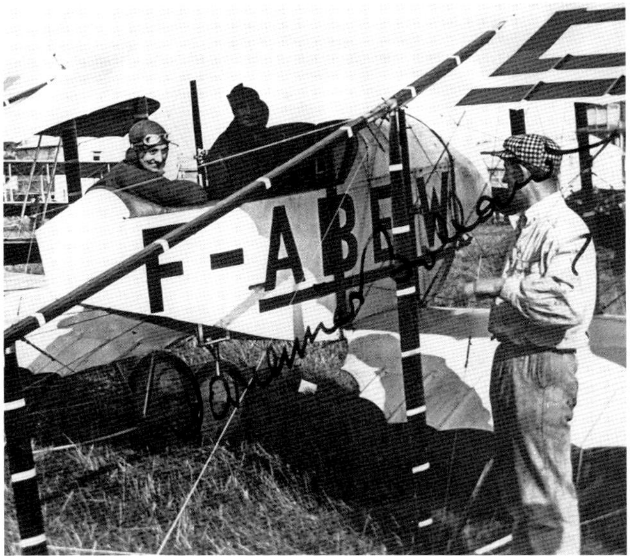

Adrienne Bolland à Santiago du Chili à bord de son Caudron G-3, le 1er avril 1921.

Adrienne Bolland

1895-1975, France

Première aviatrice à franchir la cordillère des Andes à bord d'un Caudron G3, en 1921. Elle triomphe à son arrivée au Bourget.
En 1925, la Commission internationale permanente de la navigation aérienne décide qu'il ne sera pas accordé de brevet de pilote aux femmes pour les avions de transport public. « Adrienne Bolland, la triomphatrice des Andes, se verra donc retirer le sien ! » s'indigne le représentant français à la Commission. Elle ne cessera pas pour autant de battre des records ni de faire des prouesses, et surtout ses fameux loopings, qui soulèvent l'admiration des spectateurs dans les meetings aériens.

Amelia Earhart

1897-1937, États-Unis

Première femme à traverser l'Atlantique seule à bord d'un avion.
Dès 1922, elle a établi le record du monde d'altitude féminin. En 1932, partie des États-Unis, elle atterrit en Irlande, dans un délai record : 13 h 30 min. Elle renouvelle ainsi l'exploit accompli par Lindbergh cinq ans auparavant. En 1935, elle accomplit la première traversée du Pacifique en solitaire, de Hawaii à Oakland. À nouveau pionnière, elle connaît alors un grand succès mondial. La même année, elle est encore la première femme à voler de Mexico à New York en une durée record de 14 h 19 min. Amelia est enfin la première femme à recevoir la *Distinguished Flying Cross*, médaille d'or de la Société nationale géographique. Aussi sa disparition en mer soulève-t-elle une intense émotion.

Amelia Earhart.

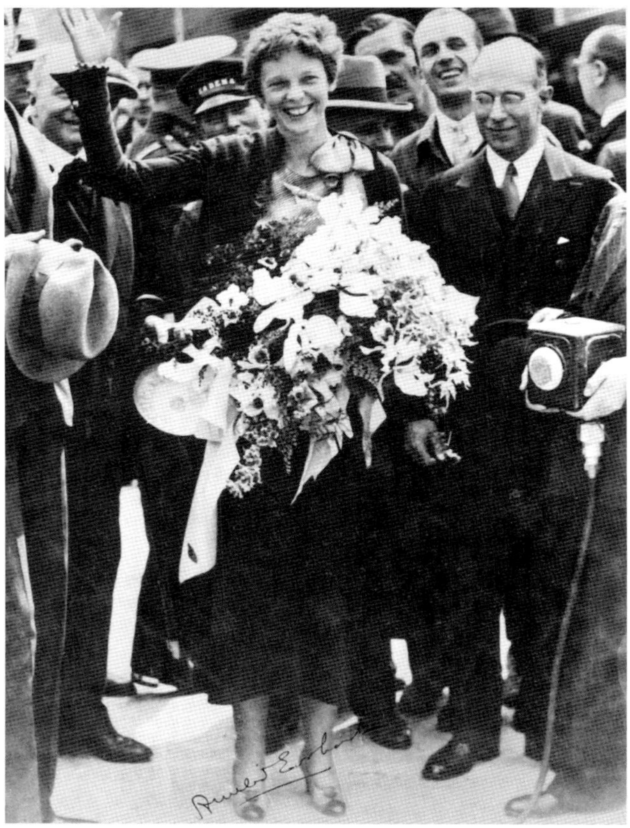

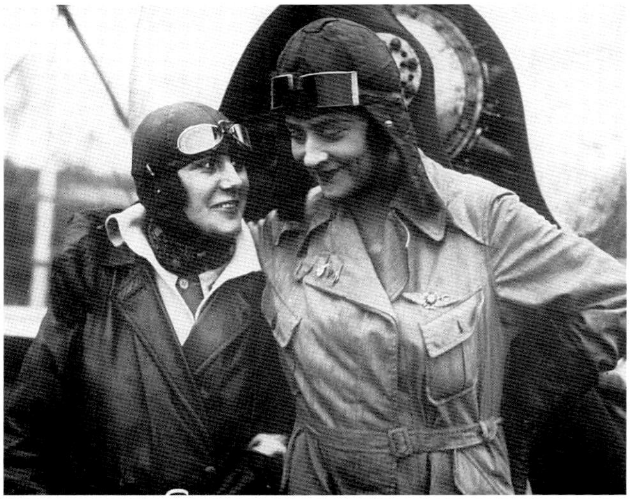

Maryse Bastié (à gauche) et Lilly Dillens, Paris, 1936.

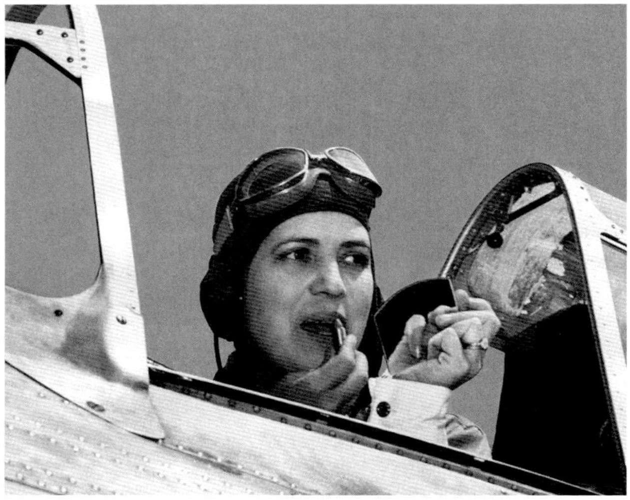

Jacqueline Cochran.

Maryse Bastié

1898-1952, France

En 1936, elle réalise l'exploit de traverser l'Atlantique Sud en moins de 12 h.
Ouvrière dans une fabrique de chaussures, mariée, un enfant, elle tombe amoureuse de son filleul de guerre, le lieutenant Louis Bastié. À ses côtés, elle découvre sa passion pour l'aviation. En 1925, son brevet en poche, elle fait le pari de passer avec son avion sous le pont transbordeur de Bordeaux : elle réussit. Elle établit ensuite des records de distance : 1 058 km entre le Bourget et Treptow. En 1930, elle bat le record du monde de durée en circuit fermé : 38 h, seule à bord, sans toucher terre. « Dès que je bougeais une jambe, je criais de détresse seule dans la nuit. Mes yeux se fermaient plusieurs fois par minute. Mais dormir, c'est mourir. Je dois dire que je l'ai souhaité : il me semblait être au bout des forces humaines. Je m'envoie dans les prunelles un jet d'eau de Cologne : un fer rouge. J'ai l'impression d'être une machine, une machine souffrante et agissante mais que rien n'arrêtera avant le but définitif. » Elle est encouragée par Mermoz en personne, qui la reconnaît comme un vrai pilote. Elle devient une véritable héroïne nationale, image de la femme moderne que le gouvernement envoie montrer ses exploits en Amérique du Sud. Pourtant, quand elle veut être pilote de guerre, le ministre de l'Air refuse. Résistante, lieutenante, première femme nommée commandeure de la Légion d'honneur à titre militaire, elle est cantonnée à l'infirmerie et à l'intendance. Elle se tue en présentant un prototype.

Jacqueline Cochran

1907-1980, États-Unis

Première femme à franchir le mur du son, en 1953.
Jackie apprend à voler à l'aube de ses vingt ans. Femme de records, elle en bat plus de deux cents ! Dès 1934, elle réussit un exploit inédit : voler à 10 000 m d'altitude à bord d'un avion aux ailes de toile. Elle est également pionnière dans la course Bendix-Transcontinental Trophy, en 1938, où elle dépasse les plus grands aviateurs masculins. Elle se trouve ensuite en compétition avec l'aviatrice française Jacqueline Auriol, franchissant le mur du son un peu avant elle, en 1953. La presse se plaît à parler du « duel des deux Jacqueline ». En fait, elles s'apprécient beaucoup l'une l'autre et se livrent en sportives à un jeu de surpassement. L'Américaine est la

première à piloter un bombardier survolant l'Atlantique. Pendant la Seconde Guerre mondiale, elle commande les « wasps » et dirige la Woman's Air Force Service Pilots, un programme d'entraînement qui forme plus de mille deux cents femmes pilotes. En remerciement, elle est décorée de la Légion d'honneur et de la *Distinguished Service Medal*.

Hélène Boucher

1908-1934, France

Brevetée pilote en 1931, elle établit le record du monde de vitesse pure en aéroplane à plus de 445 km/h, le 10 août 1934.
Hélène innove joyeusement, sans esbroufe, mais sans peur aucune. Très vite elle effectue un tour de France aux commandes d'un biplace, le *Gipsy Moth*. Péripéties, aventures, elle affronte tout et ne renonce jamais. Lors du rallye Caen-Deauville, son avion reste coincé dans des branches d'arbres. Dans le raid Paris-Saigon, elle est contrainte d'abandonner du côté de Bagdad. Cela ne l'empêche pas de battre sept records mondiaux. On la surnomme « la petite fiancée des airs ». En juillet 1933, elle termine deuxième aux 12 heures du Mans. À Villacoublay, elle se livre à un duel d'acrobatie – vrilles, loopings, tonneaux, vol sur le dos – avec l'Allemande Vera von Bissing. Elle bat le record du monde de vitesse toutes catégories sur 1 000 km en 1934. Fulgurance de la vie – et de la mort : elle est tuée la même année aux commandes d'un Rafale, à une simple présentation du Salon de l'Aéronautique, son avion s'étant renversé, la tête en bas. La mort de cette jeune femme, symbole d'audace et de compétence, soulève une vive émotion dans toute la France. Pour la première fois, une dépouille féminine est exposée à Saint-Louis des Invalides. Chevalier de la Légion d'honneur, elle est citée à l'ordre de la Nation. Plusieurs lycées, collèges, stades, rues et un square à Paris portent son nom.

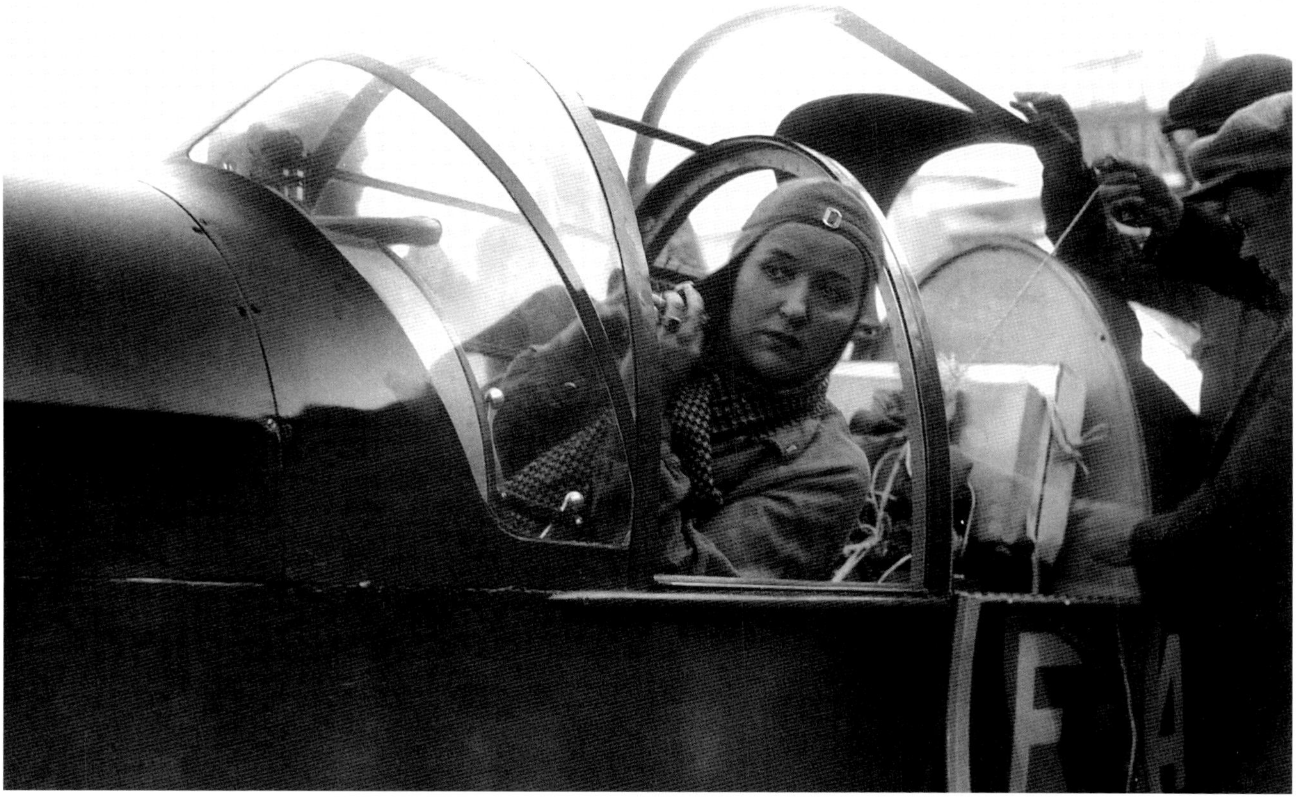

Sabiha Gökçen

1913-2001, Turquie

Première femme pilote de guerre dans le monde.
Née dans une famille de six enfants, elle perd très jeune ses parents. En 1925, Atatürk passe à Bursa, la ville où elle habite, et l'emmène avec lui à Ankara. Quand une école d'aviation s'ouvre en 1935, Sabiha est la première élève à s'y inscrire. Elle part ensuite en URSS pour parfaire son apprentissage au sein de l'Aeroflot. En 1936, elle suit la formation de pilote de guerre dans une école d'aviation militaire et obtient le diplôme. Elle vole sur vingt-deux types d'avions différents. De 1938 à 1954, elle est enseignante dans une école d'aviation civile.

Jacqueline Auriol

1917-2000, France

Première femme au monde pilote d'essai. Record de vitesse : 2 023,7 km/h sur 100 km.
Cette aviatrice a eu plusieurs vies. Belle-fille du premier président de la IVe République, Vincent Auriol, elle mène une existence mondaine et la presse adore ses robes de grands couturiers et l'intense regard de ses yeux bleu très clair. Ajoutons un mari dont elle a admiré le courage pendant la Résistance et deux fils : n'est-elle pas une femme comblée ? Eh bien non, Jacqueline a besoin de se réaliser par elle-même. Dès son premier essai de pilotage, elle se sent faite pour voler. Pourtant cela commence très mal : lors d'un accident d'hydravion, son beau visage est écrasé, ses orbites défoncées, sa mâchoire fracturée. Elle subit vingt interventions chirurgicales et des années de rééducation, luttant contre la douleur et l'horreur (voir son visage fait hurler). Guérie, elle s'engage dans une course à la performance, pleine de risque et de succès : victoire sur la machine, cet avion qu'elle dompte « comme un cheval de race », victoire sur sa peur, jusqu'à éprouver une sensation de puissance fabuleuse.
Elle s'exerce sur un Stampe, obtient son brevet de pilote et – beaucoup plus difficile – le brevet de pilote d'essai. La voici en train de faire l'essai du Mystère II, il s'agit de tester « l'horizon artificiel », ce qui exige de l'appareil plusieurs tonneaux et loopings. Elle adore, se sent à sa véritable place, envahie par « une joie extraordinaire, une sorte d'excitation merveilleuse », écrit-elle dans *Vivre et voler*, « monte dans le ciel tout droit », jusqu'à 45 000 pieds (15 000 m), et franchit le mur du son. À peine une dizaine de personnes l'ont fait avant elle. Et le danger fait partie du plaisir. Un jour qu'elle est en train de « piquer plein pot » et qu'elle voit « le sol volant vers elle à une vitesse vertigineuse », elle pense : « C'est le moment de ta mort et c'est le moment le plus fascinant de ta vie. » À quelques mètres du sol, Jacqueline redresse… La vie est plus forte lorsqu'on frôle ainsi la mort.

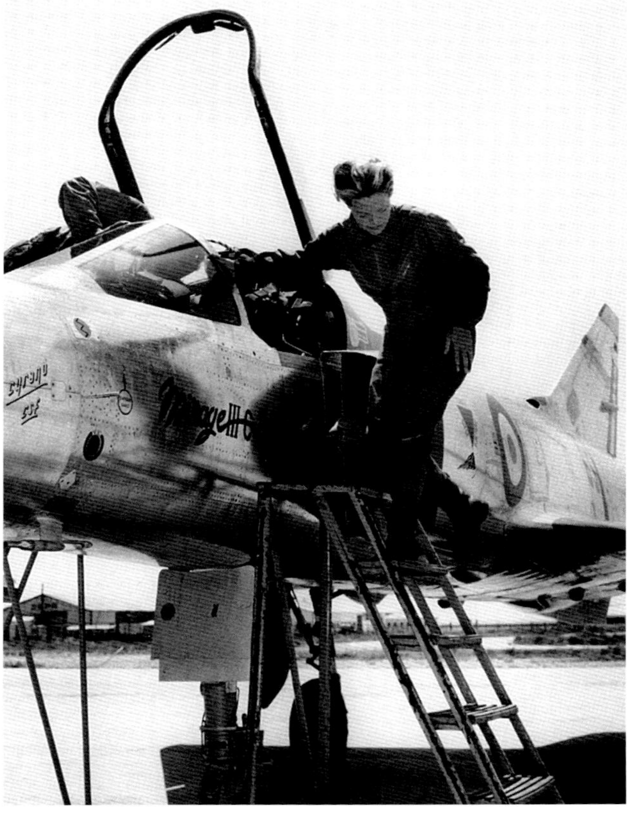

Valentina Terechkova

née en 1937, Russie

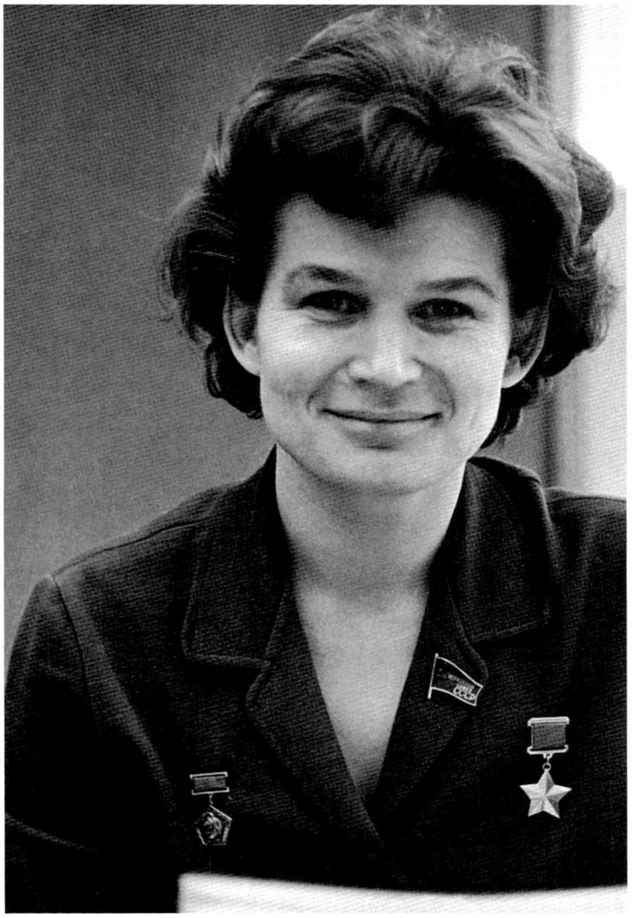

Première femme cosmonaute envoyée dans l'espace le 16 juin 1963.
À vingt-six ans, cette jeune ouvrière du textile, devenue parachutiste intrépide et secrétaire du Comité des Jeunesses communistes, correspond bien à l'image idéale de la Soviétique.
Iouri Gagarine, le héros du premier vol habité en 1961, la soutient pour ses « capacités étonnantes » et parce qu'il voit en elle « une vraie femme russe ».
Admise à l'école des cosmonautes en 1962, avec le grade de sous-lieutenante, elle réussit brillamment tous les tests, y compris le plus difficile, celui de la centrifugeuse.
Des scientifiques machistes s'opposent à l'envoi d'une femme : elle risque de perdre son sang-froid ou de ne pas être aussi endurante qu'un homme, ou encore de devenir stérile. « La Mouette » finit pourtant par l'emporter, décolle à bord du *Vostok-6* et tourne quarante-huit fois autour de la Terre pendant plus de 70 h. À son retour triomphal, elle prononce cette phrase féministe : « Vous pensiez que vous seuls, les hommes, pouviez supporter le manège diabolique ? Les femmes aussi peuvent faire quelque chose. »
Héroïne du Congrès international des femmes à Moscou en 1963, Valentina est promue lieutenante-colonelle de l'armée soviétique. Elle se marie et a une fille. Elle devient présidente du Comité des femmes soviétiques en 1977, puis membre du Comité central du parti et du Présidium du Soviet suprême en 1987. Le caractère pionnier de cet envol féminin a surtout valeur de symbole. Pour les communistes russes, c'est la preuve qu'ils sont plus forts que les Américains – la première femme américaine, Sally Ride, ne sera envoyée dans l'espace que vingt ans plus tard, après qu'une autre Soviétique, Svetlana Evgenievna Savitskaïa, a été la première à marcher dans l'espace. Pour les féministes, Valentina, « première Ève de l'espace », « a fait monter au ciel l'égalité des sexes ».

Yi So-yeon

née en 1978, Corée du Sud

Première astronaute sud-coréenne.
Championne de taekwondo, elle est doctorante en systèmes biotechnologiques.
En avril 2008, elle décolle depuis Baïkonour, au Kazakhstan, à bord de la fusée *Soyouz* qui l'emmène sur la station spatiale internationale (ISS). À Séoul, trois mille personnes assistent à ce décollage sur un écran géant.

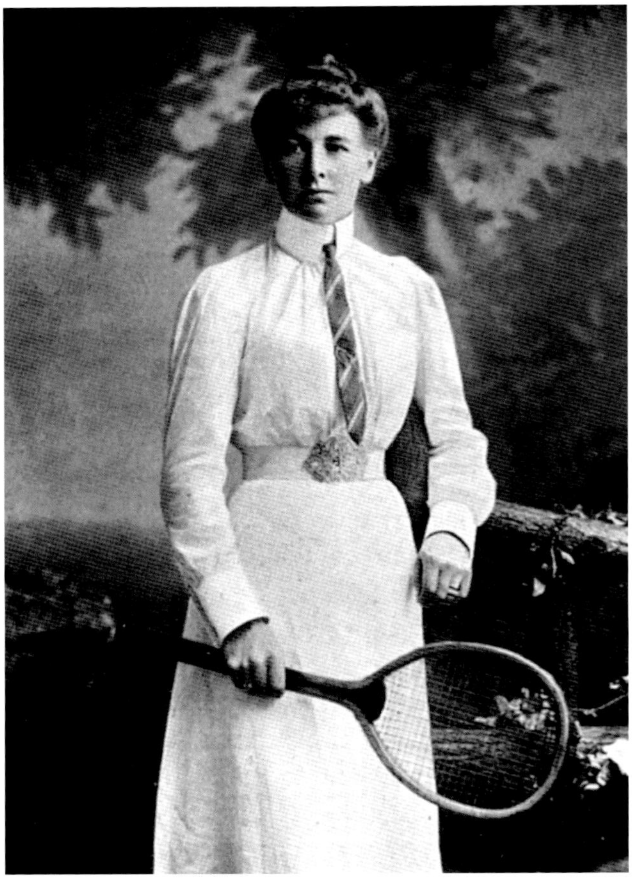

Charlotte Cooper.

Charlotte Cooper

1870-1966, Grande-Bretagne

Première femme championne aux jeux Olympiques de Paris en 1900.

Jupe longue jusqu'aux pieds, chignon pour relever ses cheveux : les spectateurs sont rassurés, la reine du gazon est « féminine ». Elle est même épouse (d'un champion de tennis) et mère (d'une fille, Gwen). Tout de même, pour qualifier ses victoires inédites dans l'histoire du sport et son jeu fulgurant, on ne trouve à dire que : « Chattie joue aussi bien qu'un homme. » Il faut le prendre comme un compliment, puisqu'il n'y avait pas de femme au niveau olympique avant elle – quoique la Britannique Maud Watson ait été victorieuse du premier tournoi féminin de Wimbledon en 1884.

Suzanne Lenglen

1899-1938, France

Championne de tennis ; elle lance vraiment le tennis féminin.

Suzanne est six fois championne du monde : la première fois en 1914, à Saint-Cloud, sur terre battue ; elle a alors seize ans. Elle remporte Roland-Garros de 1920 à 1923, en 1925 et en 1926 ; Wimbledon de 1919 à 1923 et en 1925. Elle a un jeu vif, rapide, une volée et un smash imparables, que son père lui a enseignés en la faisant jouer avec des hommes. Elle veut gagner à tout prix, quitte à boire un peu d'alcool avant le match afin d'être encore plus surexcitée. Le public n'a jamais vu une sportive, ni même un sportif, faire de tels bonds, qui la propulsent au filet, et retomber en des poses esthétiques. Elle ose des tenues insolites, surtout des jupes plissées qui montrent presque le genou et choquent ; en fait, elle crée le costume moderne du tennis féminin. Elle est le symbole de la femme émancipée, première joueuse professionnelle, payée comme un homme. Elle touche 50 000 dollars pour faire une tournée au Canada, à Cuba, au Mexique et aux États-Unis. Elle meurt jeune, d'une leucémie. Un court du stade Roland-Garros, à Paris, porte son nom.

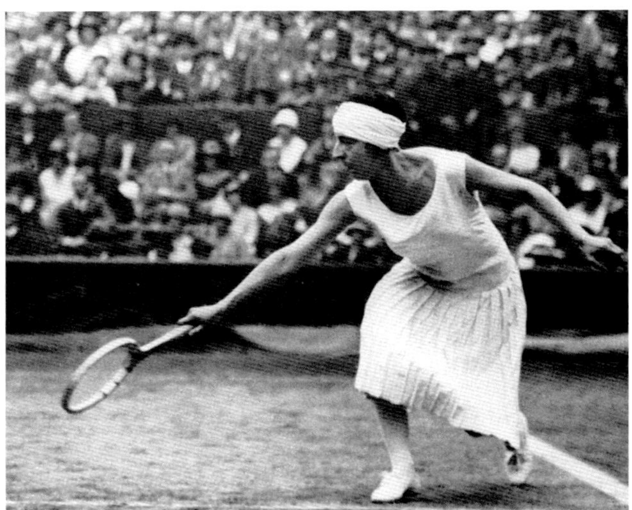

Suzanne Lenglen.

À la même époque, la grande championne américaine Helen Wills (1905-1998), redoutable avec ses coups qui partent du fond du court, a le palmarès le plus brillant de l'histoire mondiale du tennis.

Althea Gibson

1927-2003, États-Unis

Première championne de tennis noire américaine. Née en Caroline du Sud, en pleine ségrégation, Althea passe une enfance difficile dans le ghetto de Harlem. Elle a le don d'envoyer les balles avec une précision redoutable et de les rattraper avec élégance. Après l'avoir cantonnée dans les championnats réservés aux Noirs, de bas niveau, les instances dirigeantes (blanches) du tennis, en 1950, consentent à l'admettre au sein du Forest Hills West Side Tennis. En 1956, elle remporte le simple et double dame à Roland-Garros, le simple et double dame à Wimbledon, le simple et double mixte de l'US Open, enfin l'Open d'Australie. Elle est ovationnée sur la Cinquième Avenue de New York, où elle apparaît à bord d'une décapotable. Un triomphe !

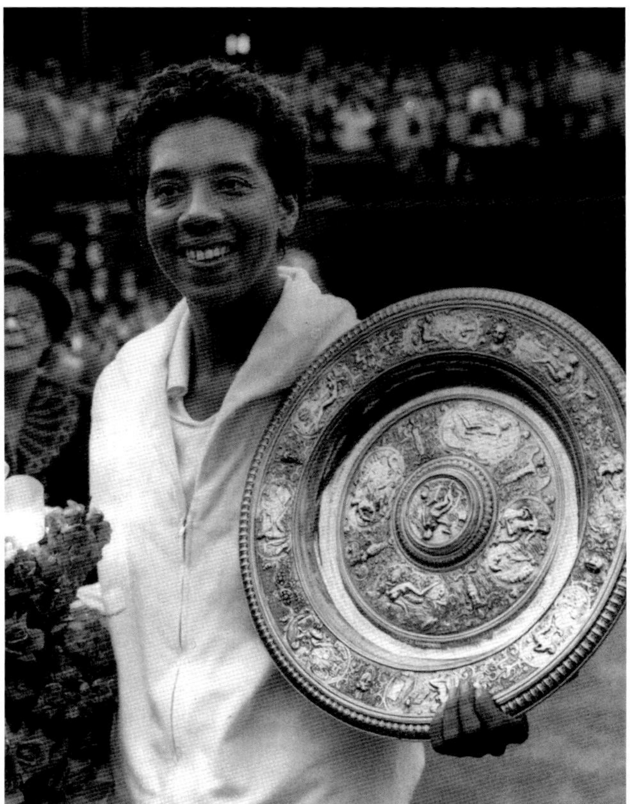

Althea Gibson.

Maureen Connolly-Brinker

1934-1969, États-Unis

Première femme à réussir le Grand Chelem en 1953. La deuxième est l'Australienne Margaret Court, la troisième l'Allemande Steffi Graf, dont la silhouette et la force sont très appréciées.
À vingt ans, Maureen est victime d'un accident de cheval qui brise sa carrière. C'est donc très jeune, et en très peu de temps, qu'elle accumule d'étonnantes victoires. Entre dix-sept et vingt ans, elle n'est rien moins que championne des États-Unis, gagnante à Wimbledon, championne d'Australie et championne de France.
Et, tout simplement, elle est championne du monde durant ces quatre années.

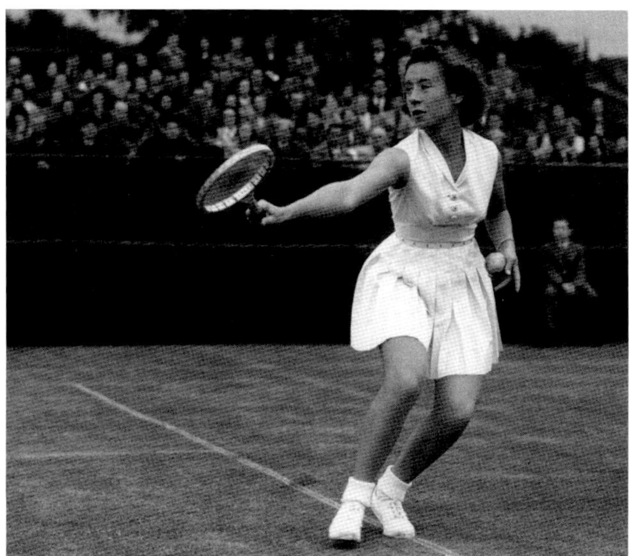

Maureen Connolly-Brinker.

Billie Jean King

née en 1943, États-Unis

Première femme à battre un champion de tennis en 1973, et première femme à diriger une équipe professionnelle masculine.

Bien qu'elle ait disputé son premier tournoi à onze ans et qu'elle soit la meilleure athlète du campus de l'université de Los Angeles (où elle fait des études d'histoire), elle n'a pas droit à une bourse pour sportifs parce qu'elle est une fille. À dix-sept ans, elle participe à Wimbledon pour la première fois, puis remporte ce tournoi à vingt-deux ans. Elle se rend compte à cette occasion que la somme attribuée aux femmes est inférieure à celle attribuée aux hommes. D'ailleurs, les médias s'intéressent beaucoup moins au tennis féminin, voire très souvent l'ignorent. Lorsqu'elle entend le champion Bobby Riggs claironner partout la supériorité masculine, Billie lance le défi d'un match homme/femme : le 20 septembre 1973, c'est le « match des sexes », cette fois hyper-médiatisé (50 millions de spectateurs), qu'elle gagne en trois manches. Cela lui permet de faire avancer le tennis féminin et de demander une égalité des prix entre hommes et femmes. Billie est la première joueuse de tennis à gagner plus de 100 000 dollars en un an. Elle remporte vingt-deux titres à Wimbledon à elle seule – c'est le record absolu – et trente-neuf titres en tournois du Grand Chelem. Après sa carrière de joueuse, elle organise le premier tournoi réservé exclusivement aux femmes. Pour défendre les joueuses et leur donner leur juste place, elle fonde la Women's Tennis Association et participe au lancement du magazine *Women Sports*. Elle fonde également la Women's Sport Foundation, destinée à encourager les futures générations de femmes sportives. Enfin, elle prend la direction de la Philadelphia Freedoms qui évolue en WTT (World Team Tennis). Elle reconnaît sans complexe être lesbienne et participe à la lutte contre le sida.

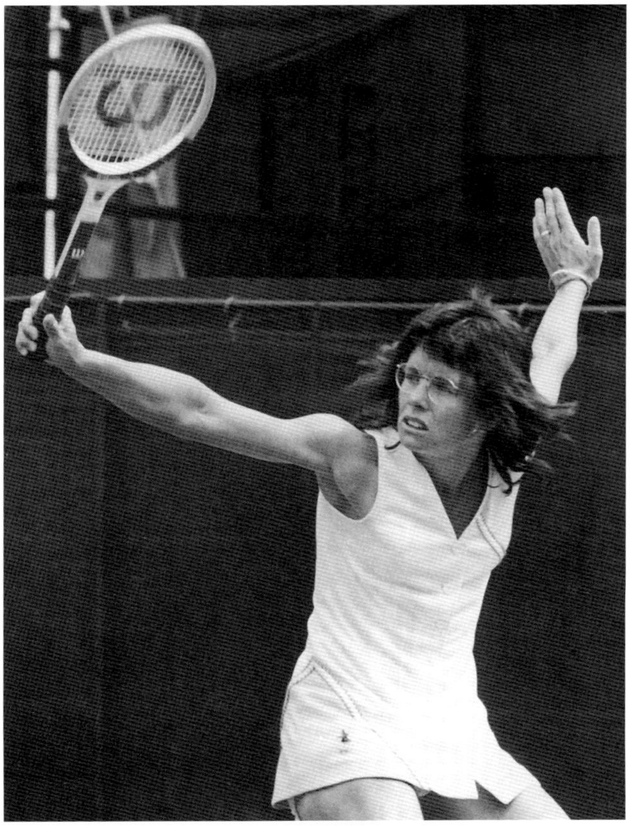

Billie Jean King lors de la Finale femme de Wimbledon, 1973.

Sania Mirza

née en 1987, Inde

Première Indienne à être parmi les cinquante meilleures joueuses mondiales de tennis.

Elle remporte le circuit junior à Wimbledon en 2003, et en 2005 elle est la première Indienne à franchir trois tours d'un tournoi du Grand Chelem ; elle est la première femme de son pays à être connue internationalement en sport. Les oulémas sunnites voient cette réussite d'un mauvais œil et lui reprochent de porter des « tenues trop courtes et corruptrices » pour la jeunesse indienne. Sania a failli être victime d'une *fatwa*. Mais elle reste calme : « Je fais du tennis et je m'habille afin d'être à l'aise pour pratiquer mon sport. » Dans son pays, elle est l'image d'une réussite féminine et même une véritable icône pour beaucoup de jeunes.

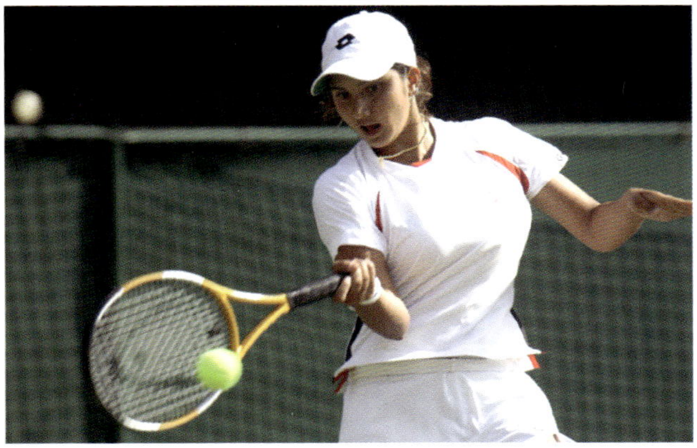

Sania Mirza.

Elle contribue à changer la place de la femme dans une société où celle-ci est traditionnellement considérée comme une charge. Elle accepte de mettre sa célébrité au service de la cause des femmes en posant, casquette sur la tête, tee-shirt à manches courtes et raquette à la main, accompagnée du slogan : « Votre fille pourrait être le prochain champion »...

Alice Milliat

1884-1957, France

Organisatrice et présidente de la Fédération des sociétés féminines sportives de France, et à partir de 1921, de la Fédération internationale de sports féminins.
D'abord institutrice, elle pratique la gymnastique, et bientôt le football, aux côtés d'autres pionnières, comme la comptable Suzanne Liébrad, la dactylo Jeanne Brûlé, la philosophe Germaine Delapierre, dans le club parisien Femina Sport, fondé en 1921. Alice défend les effets bénéfiques du sport sur la santé des femmes, en particulier des futures mères. Elle répond ainsi aux nombreuses critiques faites notamment aux footballeuses dont les premières équipes sont créées dès 1917. Les femmes ne seront admises aux jeux Olympiques qu'en 1928. Très populaire, Alice est accueillie en grande pompe à chacune de ses arrivées à Londres.

Lily Parr

1905-1971, Grande-Bretagne

Footballeuse. Première femme à faire partie du Football Hall of Fame à Preston.
Elle intègre très jeune l'équipe des ouvrières de l'usine de munitions, le Dick Kerr Ladies, dans le milieu pauvre du nord de la Grande-Bretagne. Elle se révèle tout de suite extraordinaire pour marquer les buts, surtout de son pied gauche qui frappe plus fort que les footballeurs masculins. Sa réputation dépasse bien vite sa région, et elle est admirée dans tout le pays. En 1920, à Preston, le Dick Kerr Ladies gagne 2 buts à 0 contre l'équipe de France ; Lily est ovationnée par 25 000 spectateurs. Au cours de l'année suivante, ils seront 90 000 à venir la voir jouer. Mais la Football Association, sous la pression des directeurs d'usines, interdit à l'équipe féminine de jouer sur ses terrains : c'est trop dangereux pour de faibles femmes... L'interdiction perdure jusqu'en 1971. Mais Lily continue à marquer ses buts (900 au total) et à vivre, ouvertement, son homosexualité.

Mia Hamm

née en 1972, États-Unis

Footballeuse qui compte 158 buts à son palmarès. Une malformation au pied semble lui interdire le sport. Pourtant, elle obtient une médaille d'or aux jeux Olympiques en 1996 et 2004, et aux championnats du monde en 1991 et 1999. En dix-sept années, elle totalise 276 sélections. Elle est également très qualifiée en sciences politiques. Altruiste, elle crée la Mia Foundation pour les transplantations osseuses et pour aider à favoriser le goût du sport chez les jeunes filles.

Karoline Radke-Batschauer

1909-1983, Allemagne

Première femme à gagner en course de demi-fond aux jeux Olympiques d'Amsterdam en 1928.

Cet exploit était impossible avant cette date car les femmes n'étaient pas admises à concourir. Trop dangereux pour le faible organisme féminin ! Cette année-là, on commence à admettre le 100 m féminin, le saut en hauteur, le relais du quatre fois 100 m. Mais le 800 m, en une seule fois… Les femmes ne vont-elles pas en mourir, à tout le moins perdre toute féminité ? Pourtant, une femme, Lucie Bréard, a gagné sur cette longueur, à Monaco, en 1921 et Karoline, dite Lina, entraînée par son époux Georg Radke, a même été championne d'Allemagne sur 1 000 m. Même quand elle bat le record du monde en 2'16"8, talonnée par la Japonaise Kinue Hitomi, aux fameux jeux Olympiques de 1928, les autorités lui donnent à regret la médaille qu'elle mérite, puis interdisent aux femmes la course de distance moyenne, lui reprennent le trophée… et le lui redonnent en 1956. Ce sont des pionnières comme Karoline Radke-Batschauer qui ont fait avancer l'égalité des sexes.

Mildred Didrickson

1911-1956, États-Unis

Elle est « la plus grande femme athlète du demi-siècle » (titre donné en 1949 et confirmé en 1999).

Née dans une famille qui aime le sport, elle va pulvériser des records dans presque toutes les disciplines : base-ball, basket, javelot, course, haies, saut en hauteur, gymnastique, tennis, ski, boxe, football et golf. À dix-sept ans, « Babe » est déjà victorieuse dans les épreuves féminines du championnat des États-Unis d'athlétisme ; elle reçoit le titre de championne du monde du lancer de javelot en 1930, et deux médailles d'or et une d'argent aux jeux Olympiques de Los Angeles en 1932 pour le saut en hauteur et le 80 m haies ; en une seule journée, elle participe à huit épreuves et en remporte six, dont trois en établissant le record du monde. Elle est hautement qualifiée en football, tir, cyclisme, natation et billard.

Elle commence le golf en 1935 et, en quelques années, devient première joueuse mondiale. En 1938 elle épouse George Zaharias, champion de lutte. En 1946 elle gagne l'US Open national.

En 1947, sur dix-huit tournois, elle remporte dix-sept victoires. Pendant quatre années de suite (de 1948 à 1951), elle tient la tête du World's Championship. Atteinte d'un cancer, elle gagne plusieurs championnats, dont un à peine un mois après avoir été opérée. Les Américains honorent sa mémoire : en 1981, ils éditent un timbre à son effigie, et en 1999 le magazine *Sport illustrated* l'élit « Athlète féminine du siècle ».

Alice Coachman

née en 1923, États-Unis

Athlète, spécialiste du saut en hauteur.

Première femme noire récompensée d'une médaille d'or aux jeux Olympiques de Londres en 1948. Pendant sa jeunesse, dans sa Géorgie où sévit le Ku Klux Klan, Alice connaît la misère et l'horreur raciste. Les équipements sportifs sont alors interdits aux personnes de couleur. Au Tuskegee Institute d'Alabama, sa détente parfaite au saut et sa rapidité foudroyante à la course sidèrent les moniteurs – elle n'a pourtant pas eu d'entraînement sérieux ! À seize ans, elle est championne de saut en hauteur. Tout en continuant ses études à l'université de l'État de Géorgie où elle obtient un diplôme d'économie en

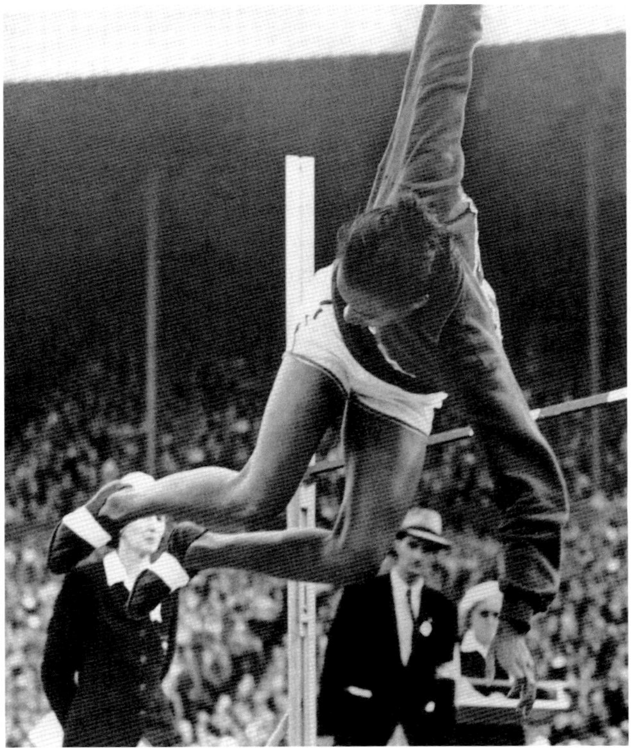

En 1948, au stade de Wembley, Alice Coachman gagne un nouveau record olympique en franchissant la barre de 1,68 m en saut en hauteur.

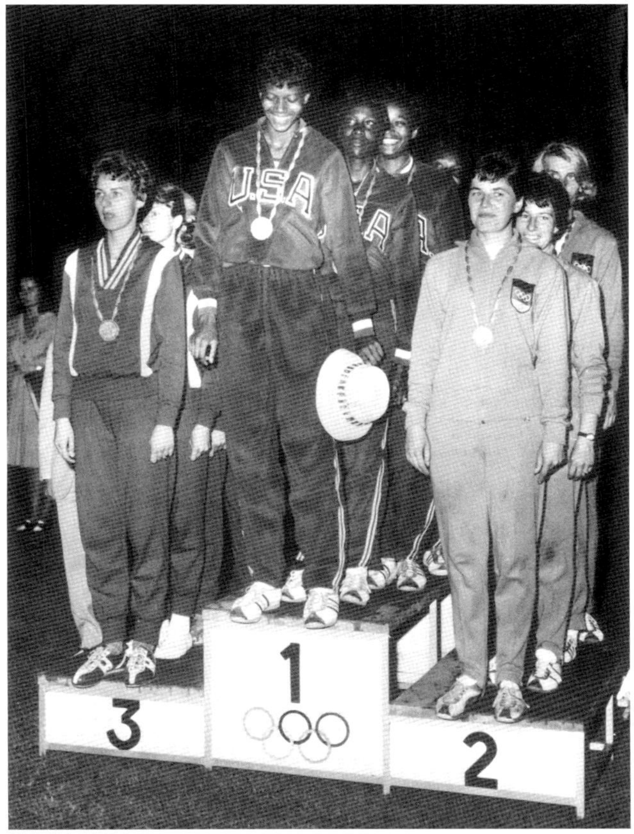

Le podium du relais 4×100 mètres Dames des jeux Olympiques de Rome en 1960. Wilma Rudolph est en première ligne sur la plus haute marche du podium.

1947, elle trouve le moyen d'être également championne au sprint et en basket-ball. De 1939 à 1948, elle remporte le prix de saut en hauteur, et le 7 août 1948 elle saute 1,68 m à son premier essai aux jeux Olympiques de Londres. Alice appartient à plusieurs organismes prestigieux : National Track and Field, International Women's Sports, Black Athletes, Tuskegee, State of Georgia et Bob Douglas. Elle porte la flamme olympique aux jeux d'Atlanta en 1996. Chaque printemps, en son honneur, Albany, sa ville natale, organise des courses « Alice Coachman ».

Wilma Rudolph

1940-1994, États-Unis

Surnommée « la gazelle noire ».

Première femme à courir le 100 m en 11˝ en 1961. Aux jeux Olympiques de Rome, l'année précédente, elle a remporté trois médailles d'or, pour le 100 m, le 200 m et le relais 4 × 100 m avec d'autres athlètes renommées du Tennessee, Barbara Jones, Lucinda Williams et Martha Hudson.

Elle est nommée « Athlète féminine de l'année » en 1960 et remporte le très prestigieux Sullivan Award de la meilleure athlète en 1961. Ses exploits sont d'autant plus remarquables que les débuts de sa vie ont été semés d'embûches. Dix-septième enfant dans une fratrie de vingt et un, elle contracte successivement une scarlatine, une double pneumonie et la poliomyélite, qui la rend infirme entre quatre et dix ans. Une attelle métallique soutient sa jambe gauche, sa mère et ses frères et sœurs la massent plusieurs heures par jour, elle-même fait preuve d'une rare énergie.

Après sa triple victoire, elle devient l'athlète la plus admirée des jeux Olympiques. De plus, elle est diplômée de l'université du Tennessee.

Joan Benoit

née en 1957, États-Unis

Première femme couronnée championne olympique au marathon en 1984.
Elle court à petites foulées mais à une vitesse constante. En 1983, Joan laisse loin derrière elle les autres concurrentes, parcourant la boucle de Boston en 2h 22´43´´; avec 18km/h de moyenne, elle surpasse les meilleurs coureurs hommes, Zatopek et Mimoun : c'est le record du monde. L'année suivante, aux jeux Olympiques de Los Angeles, elle gagne la médaille d'or, parcourant plus de 42 km en 2h24´52´´, alors que moins d'un mois avant elle venait d'être opérée du ménisque. Elle bat son propre record en 1985, avec 2h21′21″.

Nawal el-Moutawakel

née en 1962, Maroc

Première femme du Maghreb championne olympique en 1984.
Issue d'un pays qui ne favorise ni les femmes, ni leur activité sportive, de surcroît petite (1,59 m), Nawal crée la surprise en remportant la course du 400m haies des jeux Olympiques de Los Angeles. En 1983, elle a déjà remporté la médaille d'or aux jeux méditerranéens, à Casablanca, et elle a fait carrière grâce aux cours de l'université américaine de l'Iowa, dont elle sort diplômée. Après sa victoire aux jeux Olympiques, le roi Hassan II lui réserve un accueil triomphal à Casablanca, le peuple marocain l'acclame, et le roi Fayçal d'Arabie, plusieurs souverains des Émirats et le colonel Kadhafi lui font un pont d'or. Entraîneuse depuis 1989, elle devient membre du comité exécutif du CIO (Comité international olympique) en 2008, et elle préside la commission d'évaluation pour les jeux Olympiques de 2012. Dans son pays, elle est nommée

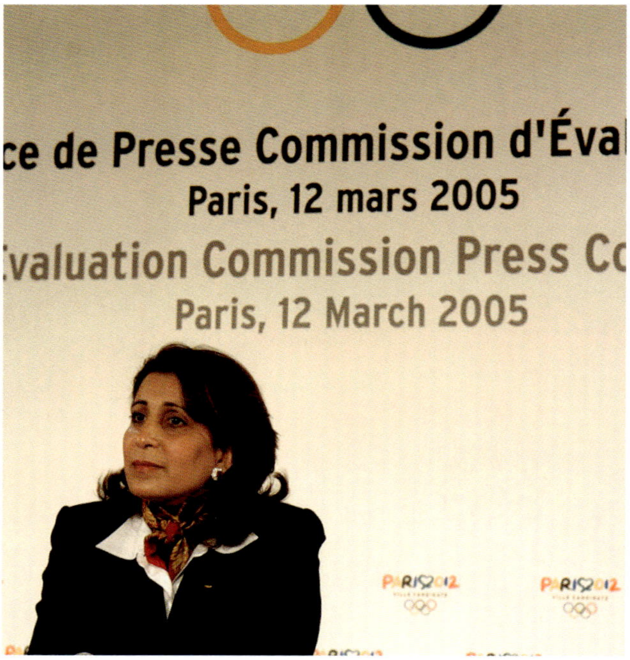

Nawal el-Moutawakel, 2005.

secrétaire d'État à la Jeunesse et aux Sports en 1997. Elle devient vice-présidente de la Fédération royale marocaine d'athlétisme en 2007, puis ministre de la Jeunesse et des Sports la même année. Nawal est aussi mère d'une fille (née en 1992) et représente un véritable symbole d'émancipation.

Hassida Boulmerka

née en 1968, Algérie

Première Algérienne championne olympique en 1992. En 1991, elle dédie aux « femmes algériennes » sa première grande victoire au 1 500 m des championnats du monde d'athlétisme de Tokyo, qui fait d'elle la championne du monde de la distance. Hassida défie ainsi les islamistes qui l'accusent de « déshonorer la femme musulmane authentique en courant les jambes et les bras nus… ». Elle revient à Alger où elle est accueillie par une foule en liesse. Aux jeux Olympiques de Barcelone, elle gagne la médaille d'or avec un temps record : 3´55´´30 pour 1 500 m. Hassida dédie sa vic-

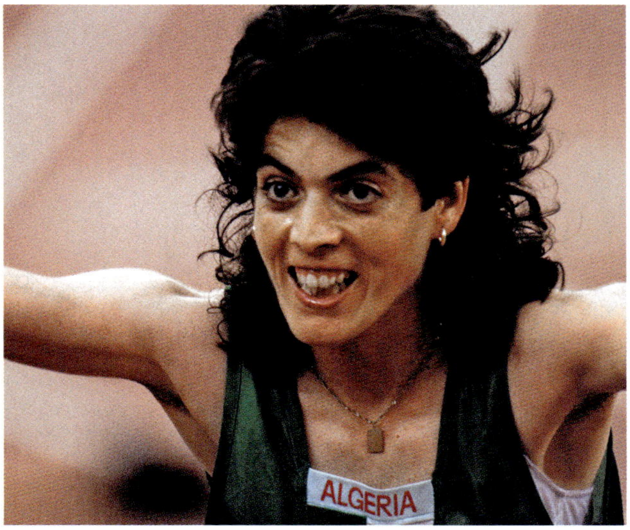

Hassida Boulmerka en 2002 lors des jeux Olympiques de Barcelone.

toire au président Boudiaf mort assassiné, et déclare : « Je cours pour une Algérie en paix, libre et sans extrémisme. » En 1995, à Göteborg, elle reçoit sa médaille en la décernant « à toutes les femmes du monde qui souffrent la même chose [qu'elle] et, en particulier, les femmes algériennes ». C'en est trop pour les barbus. Elle reçoit des menaces mais continue à remplir sa mission de porte-parole de la dignité et de la liberté du peuple et des femmes. « Je suis un exemple de volonté, affirme-t-elle. Je ne céderai à aucun chantage. Je veux aussi aider les femmes de mon pays, car je suis sûre que ce sont elles qui sauveront l'Algérie. »

Cathy Freeman

née en 1976, Australie

Première femme aborigène championne olympique en athlétisme en 2000.

Issue d'un peuple méprisé et chassé de ses terres par la colonisation, Cathy tient à lier ses victoires sportives à la reconquête de la fierté de son peuple. Aux jeux du Commonwealth, au Canada, en 1994, lorsqu'elle gagne le sprint du 400 m, elle ne refuse pas de brandir le drapeau de l'Union Jack mais y adjoint celui de la communauté aborigène : un soleil sur fond rouge et noir. L'Australie n'est pas encore prête à redonner leurs droits aux indigènes qu'elle a spoliés ; c'est seulement le 13 février 2008 que le Premier ministre travailliste, Kevin Rudd, présente des excuses officielles pour les injustices subies par ce peuple pendant deux siècles.

Championne du monde en 1997 à Athènes et à Séville en 1999, elle se doit d'être victorieuse aux jeux de la XXVIIe Olympiade à Sydney. Elle le sera, mais elle n'oublie pas de féliciter affectueusement l'Afro-Américaine Marion Jones, qui a gagné le 200 m. Elle a même l'honneur d'allumer la vasque de la flamme, entourée d'hommes vêtus de feuillages et de peintures, le front ceint d'un bandeau rouge. En 2001, elle reçoit l'Ordre olympique du CIO. Cathy fait alors cette déclaration : « Je suis une petite Noire, sortie du bush, en quête de liberté, fière de son identité et qui tente de courir le plus vite possible. »

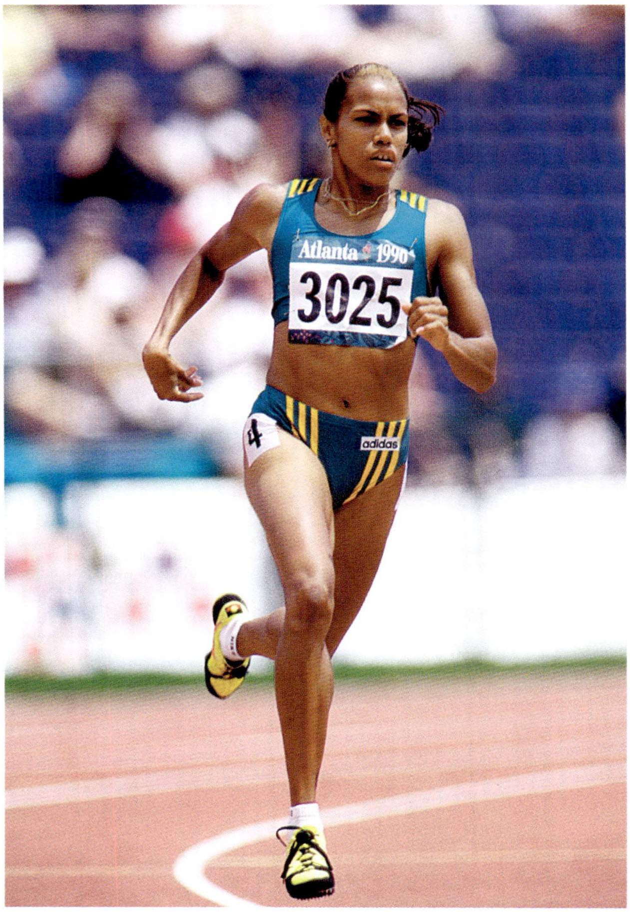

Cathy Freeman lors des jeux Olympiques d'Atlanta, 1996.

Juanita Cruz

1917-1981, Espagne

Torera.

Dès 1932, elle donne l'estocade à un taurillon et devient professionnelle l'année suivante. Vêtue d'une jupe-pantalon (critiquée par les hommes), elle met à mort plus de mille taureaux, bataillant également contre les préjugés misogynes (certains toreros refusent de participer aux mêmes corridas qu'elle) et contre les lois sexistes (pendant longtemps les femmes n'ont pas eu le droit de toréer). Lorsque les Espagnols interdisent à Juanita de toréer, la traitant de « rouge et ennemie de Franco », elle s'exile en Amérique du Sud.

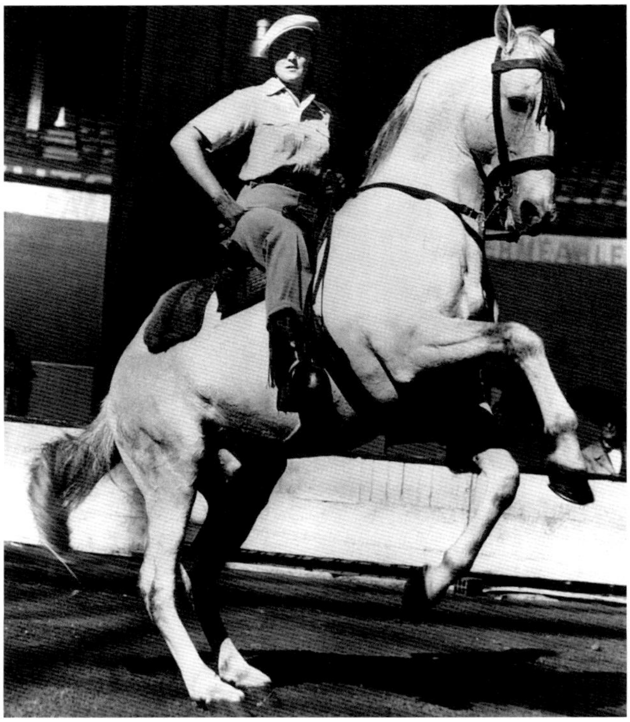

Conchita Cintron, en 1949.

Conchita Cintron

1922-2009, Pérou

Torera.

Dès l'âge de dix ans, elle est remarquée pour son courage et son adresse par son professeur de tauromachie. Elle devient la première torera professionnelle, d'abord *rejoneadora* (à cheval) puis *matadora* (à pied). Elle est acclamée à toutes les représentations. Sa première grande corrida a lieu à Lima en 1936. Elle est très populaire en Amérique du Sud, au Mexique où on l'appelle « la déesse d'or », au Portugal et en Espagne. Au cours de sa carrière, elle mettra à mort quatre cents taureaux. En 1991, elle « donne l'alternative » (transmet l'épée) à la torera française Marie Sara.

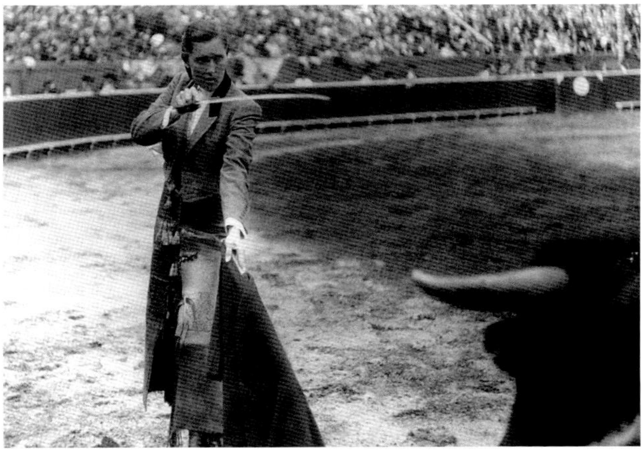

Conchita Cintron, à Bordeaux, en 1950.

Myriam Lamare

née en 1975, France

Première femme championne du monde de boxe.

Elle poursuit ses études mais ne s'intéresse vraiment qu'au sport : athlétisme, tennis, voile, plongée sous-marine – elle devient monitrice dans cette dernière discipline. Le *full contact* déclenche chez elle une véritable passion : elle cogne, elle gagne, elle est puissante. Elle commence par la boxe française en 1996, catégorie poids légers, puis se lance en 1999 dans l'aventure de la boxe anglaise, discipline nouvelle dans l'Hexagone. Elle devient championne de France dès 1999, cham-

pionne d'Europe en 2000, et depuis 2004 elle est championne du monde de boxe professionnelle reconnue par le WBA (World Boxing Association).
Fin 2005, elle gagne sur l'Anglaise Jane Couch la ceinture mondiale WIBF (Women International Boxing Federal). Elle remporte la victoire dans ses onze combats professionnels. Elle affronte quatre combats par an, et le reste du temps se soumet à un entraînement et à un régime draconiens. Elle est membre du CIO.

Regina Halmich

née en 1976, Allemagne

Championne du monde de boxe de 1997 à 2007.
« Je suis fière que la boxe féminine soit sortie du néant avec moi ! » clame-t-elle (oubliant au passage quelques championnes). Il est vrai que Regina est déjà reconnue en 1992, alors que la boxe féminine est interdite jusqu'en 1994. Elle excelle au karaté, au kickboxing, et devient championne du monde de boxe à dix-neuf ans. Déchaînée, sauvage, capable de casser le nez d'un animateur télé, elle est à la fois la bête et la belle – comme lorsqu'elle pose pour *Playboy*. Fort sage, puisqu'elle décide de raccrocher ses gants à trente et un ans, au faîte de sa gloire, après avoir gagné un dernier combat dans sa ville natale, Karlsruhe, déplaçant des milliers de fans, excitant des foules de téléspectacteurs. Regina, la star.

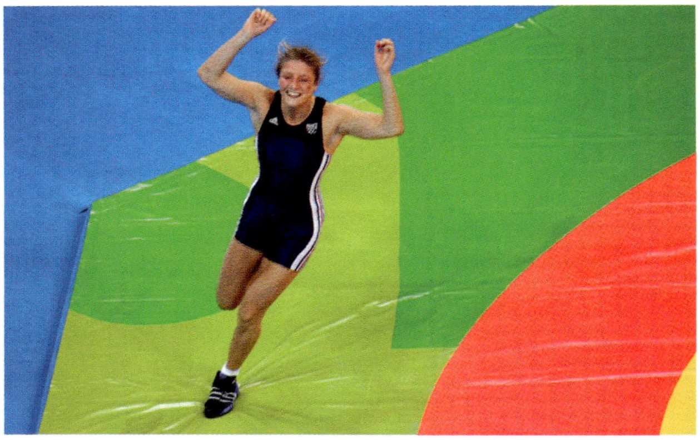

Lise Legrand

née en 1976, France

Lutteuse.
Championne du monde juniors en 1993, seniors en 1995, 1997, 2000, 2001 et 2003. C'est peu avant sa naissance que la lutte féminine est reconnue comme une discipline par la Fédération française, et en 1983 au plan international.
Lorsqu'elle était enfant, elle était timide et craignait de « rencontrer des personnes ». Elle a donc décidé de les approcher de très près, de les empoigner, et la voilà « possédée par le démon du tapis », « heureuse comme un poisson dans l'eau » lorsqu'elle lutte. Elle affirme que, « pratiquée au féminin, la lutte est plus aérienne, plus ouverte ». Ce qui ne l'empêche pas d'être habitée par l'envie de vaincre. D'où son avalanche de titres de championne, de France en 1991, puis du monde. Quand, pour la première fois, la catégorie entre aux jeux Olympiques à Athènes, en 2004, Lise vient à bout de la championne grecque Stavroula Zygouri en moins de trois minutes et gagne une médaille de bronze qui, selon elle, « vaut de l'or ». Elle est décorée de l'ordre du Mérite.
Elle est battue aux jeux Olympiques de Pékin, en 2008, mais elle avait de toute façon décidé de s'arrêter afin de laisser la place aux plus jeunes (telle la championne du monde Audrey Prieto) ; de plus, elle désire avoir du temps pour élever son fils, né en 2005.
« Sportive de haut niveau, c'est trop de sacrifices », juge-t-elle sagement. Elle a d'ailleurs des activités moins compétitives : auxiliaire de puériculture à la Maison de la petite enfance ; représentante des athlètes de haut niveau à la Fédération française de lutte ; marraine de l'Association européenne contre les leucodystrophies.

Lise Legrand après sa victoire sur Stavroula Zygouri aux jeux Olympiques d'Athènes, le 23 août 2004.

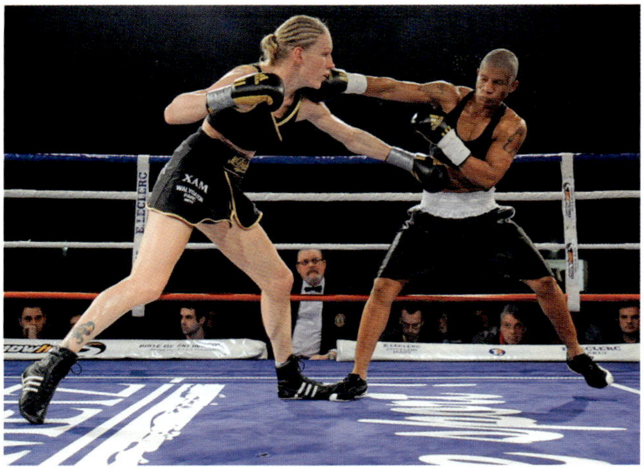

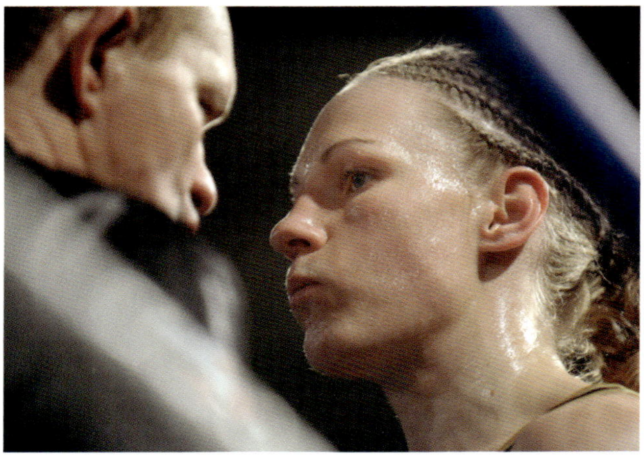

Anne-Sophie Mathis, 2008.

Anne-Sophie Mathis

née en 1977, France

Championne du monde de boxe française des super-légères pour la WBA et la WIBF (quinze victoires, une défaite).
Le 29 juin 2007, elle affronte à Marseille Myriam Lamare ; elles avaient déjà combattu au palais omnisports de Bercy en décembre 2006. Les deux fois, Anne-Sophie est gagnante. Orpheline de père, et mère d'une petite Lena, elle dit que le ring l'a aidée à trouver des repères et un sens à son existence, même si sa fille passe avant. Son rêve ? Trouver un « boulot fixe » (elle fait une formation d'éducateur sportif) et un logement. Elle n'hésite pas à jouer son titre à Metz, en 2008, contre la Panaméenne Ana Pascal, une gauchère invaincue, surnommée « dynamite », tenante du titre UBC. En voyant boxer sa rivale, Anne-Sophie se délecte à l'avance du prochain combat : « Ça boxe en crochet et très large avec puissance. Ça va être chaud ! J'aime en vrai défier ce genre de personne. » Et le 8 mars, elle remporte la victoire. Son entraîneur, René Cordier, d'abord réticent à s'occuper d'une femme, est très admiratif : « Elle a faim, au propre comme au figuré, et elle aspire à la reconnaissance. Les filles travaillent davantage, sont à l'écoute et capables de se remettre en cause. »

Lekha KC

née en 1981, Inde

Championne du monde de boxe.
Issue d'une famille de classe moyenne, elle dit n'avoir jamais rencontré d'obstacles à la pratique de ce sport si peu conforme à l'image traditionnelle de la femme indienne (pourtant ses parents considèrent qu'à vingt-cinq ans, il est temps qu'elle se marie, ce qui voudrait dire mettre fin à sa carrière). Elle ne pense pas que la boxe soit un sport à risque, comme on le lui répète souvent, pas plus que le judo, en tout cas, où elle s'est fait sa « plus grosse blessure ».
Armée de cette calme certitude, de ses 75 kilos et d'une gauche impressionnante, Lekha KC décroche, en novembre 2007, quatre médailles d'or au Championnat mondial de boxe féminine, qui se tient à Delhi, dans son pays. Elle surpasse donc les Russes, les Coréennes et les Chinoises qui d'habitude sont les plus fortes.
Elle regrette seulement que la boxe féminine ne soit pas une discipline olympique et que, par conséquent, les investisseurs ne se bousculent pas auprès des championnes.

Alfonsina Strada

1891-1959, Italie

Première femme championne cycliste.

Elle remporte trente-six victoires sur les cyclistes masculins.

Ses parents sont honteux d'avoir une fille pédalant sur les routes et elle s'éloigne le plus possible du domicile familial, au fin fond de la campagne émilienne. Pour la calmer, ils exigent qu'elle se marie, mais son époux lui offre un beau vélo comme cadeau de mariage.

En 1917 elle se lance dans le Tour de Lombardie, finit 32e et 21e en 1918. Ce n'est pas la meilleure place, certes, mais les autres concurrents sont des hommes et c'est un exploit d'avoir osé concourir et d'avoir bouclé le tour. Elle veut plus, elle veut le maximum : le Giro d'Italie, 3 500 km, en douze étapes de 230 km.

En 1924, inscrite sous le nom d'Alfonso, elle tombe dans la boue, casse son guidon, le répare avec un manche à balai, mais elle ne peut être classée car elle termine hors du temps limite. Même disqualifiée, elle a réussi à aller jusqu'au bout ; à chaque étape les spectateurs attendaient pour voir ce « diable en jupons », l'encourageant de toutes leurs forces, et la foule l'acclame à son arrivée à Milan. Les Italiens reconnaissent que celle qui les a défiés est une *campionissima*. À quarante-sept ans, elle bat encore le record de l'heure féminin. Elle meurt écrasée par sa moto, qui était devenue son sport favori.

Jeannie Longo

née en 1958, France

Coureuse cycliste.

En 1979, elle se lance dans sa première course officielle, seule fille entourée de garçons plus jeunes : elle gagne sans effort. Elle obtient trois victoires au Tour de France cycliste féminin, en 1987, 1988 et 1989. En 1989, elle remporte le championnat du monde et le record féminin de vitesse (45 km/h). Elle gagne la médaille d'or aux jeux Olympiques d'Atlanta en 1996. En 2000, à Mexico, elle bat le record du monde de l'heure : plus de 45 km/h. En 2004, elle remporte le championnat de France sur route et elle est élue sportive du siècle, avec un total de huit cents victoires.

En 2008, à cinquante ans, elle est championne de France du contre-la-montre et de la course en ligne. Étant donné que le machisme français met encore des bâtons dans les roues des femmes cyclistes, elle siège à l'Observatoire de la parité entre hommes et femmes.

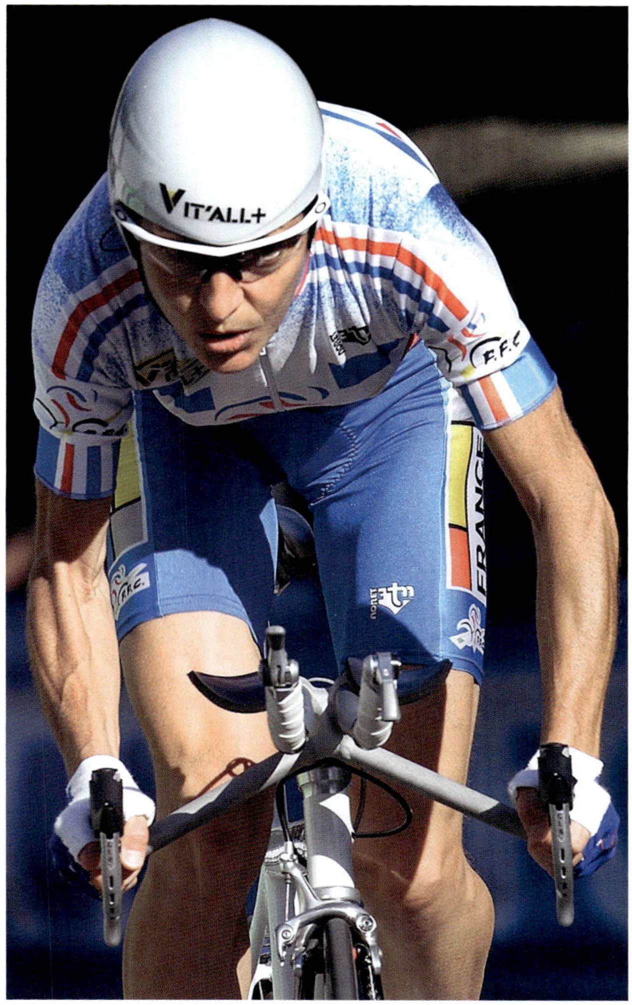

Jeannie Longo, 2001.

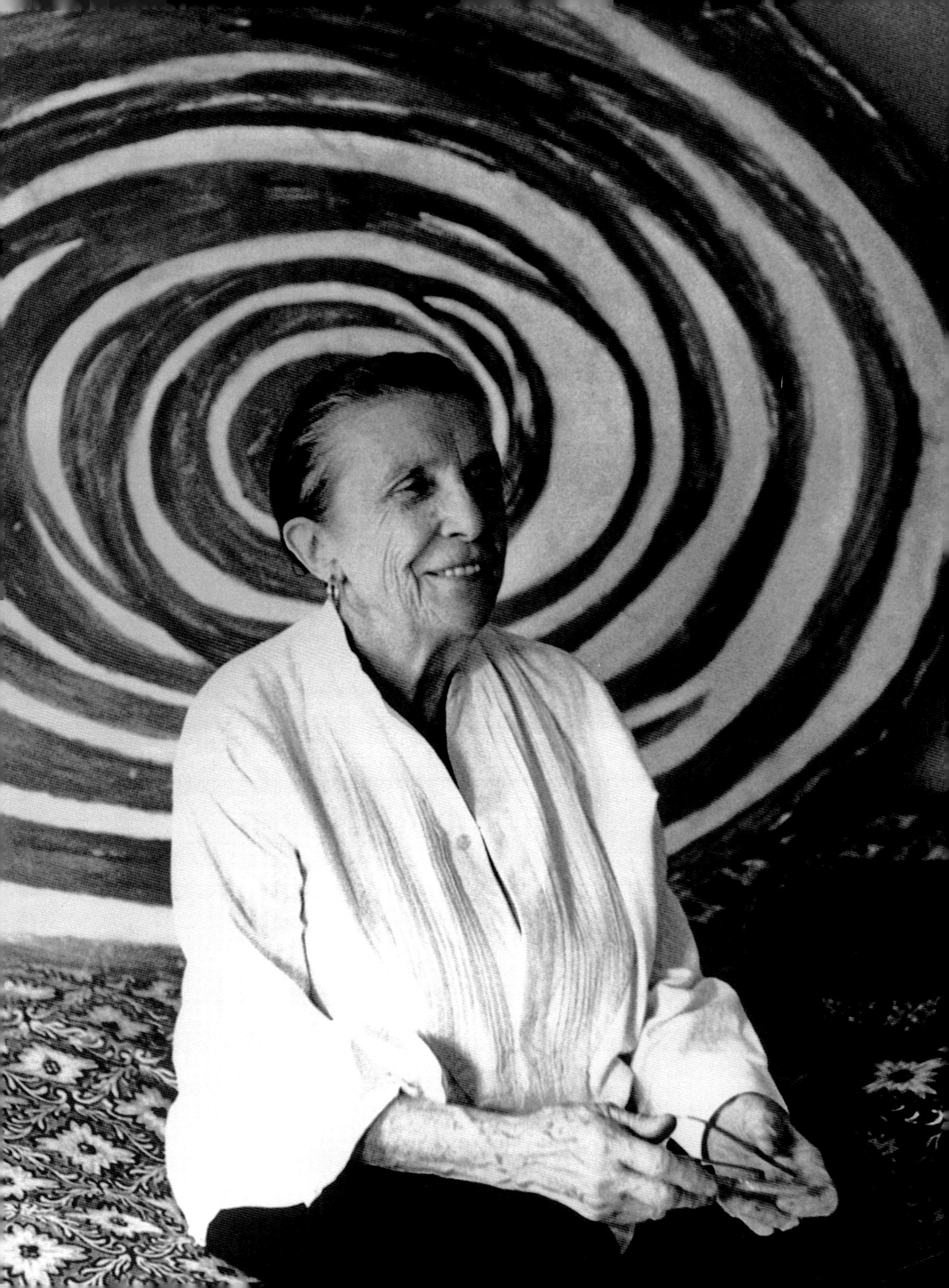

Louise Bourgeois, en 1997.

Les femmes de l'art

« La femme de génie
n'existe pas ; quand elle existe,
c'est un homme. »

Octave Uzanne

Créer ou procréer, il faut choisir – si on en croit une rumeur venue du fond des âges – et puisqu'aux femmes est réservé de mettre au monde des enfants, elles ne peuvent pas (ou ne doivent pas) accoucher d'œuvres d'art. Cette curieuse alternative a bien servi le sentiment de supériorité masculine, mais a aussi été intériorisée par certaines femmes. La grande écrivaine **Marguerite Yourcenar**, première femme à être admise parmi les immortels de l'Académie française, argumente qu'« un grand roman présuppose un libre regard porté sur la vie et un luxe de puissance créatrice, qui ne s'est donné jusqu'à présent libre cours que dans la maternité physiologique ». Une seule trouve grâce à ses yeux, **Selma Lagerlöf**, n'ayant eu ni compagnon ni enfant. Même la grande photographe **Gisèle Freund** (brièvement mariée, mais sans enfant) pense que s'il y a si peu de femmes reporters, ce n'est pas qu'elles manquent d'ouverture d'esprit, de patience, d'une santé à toute épreuve, « d'habileté et de courage devant les situations les plus inattendues », c'est que le reportage est peu conciliable avec une vie de famille. Comment a donc fait, par exemple, la Japonaise Murasaki Shikibu, pour être mère d'une fille et en même temps écrire le *Dit de Genji*, une somme de deux mille pages ? C'était vers l'an 1000... Des siècles plus tard, le préjugé persiste : une femme ne peut être à la fois artiste et mère. À la fin du XIXe siècle, on surnomme la peintre **Valadon** « Suzanne la folle », ou « la mauvaise mère d'Utrillo le maudit » (elle l'a tout de même initié à la peinture). Que ne dit-on pas d'une femme un peu libérée des tabous ? L'essentiel n'est-il pas la puissance de son œuvre ? Un critique s'écrie en regardant les tableaux de Suzanne Valadon : « Demain, la femme peintre sera libre et l'égale de l'homme. »

Marguerite Duras entourée de ses papiers dans une chambre bien à elle.

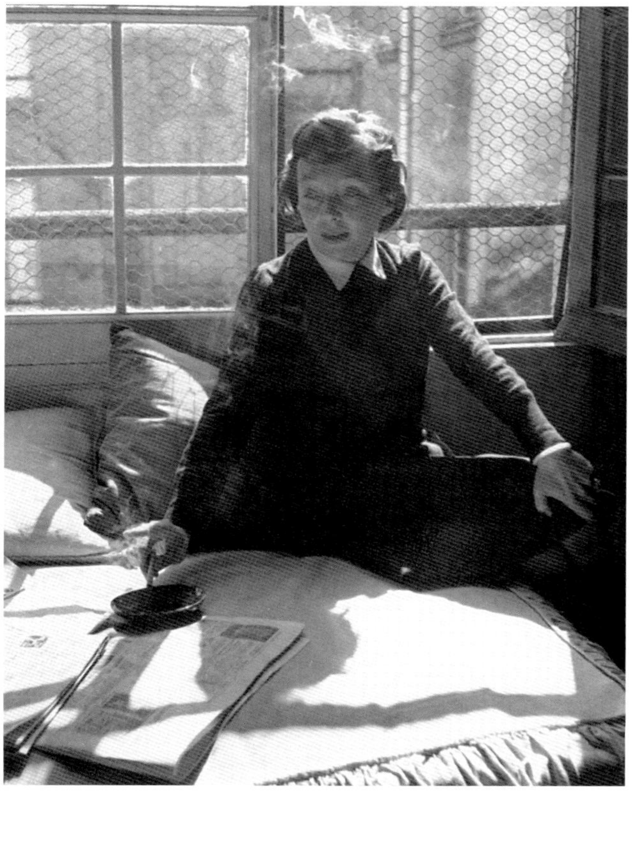

Longtemps, pour excuser les femmes de sortir de « leur » rôle, des voix masculines faisant autorité ont mis l'accent sur l'aspect maternant de leur œuvre. Les jurys du Nobel n'ont-ils pas une image de la femme qui se rapproche de la Vierge Marie, mère des sept douleurs, ayant compassion des malheureux, sauvant l'humanité par sa tendresse ? En effet, les cinq premières écrivaines nobélisées exaltent la maternité, réelle ou symbolique, à travers des œuvres empreintes de souffrance et de déchirement. Ainsi **Nelly Sachs** ; ainsi **Gabriela Mistral**, qui a mis sa plume au service des pauvres et des enfants de son pays ; ainsi **Sigrid Undset**, qui rêve d'un monde régénéré grâce à la bonté féminine et au dévouement des mères ; ainsi **Grazia Deledda**, récompensée « pour ses talents multiples, elle qui est une épouse et une maîtresse de maison modèles, et une romancière de haut mérite ». Cette étrange façon de faire passer la reconnaissance littéraire après l'apprécia-

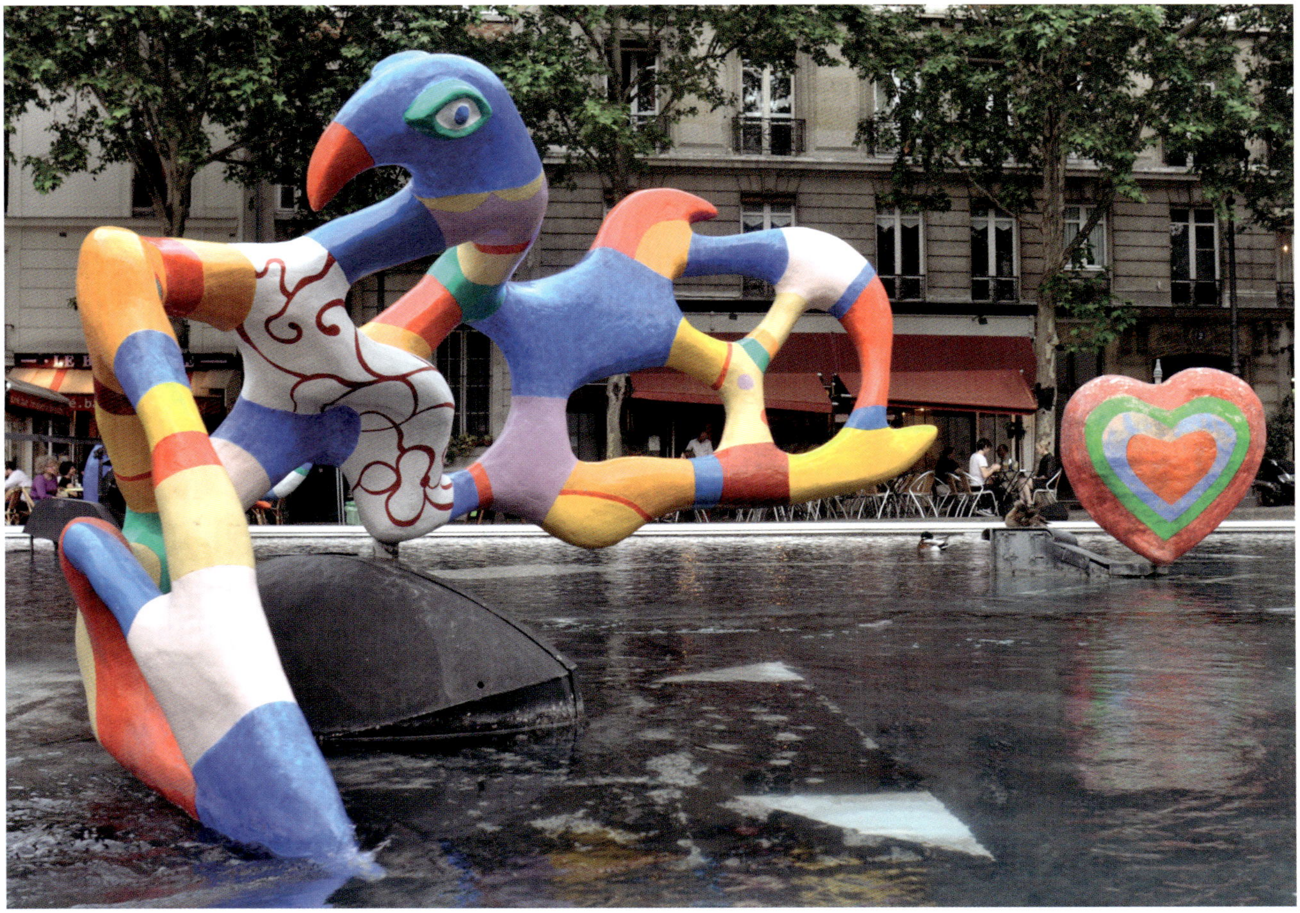

La Fontaine Stravinski, *signée par Niki de Saint-Phalle et Jean Tinguely, Paris.*

tion de femme au foyer correspond bien, en fait, à l'idéologie de l'auteure. Car les femmes elles-mêmes semblent parfois vouloir se faire pardonner leur audace d'être des créatrices. Selma Lagerlöf considère que les femmes apportent au monde amour et compassion, alors que les hommes le mènent à la destruction ; pour que la guerre n'éclate pas, il faut faire entendre la voix des femmes. Leurs écrits sont donc utiles au bonheur de l'humanité.

En 1929, dans *Une chambre à soi*, l'écrivaine anglaise si novatrice, **Virginia Woolf**, assure que, pour être libre de créer, « il est indispensable qu'une femme possède quelque argent et une chambre à soi » – une indépendance financière et la tranquillité morale. La plasticienne allemande **Paula Modersohn-Becker** préféra la sécurité du mariage, mais à quel prix ? Lorsque sa recherche d'un dépouillement pictural alla vers les formes primitives, son mari, peintre lui-même, observa : « Elle adore la couleur – mais avec une rudesse contraire à la peinture. Elle vénère l'art primitif et c'est bien dommage. » Sa véritable originalité réside sans doute dans la façon dont elle s'affirme en tant que femme, sans se plier à ce qu'on attend de son sexe. Quand elle peint son *Autoportrait au collier d'ambre* (1906), ses mains sont épaisses, ses épaules solides, son visage est puissant ; et son mari de traduire : « des mains comme des cuillers, des nez comme des massues, des bouches comme des plaies ouvertes». Elle écrivait dans son journal : « Il est bon de se délivrer des comportements qui nous prennent le ciel. » Aujourd'hui, le fait que la sculptrice **Niki de Saint-Phalle** partage la vie de l'artiste Jean Tinguely n'entrave en rien son élan créateur : au contraire, ils s'associent souvent pour créer des œuvres comme la *Fontaine Stravinski* (place Beaubourg, à Paris, où des sculptures cracheuses d'eau interprètent *L'Oiseau de feu*) ou *Le Cyclope* (œuvre délirante d'inventivité, dans la forêt de Fontainebleau), dans lesquelles les deux génies, différents et complémentaires, jouent librement. On note le progrès accompli depuis le début du XXe siècle : lorsque deux génies s'aimèrent, Rodin et Camille Claudel, l'un sombra, la femme.

Camille Claudel fut d'autant plus pionnière qu'elle n'hésita pas à représenter, à côté de corps sublimes et sensuels, des corps féminins terriblement vieillis. Et la liberté de se voir, et de voir le corps féminin comme elles l'entendent, les artistes féminines l'ont acquise difficilement. Il s'agit d'une véritable transgression, car, depuis la naissance de l'art, les artistes masculins se sont approprié la représentation du corps féminin – de même que les hommes se sont approprié le corps réel des femmes. Camille Claudel et Suzanne Valadon osent même aborder le nu masculin. Ainsi basculent tous les rapports traditionnels, homme/femme, actif/passif, sujet/objet.

Passionnante et ardue conquête pour les femmes : être reconnues dans leur faculté même de créer et imposer leur statut d'artistes. Cézanne ne disait-il pas : « On peint avec ses couilles » ? Et Picasso renchérissait : « L'art, c'est la chose mentale et les couilles. » Albert Cohen n'assurait-il pas sans ciller qu'il n'y a pas de femme écrivain, parce qu'elles sont inférieures aux hommes, et que Yourcenar est trop laide pour être un bon écrivain. À ce niveau de

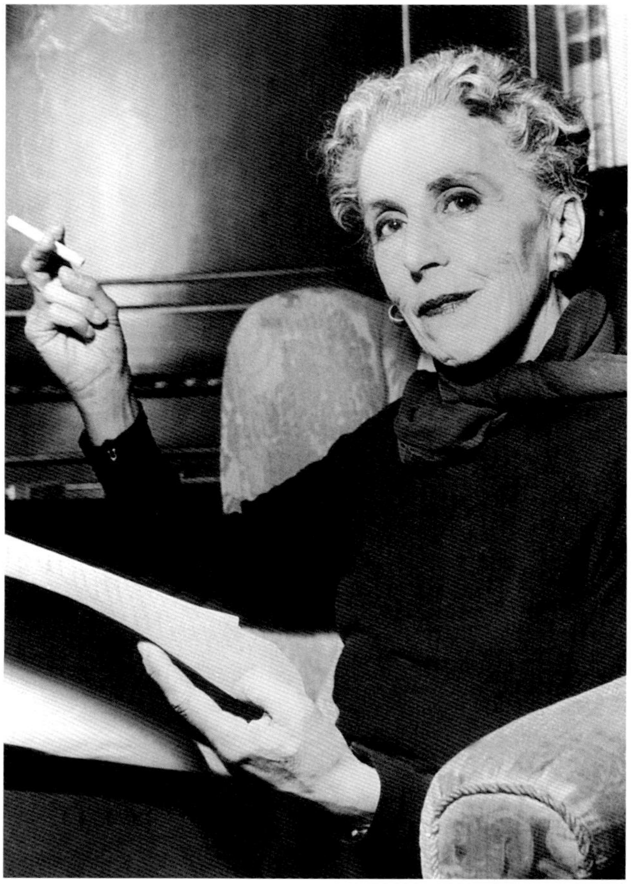

Karen Blixen. Et si les femmes qui lisent étaient dangereuses ?

misogynie et donc de négation de l'autre, on peut dire que toutes les musiciennes, graveuses, romancières, sculptrices, peintres, poètes, chanteuses, actrices, réalisatrices, chorégraphes sont des pionnières, en ce sens qu'elles ont vaincu des préjugés bien ancrés et prouvé la fertilité artistique du sexe femelle. « Une femme sculpteur, pour les gens, c'est un défi. Ils ne pensent jamais que les femmes portent en elles plus de force vitale que les hommes », affirme la sculptrice **Germaine Richier**.

Plus de force créatrice ? Ou une autre ? Pour être admises dans le monde masculin, littéraire, musical ou des beaux-arts, les femmes ont souvent dû gommer le féminin qui risquait de les discréditer. **Leonor Fini** dénonçait cette posture : « Je trouve qu'à trop vouloir être égales aux hommes, les femmes sont bien modestes ; à vouloir imiter les hommes qui, ne l'oublions pas, portent sur leur dos une civilisation périmée, elles ne font que leur rendre hommage. »

Et **Louise Bourgeois**, plasticienne franco-américaine, se plaint que l'art est un « monde où les hommes et les femmes essaient de satisfaire le pouvoir des hommes ». Quand on lui demande s'il y a un style propre aux femmes, elle répond : « Pas encore. Avant que cela se produise, les femmes devront avoir oublié leur désir de satisfaire la structure du pouvoir mâle. » Virginia Woolf y pensait déjà : « Nul doute que nous ne voyions un jour la femme changer la forme du roman pour ses fins à elle, quand elle aura la liberté de ses mouvements ; nous la verrons alors préparer quelque véhicule nouveau qui ne sera pas nécessairement en vers, pour la poésie qu'elle a en elle. » Ce « nouveau » est bel et bien en marche.

Marilyn Monroe. Une féminité jamais gommée.

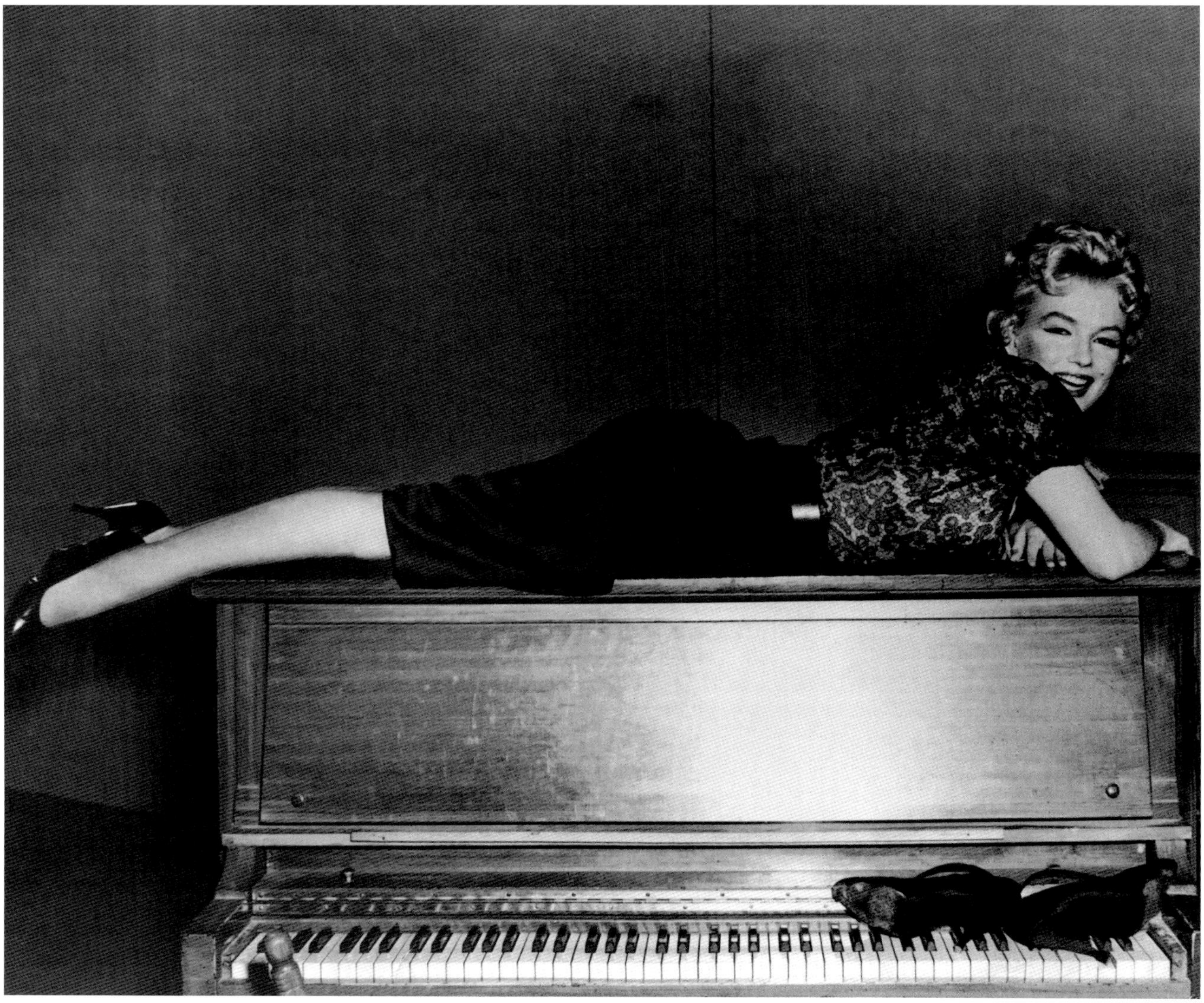

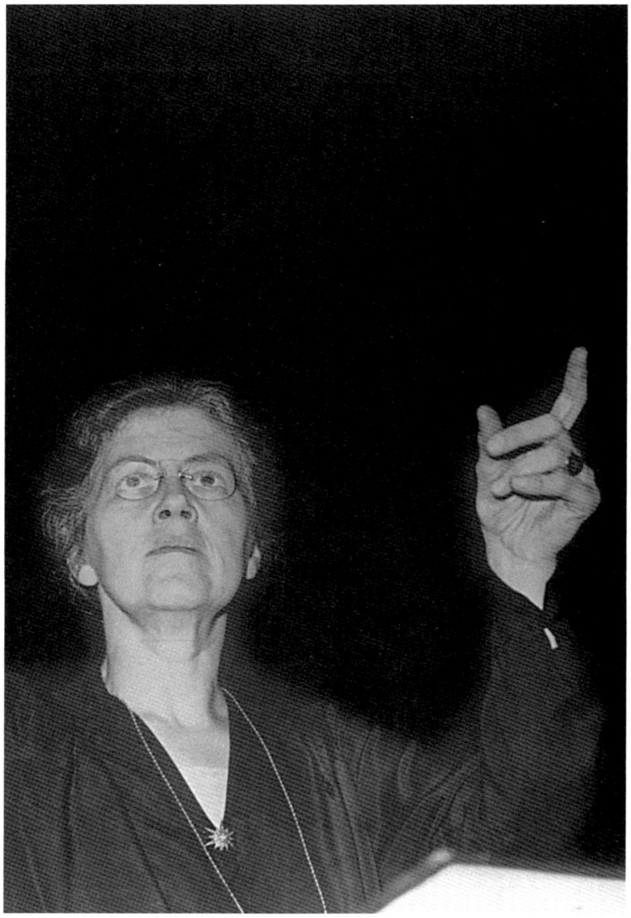

Nadia Boulanger.

Nadia Boulanger

1887-1979, France

Compositrice (*Rhapsodie pour piano et orchestre*), chefe d'orchestre, pianiste, organiste, elle est une grande figure de la vie musicale en France et à l'étranger.
Elle enseigne pendant soixante-quinze ans au Conservatoire national supérieur de musique de Paris (devant un buste de sa sœur Lili, qu'elle vénérait), à l'École normale de musique de Paris, au Conservatoire américain de Fontainebleau, en Grande-Bretagne, aux États-Unis et en privé. Elle a une grande influence sur la jeune génération.

Germaine Tailleferre

1892-1983, France

Seule femme compositrice au début du XXe siècle. Elle fait partie du groupe des Six (avec Darius Milhaud, Arthur Honegger...) et compose des concertos pour violon, piano, guitare, harpe, des ballets, opérettes, opéras, musiques de film... Elle a créé une œuvre très importante – malgré la mauvaise volonté de son père, puis de ses maris –, mais dont une partie a été perdue ou délaissée.

Lili Boulanger

1893-1918, France

Compositrice, première femme grand prix de Rome de composition musicale en 1913 pour la cantate *Faust et Hélène*.
Sa mère, comtesse russe Michetskaïa, est cantatrice, son père est professeur au Conservatoire. À six ans, elle est capable de déchiffrer. « Fauré vient souvent lui faire lire ses mélodies et s'émerveille du don de l'enfant. » À dix-neuf ans elle reçoit son grand prix de Rome et une bourse pour la Villa Médicis. Elle compose *Les Clairières dans le ciel*, sur des poèmes de Francis Jammes, des poèmes symphoniques, de nombreuses œuvres chorales avec orchestre, dont *Hymne au soleil* et *Psaume du fond de l'abîme*. Sur son lit de mort (à vingt-cinq ans), elle dicte son *Pie Jesu* à sa sœur Nadia. Une messe à sa mémoire est célébrée chaque année en l'église de la Trinité, à Paris. Une place de la capitale porte son nom.

Alma Rosé

1906-1944, Autriche

Musicienne chefe d'orchestre du Mädchenorchester à Auschwitz.

Sa mère est la sœur de Gustav Mahler. Violoniste, elle fait partie de l'élite musicale de la Vienne de l'entre-deux-guerres. Mais sa fabuleuse carrière est brisée par l'arrivée des nazis. Après l'*Anschluss*, la famille Rosé s'exile en Angleterre. La passion d'Alma pour la musique lui fait courir un risque qui lui sera fatal : elle accepte de donner un concert en Hollande, d'où elle ne peut repartir. Elle s'enfuit en 1942 à Dijon, est arrêtée par la Gestapo et déportée à Auschwitz en juillet 1943. C'est là qu'elle réussit le tour de force de créer un orchestre qu'elle dirige, dans une atmosphère terrifiante. « Si nous ne jouons pas bien, nous sommes envoyés au gaz », confie-t-elle avant de mourir, victime des nazis.

Anna Marly

1917-2006, Russie/France

Créatrice du fameux « Chant des partisans », hymne de ralliement des résistants français pendant la guerre de 1939-1945.

On attribue généralement ce chant à Joseph Kessel et Maurice Druon. Il convient de rétablir la vérité : ces deux hommes connus, académiciens et gaullistes, n'ont fait que mettre des paroles sur « la marche des partisans » composée par Anna Marly en hommage aux héroïques résistants russes de Smolensk contre les Allemands. D'origine russe, venue en France à un an, elle s'exile à Londres pour entrer dans le corps des volontaires de la France libre en 1941. Elle interprète régulièrement ce chant des partisans, en sifflant, au micro de la BBC.

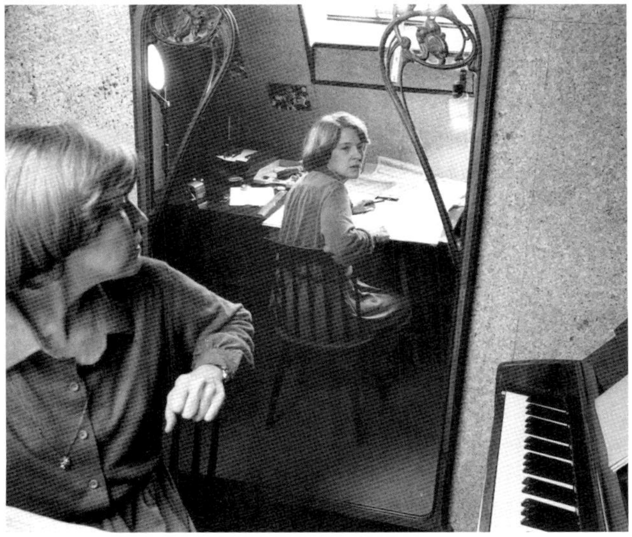

Betsy Jolas.

Betsy Jolas

née en 1926, France/États-Unis

Compositrice la plus reconnue dans la musique contemporaine.

Élève d'Olivier Messiaen, professeure au Conservatoire américain de Fontainebleau. Elle compose notamment *Études campanaires*, *Lullaby*, *Signets* et *Carillons d'été*, pour Les Promenades musicales en pays d'Auge. En 1997, elle est l'invitée d'honneur de ce festival qui prend comme thème « le génie féminin créatif » et propose « Les Betsyades ». À cette occasion (entre le *Chemin des dames* de Geneviève Laurenceau et Lorène de Ratuld, *La Vraie Vie des divas* par Anna Destraël et Sylvie Lechevalier, *Médée furieuse* par Stéphanie d'Oustrac), on peut prendre la mesure de l'importance des femmes, désormais incontournables dans la création musicale. Betsy Jolas a ouvert la voie aux jeunes femmes et donne la main, entre autres, à Helena Winkelman, violoniste et compositrice suisse d'avenir.

Ma Rainey

1886-1939, États-Unis

Première chanteuse noire professionnelle de blues. Baptisée dans la première église baptiste africaine de Columbus (Géorgie), fille de deux pasteurs, Gertrude Pridgett baigne dans le blues et le chante par tradition familiale. Les Afro-Américains adorent cette musique, plus profonde, plus spontanée que le jazz. Elle devient l'une des premières chanteuses de blues, avec une intense voix de contralto, grave et mélancolique, parfaite pour des paroles qui plongent dans la misère extrême des Noirs. « Many days of sorrow, many nights of woe/ And a ball and chain, everywhere I go » (« Des jours et des jours de tristesse, des nuits et des nuits d'angoisse/ Avec aux pieds un boulet et une chaîne, partout où je vais »). On l'appelle alors « Ma », maman du blues. Ce titre la pose comme un personnage d'importance, à l'image des mères réelles, piliers et seule force stable des familles noires. Ce surnom convient aussi à sa corpulence, qu'elle agrémente d'un immense éventail en plumes d'autruche et de monceaux de bijoux : collier de pièces d'or, diamants aux oreilles, tiare de perles… même ses dents sont en or– comme son cœur. « T'as besoin de fric, *honey* ? Tiens voilà, j'en ai un paquet ! » Elle est également la professeure de chant de la très célèbre Bessie Smith, qui reprendra son fameux *Bo Weavil Blues* (*Le Blues du charançon du coton*). Ma Rainey n'est pas seulement chanteuse, elle est danseuse dans le spectacle *A Bunch of Blackberries* à l'Opéra de Columbus. Elle travaille avec « Pa » Rainey et l'épouse en 1904. Le couple se produit dans des cabarets et bars du Sud. Ils ont un numéro fétiche : « Rainey & Rainey Assassinators of the Blues » (« Les massacreurs du blues ») ! Les Rainey adoptent un fils, Danny, qui travaille avec ses parents dans les années 1920. La sœur de Ma Rainey, Malissa Nix, est elle aussi chanteuse. Encore plus célèbre après sa mort, Ma Rainey a vraiment donné sa marque au « blues classique », rude et authentique.

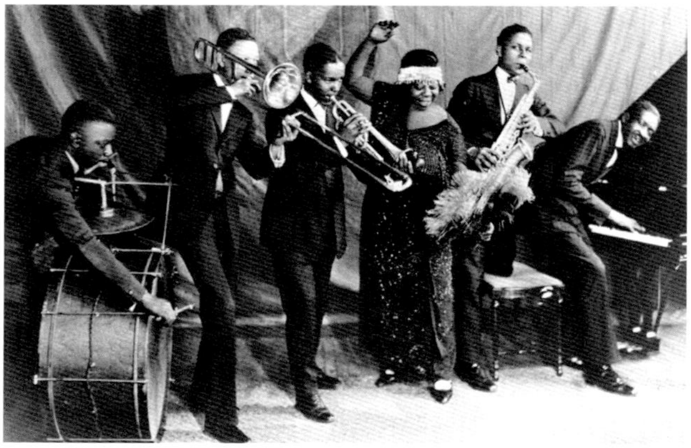

Ma Rainey.

Mamie Smith

1893-1946, États-Unis

Première femme de tous les chanteurs noirs à enregistrer un disque le 14 janvier 1920.

Elle commence sa carrière à l'âge de dix ans comme danseuse, quitte sa ville natale, Cincinnati (Ohio), et parcourt le Midwest et la côte Est avec un groupe de pasteurs noirs. À New York, elle entreprend une carrière de danseuse de cabaret, chanteuse et pianiste. Perry Bradford, auteur-compositeur noir, l'embauche pour son spectacle musical *Made in Harlem*. Il se bat pour convaincre les managers blancs d'Okeh Records, un petit label indépendant, d'enregistrer la voix d'un Noir – il y réussit, et ce sera une Noire. L'enjeu est d'envergure : d'un côté, des millions d'acheteurs noirs, argumente Bradford ; de l'autre, des menaces de boycott qui effraient les dirigeants de la firme. Enfin, la voix de Mamie, sur les compositions de Bradford, est acceptée. Elle grave en studio, avec des musiciens blancs, « That Thing Called Love » et « You Can't Keep a Good Man Down ». C'est le premier des « race records ». Pas de boycott. Quelques mois après, de sa voix claire et légère, elle chante « Crazy Blues » avec des musiciens noirs ; l'opus devient l'un des plus gros succès du début des années 1920 (près d'un million d'exemplaires vendus). Le blues sort de la transmission orale locale pour atteindre le monde entier.

Bessie Smith

1894-1937, États-Unis

Immense chanteuse de blues.
Née dans le Tennessee au sein d'une famille extrêmement pauvre, orpheline à neuf ans, Elizabeth, dite Bessie, commence comme chanteuse des rues. Sidérée par la voix de la jeune fille, Ma Rainey lui donne une éducation musicale et l'emmène dans ses tournées. Puis son époux lui sert de manager. Quand elle apparaît à Chicago, en 1924, sublime de beauté avec son « port de reine, balancée comme un sablier et avec une dynamo haute tension en guise de personnalité », elle enflamme le public et les critiques avec son style blues classique. Ses interprétations de « Chicago Bound », « Nobody's Blues But Mine » et « St. Louis Blues » (avec Louis Armstrong) révèlent ses capacités dramatiques et surtout vocales. Sa carrière prend un tournant à partir de 1923 lorsqu'elle signe un contrat exclusif avec Columbia. Elle s'achète une maison à Philadelphie avec la vente de ses disques – parfois plus de 100 000 disques par semaine ! Elle a un répertoire de deux cents titres, dont beaucoup sont écrits par elle-même. Elle est accompagnée des orchestres les plus prestigieux.
On la surnomme l'« Impératrice du blues », une impératrice grande buveuse, grande coureuse – de jupons comme de pantalons – et grande bagarreuse : elle cogne sur les maîtresses de son mari et met en fuite un membre du Ku Klux Klan. Sa carrière commence à décliner à partir des années 1930. Quand Columbia résilie son contrat, elle recommence la tournée du pays dans différents bars et clubs, comme à ses débuts. À la fin de 1930, elle commence à attirer un public blanc, de plus en plus séduit par le blues. Elle meurt renversée par une voiture dans le Mississippi.

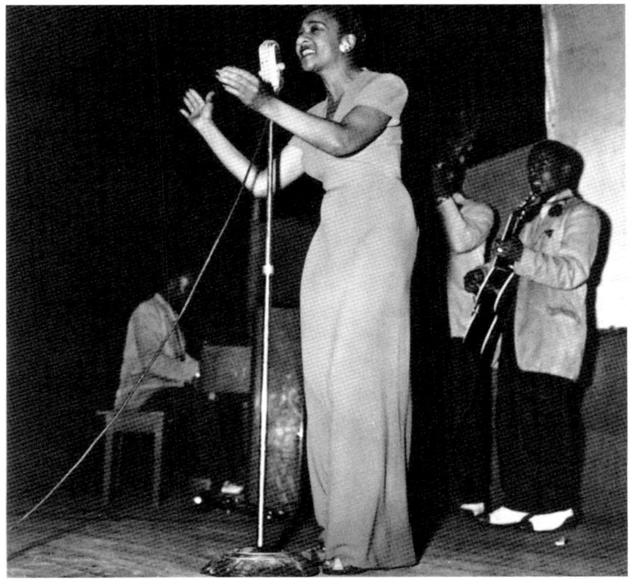

Alberta Hunter.

Alberta Hunter

1895-1984, États-Unis

Handy Award de la meilleure chanteuse de blues en 1980 et meilleure artiste de New York en 1983.
Dans les cabarets des années 1920 et 1930, elle se produit comme chanteuse de blues/jazz, passant d'une musique à l'autre sans difficulté. Elle est accompagnée par de grands musiciens comme Louis Armstrong et Sidney Bechet. Pendant deux décennies, l'Europe l'accueille et l'acclame ; durant la Seconde Guerre mondiale, elle fait une tournée en Europe, en Corée et en Inde. Elle chante pour « libérer son âme. Le blues, c'est quasi religieux. C'est comme un cantique », confie-t-elle. Dans les années 1950, elle quitte le monde de la musique. Elle entreprend des études d'infirmière et sort diplômée de l'école d'infirmières de Harlem en 1956. Elle exerce jusqu'à la retraite. En 1977, elle revient à la musique et impressionne à son retour, à l'âge de quatre-vingt-deux ans, au Carnegie Hall. La presse américaine parle de « trésor naturel ». Elle connaît son jour de gloire lorsqu'elle est invitée à chanter à la Maison Blanche par le Président Jimmy Carter, le 3 décembre 1978.

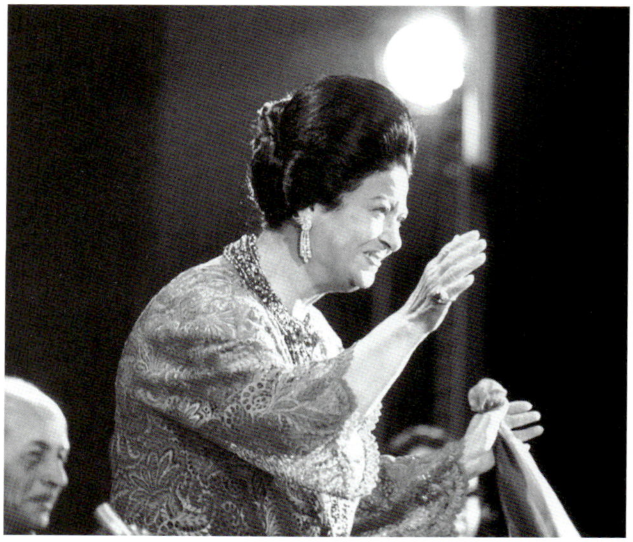

Oum Kalsoum

1898 ou 1904-1975, Égypte

La femme arabe la plus célèbre du XXe siècle.

Dans son petit village du delta du Nil, Fatima Ibrahim fréquente l'école coranique car son père est imam. Pour l'accompagner dans les mariages, elle chante des sourates et acquiert ainsi un répertoire et des bases techniques. Sa réputation grandit, on l'appelle « le rossignol du Delta ». Bientôt, la rumeur s'amplifie jusqu'au Caire ; le joueur de luth Zakaria Ahmed lui demande de venir dans la capitale, où le grand compositeur Aboul Alâ Mohamud lui donne des leçons. Là, elle se lie avec le poète Ahmad Rami qui l'initie à la littérature arabe et à la poésie française. En 1922, elle chante pour la première fois devant un public payant au Caire – c'est un triomphe. Elle est capable de chanter cinq heures d'affilée, assise, agitant inlassablement son mouchoir brodé, fermant souvent les yeux pour mieux se concentrer. Une seule chanson peut durer trois heures, pendant lesquelles elle détaille langoureusement le charme des yeux du bien-aimé et la séduction de sa voix. « Rends-moi ma liberté », supplie-t-elle, ou bien elle dramatise : « L'amour nous a condamnés. » Elle est sauvée du mélo par la beauté de sa voix et la sincérité des sentiments qu'elle communique à son auditoire en extase.

Oum Kalsoum commence à graver des enregistrements commerciaux, à chanter à La Voix du Caire, radio nationale égyptienne. Elle est un monument de la culture musicale, cinématographique et télévisuelle égyptienne, engagée pour la justice sociale et l'autodétermination du peuple égyptien, à qui elle offre deux millions de dollars. Elle fait des tournées triomphales et, à la fin des années 1960, devient une sorte d'ambassadrice de l'Égypte dans tous les pays arabes. Les princes, les grands de ce monde et les stars du show-business se l'arrachent. L'acteur Omar Sharif dit à son propos : « Elle renaît tous les jours dans le cœur de 120 millions de personnes. En Orient, une journée sans Oum Kalsoum n'aurait aucune valeur. » Sa réputation dépasse de loin les frontières du monde arabo-musulman.

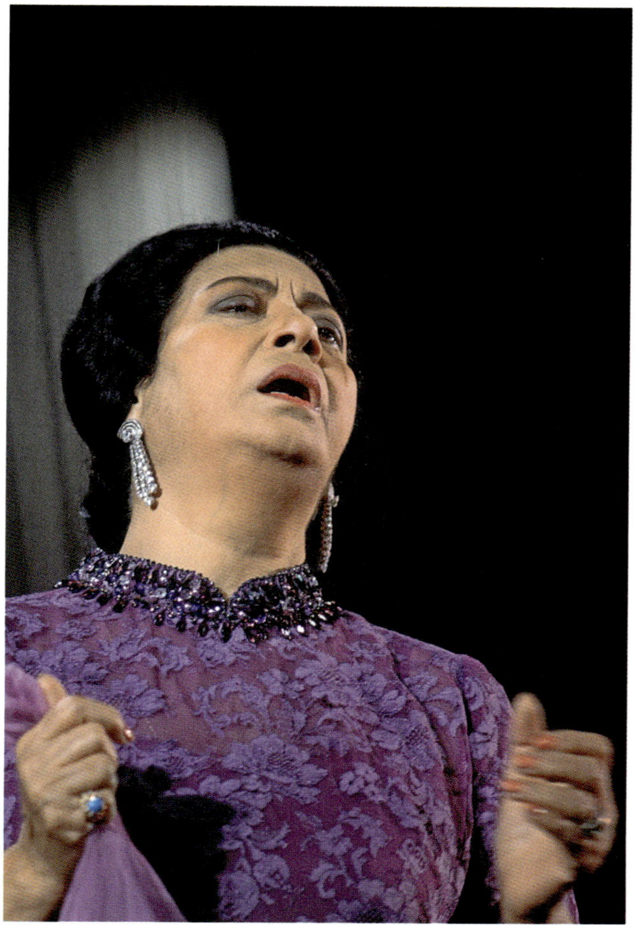

Joséphine Baker

1906-1975, États-Unis/France

Chanteuse, danseuse, meneuse de revue, résistante.
Née dans un quartier très pauvre de Saint Louis (Missouri), elle doit gagner sa vie à treize ans comme serveuse. Elle parvient à être acceptée dans une troupe de théâtre puis, à dix-huit ans, participe aux Folies-Bergère de New York. Mais le public raciste américain est hostile aux gens de couleur.

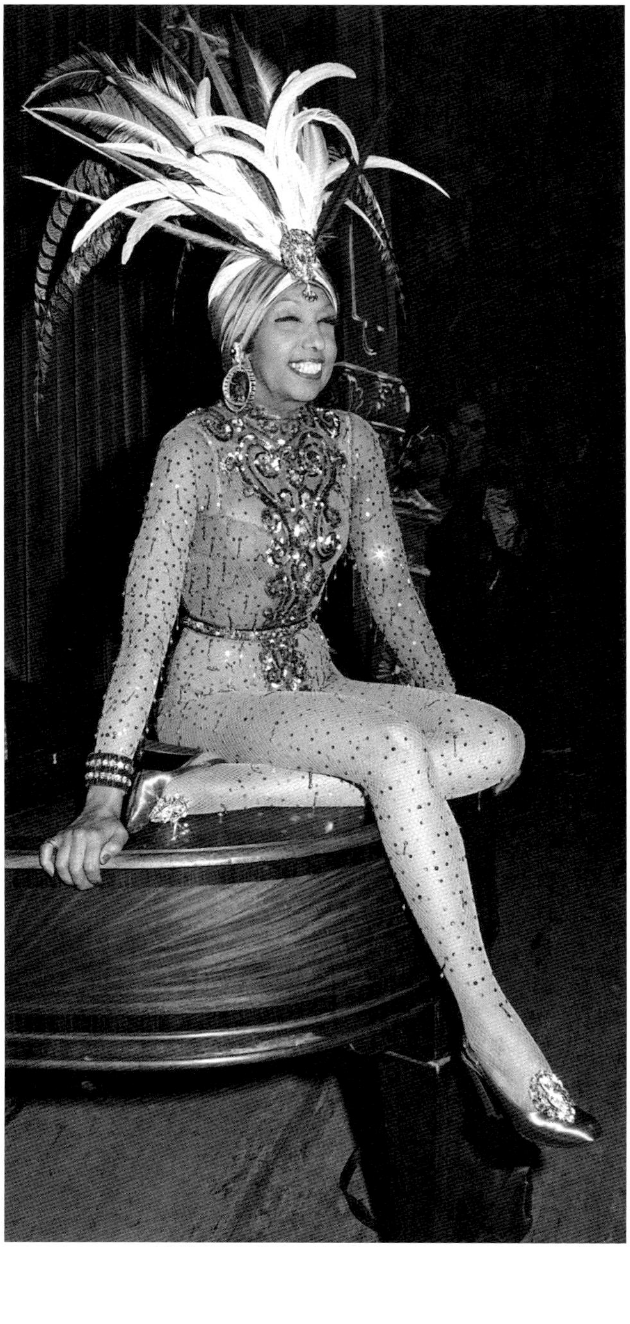

Elle vient à Paris en tournée avec les Black Birds et reste dans la capitale qui a découvert le jazz. Joséphine triomphe avec la *Revue nègre* dans les années 1920. Les Français la surnomment « la négrillonne » mais aussi « la Vénus d'ébène ». De sa petite voix de soprano, elle chante le fameux « J'ai deux amours, mon pays et Paris » (créé au Casino de Paris en 1930). Son succès est fabuleux, malgré le (ou à cause du) scandale de sa peau noire et nue. Douée d'une énergie formidable, elle lance la mode du charleston. Elle tourne deux films en 1930 (*Zouzou* et *Princesse Tam-Tam*), est accueillie dans toute l'Europe et prend la nationalité française en 1937. Pendant la Seconde Guerre mondiale, elle s'engage dans la Résistance et devient agent de renseignement au Maroc.
Son courage lui vaut la croix de guerre, la croix de Lorraine et la Légion d'honneur. Elle adopte des orphelins de diverses origines ethniques, qu'elle ramène de ses tournées mondiales et, avec son époux, le chef d'orchestre Jo Bouillon, elle les installe dans le château des Milandes.
Elle a été appréciée aussi bien de Charles de Gaulle que de Fidel Castro, de Maurice Chevalier que de Grace Kelly. Une place de Paris porte son nom.

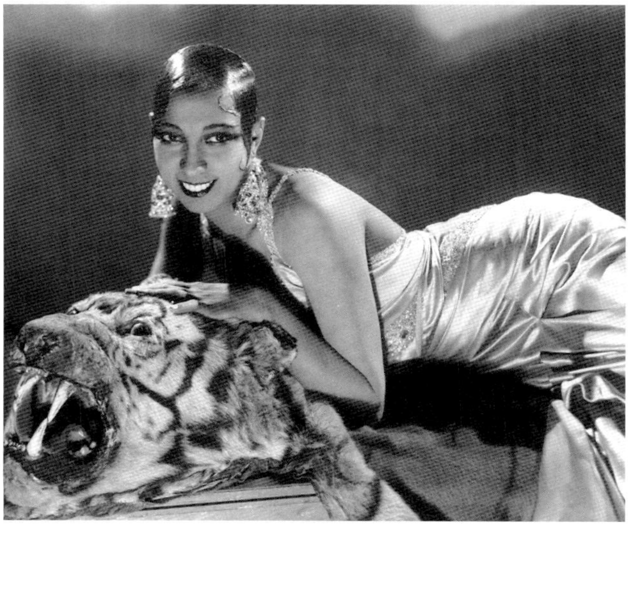

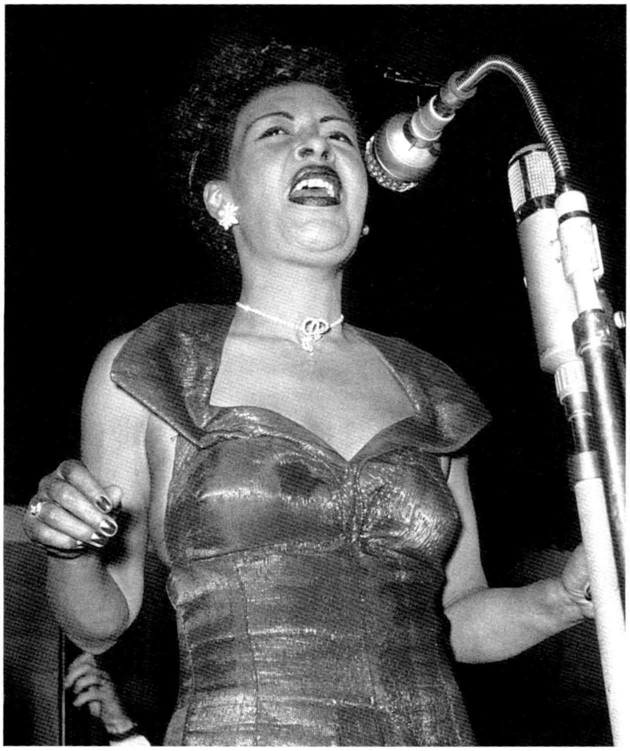

Billie Holiday

1915-1959, États-Unis

Chanteuse de blues et de jazz.

D'où Billie tire-t-elle la force de devenir une telle splendeur vocale, après une enfance saccagée, une mère de treize ans, un père envolé, une sévère tentative de viol à dix ans, prétexte à l'envoyer en maison de redressement ? Et d'abord, que faire pour gagner sa vie ? Récurer les terrasses de ces « poufiasses » de bourgeoises blanches ? Devenir call-girl ? Taule, hôpital, mère malade : elles n'ont plus un sou et sont menacées d'être jetées à la porte. Billie se présente dans une boîte, elle chante ; du coup les deux femmes peuvent conserver leur appartement, et Billie achète même un poulet entier. C'est ce qu'elle raconte dans son autobiographie *Lady Sings the Blues*.

En 1933, elle enregistre avec Benny Goodman ; une immense carrière commence alors – elle vendra des millions de disques. « Lady Day », comme on la surnomme, a une voix grave mais toute en finesse, voluptueuse et déchirante à la fois, parfois gaie, souvent tragique, toujours émouvante. Elle ne se soucie ni de travail ni de répétitions, et se laisse mener par son instinct. Elle veut seulement interpréter des chansons qui la touchent. Dans « Strange Fruit », ces étranges fruits sont les corps de Noirs calcinés, pendus aux branches d'un arbre ; c'est un lynchage. Le racisme, Billie connaît. Quand elle est en tournée avec ses musiciens blancs, on refuse de la servir, de la loger dans le même hôtel. « Vous pouvez vous habiller jusqu'aux nichons dans du satin blanc, mettre des gardénias dans vos cheveux, et cependant vous sentir comme une esclave dans une plantation. » Elle se drogue à l'opium puis à l'héroïne, et boit deux à trois bouteilles de gin par jour. Devenue une épave, elle veut cependant continuer de chanter sur scène. On l'appelle cruellement « Lady Yesterday ». Elle suit une cure de désintoxication dans une clinique de luxe, la police la pourchasse ; elle tombe pour trafic, est incarcérée, et pour finir sa chambre d'hôpital est gardée par la police tandis qu'elle agonise. Une vie pathétique…

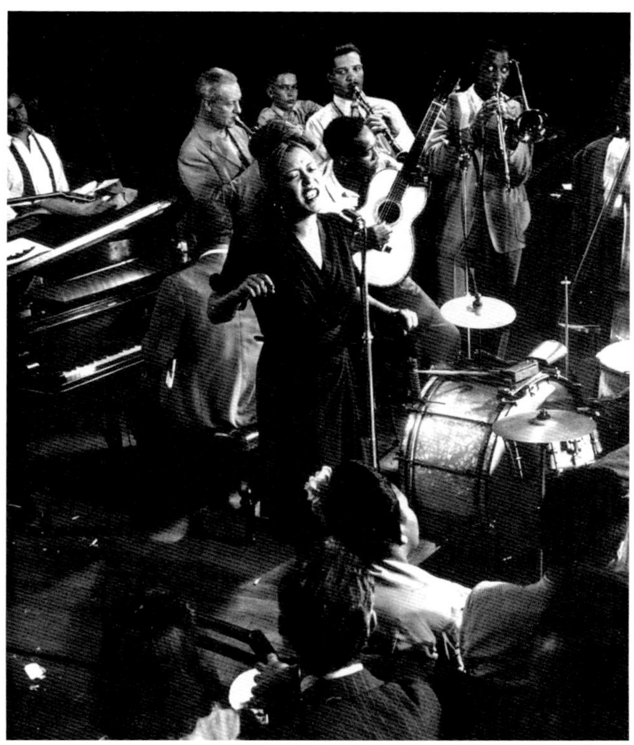

Édith Piaf

1915-1963, France

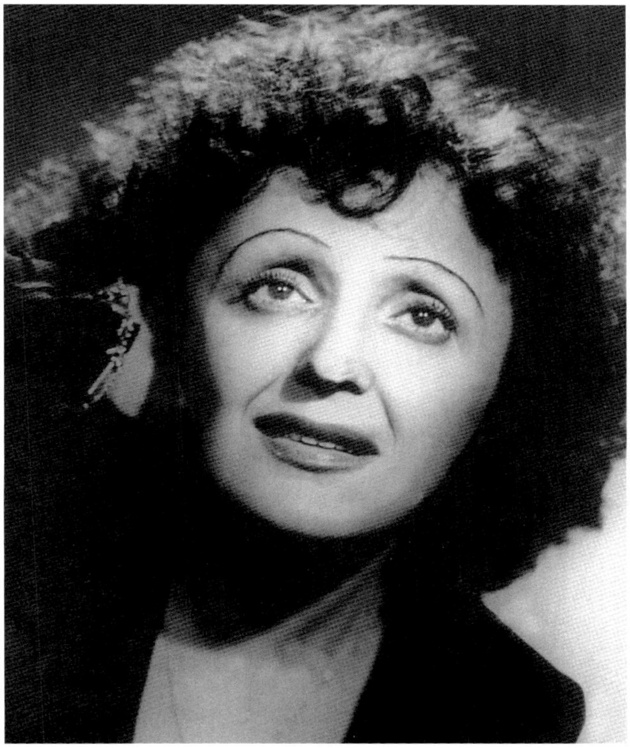

Elle est la chanteuse française la plus connue du XXe siècle.
On raconte qu'à sa naissance un agent parisien la recueille dans sa pèlerine, au petit matin. Ainsi se brode sa légende (Giovanna Gassion est en fait née dans la maternité de l'hôpital Tenon). Sa mère, une chanteuse italienne de beuglants, n'a pas un sou et laisse sa fille aux « bons » soins de sa propre mère – qui coupe son biberon avec du vin. Le père, un contorsionniste alcoolique mais compatissant, la confie à sa mère à lui. Elle l'accueille à bras ouverts dans son bordel normand. À trois ans, Édith devient aveugle, puis recouvre d'un coup la vue après un pèlerinage. À quinze ans, premier amour, première grossesse. Elle accouche d'une fille, Marcelle, l'adorée, qui meurt d'une méningite à l'âge de deux ans. Voilà Édith chanteuse des rues. En 1935, Louis Leplée, patron de cabaret, frappé par cette voix d'un volume peu ordinaire, l'engage. Il la baptise Piaf – qui signifie « moineau » en argot parisien –, la Môme Piaf. Elle chante « C'est lui que mon cœur a choisi », « Le fanion de la Légion ». Elle fréquente la rue Pigalle et Marguerite Monnot, compositrice, lui met en musique « Mon légionnaire » ou « Y a pas d'printemps ». C'est la gloire. Quand Piaf arrive sur scène dans sa robe noire toute simple, le public est gagné ; et quand elle crie, déploie sa voix rauque et tendre, fait corps avec sa chanson, en transmet l'intense émotion, le public pleure. Il l'aime d'amour.

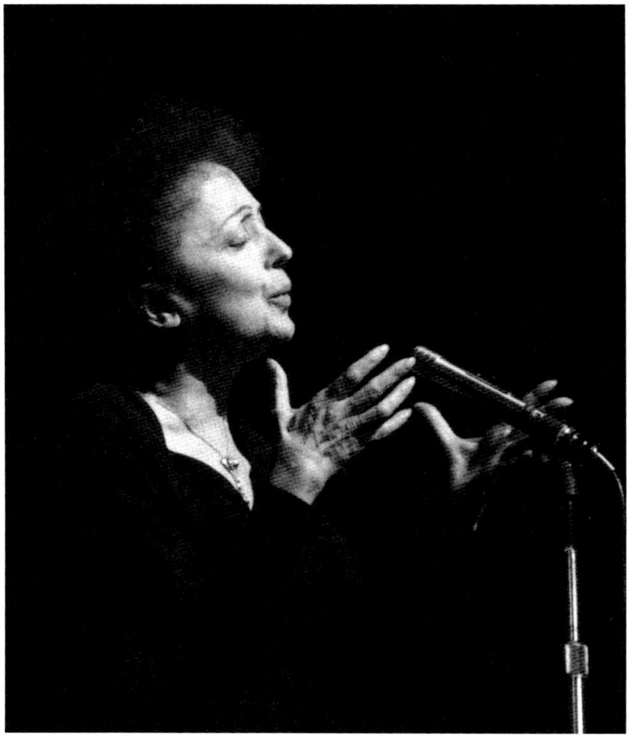

Son grand amour à elle, celui qu'elle a « dans la peau », c'est le boxeur Marcel Cerdan, qu'elle rencontre aux États-Unis. Elle est devenue l'idole des Américains : un tour de force pour cette Parisienne sans boa et sans paillettes, et pour laquelle on doit surélever la scène afin qu'elle puisse être vue lorsqu'elle chante à New York pour la première fois. Mais l'avion de Cerdan s'écrase en 1949. Édith, droguée, épuisée, a le courage d'affirmer avant de mourir : « Non, je ne regrette rien. » Deux millions de personnes l'accompagnent au cimetière du Père-Lachaise, à Paris.

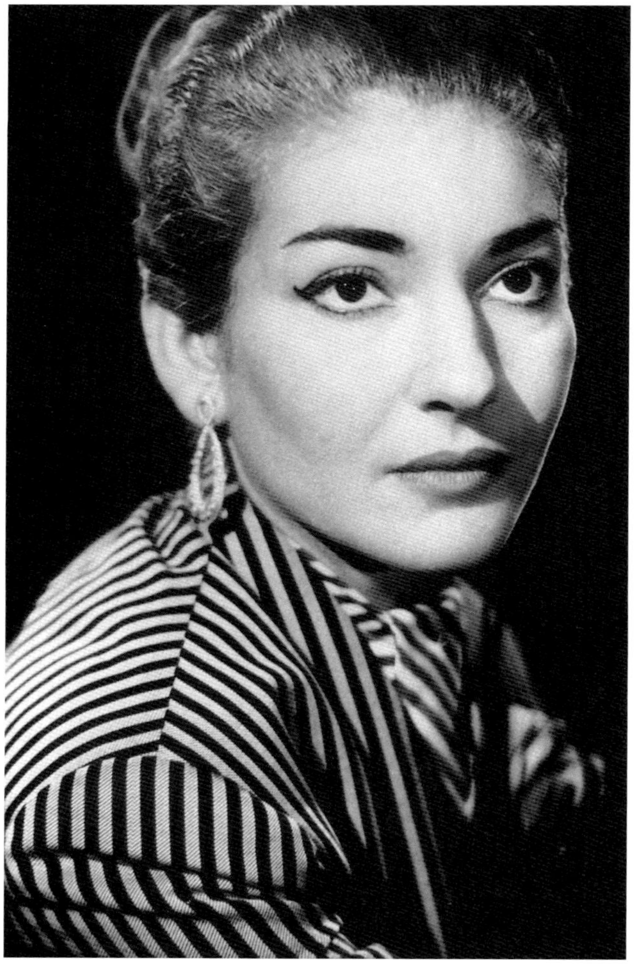

Maria Callas

1923-1977, Grèce/États-Unis

Cantatrice soprano, la *Diva Assoluta*.

Sa mère ne supporte pas d'avoir une fille : elle n'aura de cesse de la pousser sur scène afin qu'elle gagne de l'argent et lui en donne beaucoup. Son père, pharmacien à New York, rompt avec sa femme, qui repart à Athènes. Maria Kalogeropoulos est disgracieuse et myope. Sa mère la gave de friandises, croyant que la graisse favorise l'ampleur vocale. Obéissante, la fille entre au Conservatoire à quatorze ans, y étudie le chant et le piano, puis chante à l'Opéra d'Athènes. En 1945, elle est *La Gioconda* aux arènes de Vérone. Là commence vraiment sa carrière de jeune diva. Elle est douée d'un registre vocal extraordinaire, qui va des graves bouleversants presque rauques jusqu'à des aigus extrêmes. « Je suis une colorature dramatique », dit-elle. Sa voix n'est peut-être pas aussi parfaite que celle de sa grande rivale, la Tebaldi, mais elle comporte des harmoniques originales et engendre une émotion indicible. Virtuose, la « Divina » glisse sans difficulté de rôles lyriques légers à des mondes dramatiques, de *Carmen*, la Gitane aguicheuse, à *Norma*, la mère meurtrière. Elle ne prend aucun repos, interprétant 160 fois dix-huit personnages différents en cinq ans. Elle remplace même Renata Tebaldi dans *Aïda* de Verdi à la Scala de Milan, lieu prestigieux où elle porte les connaisseurs à un degré de bonheur frisant le délire. Sublime dans *La Traviata* (Verdi), impressionnante dans *Norma* (Bellini) au Metropolitan Opera de New York en 1956, troublante dans *Tosca* (Puccini) à Covent Garden en 1964, où elle est à l'apogée de sa gloire. La Callas n'est pas seulement chanteuse, elle est aussi une tragédienne parfaite. « C'est toute la

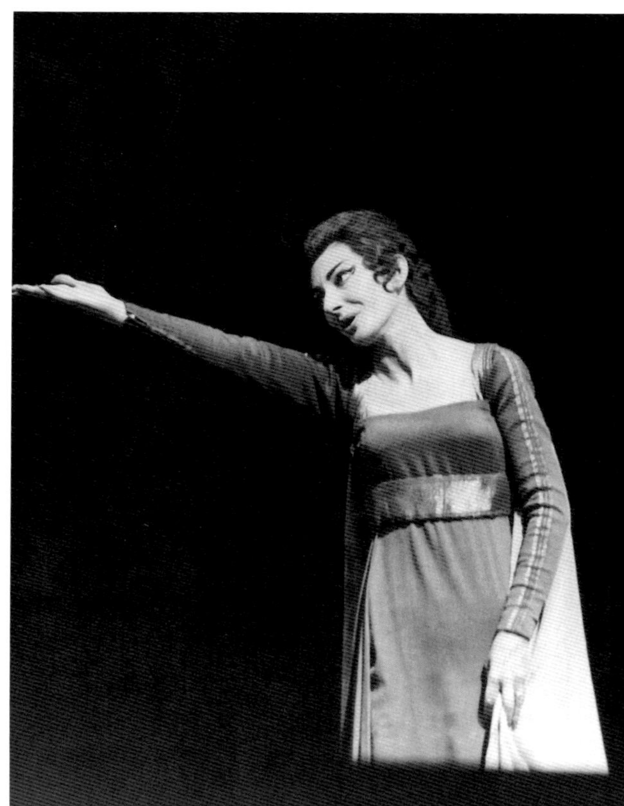

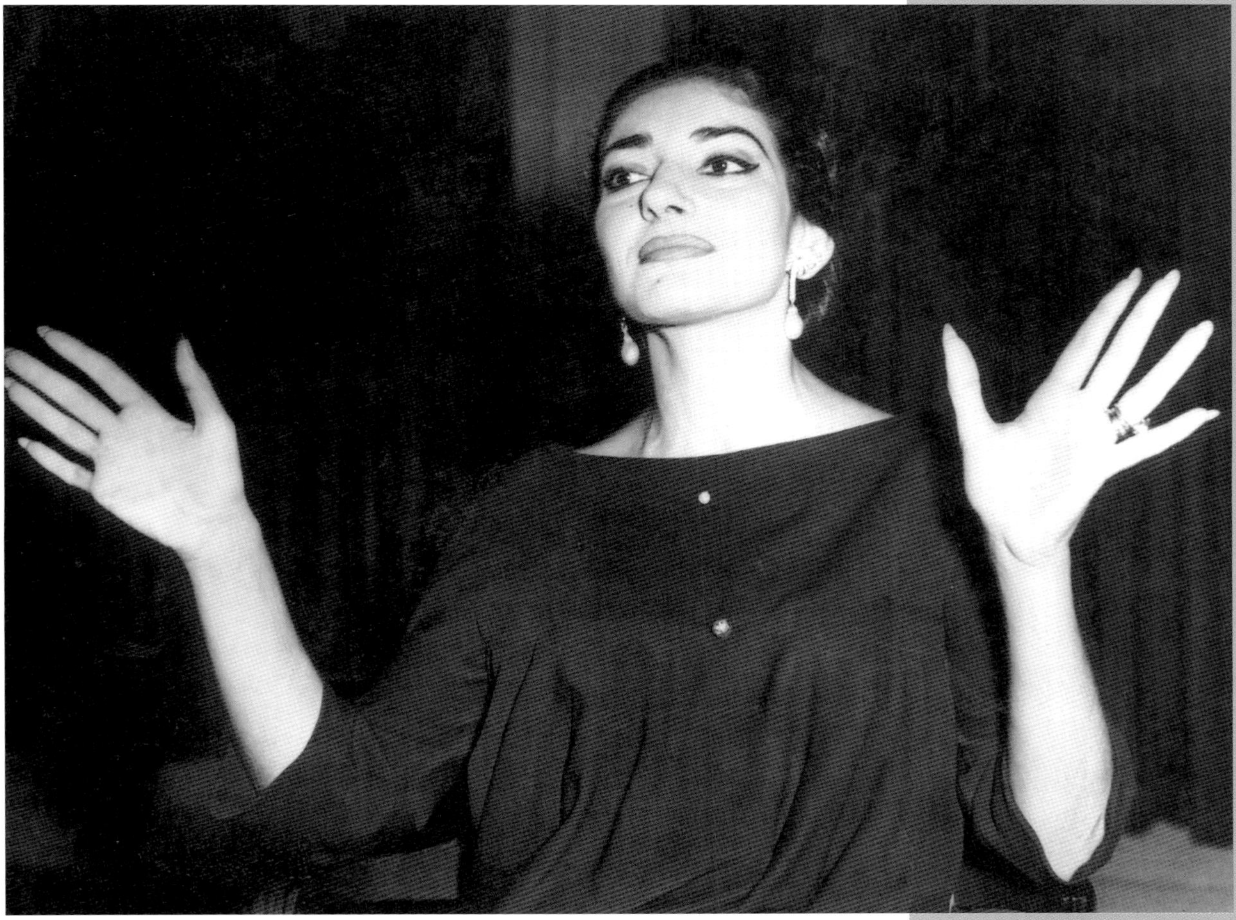

beauté du *bel canto* : permettre au public de lire dans vos pensées avant d'entendre le chant. » Elle s'est complètement transformée physiquement, ayant perdu quarante kilos au terme d'un régime draconien (qui devait tout de même altérer sa voix). Elle est portée par la musique, traversée par le sens des phrases. *Vissi d'amore, vissi d'arte.*

Sa liaison passionnée avec Aristote Onassis, richissime armateur grec, coule sa carrière. Pour le suivre, elle délaisse la rude discipline du chant et court les mondanités. En 1965, à l'Opéra de Paris, elle flanche au début du deuxième acte de *Norma*. Elle qui aurait tant voulu être mère accouche d'un garçon qui meurt à sa naissance. Effondrée, douloureuse, elle apprend qu'Onassis la quitte pour épouser Jackie Kennedy. Elle ne se relèvera jamais de ce double malheur. Elle se réfugie, seule, dans un appartement des beaux quartiers de Paris, où elle meurt d'une embolie pulmonaire – est-ce un suicide par prise excessive de médicaments ?

Ses cendres sont dispersées dans la mer Égée. La mémoire de la tragédienne, consumée par la passion de son art et par un amour malheureux, est entière. La Callas est une déesse vivante.

Miriam Makeba

1932-2008, Afrique du Sud/Guinée/France

Première chanteuse africaine à connaître un succès international.

La petite Zenzi est un bébé lorsque sa mère est incarcérée pour six mois (elle vend de la bière pour vivre). Elle a cinq ans quand son père meurt. À peine adolescente, elle est bonne d'enfants, laveuse de taxis… À vingt ans, elle est mère célibataire et vit dans la misère. Miriam doit se battre et elle le fera magnifiquement, par ses chansons engagées contre l'Apartheid. Ce ne sont pas des prêches, ce sont des concentrés de rythme ; il est difficile de ne pas danser en écoutant son fameux « Pata, pata », écrit en 1956, et qui devint un succès mondial. Mais en 1959, pour avoir joué dans le film antiraciste *Come back Africa*, elle est condamnée à trente ans d'exil. Elle n'a même pas le droit d'assister aux obsèques de sa mère dans son pays.

Réfugiée aux États-Unis, elle connaît la célébrité, en compagnie de Marlon Brando, Duke Ellington, Harry Belafonte surtout, avec lequel elle obtient le Grammy Award en 1966, et au côté de Marilyn Monroe, avec laquelle elle chante au Madison Square Garden pour souhaiter un bon anniversaire au Président Kennedy. Mais en 1969 elle épouse Stokely Carmichael, leader du Black Power, et devient *persona non grata* aux États-Unis. Elle s'exile en Guinée, jusqu'à ce que Nelson Mandela, libéré en 1990, lui fasse signe de revenir. Excellente pour le gospel et pour le jazz, à l'aise en anglais comme en zoulou, elle a ouvert la voie à la *world music*. La belle rebelle est surnommée « Mama Africa ». Elle meurt presque sur scène, en affrontant la mafia napolitaine pour soutenir un écrivain menacé de mort par la Camorra. La France la fait citoyenne d'honneur.

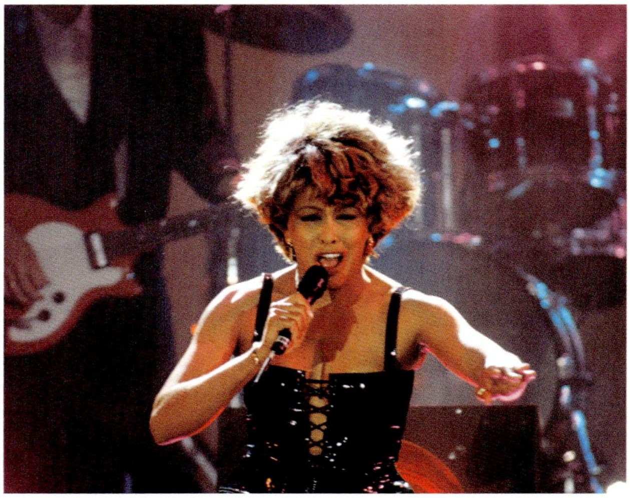

Tina Turner.

Tina Turner

née en 1939, États-Unis

Chanteuse afro-indienne.

Noire par son père, indienne par sa mère, Annie Mae Bullock chante (après avoir fait partie des chœurs de l'église baptiste) avec Ike Turner, son mari. Elle connaît le succès en première partie d'un concert des Rolling Stones, avec « Fool in Love », en 1959. Le couple triomphe, mais n'est-elle qu'une « Ikette » ? En 1975, Tina fait une apparition flamboyante dans l'opéra-rock des Who, *Tommy*, sans Ike cette fois – qui la maltraite, l'exploite et n'hésite pas à tirer des coups de feu sur elle. Au creux de la vague dans sa vie comme dans sa carrière, Tina tente de se suicider, puis elle trouve le courage de dénoncer publiquement son enfer conjugal et divorce. Après quelques années de galère, la « Come-back Queen » revient en puissance, s'éclate en 1984 avec « What's love got to do with it » (tube vendu à 11 millions d'exemplaires). En 1988, un de ses concerts à Mexico réunit 180 000 fans en délire. Elle réussit également au cinéma : en 1985, elle a le premier rôle féminin dans *Mad Max*. Convertie au bouddhisme, elle épouse un chanteur allemand avec qui elle a quatre enfants. Une femme de sa trempe peut avoir plusieurs vies.

Joan Baez

née en 1941, États-Unis

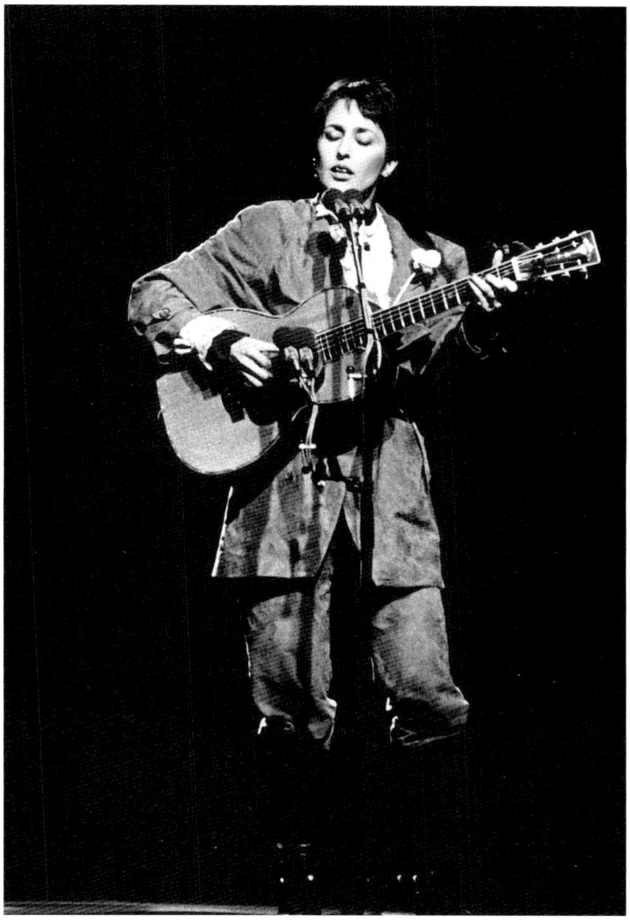

Chanteuse folk, l'une des seules femmes (avec Janis Joplin) sur la scène mythique de Woodstock en 1969. Profondément engagée pour les droits humains.

Son père, d'origine mexicaine, et sa mère, d'origine écossaise, sont quakers. Au sein de la communauté religieuse, Joanie chante, joue de la guitare et entretient « une étrange relation avec Dieu ». Elle chante comme elle respire, de son ample voix limpide, avec toute son âme, et glisse sans difficulté du club de lycée à un spectacle où Bob Gibson l'introduit devant 13 000 personnes. Les journalistes la surnomment la Madone. Après une histoire d'amour avec Bob Dylan, le « petit vagabond », elle épouse David Harris. Tous deux militent contre la guerre du Viêtnam, encouragent les déserteurs ; elle est boycottée par les télévisions nationales, lui est emprisonné. Enceinte de six mois, elle chante pour lui la fameuse chanson « Joe Hill » à Woodstock – 400 000 spectateurs, c'est plus qu'un concert, c'est un événement de société dans le siècle. En 1963, à Washington, Martin Luther King, son ami, fait son célèbre discours : « J'ai fait un rêve ». Elle chante alors « We Shall Overcome » et 350 000 personnes de toutes les couleurs reprennent en chœur. En 1966, dans le Mississippi, elle tient le bras de King pour passer le barrage des flics. Elle a peur, les chiens policiers attaquent les enfants, les lances à incendie entrent en action, elle tient tête. La peur la tenaille plus encore au Viêtnam, où elle a le courage de se rendre à Noël 1972, sous les bombardements intensifs des B52 et des Phantom. Viendra l'immense succès de « La ballata di Sacco e Vanzetti », l'histoire de deux anarchistes américains, condamnés à mort à la suite d'une erreur judiciaire. Qui n'a-t-elle pas connu ? Andreï Sakharov et Elena Bonner, Mayread Corrigan, prix Nobel de la paix à Belfast, François Mitterrand, Luciano Pavarotti, Bertrand Russell, Marlon Brando, Cory Aquino, les Beatles, Mgr Tutu, Lech Wałęsa, Jimmy Carter, le roi de Suède. Au sein d'Amnesty International, Joan Baez crée Humanitas, association de défense des droits de l'homme. Elle reçoit le prix Jefferson au titre de docteure ès lettres humaines.

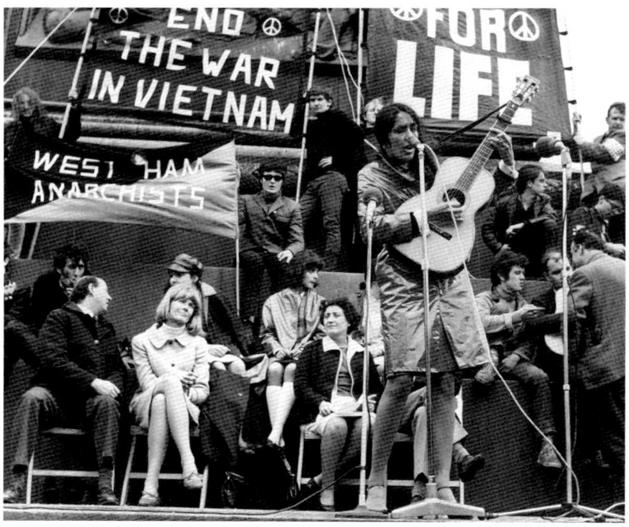

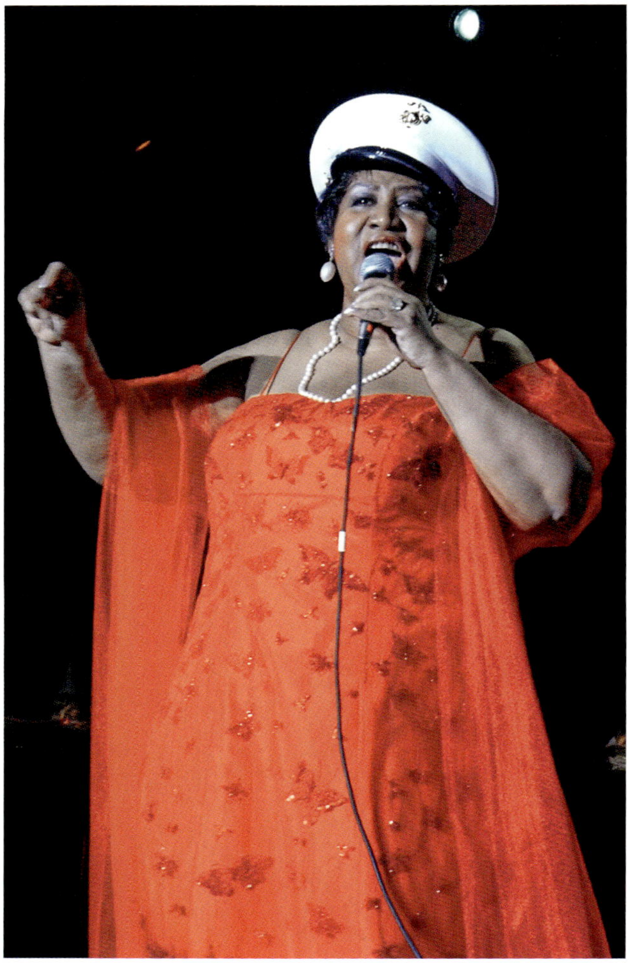

Aretha Franklin au Nokia Theatre, New York, décembre 2008.

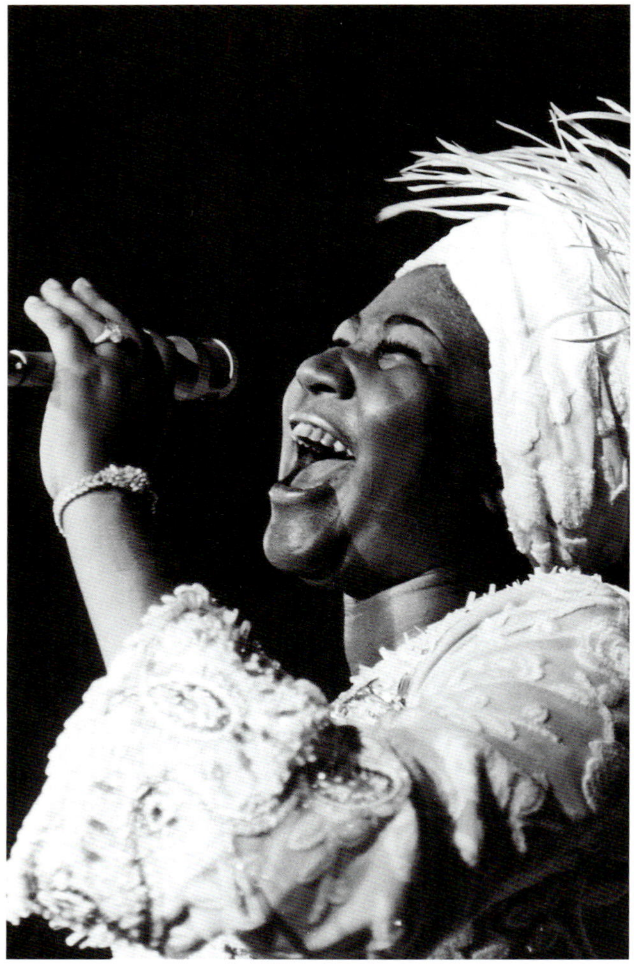

Aretha Franklin au Caesars Palace, Las Vegas, juin 1969.

Aretha Franklin

née en 1942, États-Unis

« Reine du soul ».

Son père est le révérend Clarence L. Franklin, le plus célèbre pasteur de Détroit. La jeune Aretha chante à la New Baptist Church. Sa voix a l'ampleur, la profondeur, la puissance du gospel. À quatorze ans, elle enregistre son premier disque. Elle a la plus belle voix depuis Billie Holiday et sa réputation grandit. En 1967, à la suite d'une dispute avec son mari, Ted White (son manager et musicien), au lieu d'un album complet un seul titre est enregistré : « I never loved a man the way I love you » – c'est un triomphe. La même année, elle interprète « Respect », chanson écrite par Otis Redding en 1965, qui plaide pour la dignité des Noirs. Aretha est jeune, douée et noire : *Young, gifted and black* est l'un des ses plus beaux albums et une chanson de Nina Simone.

Féministe, leadeuse de la communauté noire, elle participe à la lutte pour les droits civiques. En 1972, elle propose de payer la caution d'Angela Davis, emprisonnée. En 2009, lors de l'investiture de Barack Obama, c'est elle qui chante, devant deux millions de personnes, pour le premier Président noir des États-Unis.

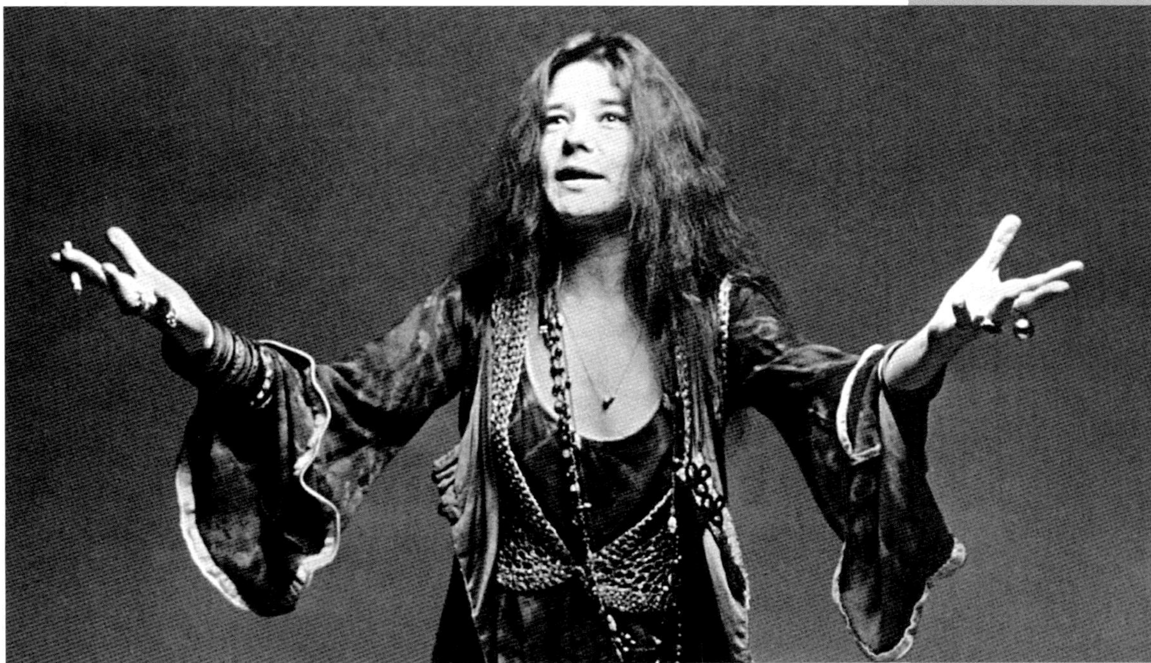

Janis Joplin, 1966.

Janis Joplin

1943-1970, États-Unis

Première star féminine du rock.

Jeune fille rebelle, elle quitte tôt le cocon familial pour rejoindre les beatniks, leurs innovations, leurs excès. Dès 1966, au Festival pop de Monterrey, au sein de son groupe, Big Brother and the Holding Company, la jeune femme déchaîne sa voix rauque, brûlante, électrique, en hurlements, en vocalises puissantes qui s'achèvent en murmures sensuels. L'ampleur de sa voix évoque le blues de l'artiste noire Bessie Smith. Dans sa robe courte et ses bas résilles, ou vêtue de larges pantalons, de kaftans dorés et parée de bijoux à la mode hippie, Janis se donne à fond, vibrante, possédée par son chant et sans tabou sexuel. À une époque où les filles sont plutôt groupies ou jouent des rôles effacés, la rockeuse est une grande star de la scène de San Francisco, connue à travers le monde. L'album *Cheap Thrills* illustré par Crumb devient disque d'or. Elle forme un nouveau groupe, le Kozmic Blues Band, et apparaît dans toute sa gloire à Woodstock. Mais l'abus d'alcool et une overdose de drogue la tuent à vingt-sept ans. Brusque fin d'une vie incandescente, dont se réclameront bien des chanteuses rock : Nico avec le Velvet Underground, Patti Smith, Marianne Faithfull. Elle a ouvert la voie aux hurlements de Nina Hagen, aux déchaînements de Catherine Ringer des Rita Mitsouko, aux provocations de Madonna, aux miaulements de Björk.

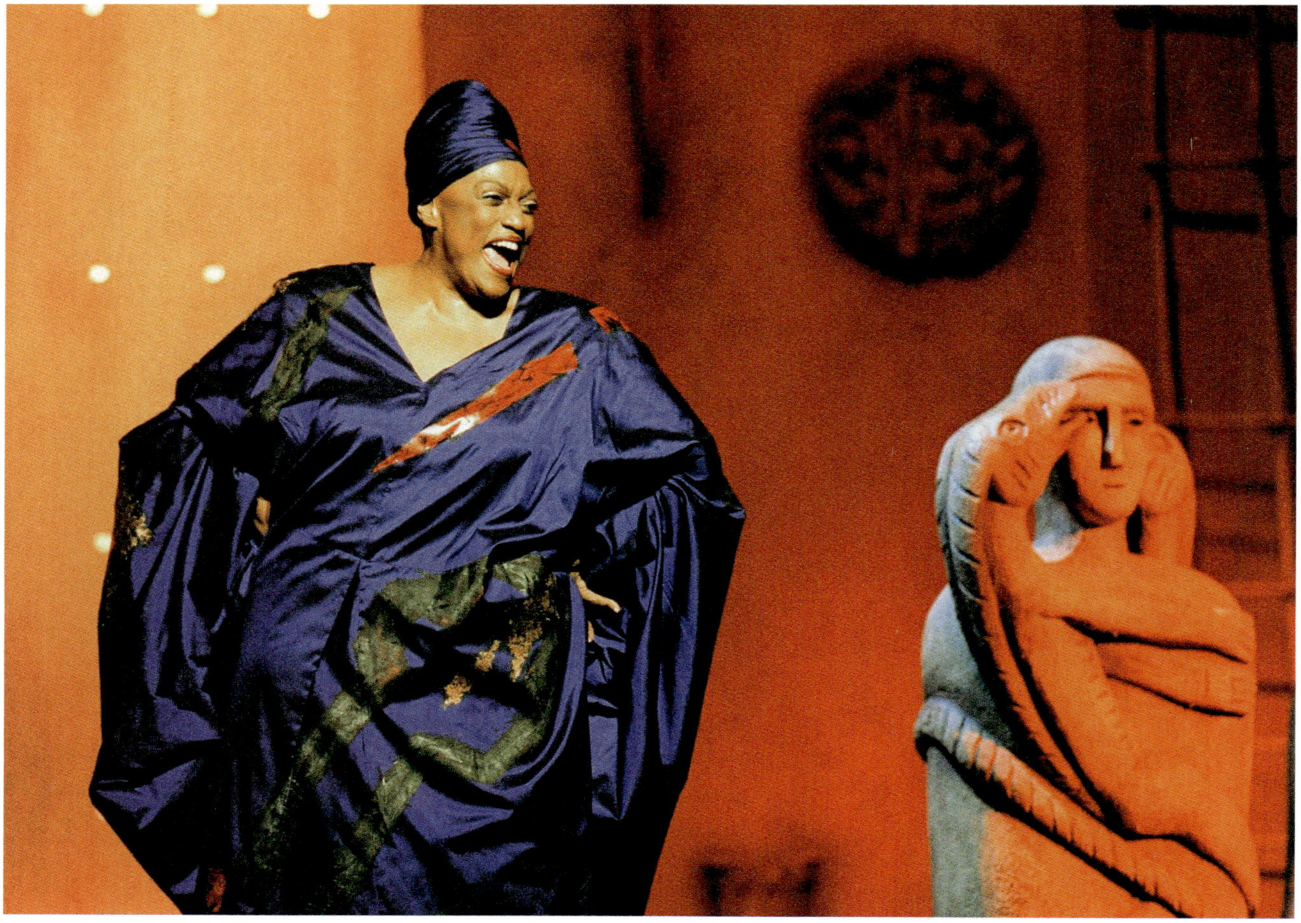

Jessye Norman, 2002.

Jessye Norman

née en 1945, États-Unis

Soprano internationale, récompensée en 1997 par le Kennedy Center Honor, la plus haute distinction américaine des arts et des lettres.

Jessye a une grande variété de styles : elle commence par les gospels et cantiques que sa famille chante à l'église ; elle excelle dans les lieder allemands, les arias ; elle s'aventure dans le jazz et les spirituals ; elle n'hésite pas devant la difficulté de Schönberg et de Berg, tout en étant extrêmement populaire, car elle embellit de sa voix et de sa présence imposante toutes sortes de lieux ; mais surtout, elle reste la grande soprano dramatique des opéras les plus connus. Après avoir fait ses études musicales aux États-Unis, elle débute à l'Opéra de Berlin dans *Tannhäuser* en 1968 (elle est lauréate du Concours international de musique de Munich). En 1972, elle interprète *Aïda* à la Scala de Milan. À Covent Garden, elle est Cassandre dans *Les Troyens* de Berlioz (elle reçoit le Gramophone Award de Londres). En 1989, elle transfigure *La Marseillaise* à Paris pour le bicentenaire de la Révolution (elle reçoit le grand prix national du Disque français). Aux États-Unis, elle chante pour les cérémonies d'investiture des Présidents en 1985 et 1997. En 1996, c'est elle qui illumine la cérémonie d'ouverture du centenaire des jeux Olympiques à Atlanta.

Elle triomphe en 1999 dans *Le Chant de la Terre* de Mahler avec l'Orchestre philharmonique de Berlin, et interprète magnifiquement *La Walkyrie* de Wagner. Elle chante Moussorgski à Moscou…

Patti Smith

née en 1946, États-Unis

Chanteuse rock culte, égérie punk, elle marque une date dans l'histoire du rock.

À l'inverse de sa mère, d'abord chanteuse de jazz, puis serveuse dans un restaurant, Patricia commence par travailler en usine (Piss Factory !) puis se lance sur scène, armée d'une rare force vitale. En 1975, c'est le choc de son premier album *Horses*. Corps et visage androgynes, voix rugueuse, elle allie grâce et violence. Peintre, poète, elle n'hésite pas à interrompre pendant huit ans ses concerts pour élever ses deux enfants, puis se jette à nouveau dans l'arène, moins brute qu'à ses débuts, mais plus puissante, plus ample et plus pugnace que jamais. Refusant toute concession à la loi du marché, femme « Without chains » (chanson contre Guantanamo), elle crée librement et ne cesse pas ses combats contre la bêtise et l'injustice. Commandeure des Arts et Lettres, entrée en 2007 au Rock and Roll Hall of Fame, elle est reçue docteure honoraire de l'université de Rowan.

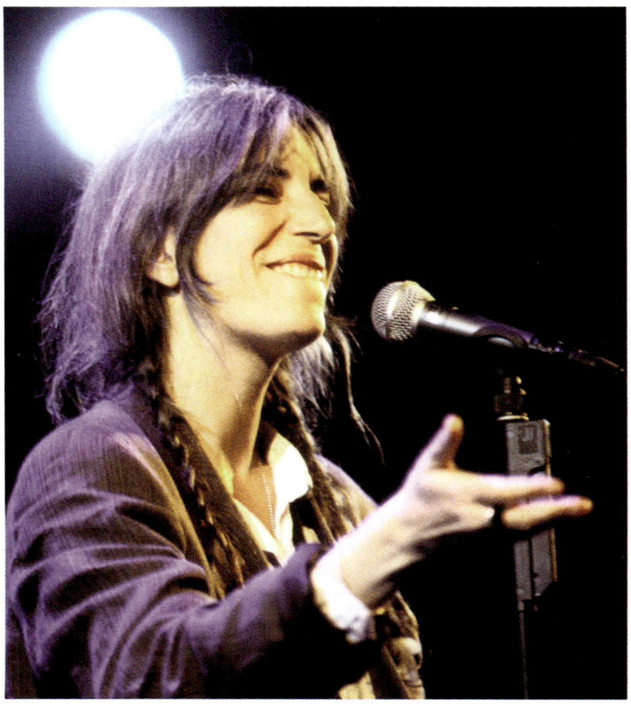

Patti Smith, 1996.

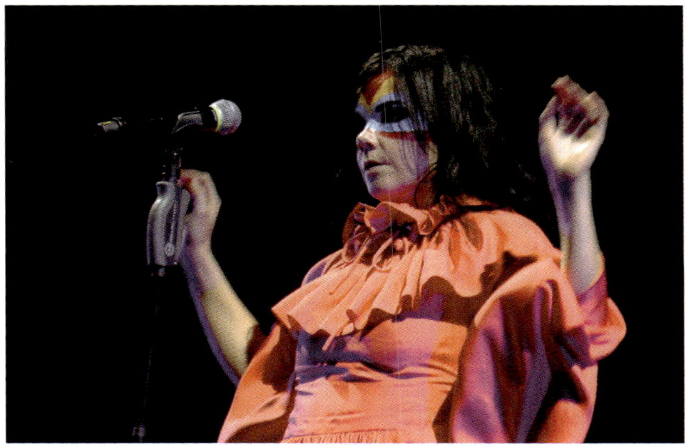

Björk, 2007.

Björk

née en 1965, Islande

Chanteuse électro-pop déjantée, elle est la plus célèbre des Islandaises.

Élevée dans une communauté hippie, musicienne dès l'âge de cinq ans, chanteuse à douze ans, elle fait d'abord partie, en 1979, d'un groupe au nom provocateur : Spit & Snot (« Crachat et morve »); puis elle rejoint KUKL (« Sorcière ») en 1983. Björk réussit ensuite à franchir les frontières de l'Islande. Sa renommée passe par Londres en 1993, tandis qu'elle oscille entre punk, pop, jazz, reggae, house… et musique médiévale islandaise ! Caméléon musical, elle conquiert le monde entier. Pour l'accompagner : des tubas et trompettes, des instruments traditionnels japonais, des violons, une harpe, les chœurs de la cathédrale St. Paul. Toujours, sa voix, aux sonorités extraterrestres, joue le grand rôle, particulièrement dans *Medúlla*, en 2004. Année de gloire : elle apparaît, à l'ouverture des jeux Olympiques d'Athènes, avec une robe à traîne de 900 m, étalée comme une mer pour chanter « Oceania ». Elle compose la bande-son et joue dans *Drawing Restraint 9*, film réalisé par son mari, Matthew Barney, qui commémore l'explosion atomique de Hiroshima. Elle tient le rôle principal, très émouvant, dans *Dancer in the Dark* de Lars von Trier, avec Catherine Deneuve. Ce film obtient la palme d'or à Cannes en 2000 et vaut à Björk le prix d'interprétation féminine.

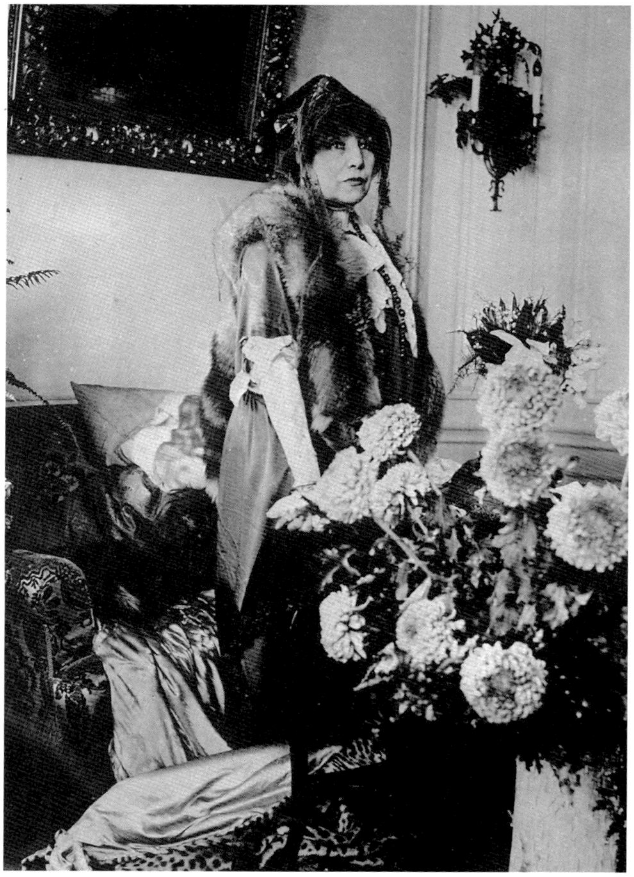

Sarah Bernhardt sur la scène du théâtre de la Porte Saint-Martin, Paris, 1900.

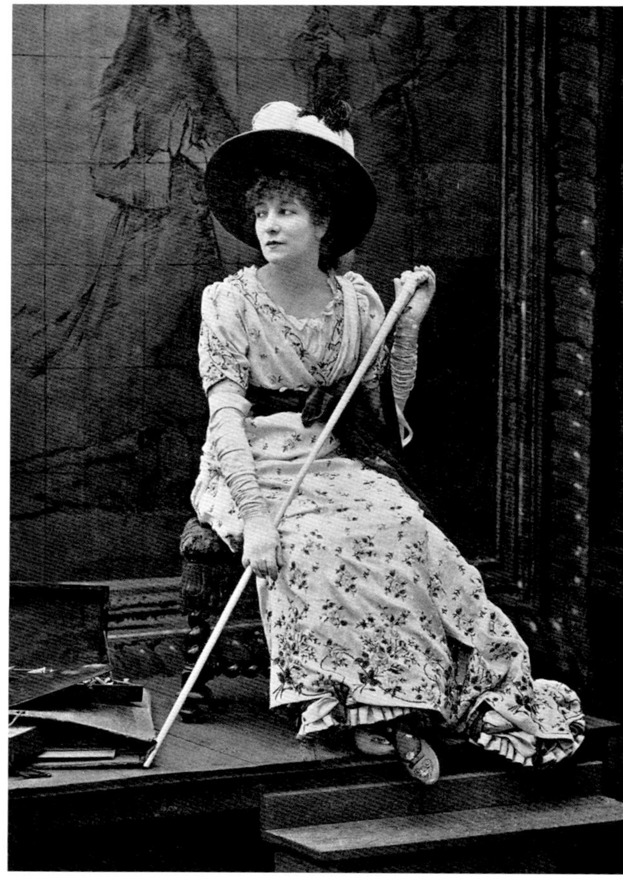

Sarah Bernhardt dans le rôle de Floria Tosca, drame de Victorien Sardou, Paris, 1900.

Sarah Bernhardt

1844-1923, France

Actrice mondialement connue.

Grâce au duc de Morny (est-il son père ?), la bâtarde échappe au destin de courtisane ou de nonne et devient comédienne.

Après un *Ruy-Blas* à la Comédie-Française, puis un *Phèdre*, c'est un triomphe : Victor Hugo s'extasie sur sa « voix d'or », Rostand la voit « reine de l'attitude et princesse des gestes », Proust en fait la Berma, Mucha dessine ses affiches, Nadar la photographie superbement, Théodore de Banville, Jules Renard et Pierre Loti l'admirent, Victorien Sardou, Gustave Doré, Lou Tellegen (acteur plus jeune de trente ans) deviennent ses amants. Elle a un enfant avec le prince de Ligne et se marie avec un morphinomane grec infidèle et minable.

La Divine triomphe dans le monde entier. En 1900, elle donne une prestation éblouissante – travestie, cheveux coupés, silhouette androgyne – dans *L'Aiglon* qu'Edmond Rostand a écrit pour elle. Monstre sacré, star capricieuse, entourée de fauves, de molosses et de crocodiles, « la sphinge » se fait photographier dans son cercueil. Elle fait évoluer le statut des comédiennes, volontiers confondues avec les courtisanes ; elle soutient Zola qui soutient Dreyfus et, pendant la Première Guerre mondiale, elle va remonter le moral des troupes. Elle devient propriétaire du Théâtre de la Ville. En 1917, elle est décorée de la Légion d'honneur. À soixante-dix ans, unijambiste, elle continue à jouer, en osmose avec son public.

Alice Guy

1873-1968, France

Première femme cinéaste en 1900 : elle invente le cinéma de fiction.

Sténo-dactylo, puis secrétaire de Léon Gaumont, elle assiste à l'inauguration de l'appareil à projeter conçu par les frères Lumière – ces films sont des documentaires. « J'entendais, du matin au soir, parler de cinéma. Mais les films qu'on projetait n'étaient que sorties d'usine, trains en marche, défilés de troupes... Il me semblait qu'on pouvait faire autre chose. » Alice va donc inventer la fiction au cinéma. Elle propose à Gaumont d'écrire des saynètes et de les filmer. Elle obtient son accord, à condition que cette petite fantaisie se fasse en dehors de ses heures de travail. Elle trouve le temps de tourner *La Fée aux choux* dans le jardin d'un petit pavillon de Belleville, avec un opérateur amateur, des camarades comme acteurs, un vrai bébé braillard, un drap et des rangs de choux en bois comme décor. Elle parvient à faire rire – ou pleurer – un public populaire avec des films mystères, comme *Le Matelas alcoolique*, des films drôles, comme *J'ai un hanneton dans mon pantalon*, ou des films historiques à grand spectacle comme *La Vie du Christ*. Avec son équipe, elle expérimente les prises de vue à différentes distances, l'accéléré, le ralenti, le tournage à l'envers (dans le même temps Méliès invente le cinéma d'animation). Elle réalise les premiers essais au monde du cinéma parlant. L'affaire devient intéressante. Quand la Gaumont crée un véritable studio, la société pense en confier la direction à quelqu'un d'autre, mais, combative et soutenue par Eiffel, Alice reste en poste jusqu'en 1907. Elle réalise quatre cents films, des longs et des courts métrages, qui ont une valeur expérimentale. Puis elle fait des films aux États-Unis (*L'Ombre du Moulin-Rouge*, *Les Égouts de New York*, des westerns). La société qu'elle a créée avec son mari, la Solax, sera rivale de la Fox. Mais son mari est volage : Alice revient avec ses enfants en France où on l'a oubliée. Les portes se ferment devant celle qui a écrit *Autobiographie d'une pionnière du cinéma*. En 1955, elle est tout de même décorée de la Légion d'honneur. Aujourd'hui, Alice est une véritable star aux États-Unis ; elle est à l'affiche du prestigieux Whitney Museum.

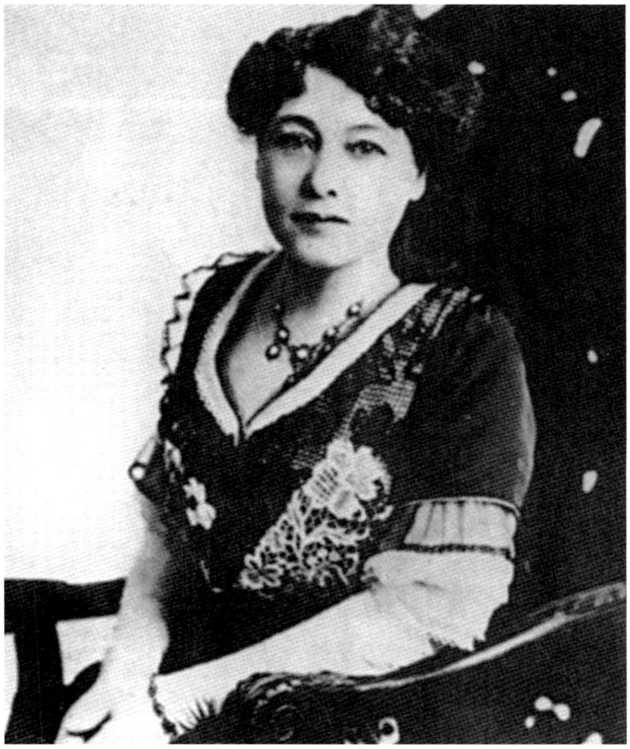

Alice Guy.

Lois Weber

1882-1939, États-Unis

Première réalisatrice aux États-Unis.

Elle tourne des centaines de films. En 1914, *Hypocrites* dénonce la corruption des milieux politiques et religieux. Contre cette corruption, se dresse la « vérité nue », c'est-à-dire une femme entièrement dévêtue. Malgré la censure du maire de Boston, qui exige que des vêtements soient peints à la main image par image, le film connaît un immense succès.

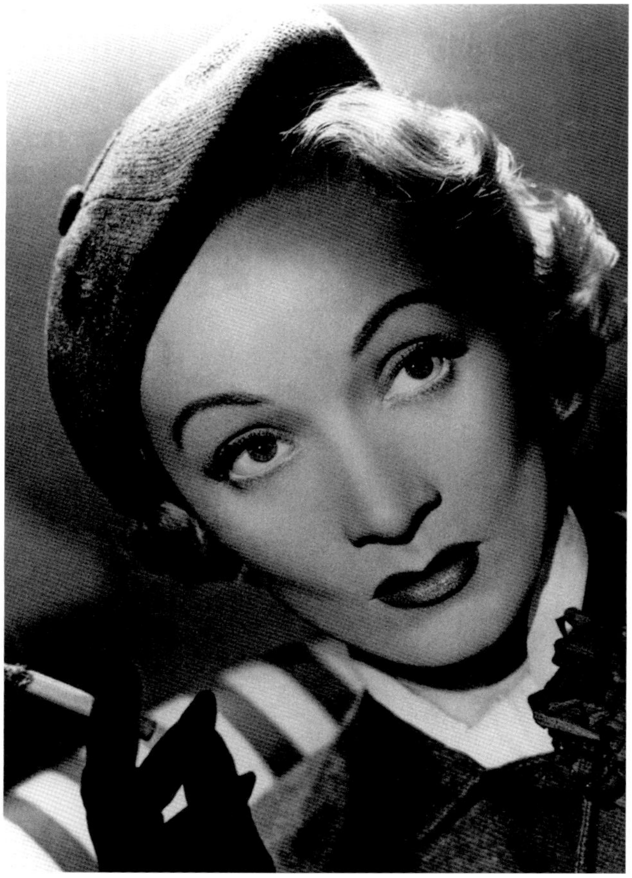

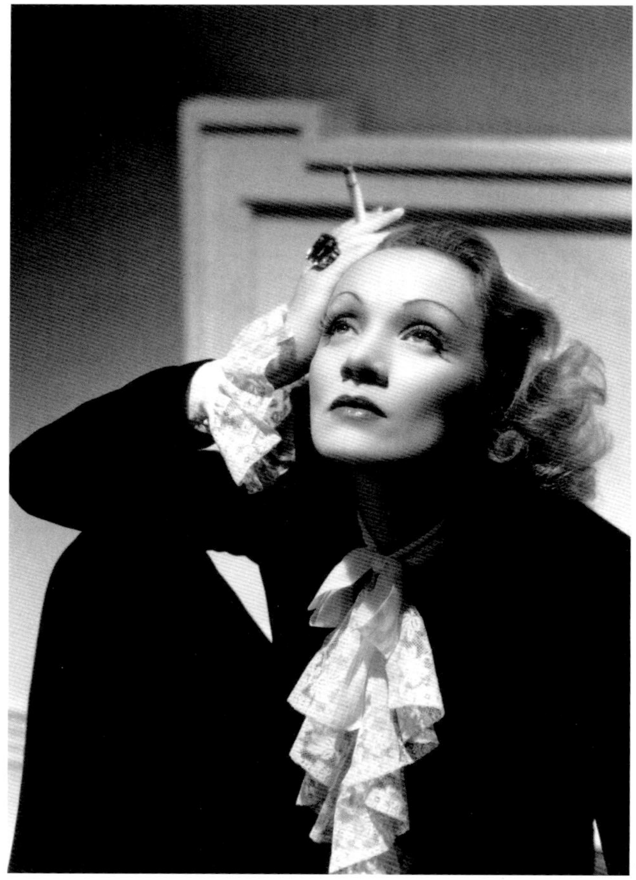

Marlène Dietrich

1901-1992, Allemagne/États-Unis

Actrice et chanteuse, « femme fatale ».
Dans son premier grand film, *L'Ange bleu* (1930), elle est une dévoreuse d'hommes et ensorcelle un digne professeur. Dans son deuxième film, *Morocco* (*Cœurs brûlés*), soumise, elle suit son légionnaire. Ces deux versants, pour être opposés, composent une belle figure mythique de la Femme. Elle est tour à tour une tentatrice de choc, selon Sternberg, dans une atmosphère de clair-obscur saturée de sensualité, une amante exigeante dans *L'Impératrice rouge*, une créature perdue dans *Shanghaï Express*, elle est *La Scandaleuse de Berlin*, selon Wilder, *La Belle Ensorceleuse*, selon René Clair, *Ange* selon Lubitsch. Est-elle *Femme ou Démon ?* interroge Marshall. Marlène est surtout une immense actrice, capable de jouer aux côtés des plus grands acteurs, Gary Cooper, John Wayne, Jean Gabin (son amant à la ville). Sa présence sur scène est savamment orchestrée. Elle est aussi une chanteuse envoûtante, à la voix canaille et suave, qui apporte la délicieuse et terrible nouvelle de l'amour toujours recommencé dans « Falling in love again ». Antinazie convaincue, elle réussit à transformer la fameuse « Lili Marleen », qui était la chanson de ralliement des troupes hitlériennes, en un quasi-hymne de bonheur et de victoire, redonnant du courage à 150 000 soldats. Pour son engagement aux côtés des Alliés, l'Amérique lui décerne la Medal of Freedom dès 1947, la France la Légion d'honneur en 1951. En 2002, sa patrie d'origine la reconnaît citoyenne d'honneur de la ville de Berlin et donne son nom à une place.

Afife Jale

1902-1941, Turquie

Première femme turque comédienne.
Stambouliote, elle est la petite-fille de Saïd Pacha. Elle s'inscrit à un concours théâtral. On cherche une comédienne pour remplacer une Arménienne. Elle ose se présenter au théâtre de Kadikö, et c'est un triomphe. Mais elle va payer cher le prix de sa transgression : son père, qui ne la considère plus que comme une prostituée, la chasse de la maison familiale. Elle est emmenée à plusieurs reprises au commissariat où les policiers la maltraitent en lui hurlant au visage : « Tu n'es pas honnête envers ta religion, envers ton pays. » En 1918, le ministère de l'Intérieur fait passer une circulaire interdisant aux « femmes turques musulmanes de monter sur scène ». Elle est mise à la porte du théâtre et se retrouve sans ressources et sans sécurité. Sujette à des migraines très fortes, elle est soignée à la morphine et devient morphinomane. Elle meurt à trente-neuf ans dans un hôpital psychiatrique. À ses obsèques, seules quatre personnes suivent le cortège. À partir de 1923, en Turquie, les femmes ont le droit d'être comédiennes. Aujourd'hui tout le monde la connaît dans son pays ; le plus prestigieux prix de théâtre porte son nom : le « prix Afife ».

Marilyn Monroe

1926-1962, États-Unis

La plus grande actrice américaine, mondialement connue.
Sa mère est maniaco-dépressive, fréquemment internée, et elle ignore qui est son père. Petite fille privée d'affection, agressée sexuellement dans une famille d'accueil, Norma Jeane Mortenson cherchera toujours un repère en même temps qu'elle affichera un plaisir inouï à montrer ses formes sensuelles, avec toujours un sourire éclatant sur ses lèvres délicieuses. Mariée à seize ans, elle est ouvrière dans une usine de parachutes, puis on la voit à la une du magazine *Mmmmm Girl*, offerte, nue et pulpeuse. Viennent les premiers succès, dans *La Pêche au trésor* des Marx Brothers, *Ève* de Mankiewicz, *Quand la ville dort* de John Huston, puis ses grands rôles et son triomphe international : elle est impressionnante dans *Niagara* (1952) ou *Sept Ans de réflexion*, irrésistible dans *Les hommes préfèrent les blondes*, *Comment épouser un millionnaire* ou *Certains l'aiment chaud*, profonde dans *La Rivière sans retour*, pathétique dans *The Misfits* (John Huston).
« Une carrière réussie est une chose merveilleuse, reconnaît-elle, mais on ne peut pas se pelotonner contre elle, la nuit, quand on a froid. » Pour la chaleur, elle essaie quelques maris : Joe Di Maggio, champion de basket, qui l'adore et la bat ; Arthur Miller, qui lui apporte un temps sa respectabilité d'écrivain. Il y a aussi les amants : le fils de Charlie Chaplin, Elia Kazan, Frank Sinatra, Yves Montand, John et Robert Kennedy… Sa mort tragique – elle est retrouvée nue et sans vie – ne fait que renforcer le mythe de cette idole des Temps modernes.

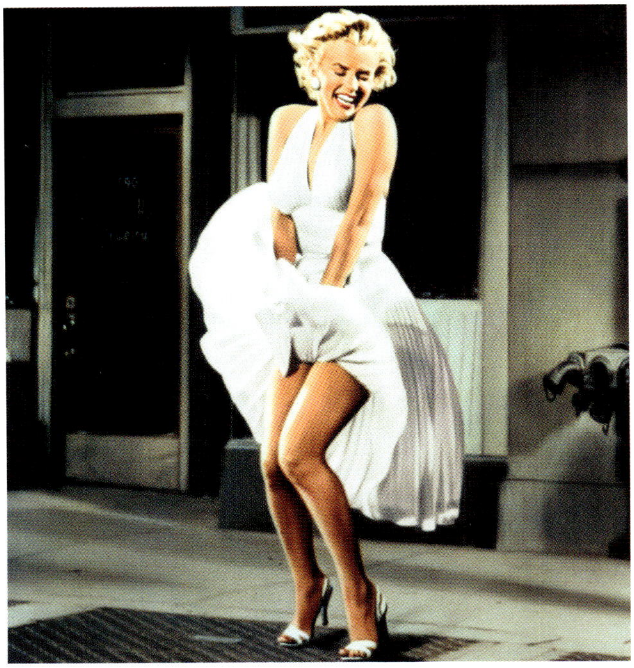

Marilyn Monroe dans Sept ans de réflexion, *de Billy Wilder, 1955.*

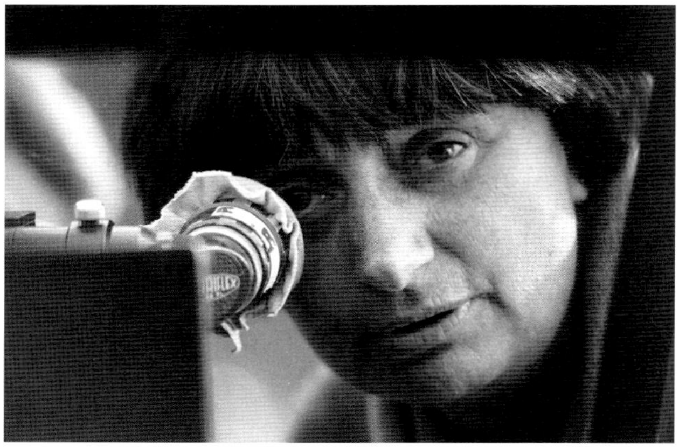

Agnès Varda

née en 1928, France

Cinéaste féministe.

Née en Belgique, d'un père grec et d'une mère française, mariée à Jacques Demy, elle vit volontiers à Los Angeles. Sans son film *L'une chante, l'autre pas*, nous aurions peu de traces visuelles des années où les femmes commençaient à se rebeller parce qu'elles subissaient des avortements clandestins dangereux, se solidarisaient pour accéder aux IVG hollandaises et chantaient la ballade des « nanavortées ». Agnès Varda soutient la cause des femmes et, plus largement, combat pour la vie.

Brigitte Bardot

née en 1934, France

Actrice, devenue un mythe sous le nom de BB, dans les années 1950-1960.

Après avoir tourné dans *La mariée est trop belle*, elle devient célèbre grâce à son premier mari Roger Vadim, réalisateur du film *Et Dieu créa la femme* (1956). Elle est nue, superbe, provocante, dans un Saint-Tropez qui va faire fureur. « Vous n'avez pas honte ? » lui demande-t-on. « Ce n'était pas sale puisque c'était beau », réplique-t-elle. Elle joue la tragédie dans *La Vérité* de Clouzot (1960) et dans *Le Mépris* de Godard (1963), qui la fait entrer dans la « nouvelle vague ». Vadim la fait tourner dans *Le Repos du guerrier*, film mémorable, et Louis Malle lui donne un rôle subtil dans *Vie privée*. Sex-symbol traqué par les paparazzis, icône de la sensualité à la française, elle provoque une émeute au Festival de Cannes de 1967. De ses initiales BB (bébé) est né le mythe de la femme-enfant. Elle a eu plusieurs maris – dont Jacques Charrier, avec lequel elle a un fils –, autant de divorces et de nombreux amants (Sacha Distel, Jean-Louis Trintignant...). À l'époque où l'on considère une femme divorcée comme une pécheresse, BB se donne tous les droits, non sans retombées tragiques : elle tente plusieurs fois de se suicider. Elle est reconnue par les plus grands : la reine d'Angleterre la reçoit, le général de Gaulle est attendri par cette « jeune personne d'une simplicité de bon aloi ». La voilà sanctifiée, transformée en Marianne, sculptée par Aslan en 1966, devenant le symbole de la République. À partir de 1973, elle consacre son temps à défendre la cause animale.

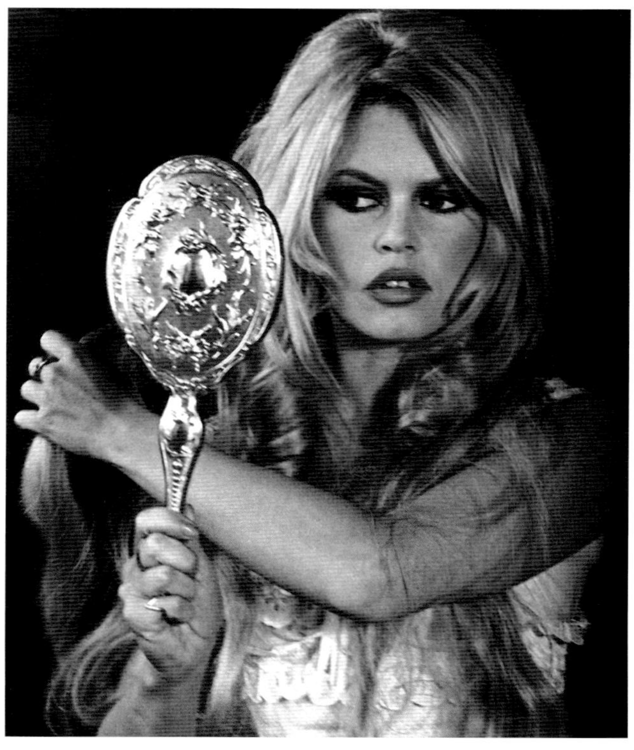

Ariane Mnouchkine

née en 1939, France

Metteuse en scène.
Avec sa troupe, le Théâtre du Soleil (fondée en 1964), qui fonctionne en coopérative, elle crée un théâtre populaire et politique. À la Cartoucherie de Vincennes, elle connaît un immense succès avec *1789*. Puis *Molière ou la Vie d'un honnête homme* est un triomphe pendant deux ans. Proche de l'écrivaine féministe Hélène Cixous, elle met notamment en scène deux de ses pièces, *L'Histoire terrible mais inachevée de Norodom Sihanouk* et *L'Indiade*. Elle s'est toujours engagée dans les combats contre les injustices.

Jane Campion

née en 1954, Nouvelle-Zélande

Cinéaste. Première femme à recevoir la Palme d'or au Festival de Cannes en 1993.
Née dans une famille d'artistes, elle peut suivre des cours au Sydney College of Arts et à l'école de films, télévision et radio de Sydney, en Australie.
Son chef-d'œuvre est sans doute *La Leçon de piano*. En 1996, elle réalise *Portrait de femme*, d'après Henry James, et en 1999 *Holy Smoke*, qui a choqué par sa liberté sexuelle.

Hiam Abbass

née en 1960, Israël/France

Actrice palestinienne de nationalité israélienne.
Née à Nazareth dans un milieu musulman, élevée en Galilée, elle étudie et enseigne la photographie à Haïfa, puis commence sa carrière d'actrice de théâtre au Centre culturel palestinien de Jérusalem. Elle joue dans le film *Noces en Galilée*, dirigé par le metteur en scène israélien Michel Khleifi, en 1987, puis en 1996 dans *Haïfa*, qui montre la vie dans un camp de réfugiés palestiniens. En France (où elle vit), elle joue aux côtés de Gérard Depardieu. Hiam tourne pour la Tunisienne Raja Amari dans *Satin rouge* (2001), pour Amos Gitaï dans *Free Zone*, pour Spielberg dans *Munich*, pour Hany Abu-Assad dans *Paradise Now*. En 2008, elle a un rôle dans le superbe film d'Eran Rikilis, *Les Citronniers*. À la croisée de plusieurs cultures, Hiam Abbass, comédienne intense, est une ambassadrice de la paix.

Naomi Kawase

née en 1969, Japon

Cinéaste, première Japonaise à recevoir la Caméra d'or au Festival de Cannes en 1997 (à vingt-huit ans), et première femme à recevoir le Carrosse d'or en 2009.
Presque tous ses films semblent découler du traumatisme de son enfance : ses parents l'ont abandonnée. *Dans ses bras* (1992) met en scène sa recherche du père. Elle a étudié la photographie à l'École des arts visuels d'Osaka.
Elle aime filmer en gros plans tranquilles ; ses acteurs sont souvent des amateurs ; elle tourne caméra à l'épaule sans grosse équipe technique. Ainsi est-elle au plus près de la vérité humaine. Histoire d'intense tendresse et de terrible crudité avec sa grand-tante dans *Naissance et maternité* (2006), qui s'ouvre et se clôt sur une image de placenta. Histoire de mourant avec le photographe Kazuo Ishii dans *La Danse des souvenirs*. Son long métrage de fiction *Suzaku* (1998) est primé à Cannes.

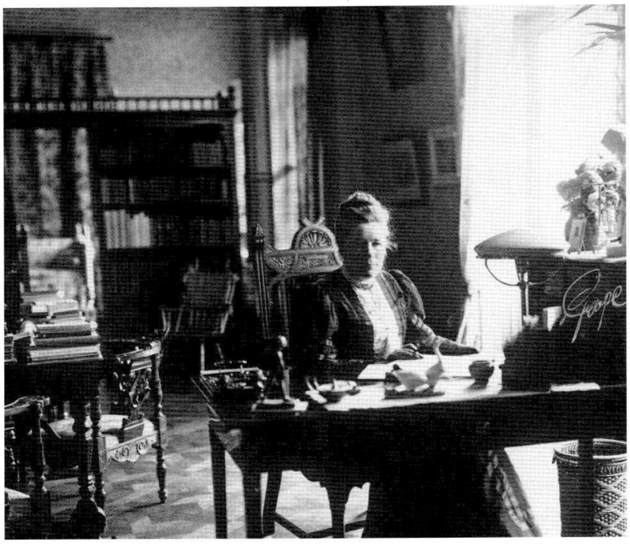

Selma Lagerlöf.

Selma Lagerlöf

1858-1940, Suède

Romancière. Prix Nobel de littérature en 1909 (première femme à recevoir ce prix) et première femme à entrer à l'Académie suédoise en 1914.
Atteinte d'une coxalgie à trois ans, elle reste quasi infirme mais écrira *Le Merveilleux Voyage de Nils Holgersson à travers la Suède*, vision aérienne des humains depuis le dos d'une oie sauvage... Elle obtient difficilement de son père, rêveur alcoolique ruiné, la permission de passer l'examen de l'École normale et devient institutrice.
La Saga de Gösta Berling met en scène des notions issues de sa culture protestante (péché, rachat, souffrance rédemptrice ou injuste) mais aussi des sagas islandaises, des sources païennes. Féministe, pacifiste, elle fait un discours visionnaire, dialoguant avec son père mort, lors de la remise du Nobel. Son œuvre emporte par son lyrisme étrange : aux humains affrontés à la violence de leurs passions – déchéance, infanticide, émotions charnelles – se mêlent trolls, animaux fantastiques et éléments déchaînés – tempêtes impétueuses ou éclosions miraculeuses de fleurs...

Edith Wharton

1862-1937, États-Unis

Écrivaine. Première femme à recevoir le prix Pulitzer pour son livre *Le Temps de l'innocence* (1920).
Issue d'une famille richissime, Edith Newbold Jones vit dans une société de bourgeois ignorants médisants et futiles (qu'elle décrit dans *Vieux New York*). Elle s'éprend de Walter Berry mais épouse Edward Wharton, riche homme d'affaires de Boston. Union lamentable ; elle finit par divorcer en 1913. En 1905, Edith se lie d'amitié avec Henry James (très impressionné par son caractère nerveux, il l'appelle « l'ange de la dévastation ») et publie son premier chef-d'œuvre, à l'écriture élégante et féroce, *Chez les heureux du monde*, qui montre sans artifices la cruauté de la société new-yorkaise. À partir de 1906, elle vit le plus souvent en France et continue d'écrire avec ferveur, entre ses installations d'hôtels particuliers, ses réceptions et sa vie mondaine où elle fréquente Anna de Noailles, André Gide, Jean Cocteau. À quarante-cinq ans, sa liaison avec Morton Fullerton est la grande révélation sexuelle et passionnelle de sa vie. Suivra Walter Berry, qu'elle n'a pas oublié et qui sera enterré à Versailles à ses côtés. Elle est la première femme docteure *honoris causa* de l'université de Yale.

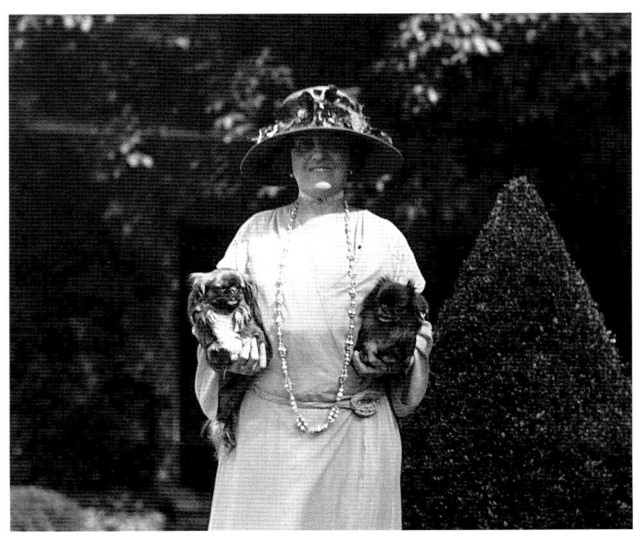

Edith Wharton.

Grazia Deledda

1871-1936, Italie

Écrivaine ; deuxième femme prix Nobel de littérature en 1926.

Racconti sardi (1894) *La Voie du mal* (1896), *Cendres* (1904) ou *Marianna Sirca* (1915), comme la plupart de ses trente-cinq romans et de ses quatre cents nouvelles, se situent en Sardaigne, dans un milieu de bergers, de bandits, de femmes fidèles jusqu'à la mort, de vieilles paysannes – un monde triste et touchant, décrit sans complaisance. L'atmosphère, imprégnée de sombres obsessions de culpabilité, de fatalité, d'angoisses pagano-chrétiennes (surtout dans *La Madre*), évoque *Les Hauts de Hurlevent*, selon D.H. Lawrence. Contrairement à la malédiction qu'on lui avait lancée, même une écrivaine peut se marier et avoir des fils. « La créativité trouve son expression la plus noble dans l'enfantement », affirme Grazia qui approuve l'idéologie de Mussolini : « Le but de son combat a toujours été le mien lorsque j'écris : pureté de la vie de famille, amour pour la terre natale et la glèbe, simplicité du mode de vie. »

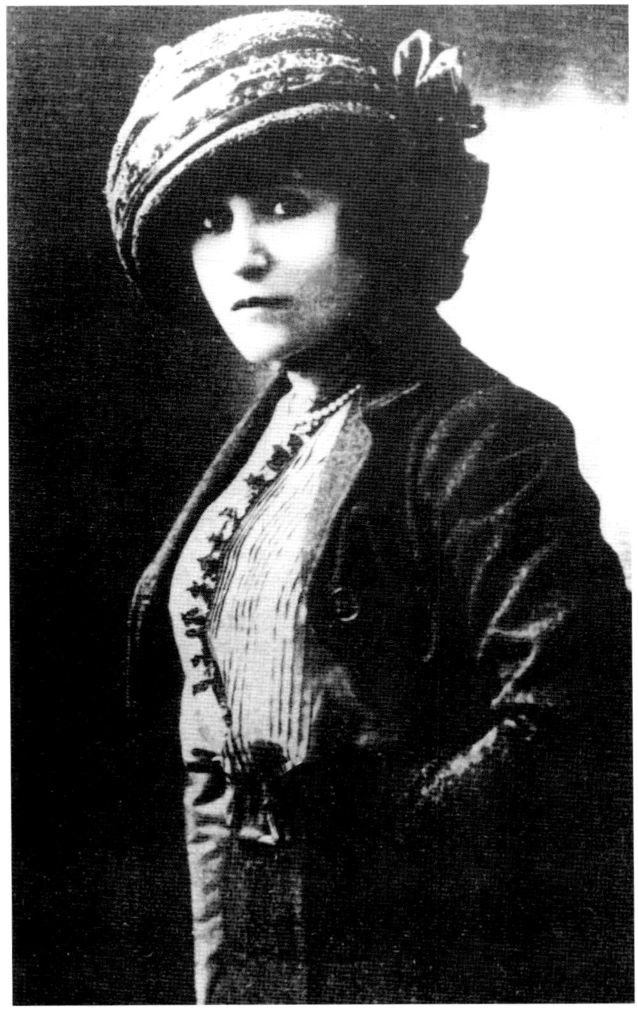

Colette.

Colette

1873-1954, France

La plus grande parmi les écrivaines françaises de la première partie du XXe siècle ; première femme élevée à la dignité de grand officier de la Légion d'honneur en 1953 ; membre puis présidente de l'académie Goncourt ; première femme ayant droit à des funérailles nationales.

La fillette, des tresses jusqu'aux chevilles, galope libre dans les bois – « quelle reine de la terre j'étais à douze ans ! » –, protégée par Sido, mère toute-puissante et puissamment aimée. On retrouve cette sensation en 1928 dans *La Naissance du jour*, qui évoque un retour au corps maternel, leçon de l'aube lactée, sagesse du cycle de la nature sans cesse renouvelée. À vingt ans, elle épouse Willy Gauthier-Villars, cet homme « pire que mûr », connu du Tout-Paris. Prisonnière, trompée sans vergogne par son mari, elle écrit *Claudine à l'école* (1900), livre de souvenirs arrangés par Willy qui signe de son nom et qui signera tous les *Claudine*. C'est un succès prodigieux. Mais Gabrielle reste dépendante, sans argent, jusqu'à ce qu'elle soit mise à la porte par son mari. Elle n'ose raconter cette période de sa vie qu'après la mort de Willy, dans *Mes apprentissages*. Elle devient mime et danseuse de music-hall ; elle connaît alors six années difficiles qu'elle retrace dans *La Vagabonde* (1910), et entame

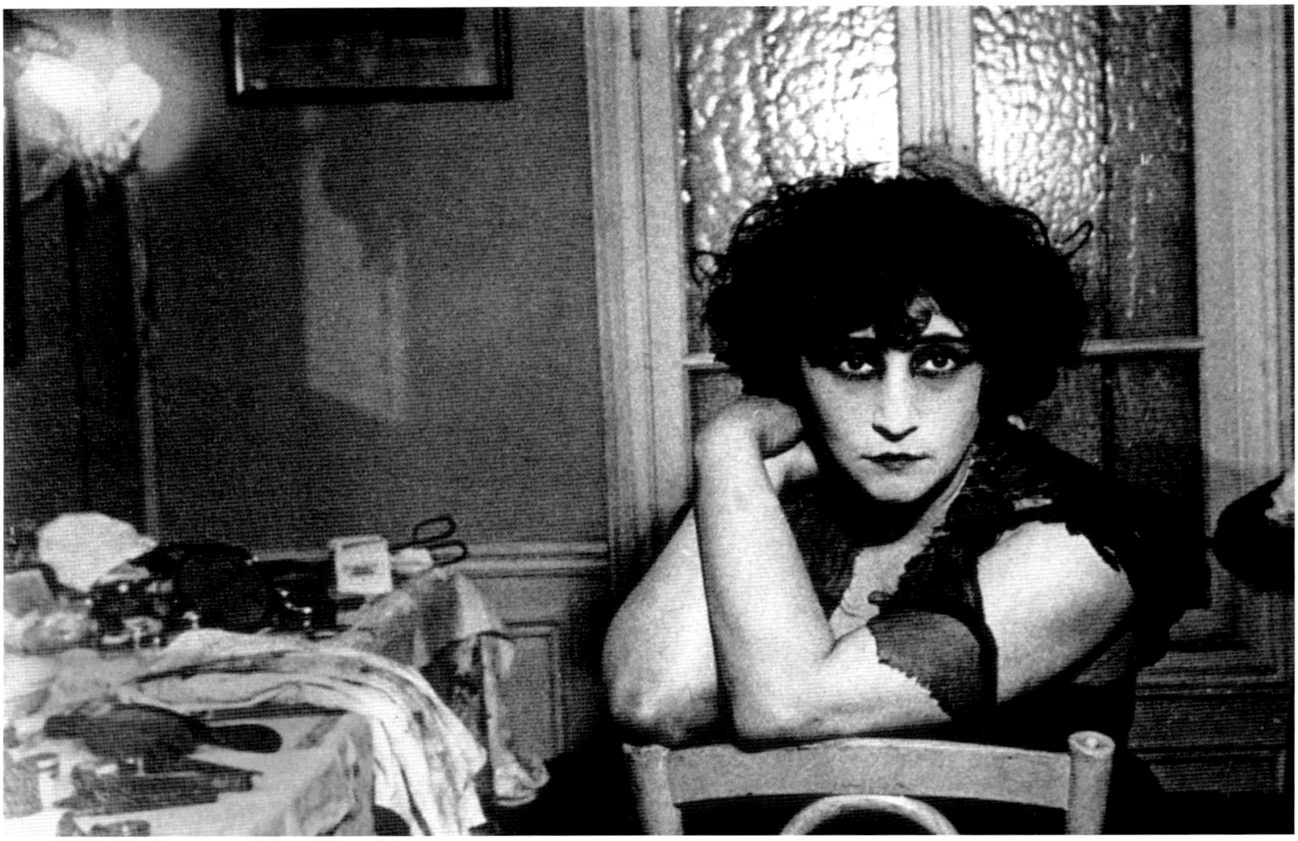

un dur combat pour son indépendance féminine. *L'Envers du music-hall* décrit pour la première fois, à travers les yeux d'une femme qui l'a vécue, la vraie vie des petites danseuses (avec l'avortement mortel de Gribiche). Au bras de Missy, marquise de Belbeuf, fille du duc de Morny, travestie qui fait scandale au Moulin-Rouge, elle découvre la jouissance homosexuelle apaisante, maternante. En 1932, dans *Ces plaisirs...*, elle s'élève contre la vision proustienne des lesbiennes vicieuses et scandaleuses. Devenue baronne de Jouvenel des Ursins, Colette est directrice littéraire du *Matin* et entame une carrière de reporter. À quarante ans, elle devient mère d'une fille qu'elle délaisse ; elle prend pour amant son beau-fils Bertrand de Jouvenel, beau comme un dieu de seize ans (elle en a quarante-sept). Curieusement, un peu avant, elle a publié *Chéri*, qui raconte l'amour d'un jeune homme et d'une femme d'âge mûr... En 1923 paraît le premier livre signé Colette : *Le Blé en herbe*. À cinquante-quatre ans, elle choisit donc un nom littéraire, qui est celui de son père, le capitaine Colette. Même après s'être remariée avec Maurice Goudeket (beaucoup plus jeune qu'elle), elle conserve ce nom, sous lequel elle est restée célèbre. Elle termine sa vie immobilisée – pendant seize ans – sur son « lit-radeau », dans son appartement au Palais-Royal, à Paris, donnant sur la place qui porte aujourd'hui son nom.

Colette fait éclater la forme traditionnelle du roman et crée une véritable poétique en mélangeant les règnes : plantes, animaux, êtres humains, objets, nourriture – « Et vous, roses noires, confiture d'odeur. » La grande nouveauté est qu'elle ose évoquer la différence des sexes, décrivant sous sa plume le sexe de la femme : « piège profond, gouffre lisse, vivante corolle marine ». Face à cette étrangeté, la sexualité des hommes apparaît comme un « état de misère, neurasthénie de Danaïde ». La révélation de la jouissance féminine par l'écrivaine est une belle promesse d'émancipation.

Gertrude Stein

1874-1946, États-Unis

Femme de lettres et collectionneuse, tenant un célèbre salon parisien.

Riche héritière juive, originaire de Pennsylvanie, lesbienne, elle choisit de vivre à Paris avec sa compagne, Alice B. Toklas. Dans son hôtel particulier, elle reçoit Francis Scott Fitzgerald, Ernest Hemingway, Max Jacob, Jean Cocteau, Georges Braque, Henri Matisse, Pablo Picasso. Son style novateur, fragmenté, toujours au présent et presque sans ponctuation, annonce le nouveau roman et évoque les techniques picturales cubistes. Elle est reconnue comme une écrivaine accomplie avec son *Autobiographie d'Alice B. Toklas* (qui est en fait sa propre biographie).

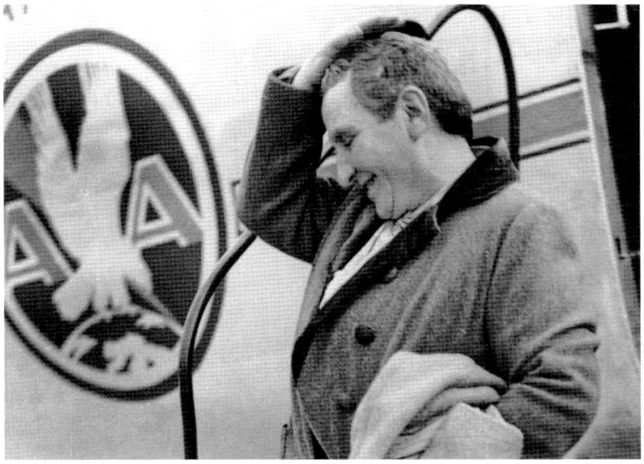

Gertrude Stein à Los Angeles, 1925.

Helen Keller

1880-1968, États-Unis

Aveugle, sourde et muette, devenue universitaire et écrivaine.

Isolée du monde, sans langage, violente, elle vit dans un univers d'incommunicabilité totale. Il faut toute la patience et l'intelligence d'Anne Sullivan, institutrice spécialisée du Perkins Institute de Boston, pour établir le contact avec la fillette. À partir du moment où le déclic se fait, Helen s'élance vers la connaissance avec une célérité et une maîtrise surprenantes. Elle sait lire et écrire en anglais, en français, en allemand, en latin, en grec, et à vingt-quatre ans elle est diplômée *magna cum lauda* de l'université de Radcliffe. Elle écrit *Histoire de ma vie*, puis *Le monde où je vis*, *Hors de la nuit*, *Laissez-moi espérer* et *Teacher*. Célèbre dans le monde entier, elle est socialiste, suffragiste et pacifiste. Selon Mark Twain, elle est « la plus grande femme depuis Jeanne d'Arc ».

Sigrid Undset

1882-1949, Norvège

Romancière ; prix Nobel de littérature en 1928.

Orpheline à onze ans, elle doit très vite travailler et à seize ans trouve un emploi dans un bureau d'une firme d'électricité. Mais ses premiers livres publiés lui permettent de vivre de sa plume. Elle rencontre un peintre, son « seigneur et maître » (marié et père de trois enfants). Elle l'épouse en 1912, met au monde trois enfants dont une fille handicapée, recueille les enfants du premier lit de son mari (dont un handicapé), veille sur toute la famille recomposée dans une grande maison au cœur de la forêt, puis divorce. Complexe, contradictoire, elle est capable à la fois de camper magistralement une Viking d'acier, dans son roman *Vigdis la farouche*, et de publier *Le Point de vue d'une femme* (1919), manifeste antiféministe, soutenant que « c'est une misère que d'être une femme ». Mettant en scène un monde de péché, de foudre, de pèlerinages et de violence, et rêvant d'un monde que la bonté féminine et le dévouement maternel régénéreraient, elle se lance dans une véritable construction esthétique et éthique avec la grande fresque *Kristin Lavransdatter*, en trois volumes. Son deuxième grand récit épique, *Olav Audunssøn*, se passe au XIIIe siècle, en Norvège. Elle est décorée de la grand-croix de saint Olaf.

Virginia Woolf

1882-1941, Grande-Bretagne

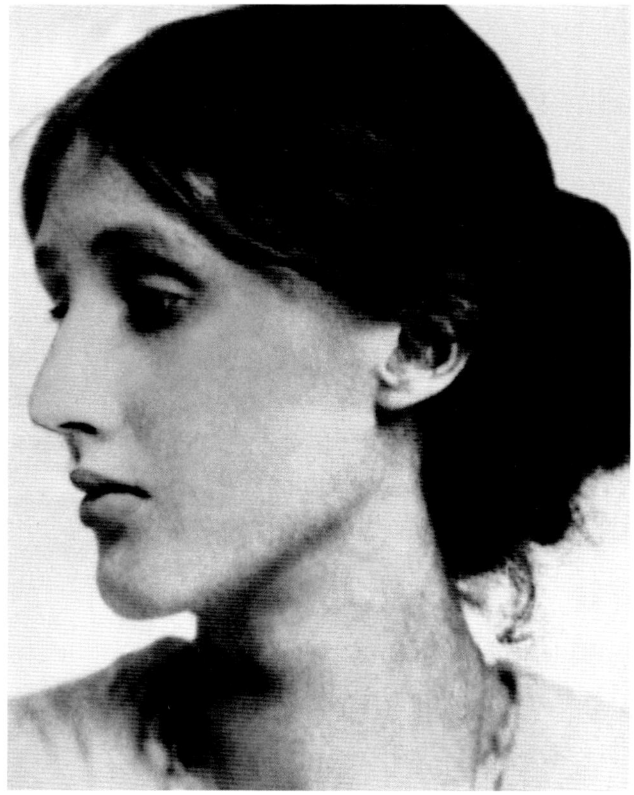

Romancière féministe.

Elle fait entrer l'art romanesque dans la modernité. « Il est indispensable qu'une femme possède quelque argent et une chambre à soi si elle veut écrire une œuvre de fiction », dit avec bon sens Mme Woolf. Virginia ne possède pas seulement une chambre, mais a également à sa disposition les milliers de livres de son père, éminent intellectuel victorien, puis les trois cents chambres du château de son amante, la fille du baron Sackville-West. En plus du confort matériel, elle bénéficie de la présence d'un mari, Leonard, « plus angélique d'ailleurs que bien des anges », qui la protège des agressions extérieures et prend soin d'elle, et avec lequel elle entretient une relation originale. (« Mangouste chérie, lui écrit-elle, je réclame une heure de baisers d'antilope », signé « ton mandrill »). Ils fondent ensemble la Hogarth Press, maison d'édition novatrice qui publie Katherine Mansfield, des essais de Freud, des poèmes de T.S. Eliot. Dans ce décor d'élitisme intellectuel fortuné, Virginia vit dans un état de souffrance nerveuse à vif. Elle a en effet subi des chocs psychologiques dans son enfance : agression sexuelle par son demi-frère quand elle avait six ans, mort de sa mère quand elle en avait treize. Elle coule « au fond d'un puits de désespoir absolu ». Seule l'écriture peut la sauver et lui procurer plaisir et ravissement. « L'aptitude à recevoir des chocs est ce qui fait de moi un écrivain », analyse-t-elle. Naissent alors des romans, *Mrs. Dalloway*, *La Promenade au phare*, *Les Vagues*, *Années*, où gestes et mots sont « à peine plus palpables que les ombres d'une phalène sur un plafond, quand les femmes sont seules et hors de la lumière et de l'éclairage coloré de l'autre sexe ».

Par petites touches d'une écriture impressionniste, s'avancent, se nouent, se délient tous les mouvements intérieurs, les états d'âme les plus subtils, à la limite du subconscient, les échanges mouvants, en lien avec la nature, en rythme avec la mer. « On aurait dit que cette eau détachait, faisait voguer des pensées qui, sur la terre ferme, auraient été stagnantes. D'abord, la pulsation de la couleur inondait le golfe de bleu ; le cœur se dilatait avec elle et le corps tout entier avait l'impression de nager. » Sensation heureuse et légère, ici, de se fondre avec l'eau, élément qui inonde toute son œuvre. Pourtant, après plusieurs phases de dépression aiguë et deux tentatives de suicide, c'est en marchant dans l'eau, alourdie de cailloux dans ses poches, qu'elle se donnera la mort.

Son œuvre a ouvert la littérature à la modernité, à ce qu'on a appelé le nouveau roman en France, en particulier aux « tropismes » de Nathalie Sarraute. La deuxième grande ouverture est l'écriture féminine, car, selon Virginia, les femmes ont « un pouvoir créateur très différent » de celui des hommes. Inutile, donc, de se restreindre en imitant l'écriture masculine. « Nul doute que nous ne voyions un jour la femme changer la forme du roman pour ses fins à elle, quand elle aura la liberté de ses mouvements. »

Karen Blixen

1885-1962, Danemark

Écrivaine au goût d'aventure.

Son père, écrivain et aventurier lui aussi, se suicide quand elle a dix ans ; elle veut lui ressembler. Elle se marie avec le baron suédois Bror Blixen, au Kenya, où ils exploitent une plantation de café. Karen est séduite par cette région de savane, de buffles et de lions. Mais la ferme est ruinée, son époux la trompe et lui transmet la syphilis. La jolie femme sera de plus en plus décharnée, soignée au mercure, jusqu'à mourir d'anorexie. Le magnifique roman *La Ferme africaine*, paru en 1937, chante la nostalgie d'un monde imprégné d'odeurs capiteuses, les amours exquises et brisées d'une aristocratie décadente, les jeux troubles des hommes et des bêtes sauvages, de la baronne et de ses serviteurs. Ce livre, comme le précédent, *Sept Contes gothiques*, a obtenu un immense succès mondial.

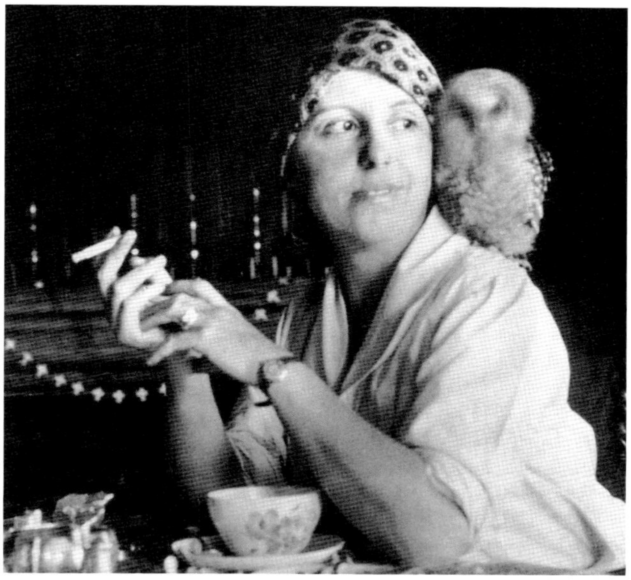

Karen Blixen.

Gabriela Mistral

1889-1957, Chili

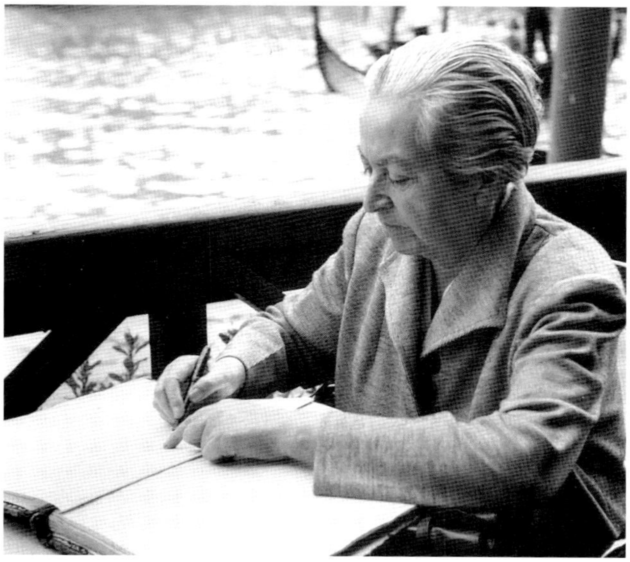

Gabriela Mistral.

Poétesse.

Prix Nobel de littérature en 1945, attribué pour la première fois à un écrivain sud-américain. Née Lucila Godoy Alcayaga, elle choisit un nom de plume qui évoque l'archange de l'Annonciation et le vent violent, force de la nature dans les Andes. Dans ce choix se lit le sens de sa poésie, traversée par une souffrance dévastatrice, assoiffée d'une tendresse consolatrice. Son père, alcoolique, disparaît de la famille quand elle a trois ans. Sa grand-mère lui apprend la religion. Ensanglantée par les pierres que lui lancent ses camarades d'école, elle est renvoyée par la directrice sous prétexte qu'elle est « faible d'esprit ». Elle devient quand même institutrice, pour les enfants le jour, pour les ouvriers la nuit. Ses peines d'amour la marquent à jamais, et son premier grand recueil a pour titre *Sonnets de la mort*. Nostalgique de la maternité, elle dit sa souffrance de ne l'avoir pas connue dans *Poemas de la madre más triste*. L'écrivain et homme politique José Vasconcelos l'invite à collaborer à la réforme de l'enseignement au Mexique. Elle reste deux ans dans ce pays, écrivant des *Lecturas para mujeres* (ouvrage consacré à l'éducation des jeunes filles), fondant écoles et bibliothèques. Elle fait ensuite office de consule pour représenter le Chili et est journaliste à *El Tiempo*.

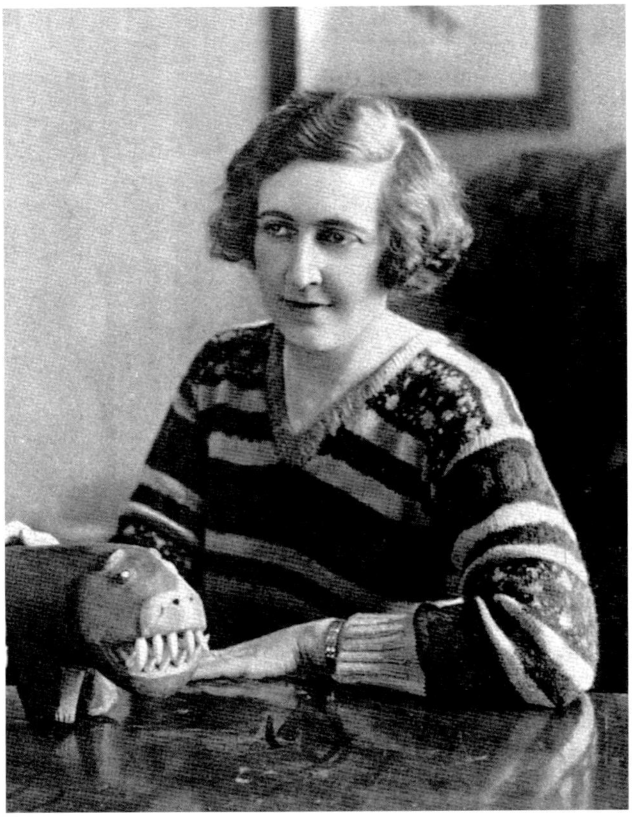

Agatha Christie, 1924.

Agatha Christie

1890-1976, Grande-Bretagne

Auteure de romans policiers, la plus lue dans le monde.

Après une enfance en Angleterre, Agatha Miller passe son adolescence à Paris pour faire une carrière musicale. Elle épouse un colonel qui très vite part à la guerre, en lui laissant leur fille Rosalind. Pendant la guerre, elle est infirmière à l'hôpital, ce qui lui permet d'acquérir des connaissances en matière de poisons. Sa mère l'a élevée avec l'idée qu'elle serait femme de lettres ; sa sœur parie qu'elle n'est pas capable d'écrire un roman policier dont le mystère ne se dévoile qu'à la fin. Elle relève le défi et écrit *La Mystérieuse affaire de Styles*, livre dans lequel apparaît déjà son fameux détective belge Hercule Poirot ; six éditeurs refusent de le publier. Mais en 1926 *Le Meurtre de Roger Ackroyd* la rend célèbre. À partir de cette date, elle écrit des livres – deux par an – « comme on fabrique des saucisses », avec une maîtrise parfaite et une logique implacable. Pionnière dans la mise en place des règles du roman policier psychologique, elle imagine des crimes qui tous peuvent trouver leur explication dans le passé et la personnalité de l'assassin. Les indices qui doivent guider ses deux détectives récurrents – à Hercule Poirot est venue s'adjoindre Miss Marple, vieille fille astucieuse – sont moins des traces matérielles qu'une investigation et une déduction morale et psychologique. L'énigme est résolue par le raisonnement. *Le Crime de l'Orient-Express*, qui paraît en 1934, se vend à deux millions d'exemplaires. Même suspens, en plus angoissant, dans *Dix Petits Nègres* (1939), huis clos où tout le monde tue tout le monde. Agatha Christie s'en donne à cœur joie, non seulement en manipulant un cocktail de crimes, mais aussi en attaquant les bourgeois, les juges, les médecins, les bigotes, ce qu'on appelle « la bonne société », qui se révèle capable des pires bassesses et d'un sadisme que l'on devine inhérent à l'espèce humaine.

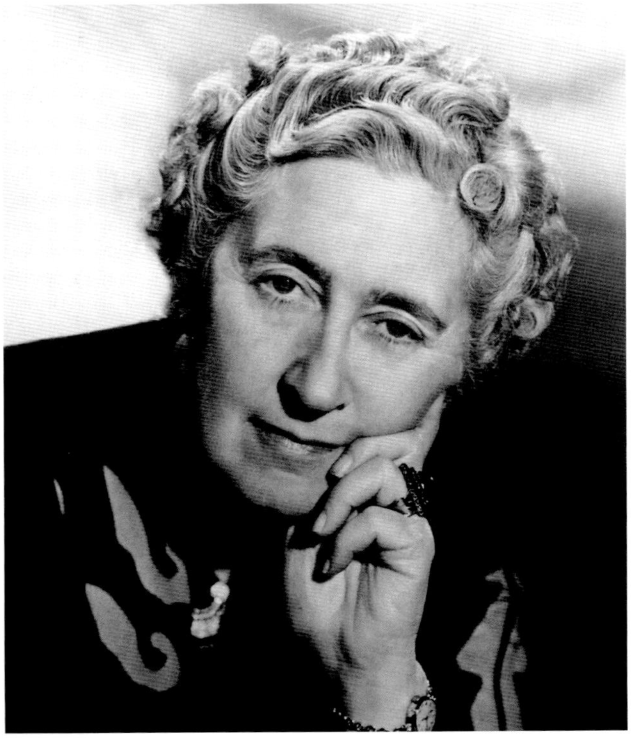

Agatha Christie, années 1950.

Nelly Sachs

1891-1970, Allemagne/Suède

Poétesse juive ; prix Nobel de littérature en 1966. Dès la montée de l'antisémitisme, Nelly pressent l'horreur de l'extermination de son peuple. Elle refuse longtemps de fuir l'Allemagne, et ne le fait que pour sa mère ; Selma Lagerlöf les aide à s'exiler à Stockholm en 1940. Mais elle est définitivement hantée par la Shoah, comme en témoignent ses recueils de poèmes : *Dans les demeures de la mort* (1946), *L'Obscurcissement des étoiles* (1949), *Élie, mystère d'Israël* (1959), *Route vers le néant de toute poussière* (1961). Comme si elle se sentait coupable d'avoir survécu, elle sombre dans un délire de persécution.

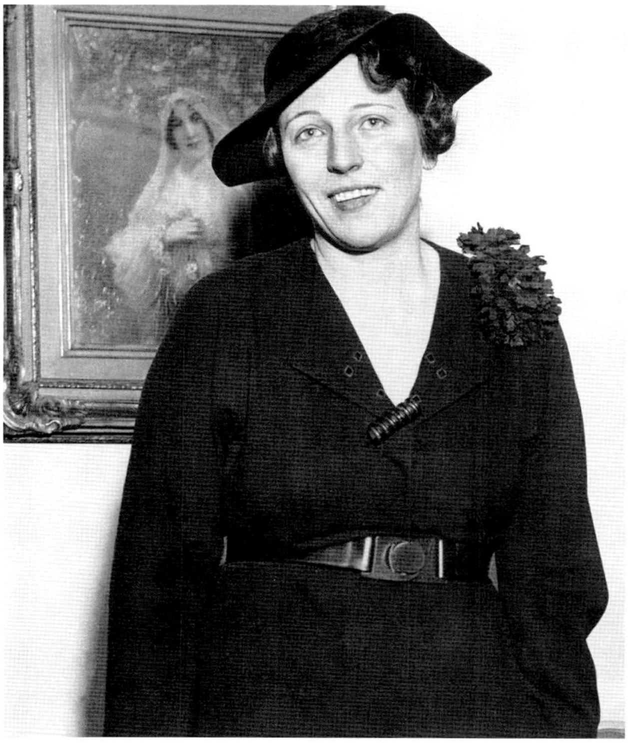

Pearl Buck reçoit le prix Nobel de littérature, 1938.

Pearl Buck

1892-1973, États-Unis/Chine

Romancière ; prix Nobel de littérature en 1938. Ses parents sont missionnaires en Chine et elle se sent proche des Chinois. Son professeur, M. Kung, savant confucéen, lui apprend l'écriture et la culture chinoises. Pearl Comfort Sydenstricker choisit la Chine comme pays d'adoption (même après avoir fait de bonnes études aux États-Unis), s'y marie avec l'agronome John Buck. Ils ont une fille déficiente mentale. Toute sa vie Pearl Buck est hantée par cette souffrance. Après s'être remariée avec son éditeur, elle adopte une autre fille, puis des garçons, fondant la Welcome House pour les enfants nés de soldats américains et de mères asiatiques, ainsi qu'une fondation en faveur des enfants handicapés. *La Mère* est une superbe épopée, compatissante pour tout ce qui pèse sur les épaules des femmes : maternités multiples, avortement sanglant, mauvais traitements, abandon du mari… Dès *Vent d'est, vent d'ouest* (oh, douleur de la jeune épousée à qui le mari déligature les pieds !), son premier livre publié en 1923, son succès est mondial (presque deux millions d'exemplaires vendus). En 1932 elle reçoit le prix Pulitzer. Elle doit quitter sa chère patrie d'adoption dès 1927, suite à une tentative d'assassinat par les troupes révolutionnaires.

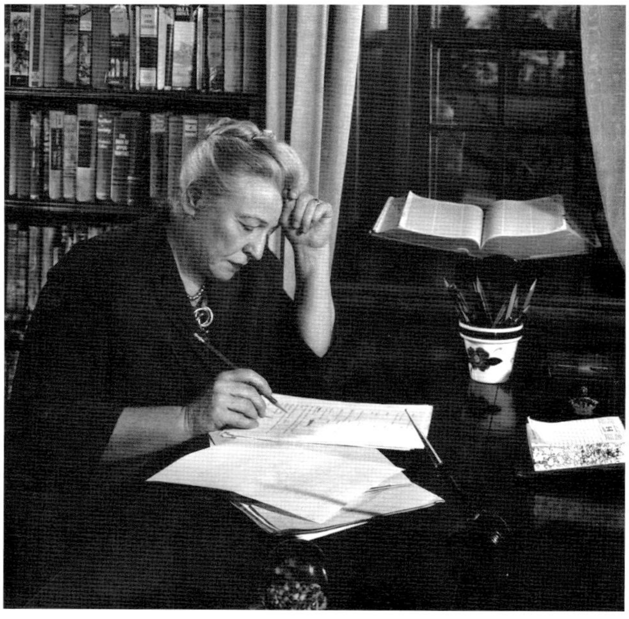

Pearl Buck, 1959.

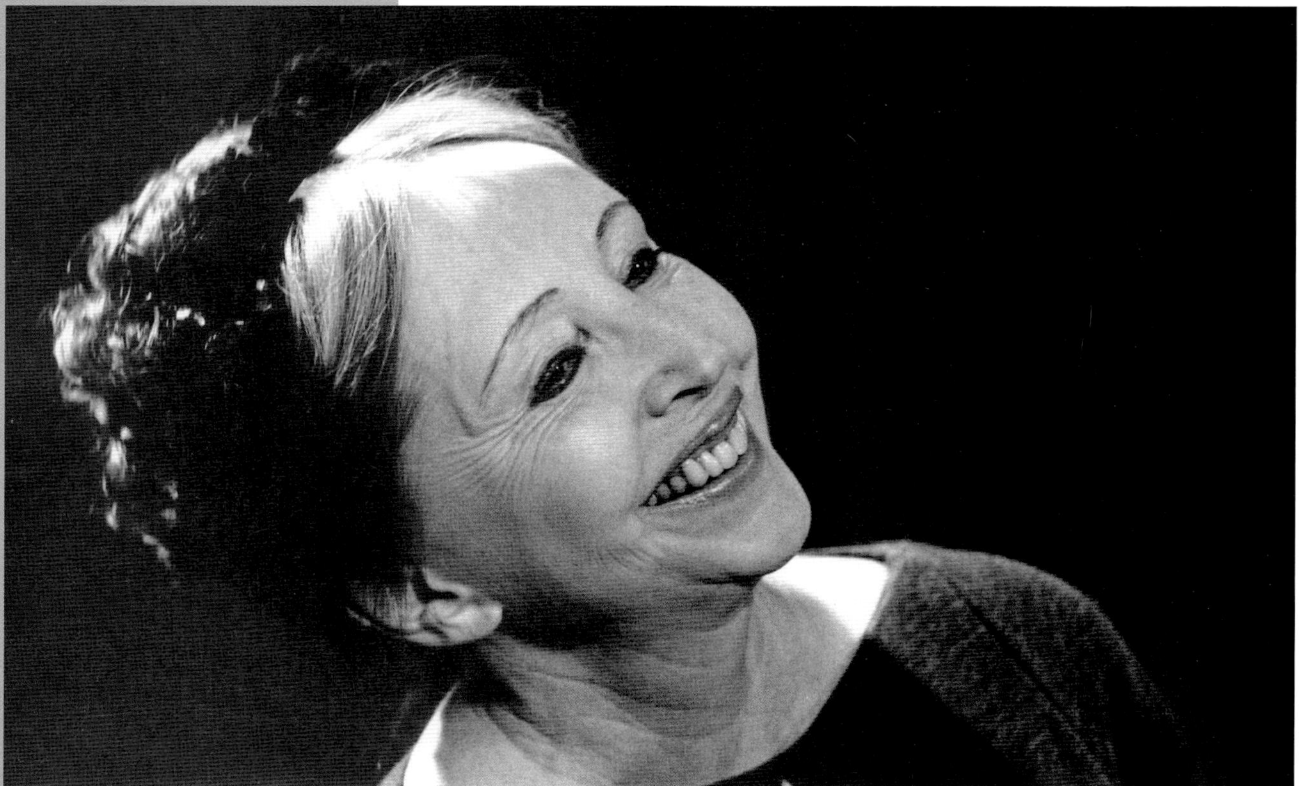

Anaïs Nin, 1974.

Anaïs Nin

1903-1977, États-Unis

Femme de lettres. Son célèbre *Journal* témoigne de l'émancipation féminine au XXe siècle.

Américaine par son passeport, espagnole par son père (qui quitte sa femme lorsque Anaïs a onze ans), danoise par sa mère, française par son choix d'habiter longtemps à Paris et à Louveciennes (où sa maison est un salon littéraire et artistique), Anaïs est une cosmopolite. Elle débute comme mannequin, modèle et danseuse.

Son premier livre poétique, *La Maison de l'inceste* (1936), baigne dans une atmosphère surréaliste, où rêves, symboles et incantations glorifient la féminité. Écrit en 1940, *Vénus erotica* est, certes, un livre de commande, payé un dollar la page, mais ces audaces, dit-elle, « représentent les efforts premiers d'une femme pour parler d'un domaine qui avait été jusqu'alors réservé aux hommes ». L'écrivaine dévoile « les mystères de la sensualité féminine, si différente de celle de l'homme », par exemple la bisexualité, et juge « le langage masculin inadéquat ». Pour elle, « seul le battement à l'unisson du sexe et du cœur peut créer l'extase ». Quant au contenu, on peut penser qu'il s'inspire d'expériences sexuelles vécues, si l'on en juge par celles – nombreuses – qu'elle relate dans son *Journal*. Ce monument littéraire de plusieurs centaines de cahiers est, selon Henry Miller, amant passionné d'Anaïs, comparable aux « révélations de saint Augustin, Pétrone, Abélard, Rousseau et Proust ».

Marguerite Yourcenar

1903-1987, Belgique/France/États-Unis

Romancière et essayiste ; en 1970, elle entre à l'Académie royale de Belgique ; première femme à entrer à l'Académie française, en 1980. Une vraie fille de son père, auquel elle s'identifie, au point qu'il la publie sous la signature de Marg et qu'elle signe une nouvelle écrite par lui, qui raconte son voyage de noces... Marguerite de Crayencour ne connaît pas sa mère, morte en la mettant au monde – ce qui n'a aucune importance, assure l'écrivaine. Ses rapports aux hommes sont douloureux – passion masochiste pour André Fraigneau, homosexuel (elle erre dans Paris la nuit, égarée de douleur, « bête fatiguée »), et à soixante-dix-sept ans amour pour un jeune champion de tennis gay qui la bat. Entre les deux, pendant cinquante ans, elle vit avec sa compagne américaine, Grace Frick, dans leur maison « Petite Plaisance », sur la côte américaine du Maine. Grace lui sert surtout d'assistante, de point fixe dans le tourbillon des voyages et des tourments, et de veilleuse apaisante pour préserver sa créativité.

Marguerite Yourcenar, vers 1981.

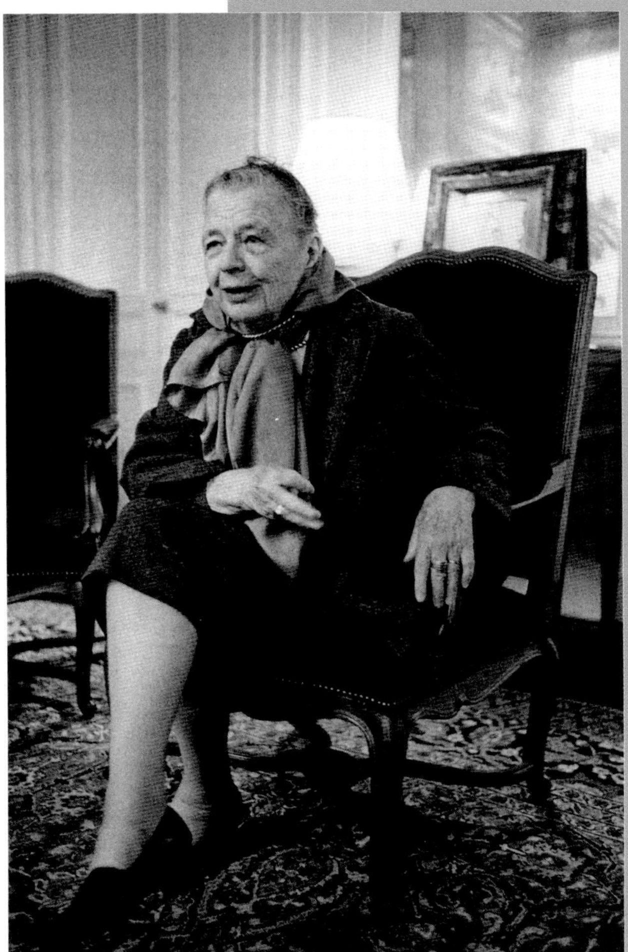

Marguerite n'a de cesse de marcher dans les pas des grands hommes. À travers ses personnages masculins – Alexis (*Alexis ou le Traité du vain combat*, 1929), l'empereur Hadrien (*Mémoires d'Hadrien*, 1951), Zénon (*L'Œuvre au noir*, 1968, prix Femina) –, esprits forts, libres, volontiers méprisants du haut de leur savoir, ou à travers ses héros historiques – Érasme, Étienne Dolet, Léonard de Vinci, Giordano Bruno, Paracelse, Copernic – qui ont révolutionné le monde, elle rejoint ses pairs en devenant « le confrère » [*sic*] des immortels. Dans l'imaginaire comme dans la réalité, elle est entre hommes.

Les œuvres de Marguerite Yourcenar, grande érudite de l'Antiquité, frisent une perfection au style bien charpenté qui contente l'esprit, la soif de connaissances et de réflexion, mais sont vidées de chair et de chaleur féminines, comme Zénon, philosophe, alchimiste, médecin, scientifique inventeur visionnaire, se vide de son sang à la fin de *L'Œuvre au noir*. Son œuvre est publiée dans la prestigieuse collection la « Bibliothèque de la Pléiade ». Une allée et une médiathèque portent son nom à Paris.

Marguerite Duras

1914-1996, France

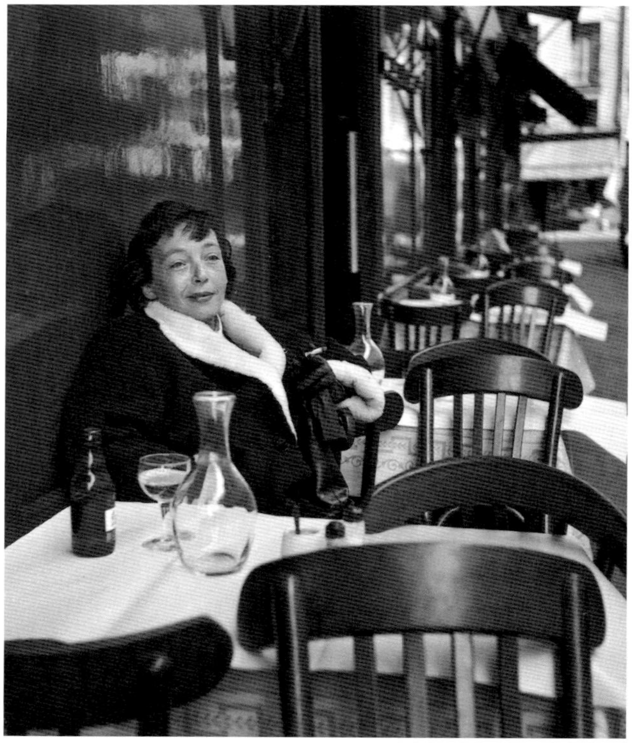

Marguerite Duras à Saint-Germain-des-Près, Paris, 1955.

Écrivaine et cinéaste de l'amour absolu ; prix Goncourt en 1984.

Sa vie est ponctuée de violences criantes, son œuvre d'une violence sourde, érotisée. Dans la Cochinchine de son enfance, sa mère achète une terre incultivable car elle est inondée chaque année par l'océan. Elle fait construire un barrage, il s'effondre, la récolte est ravagée en une nuit. Marguerite Donnadieu relatera ces événements dans son premier roman *Un barrage contre le Pacifique* (1950). Viennent ensuite les textes de l'extrême, ceux où le féminin est à l'œuvre, comme *Le Ravissement de Lol V. Stein* (1964), histoire lézardée, trouée, où Lol est « une figure de blessée, exilée des choses » (selon le grand psychanalyste Jacques Lacan). L'écriture sert à découvrir ce qui est encore caché, « au plus profond de ma chair aveugle comme un nouveau-né au premier jour », confie l'écrivaine. Femme passionnelle, injuste, merveilleuse, Marguerite Duras se croit obligée d'attaquer les hommes : « Il y a un para chez tout homme. C'est la classe phallique. » Elle s'est toujours battue avec les siens : ainsi Dionys Mascolo « beau comme un dieu », le père de son enfant ; ainsi à partir de ses soixante-six ans, le jeune homosexuel Yann Andréa avec lequel elle vit une passion sauvage et malheureuse. Ou c'est l'amant qui la bat ; ainsi Gérard Jarlot (*L'Homme assis dans le couloir*).

Mais sa grande affaire, c'est la maternité. Dans la revue de femmes *Sorcières*, elle publie en 1975 la révélation d'une expérience extrêmement douloureuse, qu'elle a jusque-là gardée secrète : un enfant mort-né, en 1942. Dans « la maison des femmes », où elle a tourné *Nathalie Granger*, avec Jeanne Moreau, apparaissent la brutalité de l'enfance et la vie silencieuse des ménagères. Pour Marguerite Duras, une femme est une mère, point. Son corps est une demeure ; en accouchant elle assassine son enfant. Sa propre mère la battait presque à mort. Dans la chaleur étouffante de Calcutta, la mendiante enceinte, détruite, enflée par la misère, cherche à vendre son enfant, « dans le même malheur d'exister » que *Le Vice-Consul*, effrayant homme vierge. Après la fulgurance, c'est l'énorme succès de vente (deux millions d'exemplaires) de *L'Amant*, couronné par le prix Goncourt ; elle a alors soixante-dix ans (« Je me suis dit qu'on écrivait toujours sur le corps mort du monde, et, de même, sur le corps mort de l'amour », c'est la splendeur dépouillée de ce livre). Après son engagement communiste, elle soutient François Mitterrand ; après la lutte des femmes (elle signe le manifeste des 343 femmes qui osent déclarer « J'ai avorté » alors que c'est interdit), elle devient antiféministe ; après le refus du monde, elle cède à la pipolisation, super-narcissique, d'un monstre sacré autoproclamé ; après la fureur de vivre, elle s'autodétruit par l'alcool (elle subit plusieurs cures de désintoxication, troisième stade de la cirrhose, coma, *delirium tremens*).

Reste que Marguerite Duras a bouleversé la littérature du XXe siècle, en progressant vers un style complètement novateur, une écriture blanche, des phrases hachées, comme pour contenir la violence des émotions – ce qui la fait davantage éprouver au lecteur. La trame de l'histoire devient floue, les personnages sont des silhouettes : seul reste l'à-vif des sensations de souffrance, de désir, de deuil, de folie. Écrire, pour elle, c'est « rendre le son de l'âme ».

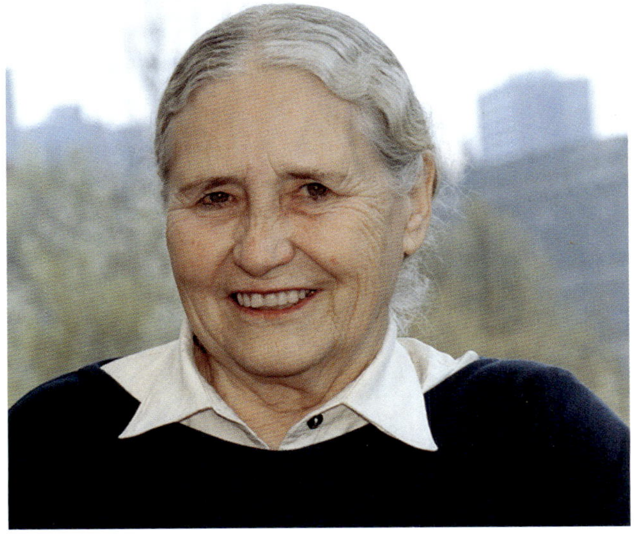

Doris Lessing.

Doris Lessing

née en 1919, Grande-Bretagne

Écrivaine ; prix Nobel de littérature en 2007.
Lessing est le nom de son second mari, et pourtant elle confie : « Le mariage est un état qui ne me convient pas. » Gottfried Lessing et elle ont eu un fils, avec lequel elle est venue habiter à Londres, en 1949, après la guerre. Elle a laissé ses deux premiers enfants à son premier mari, et ne le regrette pas : « Finalement, avoir abandonné mes enfants leur a réussi. » Doris Tayler a passé toute sa jeunesse en Rhodésie du Sud (Zimbabwe). Cette Afrique l'a beaucoup marquée. Son premier livre, en 1950, *Vaincue par la brousse* a pour cadre une ferme en Rhodésie et met aux prises l'épouse blanche du fermier et son serviteur noir. Est-ce autobiographique ? « Je suis toujours étonnée de ce que je découvre en moi », remarque-t-elle avec quelque ironie. C'est chez elle un trait de caractère, et un trait de plume, qui est constant, comme pour se distancer de la douleur du monde. Bien qu'engagée au parti communiste (elle le quitte en 1959) et contre l'Apartheid, elle veut garder sa liberté de pensée. Elle a une forte personnalité et son parcours est tout à fait atypique – elle a quitté l'école très jeune, a commencé comme gouvernante puis standardiste.
Le prix Médicis étranger (en France) lui est décerné en 1976 pour son livre le plus célèbre *Le Carnet d'or* (*The Golden Notebook* est paru en anglais dès 1962). Les femmes s'enthousiasment pour ce roman, qui interroge la maternité avec volupté et désespoir. *Les Enfants de la violence*, saga en quatre volumes (parus entre 1952 et 1959) retracent la vie d'une certaine Martha Quest, son enfance, son « mariage comme il faut », sa vie dans l'Angleterre de l'après-guerre. On entre ensuite dans un univers de science-fiction très imaginative avec *Canopus dans Argo*. En couronnant enfin son œuvre, les académiciens suédois ont récompensé « l'écrivaine épique de l'expérience féminine, qui, avec scepticisme, ardeur et puissance visionnaire, a fait d'une civilisation divisée le sujet de son examen ».

Eileen Chang

1920-1995, Chine/États-Unis

L'un des plus grands écrivains de son pays.
Elle est issue d'une grande famille de Shanghai, certes, mais une famille violemment éclatée : sa mère part en Angleterre, laissant sa fille âgée de cinq ans – Zhang Ailing, de son vrai nom chinois ; son père se partage entre concubine et opium. Les thèmes perturbés et perturbateurs de son œuvre sont déjà en germe. S'y ajoutent – après ses études en Angleterre

en 1938 et à Hong Kong – la déclaration de guerre et simultanément son coup de foudre pour un homme séduisant, Hu Lancheng, qui a la particularité d'être un collaborateur. Elle l'épouse en 1944, il la trompe, ils divorcent en 1947. Émigrée à Hong Kong dans les années 1950, elle collabore à l'*American Express*, puis gagne les États-Unis. En 1956, elle épouse l'écrivain et scénariste Ferdinand Reyer, son aîné de trente ans et qui meurt l'année suivante. L'écrivaine, au visage sublime et glacé, achève son existence en recluse volontaire. Son corps est retrouvé dans son appartement de Los Angeles.

Ses livres ? *Shanghai 1920-1940*, *Rose rouge et rose blanche*, *Dix-huit Printemps* (adapté à l'écran par la cinéaste Ban Sheng Yuan), et un titre parlant : *Un amour dévastateur*. Celle qu'on surnomme « la Jane Austen chinoise » met près de vingt ans à écrire *Lust Caution*, composé de quatre nouvelles, parues entre 1939 et 1945 : histoire d'amour, découverte des jeux dangereux d'une passion torride et cruelle entre une étudiante et un collaborateur pendant l'Occupation de la Chine par le Japon, dans les années 1940. Un groupe d'étudiants rebelles veut tenter un attentat contre le chef de la police secrète et adopte « la stratégie de la beauté » : la jeune Wong Chia Chi est chargée de le séduire. Un classique du roman d'espionnage, où l'héroïne va se sacrifier pour la patrie ? Pas avec Eileen Chang, qui transforme ces données historiques en une subtile mise en pièces de la sévère morale traditionnelle. Les troubles liés à la guerre détruisent les familles et surtout l'autorité paternelle, alors que chez les jeunes filles monte un inquiétant désir passionnel. La narration est d'autant plus efficace qu'elle est portée par une écriture incisive et élégante. En 2008 Ang Lee adapte au cinéma ce chef-d'œuvre, *Amour, luxure et trahison* (après avoir adapté *Raison et sentiments* de Jane Austen et *Brokeback Mountain* d'Annie Proulx) et obtient le Lion d'or à la Mostra de Venise la même année. Les scènes érotiques du film ont été coupées par la censure chinoise. Dans le livre, elles étaient plutôt suggérées, et peut-être, d'autant plus intenses. Ang Lee reconnaît : « Aucun écrivain n'a utilisé la langue chinoise avec autant de cruauté qu'Eileen Chang. » Or cette langue est d'une richesse redoutable : ainsi le titre *Lust Caution* est une bien faible traduction de *se jie*. « *Se* désigne la couleur, le charme féminin et le désir sexuel, explique la traductrice dans sa préface ; *jie* signifie l'abstinence, la retenue et la prudence, mais les deux termes signifient encore rôle de théâtre, bague, mais aussi encercler, donner l'alarme. » De quoi plonger dans des eaux troubles très profondes.

Nadine Gordimer

née en 1923, Afrique du Sud

Romancière ; prix Nobel de littérature en 1991.

Ses parents sont partisans de l'Apartheid, mais elle entre en lutte pour l'aspiration sociale des Noirs. Ses deux romans *Un monde d'étrangers* (1958) et *The Late Bourgeois World* (1966) sont interdits par la censure pendant une dizaine d'années. *Le Conservateur* (1974) remporte le prix Booker des éditeurs britanniques. Elle s'explique dans son essai *South Africa Writing Today* (inédit en français) en 1967. En 1980, elle est lauréate du prix CNA, l'un des principaux prix littéraires en Afrique du Sud.

Sur le plan de la différence des sexes, elle explique qu'elle est tout à fait semblable à Camus, sauf qu'elle ne joue pas au football et que, jeune fille, « la seule relation authentique et innocente à la vie sociale de la ville passait par [son] sexe féminin », mais qu'elle laisse ce sexe à la porte de son bureau, car « tout écrivain, au niveau de ses pouvoirs essentiels d'écrivain, est androgyne ». En 2007, à quatre-vingt-trois ans, elle publie *Bouge-toi*, où elle aborde l'écologie. Sensible à la pollution de l'environnement à l'échelle mondiale, en particulier au danger des centrales nucléaires, elle imagine un jeune militant, obligé de soigner son cancer par des radiations qui le transforment en « mini-Tchernobyl ». Impossible donc d'être manichéen ; en véritable écrivaine, Nadine porte le conflit à l'intérieur de chaque conscience, esquisse des « états de vie » complexes, et rêve que l'immense et sauvage fleuve Okavango, plus fort que l'humain, « laissé à lui-même, se régénérera éternellement ».

Wisława Szymborska

née en 1923, Pologne

Poétesse ; prix Nobel de littérature en 1996 « pour une poésie qui, avec une précision ironique, permet au contexte historique et biologique de se manifester en fragments de vérité humaine ». Son chef-d'œuvre, *Wszelki wypadek* (*Au cas où*), paru en 1972, lui apporte la consécration littéraire. En 1991, elle reçoit le prix Goethe de la ville de Francfort. On l'appelle « le Mozart de la poésie ».

Janet Frame

1924-2004, Nouvelle-Zélande

Écrivaine ; lauréate en 1980 du Meilleur Roman de Nouvelle-Zélande. En 1983, Compagnon de l'Empire britannique, prix littéraire de Nouvelle-Zélande, et prix James Wattie.

Internée pendant huit ans dans des asiles psychiatriques, elle subit « quelque deux cents électrochocs ». Pourquoi ? Parce qu'elle n'est pas assez « maniable », pas vraiment « acceptable » par la société. Les soignants insistent : Vous n'aimeriez pas devenir normale, vendre des chapeaux, par exemple ? Non, elle veut écrire, elle écrit, l'écriture la sauve. Quand ses œuvres sont reconnues, la presse évoque « la puissance tragique et désaxée de son talent ». Trop sensible, trop introvertie, apeurée de tout, écorchée vive, elle est semblable au matagouri de son pays, « épineux chétif et rabougri, qui déploie soudain sa splendeur ».

Toni Morrison

née en 1931, États-Unis

Romancière, première femme noire titulaire d'une chaire à Princeton ; prix Pulitzer en 1988 pour son roman *Beloved* ; prix Nobel de littérature en 1993.

Son enfance est rude, pendant la Grande Dépression, à Lorain (Ohio), la ville des aciéries. Son père est soudeur aux chantiers, sa mère milite pour tenter d'empêcher les expulsions des Noirs qui ne parviennent

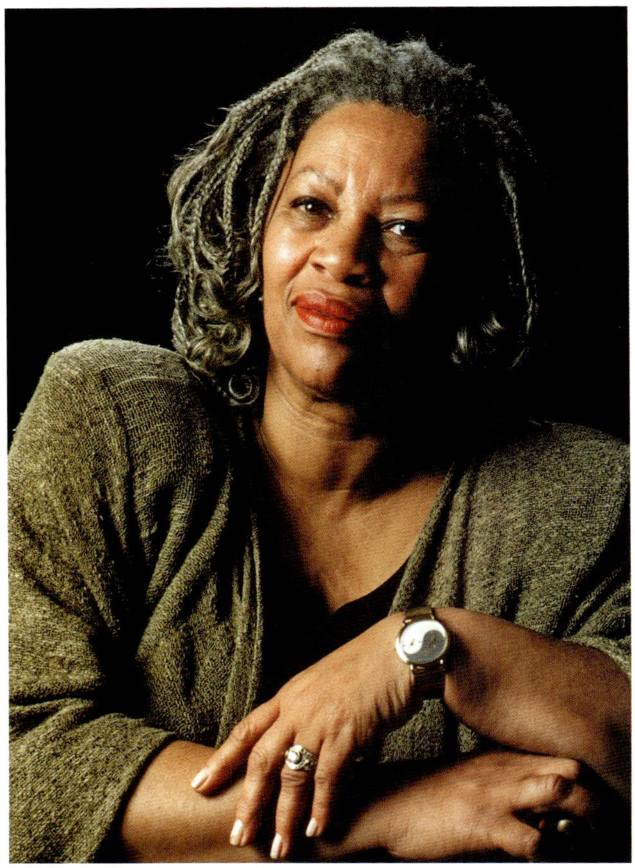

Toni Morrison.

plus à payer leur loyer. De 1949 à 1953, Chloé Anthony Wofford étudie à l'université de Howard, réservée aux Noirs, et fait son master en lettres anglaises à Cornell University. Universitaire au Texas, puis à Howard (et aujourd'hui professeure à Princeton), elle se marie avec l'architecte jamaïcain Harold Morrison mais divorce en 1964. Elle élève seule ses deux fils en travaillant comme éditrice chez Random House New York. L'une des auteures qu'elle aide de ses conseils pour écrire ses *Mémoires* est Angela Davis.

Ses deux premiers romans, *L'Œil le plus bleu* (1970) et *Sula* (1973), traitent des difficultés rencontrées par les filles noires dans une société blanche. *La Chanson de Salomon* (1977) devient un best-seller. Mais son chef-d'œuvre est sans conteste *Beloved*, dont elle a trouvé l'argument dans un fait divers qui s'est réellement passé en 1870 : une esclave fugitive égorge de ses propres mains sa petite fille afin qu'elle ne retombe pas aux mains des maîtres. Comment vivre avec le plus horrible des crimes, commis par amour, au fond de sa mémoire ? Sethe, au début du livre, semble avoir oublié. Peu à peu, remontent comme des vagues les souvenirs qui l'ont marquée dans sa chair : les coups de fouet qui ont dessiné un arbre en faisant éclater la peau de son dos, la torture infligée par les fils du maître d'école qui l'ont traitée comme une vache, et « le courage qu'il avait fallu pour tirer les dents de la scie sous le petit menton ». Les remontées, entre oubli et réminiscence si difficile, forment une écriture ondulante, qui vient par mouvements rampants, tournoyants. Jamais la forme, loin d'une narration unie et chronologique, n'a été aussi finement mise au service du fond tourmenté. Horreur et violence laissent parfois la place à des sensations douces, jouissives.

Lyrique, rythmée comme un chant, ample comme un gospel, l'écriture dit ainsi le long chemin de croix des Noirs pour quitter l'esclavage. La force de *Beloved* est telle que le lecteur n'en sort pas indemne.

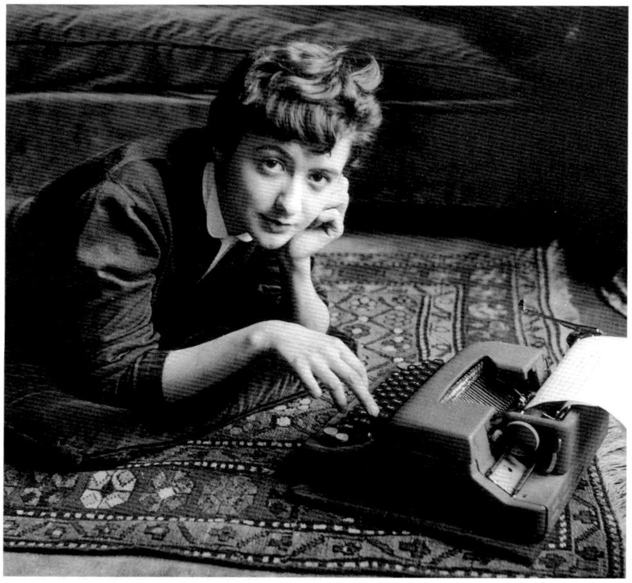

Françoise Sagan

1935-2004, France

Prix des Critiques en 1954 pour *Bonjour tristesse* ; Françoise Quoirez a dix-neuf ans.

Avec un énorme succès de scandale (lecture déconseillée aux jeunes filles, interdite au Portugal) et de vente (un million d'exemplaires aux États-Unis), l'auteure devient le symbole de la jeune femme libérée des années 1950. L'héroïne n'a-t-elle pas l'audace de faire l'amour et d'y prendre plaisir, à une époque où la morale chrétienne et patriarcale exige des jeunes filles qu'elles se marient vierges ? Multipliant liaisons et aventures, avec hommes ou femmes (Eva Gardner sera une heureuse élue), riche, et oisive, elle roule dans de luxueuses voitures de sport, dépense plus d'argent qu'elle n'en gagne, boit et se drogue à gogo. C'est ce que clame la presse à scandale.

Derrière la vitrine tapageuse, existe une écrivaine efficace, même si sa référence littéraire à Proust fait sourire, doublée d'une femme engagée, contre la guerre d'Algérie (son appartement est plastiqué) et pour la liberté de l'avortement.

Assia Djebar

née en 1936, Algérie/France

Élue à l'Académie française en 2005.

Fille d'un instituteur musulman et d'une mère berbère, Fatima-Zohra Imalayène étudie à l'école française, puis coranique, apprend le grec, le latin et l'anglais, rêve d'être philosophe comme Averroès, cet « Andalou de génie », fait des recherches en mystique féminine. En 1955, elle est la première étudiante algérienne à intégrer l'École normale supérieure de Sèvres. C'est la guerre, elle s'exile avec son mari à Tunis où elle est journaliste, puis à Rabat, au Maroc, où elle enseigne l'histoire moderne, et à Alger où elle revient en 1962, à l'indépendance. Mais dès 1965, elle réside beaucoup en France ; entre 1983 et 1989, elle représente l'émigration algérienne au Conseil d'administration du Fonds d'action sociale ; à partir de 2001, elle est professeure à l'université de New York. Pendant la guerre de libération de l'Algérie, dit-elle, les femmes « porteuses de bombes » sont sorties du harem, mais très vite est venu le terrible renfermement sous le voile, « le corps femelle qu'on incarcère, dès l'âge de dix ans, entre les murs, au mieux entre des voiles », « l'œil libéré » étant perçu comme une menace par l'homme. Dans la langue française, devenue la sienne, mais aussi dans une adaptation d'un « arabe populaire, ou d'un arabe féminin, autant dire d'un arabe souterrain », elle fait comprendre l'identité algérienne et sa tentative d'entrer dans la modernité. Ses beaux romans, comme *Femmes d'Alger dans leur appartement* (1980), restituent la parole « psalmodiée, déclamée, hurlée » des sans-voix. À travers le sang – dans sa pièce de théâtre *Rouge l'aube* –, Assia Djebar cherche, désespérément mais inlassablement, une Algérie heureuse.

Elle a choisi un nom de plume à deux versants : Assia, qui signifie la consolation, celle qui accompagne de sa présence, et Djebar, l'intransigeant, l'un des quatre-vingt-dix-neuf noms du Prophète.

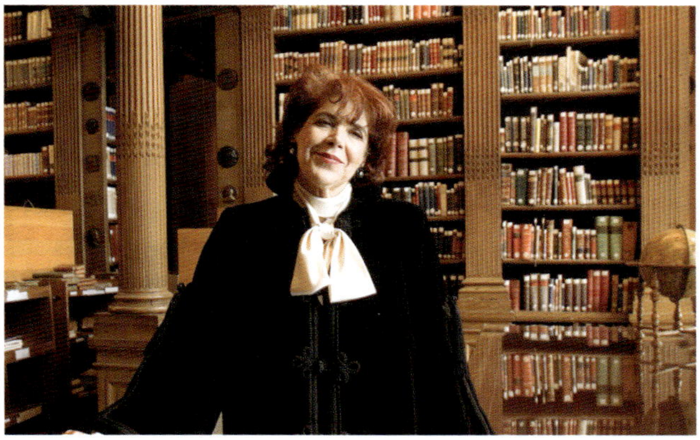

Assia Djebar le jour de son entrée à l'Académie française, le 22 juin 2006.

Elfriede Jelinek

née en 1946, Autriche

Romancière et dramaturge ; prix Nobel de littérature en 2004.

Très subversive, elle voit les rapports de sexe comme les rapports de classe, c'est-à-dire des relations de domination. Ainsi les lois du mariage répondent-elles aux lois du marché. Quand tout va mal, « on a encore une femme et une mère sur qui se venger. On lui dit que son corps ressemble de plus en plus à un morceau de fromage pourri ». Virulente, obscène, elle véhicule tous les stéréotypes pour ironiser durement. Elle dénonce la violence de la pornographie avec les moyens de celle-ci. Ses principaux titres disent la pulsion dévastatrice : *Lust* (1989), *Avidité* (2000), *Les Amantes*, où les femmes sont lesbiennes, putains, mères, rêveuses de prince charmant, ouvrières dans une usine de soutiens-gorge. Les jurés du Nobel ont justifié leur choix : « Chacun de ses romans est un monde sans grâce où le lecteur est confronté à un ordre bloqué de violence dominatrice et de soumission. » Elfriede a précisé que ce prix « n'est pas une fleur à la boutonnière de l'Autriche ». Farouchement opposée au FPÖ (parti d'extrême-droite), elle a toujours traîné l'Autriche et ses relents de nazisme dans la boue. Et ce parti exhibe d'immenses placards publicitaires où est inscrit : « Est-ce Jelinek que vous aimez ou l'art et la culture ? »

Camille Claudel

1864-1943, France

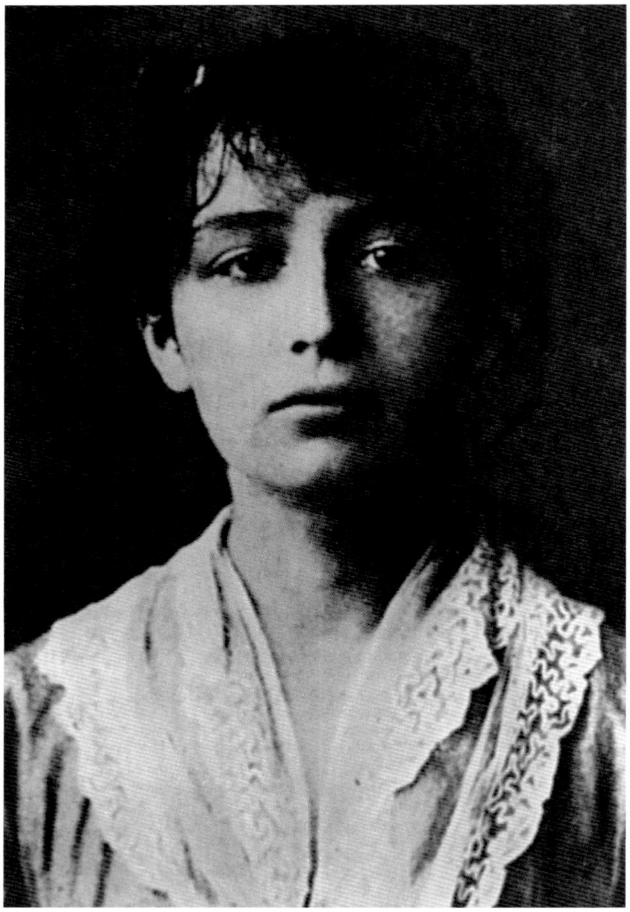

Sculptrice, symbole de la femme artiste maudite.
Rodin aime passionnément son amante et a toujours cru en sa force créatrice : « Faites quelque chose pour cette femme de génie (le mot n'est pas de trop) que j'aime tant. Pour son art », écrit-il à un critique d'art. Mais cette jeune fille splendide (elle a vingt ans lorsqu'elle devient l'élève du maître et bientôt sa praticienne) a « une violence effroyable de caractère ». Camille veut tout, toute seule, tout de suite. Elle refuse de partager son amant avec ses modèles et avec Rose Beuret, sa concubine attitrée avec laquelle il vit depuis presque vingt ans. Elle veut tailler directement le marbre, travail très délicat (auquel Rodin lui-même ne se risque guère). Camille utilise même l'onyx, plus fragile encore, mais dont la translucidité fait que ses œuvres donnent le sentiment de la chair et de la douceur. Et Camille veut la gloire immédiate. Ses œuvres sont exposées, appréciées, achetées. Dans *La Valse* (1893), un homme et une femme vacillent dans la passion qui les lie jusqu'au vertige. Le chef-d'œuvre soulève l'enthousiasme. L'écrivain Octave Mirbeau soutient l'originalité de ces œuvres nerveuses et tourmentées : « Nous voilà en présence de quelque chose d'unique, une révolte de la nature : la femme de génie. » Même le rapport d'un inspecteur se veut éloge : « C'est vraiment, de la part d'une femme, une œuvre très noble, très poussée. »
Camille pourtant ne supporte pas qu'on fasse presque toujours référence à Rodin quand on parle de son œuvre. Solitaire, hautaine, elle commence un véritable délire de persécution contre lui, puis elle tourne sa rage contre elle-même, et détruit ses propres œuvres. *La Vague* (1897) – où trois délicieuses baigneuses se tiennent par la main, cherchant un mutuel réconfort, toutes petites par rapport à l'énorme vague qui va les soulever –, cette vague va la noyer. À son insu, elle est trahie par sa propre famille. Sa mère et son frère la font interner à la maison de santé de Ville-Évrard, puis elle est transférée à l'hôpital psychiatrique de Montdevergues, un infâme mouroir où elle restera trente ans ; malgré ses lettres déchirantes – « je subis un affreux martyre » –, Camille meurt dans une totale solitude, et même sa tombe disparaît. Son frère Paul Claudel, consul et écrivain reconnu, de l'Académie française, conclut cruellement et à tort : « Tous ces dons superbes n'ont servi à rien : après une vie extrêmement douloureuse, elle a abouti à un échec complet. » Camille Claudel est aujourd'hui très célèbre : de grandes rétrospectives de son œuvre au musée Rodin en 1951, 1984 et 2008, ont déplacé les foules et ses sculptures sont exposées dans le monde entier, à Los Angeles, Washington, Paris, Londres, Tokyo.

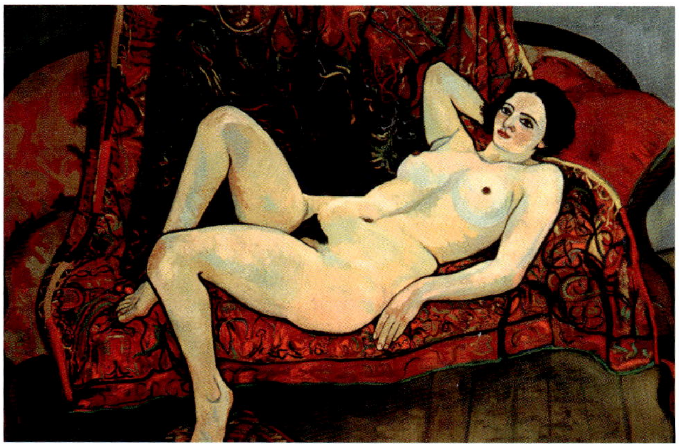

Suzanne Valadon, Nu au canapé rouge, *1920.*

Suzanne Valadon

1865-1938, France

Peintre et dessinatrice, sociétaire du Salon d'automne en 1920.

Fille bâtarde d'une blanchisseuse et d'un maçon, elle-même fille-mère (de Maurice, en 1883, qui deviendra le peintre Utrillo), elle débute comme acrobate, tombe et se transforme en modèle pour gagner sa vie. Elle pose pour les plus grands peintres de l'époque, puis devient dessinatrice. Dans ses peintures, à partir de 1908, elle met en valeur le corps des femmes ; ainsi dans *Ni blanc, ni noir* (1907) – deux couleurs qu'elle n'utilise en effet jamais. Elle ose peindre des corps d'hommes nus, comme dans sa fameuse toile *Lancement de filet* (1914), où elle montre de beaux corps virils, harmonieux et jeunes, à l'image de celui de son amant André Utter, un ami de son fils, qu'elle épouse à quarante-deux ans. En 1932, Suzanne Valadon est considérée comme la plus grande artiste femme.

Sophia Hayden

1868-1953, États-Unis

Première femme diplômée du MIT (Massachusetts Institute of Technology), en architecture.

Née au Chili, d'une mère sud-américaine, elle est envoyée à six ans à Boston chez ses grands-parents paternels, qui l'élèvent. Elle est donc coupée de ses origines. Admise au MIT en 1886, elle est une étudiante brillante. Mais les hommes ne veulent pas d'une collègue architecte et ne la laissent construire aucune œuvre. Aussi sa carrière sera-t-elle très brève, avec une seule construction. En 1891, à trente-deux ans, elle réussit à être choisie pour édifier le Women's Building. Au terme de nombreuses difficultés liées à son sexe (ainsi le fait qu'on la paie beaucoup moins qu'un homme), elle mène à bien le projet et termine l'édifice. Les critiques louent son goût artistique et l'élégance du hall, mais elle n'obtient pas la reconnaissance qu'elle avait espérée. Elle quitte donc la profession ; les médias parlent d'une crise de nerfs et la mettent au compte des « humeurs » féminines. Elle a cependant ouvert la voie aux futures femmes architectes. À sa mort, il y avait 308 femmes architectes dans tous les États-Unis. En 1995, il y en avait dix mille.

Emily Carr

1871-1945, Canada

Peintre du début du XXe siècle, célèbre à partir de 1930.

Intéressée par les Indiens de sa Colombie-Britannique, elle peint les mâts totémiques des villages des tribus de la côte nord-ouest et s'élève contre le risque de disparition de ceux que l'on nomme aujourd'hui les *First Nations*, reconnaissant leur antériorité sur le sol. Proche un moment de Picasso, de Matisse et de Signac, elle a un style très personnel, épuré, rythmé, scandé par les lignes de troncs d'arbres des grandes forêts canadiennes. « Une femme en colère, en proie à une fièvre dévastatrice canalisée par l'action », commente la commissaire de l'exposition qui lui est consacrée à Montréal en 2007.

Paula Modersohn-Becker

1876-1907, Allemagne

Peintre novatrice.

Après avoir suivi des cours de dessin à Londres et de peinture à l'Association des artistes berlinoises, elle vit dans une communauté de peintres, près de Brême. Elle s'installe à Paris en 1901 et découvre Gauguin. Elle inaugure un genre inédit et choquant de la part d'une femme : l'autoportrait nu. Dans *Mère allongée et enfant*, l'artiste associe ces extrêmes : forces de vie et de mort. « Être mère et la mort, ce sont bien les deux grandes choses de cette terre. » Elle meurt quelques jours après la naissance de sa fille. Bien que l'idéologie nazie ait considéré son art comme « dégénéré » et sorti ses toiles des musées, et bien qu'elle n'ait vendu que quelques œuvres sur les 750 qu'elle a réalisées en quatorze ans, Paula est l'une des précurseures du fauvisme et de l'expressionnisme. Sa fille crée la Fondation Paula Modersohn-Becker, et un musée portant son nom s'est ouvert au cœur de la ville de Brême.

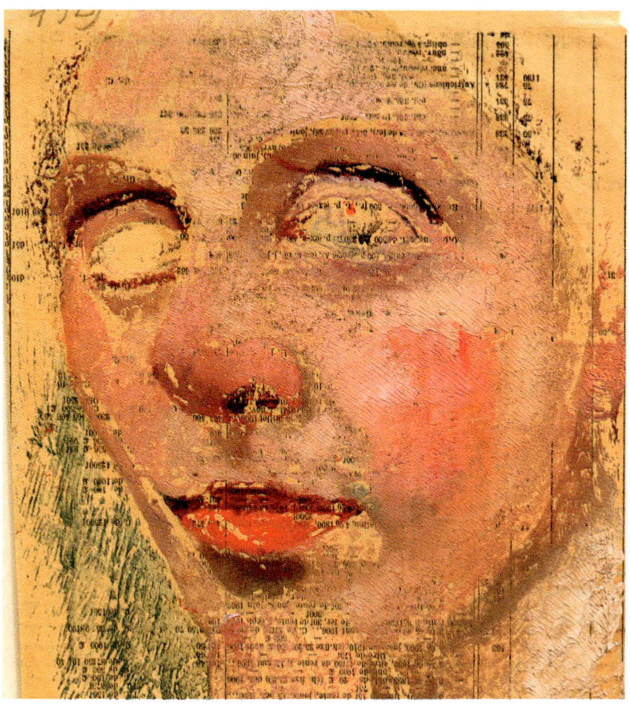

Paula Modersohn-Becker, Autoportrait *(détail), 1906.*

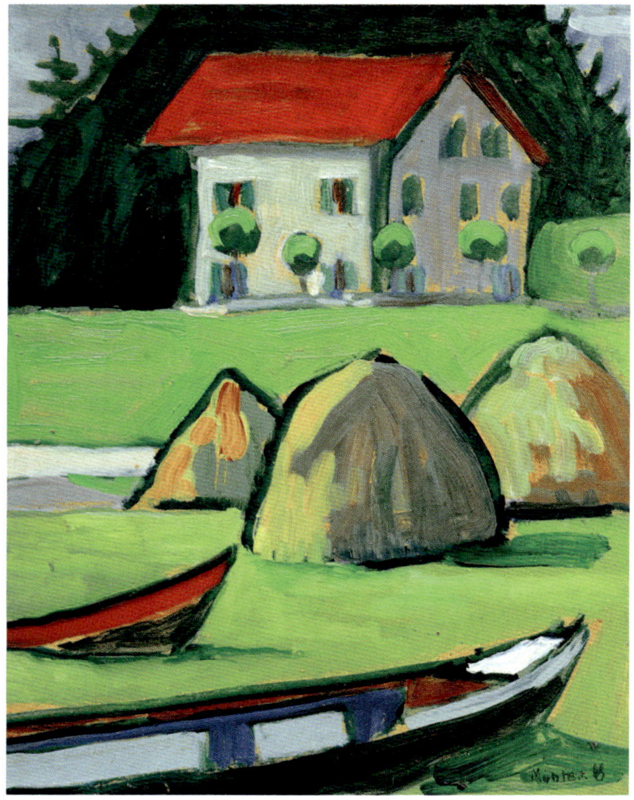

Gabriele Münter, Maison de pêcheur (étude), *1908.*

Gabriele Münter

1877-1962, Allemagne

L'une des premières femmes peintres à exposer avec le Blaue Reiter, mouvement artistique créé à Munich par Wassily Kandinsky et Franz Marc.

On a trop tendance à la rattacher à Kandinsky, plus connu qu'elle, et qui fut son compagnon pendant plus de dix ans. Même si elle doit sa formation à la Phalanx, institution fondée par le peintre d'origine russe (les académies d'art officielles de Düsseldorf et de Munich étant alors interdites aux femmes), sa peinture est tout à fait originale, empreinte de la force de l'art brut, heurtant sans retenue les couleurs, faisant naître une émotion qui prend à la gorge, un bonheur qui explose pour se transformer en angoisse. Les nazis, eux, verront en elle une artiste « dégénérée ».

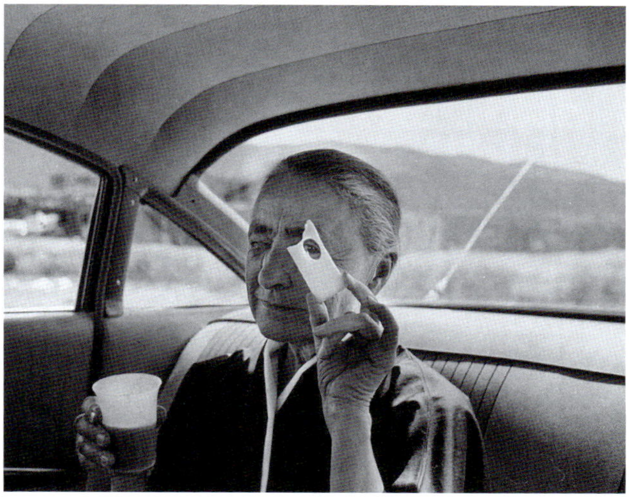

Georgia O'Keeffe

1887-1986, États-Unis

L'une des plus grandes artistes peintres du XXe siècle. À l'origine d'un courant « réaliste » très important aux États-Unis pendant l'entre-deux-guerres. Elle fait ses études en Virginie et à New York, puis devient professeure en Virginie et au Texas. Elle peint, sans être satisfaite d'elle-même. À vingt-huit ans, elle détruit toutes ses œuvres : « J'ai décidé de repartir à zéro, d'oublier tout ce qu'on m'a appris, d'accepter ma propre vérité. » Ses nouvelles œuvres deviennent plus épurées, plus abstraites, plus musicales. Chez elle, les fleurs ne sont pas les fioritures qu'on accorde souvent aux femmes artistes. Vastes corolles, pétales aux couleurs de chair tendre, gros plans d'iris noirs, flammes lumineuses, les peintures de Georgia se veulent « chose vivante », « désir de révéler l'inconnu ». Elle peint aussi bien les premiers gratte-ciel de New York que des paysages de Lake George ou du désert du Nouveau-Mexique, où elle vit après la mort de son mari, le marchand d'art Alfred Stieglitz. Ainsi, *New York avec lune* (1925) nous fait voir un immeuble dans la nuit, avec un lampadaire qui apporte plus de lumière que la lune, ce qui donne au tableau un côté surréaliste, à la Magritte. Dans *Croix noire, Nouveau-Mexique*, elle barre durement tout le premier plan de deux planches qui n'ont rien de religieux mais laissent voir à l'arrière-plan un monde de collines mauves, courbes féminines éclairées par un soleil levant. Comme dans une photo qui serait agrandie et recadrée, les formes perdent leur naturalisme et tendent vers l'abstraction. On peut aussi y déceler de sensuelles évocations du sexe féminin, l'érotisme du frôlement. D'importantes expositions jalonnent sa carrière, et de nombreuses décorations lui ont été décernées. Depuis 1997, un musée lui est consacré à Santa Fe : le Georgia O'Keeffe Museum and the Women of the Stieglitz Circle.

Tamara de Lempicka

1898-1980, Pologne/France

Venue de Pologne en 1918, elle est la diva de la société parisienne de l'entre-deux-guerres.

C'est une *free woman*, une garçonne, encore que comtesse puis baronne. Son *Autoportrait dans la Bugatti verte* (1925) la campe au volant d'une superbe voiture bleu-vert, rouge à lèvres agressif, couleurs et formes dures. Le *Portrait de la duchesse de La Salle* (1925) la montre travestie. *Les Deux Amies* (1923) ont des ventres bosselés à force d'être musclés ; la facture de cette toile est néo-cubiste, et le fond compose une architecture urbaine futuriste. Proche de l'artiste Romaine Brooks, Tamara de Lempicka scandalise et s'impose.

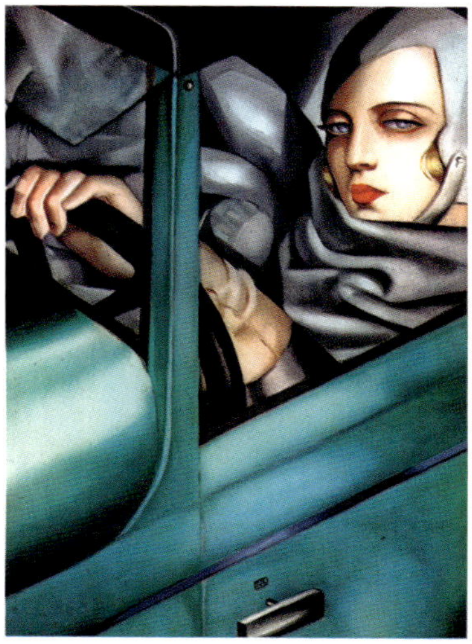

Germaine Richier

1904-1959, France

Sculptrice ; prix de la Biennale de São Paulo en 1952. Elle suit les cours des Beaux-Arts à Montpellier, puis à Paris, où elle travaille avec Bourdelle. Mais elle est beaucoup plus novatrice que lui. Lorsqu'elle sculpte, pour la chapelle Notre-Dame-de-Toutes-Grâces, un Christ émacié, étiré jusqu'à ne plus avoir ni mains ni pieds, les autorités religieuses retirent l'œuvre, la qualifiant de « moignon sculpté », dépravation « de l'art véritable ». Ce pathétique *Christ d'Assy* est pourtant une figure émouvante de souffrance et d'élan. Force et humanité émanent des œuvres de cette artiste, tels *Homme qui marche*, ou *Ouragane*, femme costaude, toute en puissance. En outre, elle dote souvent ses corps d'éléments empruntés au règne animal. Aujourd'hui, les œuvres de Germaine Richier sont exposées dans les plus grands musées du monde.

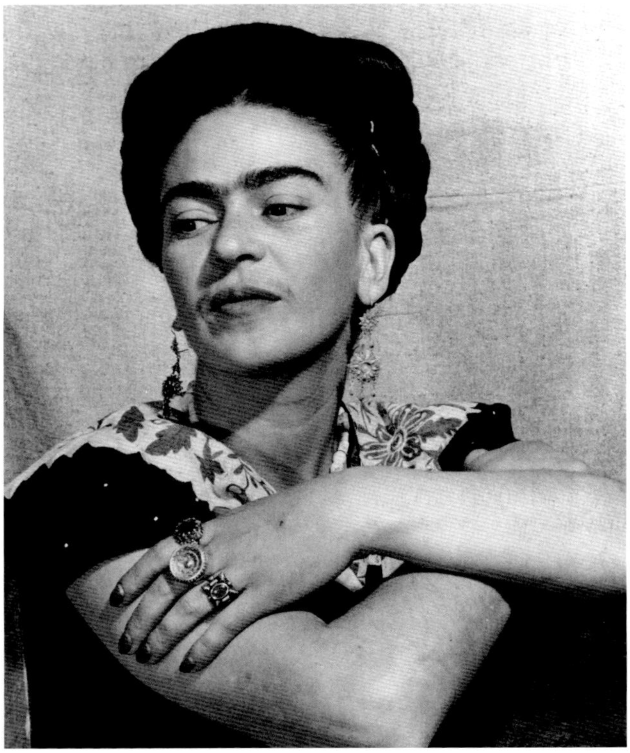

Frida Kahlo.

Frida Kahlo

1907-1954, Mexique

Peintre, véritable icône de l'art latino.

À sept ans, elle est atteinte par la poliomyélite. À dix-huit ans, dans un accident, une tige de fer traverse son abdomen et ressort par le vagin, son pied droit est broyé, sa colonne vertébrale et son bassin sont cassés. Elle est clouée sur un lit de souffrance pendant des mois, subit de multiples interventions chirurgicales et doit porter un corset de plâtre. Comment cet être brisé a-t-il eu la force inouïe de peindre 150 tableaux et d'avoir une intense vie amoureuse ? Elle puise son énergie dans son handicap même, et commence à peindre allongée, grâce à un baldaquin fixé sur son lit et supportant un miroir pour réaliser des autoportraits, comme si elle voulait reconstituer son image fêlée, se reconstruire par l'art. En 1929 elle épouse au Mexique le célèbre peintre mexicain Diego Rivera, puis, après avoir divorcé, se remarie avec lui en 1940 à San Francisco. Diego la trompe beaucoup, y compris avec sa sœur ; elle-même a des amantes et des amants, dont Léon Trotski. Elle subjugue le chef de file du surréalisme, André Breton : « Frida est une bombe avec un ruban autour. » L'artiste explore l'inconscient et l'impose à notre regard. Ainsi, le tableau *Ma nourrice et moi* met en scène une petite fille à tête de femme, tétant le sein, aux canaux lactés fleuris, d'une nourrice, déesse mère. « Elle peint en même temps l'extérieur, l'intérieur et le fond d'elle-même et du monde », note Diego. Ses expositions au Mexique, à New York et à Paris connaissent un immense succès. Elle a une vie sociale intense. Inscrite au parti communiste mexicain (PCM) dès 1928, elle est élue en 1942 membre du Seminario de Cultura Mexicana, dont la mission est d'encourager et de diffuser la culture mexicaine. En 1943, elle dirige une classe de peinture à l'Académie des beaux-arts. Mais après avoir de nouveau subi sept opérations, elle doit être amputée jusqu'au genou. *La Colonne brisée* témoigne de son calvaire. Pourtant, sur son dernier tableau, elle écrit encore : « Viva la vida ! » À sa mort, le président de la République en personne dirige la cérémonie de ses funérailles. Longtemps éclipsée par Rivera, Frida Kahlo a aujourd'hui une cote extraordinaire. En juin 2007, une grande rétrospective lui a été consacrée au palais des Beaux-Arts de Mexico, et plusieurs musées dans le monde ont fêté son centenaire.

Leonor Fini

1908-1996, Italie/France

Peintre et artiste.

Elle peint des sorcières, des sphinges, des chimères, êtres hybrides qui brouillent les frontières entre l'humain, l'animal, le végétal, le minéral. Elle balaie aussi la vieille définition des sexes : le bel éphèbe, au sexe juste caché-révélé par un tissu de soie rosée, est veillé par une divinité chtonienne (toile de 1947), femme-sphinx magique, puissante, érotique. En 1966, *Phébus endormi*, délicat jeune homme féminin, est livré, dans une pose provocatrice et innocente, au regard altier d'une femme. Dans ses toiles, la personnalité féminine est frémissante et impérieuse, les hommes sont ambigus et troublants. Leonor Fini crée aussi des masques emperlés et emplumés, ainsi que des décors et des costumes de théâtre pour l'Opéra de Paris et la Scala de Milan, des flacons de parfum pour Schiaparelli, des papiers peints et des tissus.

Margaret Mee

1909-1988, Grande-Bretagne

Peintre et botaniste, première femme à sillonner la forêt d'Amazonie. Diplômée des Beaux-Arts à Londres.

Vêtue d'un frais corsage et d'un chapeau à voilette, mais armée d'un revolver, elle participe à quinze expéditions au plus profond de la forêt tropicale brésilienne. Un jour abandonnée et laissée pour morte, un autre jour manquant de se noyer, elle continue sans répit à étudier les suaves orchidées, les agressives broméliacées, qui lui donnent l'impression d'être au paradis. Ses œuvres ont la luminosité de la savante, et font transparaître le charme et le raffinement de l'artiste. Elle est capable de rechercher pendant plusieurs années la fleur de lune, qui ne s'épanouit qu'une nuit : quand, à soixante-dix-neuf ans, elle finit par découvrir ce cactus si rare, elle passe la nuit sur une pirogue pour le peindre…

Leonor Fini peignant le portrait de l'actrice Maria Casarès.

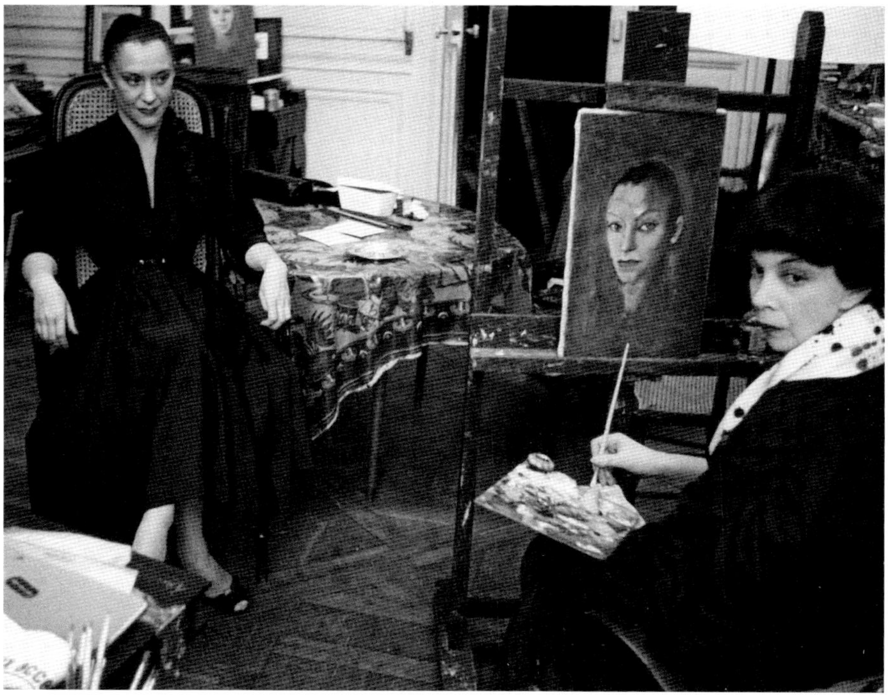

Louise Bourgeois

1911-2010, France/États-Unis

Première artiste à être reconnue par une rétrospective au Museum of Modern Art (MoMA) de New York ; Lion d'or à la Biennale de Venise en 1999.

Sa démarche originale et multiforme – elle travaille le bronze, le métal, le bois, le tissu, le plâtre, le latex – aboutit à la création de sculptures, peintures, dessins, gravures et installations. Ses parents veulent l'obliger à abandonner le lycée Fénelon, à Paris, pour devenir, comme eux, restauratrice de tapisseries anciennes. Mais elle fait des études de peinture avec Fernand Léger et se venge. Ses gigantesques araignées en bronze, les *Spiders*, évoquent le lien à la mère, tisseuse et protectrice, encore que passablement répulsive et agressive. Elle nomme pourtant *Maman* le monstre arachnéen – ambivalence des sentiments. Son père est tyrannique, il méprise les femmes (« j'étais censée me faire pardonner de n'être qu'une fille »). D'où la *Destruction du père*, sa première installation, en 1974, caverne avec des reliefs de festin sanguinolents, restes du repas familial et cannibale qui a englouti le père. Elle s'en éloigne en partant s'installer définitivement aux États-Unis dès 1938 (avec son époux, l'historien d'art américain Robert Goldwater). Encore doit-elle mettre le père en cage, des *Cells* (chambres magiques où elle déroule la trame de ses souvenirs) grillagées, qui sont aussi femmes-maison, espace domestique encombré de vêtements, de traces inquiétantes. Là rôde le souvenir de « la scène primitive », sexualité des parents qui est notre origine : on ressent tout spécialement le trouble qu'elle provoque dans *Red Room (Child)* et *Red Room (Parents)*, saturés de rouge sang. La lutte, le mouvement de va-et-vient, l'oscillation entre masculin et féminin sont permanents dans l'œuvre de cette artiste forte et angoissée, mère de trois garçons, radicale dans ses inventions. Elle exprime cette ambiguïté sexuelle dans *Fragile Goddess* (1970), où l'on hésite à départager pénis, seins, testicules et ventre rond. Freud disait que les femmes manquaient de pénis et passaient leur vie à le désirer. Or, sur une photographie de Robert Mapplethorpe (le compagnon de la chanteuse et photographe Patti Smith), Louise Bourgeois tient le membre viril sous son bras, avec un grand sourire triomphant : c'est une sculpture en latex, réalisée en 1968, (date de son engagement dans le mouvement féministe) et intitulée *La Fillette*...

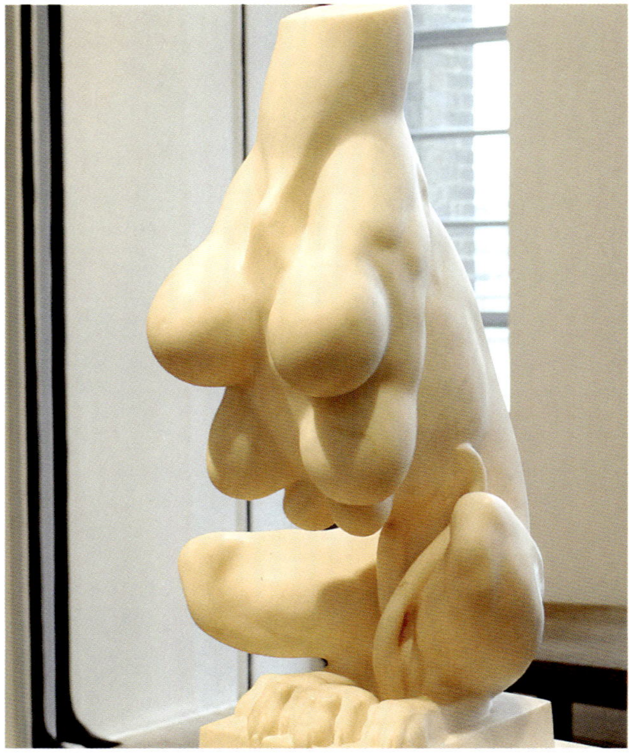

Louise Bourgeois, Étude sur la nature, *1984-1994.*

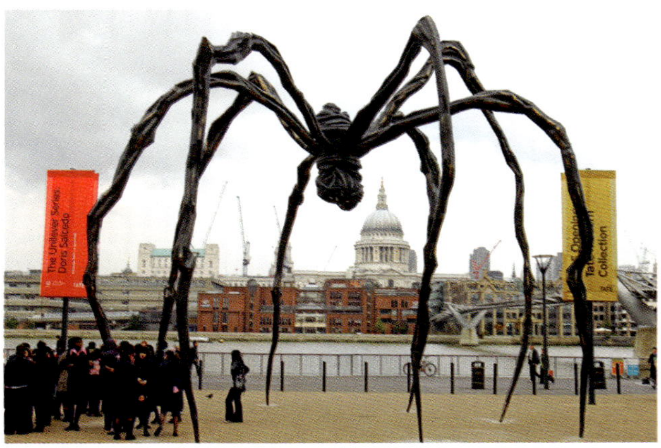

Louise Bourgeois, Maman, *1999.*

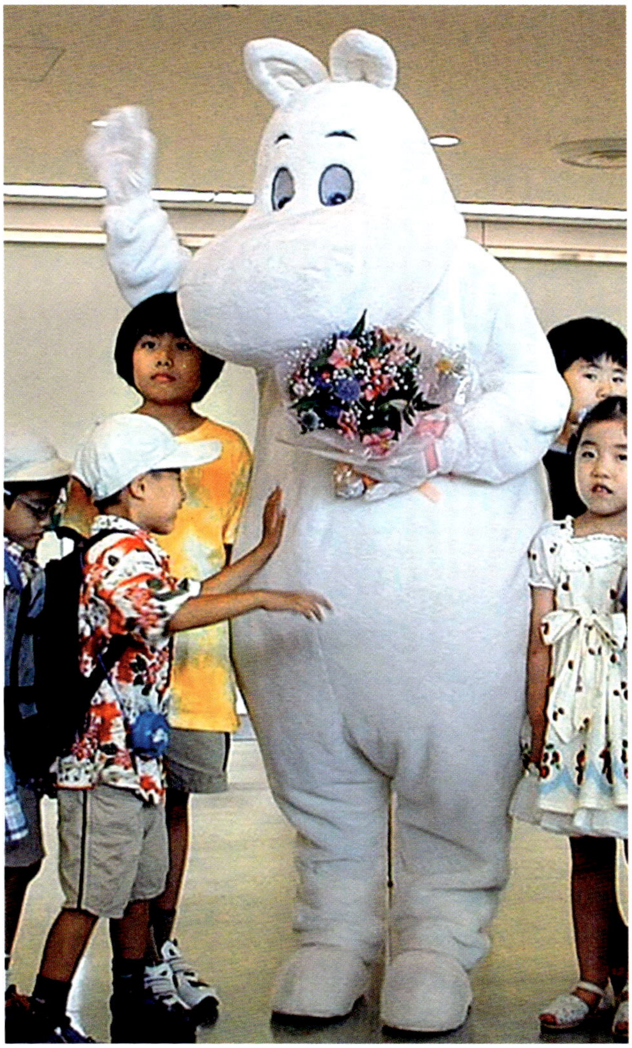
Un Moomin (de Tove Jansson) entouré d'enfants.

Tove Jansson

1914-2001, Finlande

Dessinatrice, peintre et écrivaine.
Née dans une famille d'artistes, elle passe toutes ses vacances dans les îles Porvoo, follement heureuse dans ces paysages maritimes où l'on mène une vie saine et naturelle. Elle fait des études artistiques à Stockholm, à Helsinki, puis à Paris, pour se consacrer à la peinture et au dessin de presse. En 1945, elle crée des personnages qui vivront jusqu'en 1970 : les Moomins. Évoqués par un graphisme simple, un trait dégagé, alerte, ces grosses bêtes amicales, rappelant le cheval et le rhinocéros, évoluent dans un décor champêtre, qui n'exclut pas les sentiments d'effroi et de tristesse. À partir de 1954, Moomin devient aussi un personnage de *comic strips* pour les lecteurs anglais de *The Evening News*. Tove publie huit romans et quatre livres d'illustrations. Les planches originales de ses Moomins sont exposées au Tampere Art Museum.

Machiko Hasegawa

1920-1992, Japon

Première dessinatrice de manga au Japon.
Son manga-feuilleton *Sazae-san* narre les aventures d'une famille unie traditionnelle, sauf que le couple vit avec ses enfants chez les parents de l'épouse et non chez ceux du mari. Sinon, tout est comme il se doit : à table, le mari et son beau-père sont assis à la place d'honneur, la femme et sa mère en bout de table, les enfants entre les deux. C'est une famille nombreuse et joyeuse d'après-guerre. Ce manga a connu un succès phénoménal : il est paru de 1946 à 1974, soit 6 477 fois pendant vingt-huit ans. Au XXIe siècle encore, il est très présent sous la forme d'une adaptation en dessin animé à la télévision et plaît toujours autant. Pourtant, en 1974, Machiko Hasegawa a définitivement posé ses crayons, se rendant compte qu'elle ne pouvait plus dessiner ce modèle de famille.
Elle a ouvert la voie à de nombreuses mangakas, dont les quatre créatrices du studio Clamp, qui ont vendu 105 millions d'albums à travers le monde.

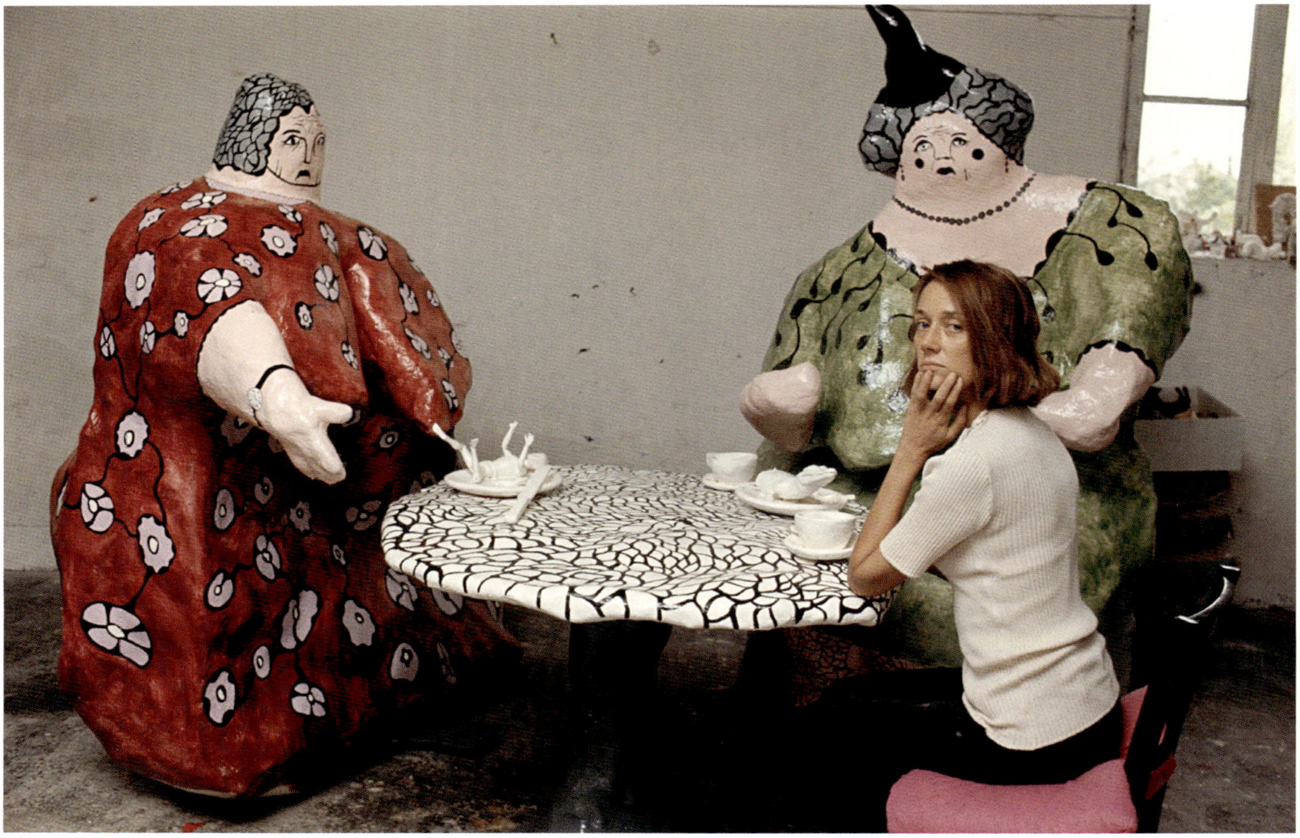

Niki de Saint-Phalle et ses célèbres Nanas.

Niki de Saint-Phalle

1930-2002, États-Unis/France

Sculptrice très novatrice.

Violée par son père (un banquier de New York) à onze ans, elle ne sort de la dépression et du trouble mental que par la création. Elle épouse un poète, Harry Mathews, avec lequel elle a deux enfants. Mais elle les laisse pour venir s'installer à Paris et se consacrer entièrement à son art. De 1965 à 1970, elle crée les « Nanas », des super-femelles éclatantes de joie et de vitalité sous leurs formes plus que généreuses ; ces œuvres sont un pied de nez à l'image de la femme qui, selon les canons de la beauté, se doit d'être mince. Certes, Niki sait dénoncer l'aliénation féminine : ainsi dans *Crucifixion*, sculpture d'une ménagère en bigoudis, exhibant les poils de son sexe encadrés d'un énorme porte-jarretelles, clouée sur la croix – bobonne sacrifiée et objet sexuel à la fois. Mais le plus souvent les Nanas, peintes de couleurs pétantes et ludiques, dotées de seins et de fesses opulents, semblent jubiler. Elles sont tout en rondeur, car « la nature, c'est l'ondulation ». Le féminin maternel ne se cache plus ! Niki est consciente d'avoir recréé le corps de sa mère, qui l'avait abandonnée à l'âge de trois mois, et de s'être ainsi inventée elle-même : « Vivre à l'intérieur d'une sculpture, c'était mon rêve, ma nécessité. Une sculpture féminine, inventer une nouvelle mère, une mère déesse, une Mère Suprême et renaître là, dans des formes sans limites. » Elle l'invente sous la forme de la *Hon*, sculpture monumentale, énorme femme allongée, à l'intérieur de laquelle 100 000 visiteurs de l'exposition (à Stockholm, en 1966) pénètrent par l'orifice vaginal. Naissance inversée vers ce « refuge pour rêver » : « Elle est cathédrale, usine, baleine, arche de Noé, Maman. La plus grande putain du monde. »

Judy Chicago

née en 1939, États-Unis

Céramiste et féministe.

Diplômée de l'université de Los Angeles, professeure d'art plastique, elle a pour complice l'artiste Miriam Schapiro, célèbre pour ses « femmages », collages en dentelles, lacets, boutons et bouts de tissu. En 1970, elles fondent l'Institut californien des arts de Valencia, qui rassemble et diffuse des informations concernant l'histoire des femmes dans l'art, afin de rendre plus visible la création féminine, souvent minorée. En 1972, les deux femmes, aidées par leurs élèves, rénovent et décorent la Maison de la femme (*Womanhouse*), sorte de musée de sculptures féminines qui maltraitent à l'envi les rôles masculin-féminin traditionnels.

Judy Chicago expose à San Francisco une œuvre monumentale, *The Dinner Party* (1974-1979), qui présente 39 assiettes en céramique placées sur une immense table triangulaire et portant 999 noms de femmes sur des carreaux de porcelaine. Judy veut ainsi rendre hommage aux femmes importantes de l'histoire, dans les domaines politique, artistique et religieux, qu'elles aient réellement existé – la reine Élisabeth Ire, la poétesse Christine de Pisan, la militante du *birth-control* Margaret Sanger – ou qu'elles soient mythiques comme la déesse Astarté. Il émane de cette installation un sentiment religieux, la table évoquant la Cène et les verres des ciboires. Les assiettes-sculptures sont posées sur des broderies ou des tapisseries, et chacune d'elles symbolise une héroïne. Ainsi, Virginia Woolf est représentée par un losange, qui évoque un papillon ou une vulve – ce qui ne va pas sans provoquer quelques indignations. Nathalie Barney, célèbre lesbienne, compagne de Romaine Brooks, a droit à une étoile en relief ponctuée d'un croissant en son centre (émaux sur porcelaine). On a reproché à l'artiste de signer de son seul nom cette œuvre collective : en effet, même si l'idée et les dessins sont d'elle, la réalisation de cette installation a nécessité la coopération de 400 personnes pendant cinq ans.

Naissance est un ensemble de pièces brodées symbolisant l'accouchement – thème encore rare à l'époque. Broder est l'occupation traditionnelle répétitive dévolue aux femmes, symbole d'enfermement dans un rôle non créatif. La psychanalyste française Luce Irigaray écrivait : « Si les femmes ne faisaient pas [de la] tapisserie, l'ordre s'effilocherait. » Mais Judy Chicago utilise ces techniques « féminines » pour valoriser un savoir-faire de femme et pour en subvertir les codes.

En France, d'autres plasticiennes se servent de ce genre de matériaux : tissus, étoffes, dont elles aiment la texture et auxquelles elles insufflent leur inspiration. Ainsi, Alma, avec ses vêtements qu'elle appelle « sculptures souples », Aline Gagnaire, qui peint des morceaux de tissus d'ameublement pour en faire une *Amazone rêvant à la lune*, ou encore Élisabeth Baillon, qui brode des « images de laine », armures qui s'ouvrent, libérant l'intérieur du corps.

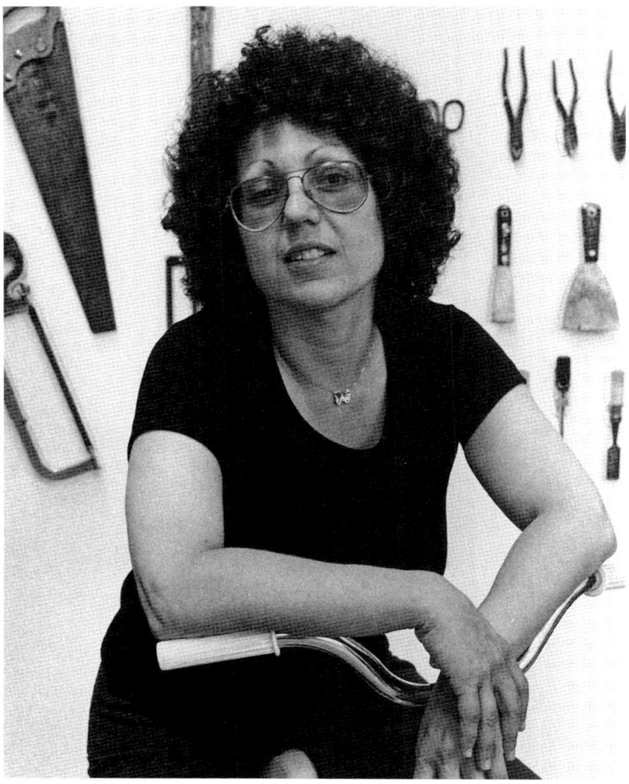

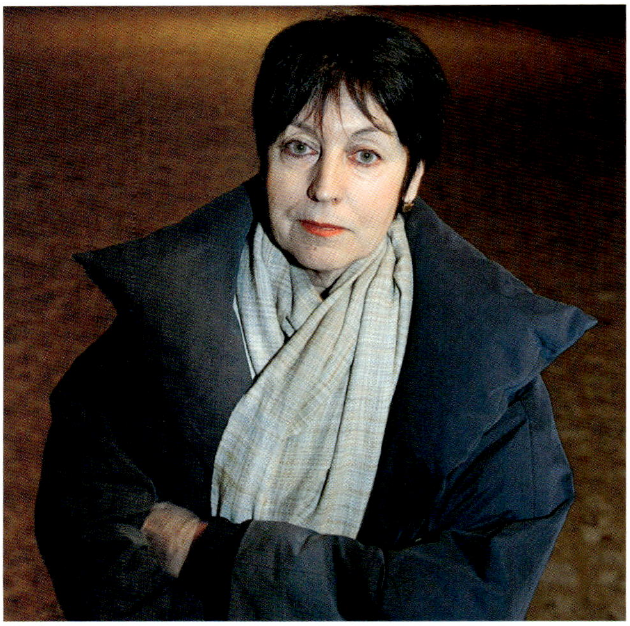

Annette Messager

née en 1943, France

Plasticienne, Lion d'or à la Biennale de Venise en 2005.

Reconnue dès 1960, elle utilise (et détourne) toutes sortes de matériaux – huiles, fusains, aquarelles sur photographies, sculptures en tissu, écritures, dessins – et d'objets : oiseaux empaillés auxquels elle a tricoté des manteaux, moins pour les protéger maternellement que pour les ligoter sadiquement ; ours et autres animaux en peluche entassés ou vidés de leur substance, témoins d'enfances troubles et ambiguës. En 1974, elle expose une série de broderies sur lesquelles sont brodés, ironiquement, les proverbes les plus misogynes. En 2002, sa *Ballade des pendus* fait défiler des automates, des morceaux de corps qui gigotent et gémissent, torturés, emportés cahin-caha. Son terrible *Casino*, déversant à flots le sang de l'accouchement sur Pinocchio, se voit récompenser par un Lion d'or. Son *Gonflés-Dégonflés* (2006) insuffle une respiration à des organes en toile de parachute, lente érection, frôlement érotique et drôle. La grande exposition rétrospective de 2007 au Centre Georges-Pompidou, à Paris, mêle les influences de l'art brut et les trouvailles du surréalisme à ses installations spectaculaires et à son impressionnante fantasmagorie.

Orlan

née en 1947, France

Plasticienne aux performances provocatrices, tenante de l'« art charnel ».

Dès les années 1960, elle brouille les genres en clamant : « Je suis une homme et un femme. » Elle expose son corps nu en photographies sous le titre : *Orlan accouche d'elle-même*. « Je crois que le plus difficile à avaler, c'est que moi, femme, j'essaie de sortir du formatage et de la place que l'idéologie dominante désigne comme étant la mienne. » En 1977, à la FIAC, elle présente *Le Baiser de l'artiste* : elle s'expose, cachée derrière sa photo nue grandeur nature, et vend des baisers et des cierges pour 5 francs. La pièce, glissée dans le cou, retombe dans le sexe ouvert. Un beau scandale, un renvoi de l'enseignement et une façon de dénoncer que le corps n'est pas une marchandise. Et particulièrement celui des femmes, qui doit répondre à des canons fort contraignants. Orlan se les inflige à elle-même, transformant son visage, à l'aide de l'ordinateur ou à coups de bistouri, détaillant en gros plan ses interventions chirurgicales dans son film *Omniprésence*.

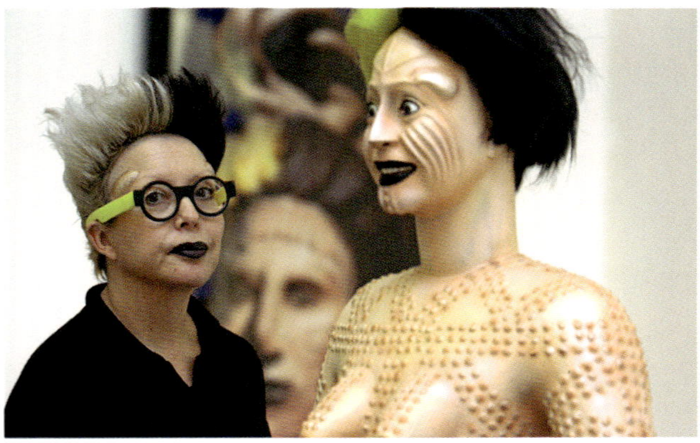

Xiao Lu

née en 1962, Chine

L'artiste chinoise la plus cotée sur le marché de l'art ; elle a littéralement fait exploser l'art traditionnel chinois.

Son père, sa mère, sa sœur et elle sont tous des artistes. Une exposition, initiée en coopération avec la Fondation du musée Hassan, Arte Communications et le Centre culturel italien, a été consacrée à cette famille originale qui a occupé la scène artistique chinoise pendant plus de soixante ans. Sa sœur, Xiao Ge, née en 1971 à Shanghai, expose en 2000, à la Cité internationale des arts et au Salon de printemps, une robe chinoise imprimée de visas ou de copies de passeports français. L'aînée, Xiao Lu, diplômée de l'Académie centrale des Beaux-Arts de Pékin, axe ses recherches sur l'art d'installation et du comportement. En 1988, la revue *Meishu* (*Beaux-Arts*, *Fine Art*) publie en quatrième de couverture une photo de son installation intitulée *Duihua* (*Dialogue*). Deux cabines téléphoniques sont occupées, l'une par un jeune homme et l'autre par une jeune fille, mais la communication semble coupée. Le 5 février 1989, deux heures après l'ouverture de l'exposition d'art chinois d'avant-garde regroupant 186 artistes au musée des Beaux-Arts de Chine, Xiao Lu tire deux coups de feu dans son *Dialogue*, sur le miroir entre les deux téléphones. De nombreux policiers encerclent le musée, l'exposition est fermée pendant quatre jours, l'impact est immense et mondial.

Les plus grandes agences de presse (Associated Press, Agence France-Presse, United Press International) relatent aussitôt l'événement. *The New York Times*, *Time Magazine*, la plupart des journaux européens et bien sûr des organes de presse chinois relatent le *happening*, en considérant ce *gunshot incident* comme l'un des actes les plus créatifs, politiques et subversifs des dernières décennies !

Dorothea Lange

1895-1965, États-Unis

Photographe.

Dorothea Nutzhorn s'initie à la photographie au cours de Clarence H. White, à New York. En 1918, elle ouvre à San Francisco un studio de portraits. Quand commence la Grande Dépression, elle réalise des clichés de chômeurs et de sans-logis qui ne peuvent laisser indifférent. La Farm Security Administration (Administration d'assurance paysanne) la charge d'une mission auprès des immigrants. Ses photographies deviennent de vraies icônes. Ainsi, *Migrant mother*, femme chassée par la misère, est publiée en 1936 dans le magazine *Life* et alerte l'opinion. Le nouveau mari de Dorothea (avec le premier, un peintre, elle a eu deux fils), l'économiste Paul Schuster Taylor, professeur à l'université de Californie, est spécialisé dans les questions sociales et politiques majeures. Le couple se penche alors sur la pauvreté rurale. Ensemble, ils rédigent *An American Exodus : A Record of Human Erosion*, qui paraît en 1939

En 1952, Dorothea Lange lance le magazine *Aperture*. Ses plus beaux clichés sont exposés au Museum of Modern Art (MoMA) de New York.

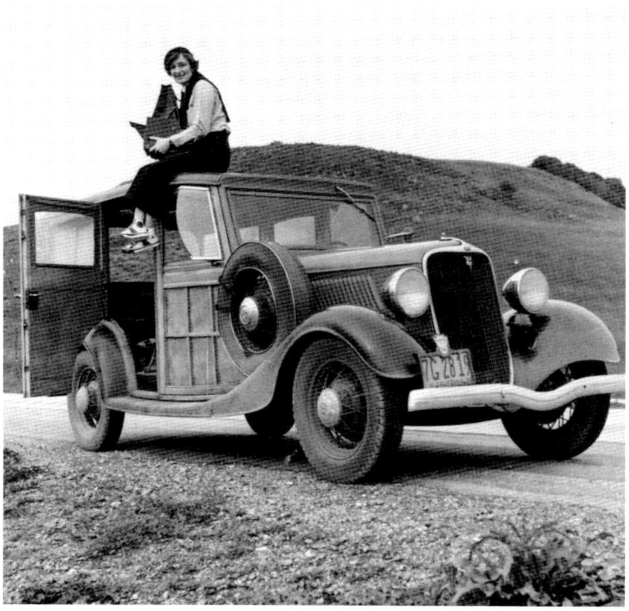

Lee Miller

1907-1977, États-Unis

Photographe.
En 1930, à Paris, elle est l'inspiratrice mais aussi la collaboratrice du célèbre surréaliste Man Ray. Elle invente le procédé de la solarisation, technique de tirage qui fait apparaître sur le cliché un zeste de négatif. Mondaine, brillante, entourée de Picasso, Dalí, Eluard, Cocteau, cette beauté parfaite est mannequin vedette de *Vogue*. En 1945, elle se transforme en correspondante de guerre pour ce même magazine. Elle explore l'Europe en ruine de l'immédiat après-guerre et n'hésite pas, à Dachau, à fixer les charniers, les corps squelettiques au regard perdu. Elle titre son impressionnant reportage : « Croyez-le ».

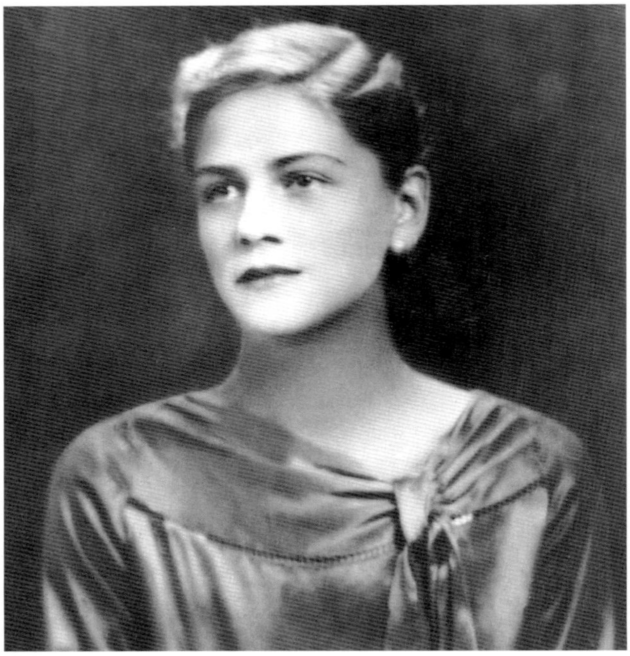

Lee Miller.

Gisèle Freund

1908-2000, Allemagne/France

Photographe, pionnière du portrait en couleur.
En 1933, étudiante à l'école de Francfort en sociologie, la jeune fille juive adhère au mouvement de résistance contre le nazisme, ronéotypant un journal clandestin qui attaque le régime. Elle a le temps de se sauver, « cachant sur [s]on corps les photos [qu'elle avait] prises de camarades battus presque à mort ». Deux de ses clichés sont publiés dans *Le Livre brun*, premier à dénoncer la terreur sous le IIIe Reich. Déjà, la photo est un témoignage, et elle ne cessera de l'être pour cette grande reporter qui considère que pour être un bon photojournaliste, « il faut aimer les êtres humains ». Cela se voit à travers ses photos prises dans le nord de l'Angleterre, *Distressed Areas* (pays en détresse), ou dans celles montrant des paysans mexicains pliés sous leur charge. Au Mexique, où elle était partie pour deux semaines, elle reste deux ans, devenant une proche des peintres Diego Rivera et Frida Kahlo. En Argentine, tandis qu'elle fuit les persécutions antisémites, elle est accueillie chez Victoria Ocampo, puis s'aventure en Terre de Feu, mandatée par *Life*. Elle est la première femme – et longtemps la seule – à l'agence Magnum, fondée par Robert Capa en 1947. Dès 1938, elle ose « la magie de la couleur », photographiant l'écrivaine Colette, portrait publié dans *Arts et métiers graphiques*, ou, pour *Times Magazine*. Ses portraits, non retouchés, font le tour du monde : Virginia Woolf, Gide, Marguerite Yourcenar, Simone de Beauvoir, Sartre, Ionesco, Michaux, Breton, Malraux et, en 1981, la photographie officielle du président François Mitterrand. *Paris-Match*, *Art et décoration*, *Images du monde* s'arrachent ses clichés. Au début de sa carrière, elle déplorait que les photos fussent accrochées les unes à côté des autres, « comme des saucisses de Francfort ». Or, en 1965, elle est la première photographe à exposer ses œuvres au musée d'Art moderne, à Paris, et en 1991, elle expose au Centre Georges-Pompidou. Gisèle Freund a donné ses lettres de noblesse à la photographie, désormais considérée comme un art.

Gerda Taro

1910-1937, Pologne/France

Photographe, morte « dans l'exercice de sa fonction ». Elle a « le sourire d'une jeunesse éternelle », elle a fui l'Allemagne nazie (accusée d'appartenir au parti communiste), elle s'appelle Gerta Pohorylle. Il est beau, il a fui l'Allemagne, il s'appelle André Friedmann. Ils mangent de la vache enragée, fréquentent les artistes et intellectuels parisiens à Montparnasse, vivent une intense histoire d'amour. Prenant les noms de guerre de Robert Capa et Gerda Taro (pour évoquer les vedettes hollywoodiennes Frank Capra et Greta Garbo), ils se lancent dans le reportage photographique, lui avec un Leica, elle avec un Rolleiflex, signant souvent leurs clichés Capa & Taro. Pour les deux amants, la photo est un témoignage, un engagement, et leurs appareils sont leur arme de défense. En Espagne, Gerda veut s'approcher plus près du front, elle est fauchée à vingt-sept ans, éventrée par un char franquiste. Son corps est ramené à Paris. La jeune femme a « un enterrement extraordinaire où toutes les fleurs du monde se sont donné rendez-vous ». Pourquoi le nom de Capa est-il seul passé à la postérité ? En 2008, l'International Center of Photography de New York expose quatre-vingts clichés de Gerda (dont beaucoup avaient été attribués à Capa).

Diane Arbus

1923-1971, États-Unis

Photographe.

À dix-huit ans, Diane Nemerov épouse Allan Arbus. Tous deux travaillent comme photographes de mode pour *Vogue*, *Glamour* et *Harper's Bazaar*, et font de la publicité. Ils divorcent, et elle décide d'étudier la photographie avec Lisette Model (1901-1983), dont les photos sont autant de témoignages justes, forts et tendres des années 1930. Deux bourses du Guggenheim lui permettent de développer son originalité. Elle aime les individus en marge de la société, des êtres déviants : travestis, nains, contorsionnistes, nudistes, hommes tatoués, éclopés.

Aussi dérangeantes soient-elles, ses photographies ont un très grand succès. Son premier reportage est immédiatement accepté par le magazine *Esquire*, en 1959. Elle vend aussi ses photos à *Newsweek*. Elle expose au MoMA, à New York, en 1964, puis en 1967, à l'occasion de l'exposition *New Documents*. En 1970, sa puissante singularité est reconnue par le prix Robert Leavitt Award, attribué par les photographes de l'American Society Magazine.

En 1971, Diane Arbus se donne la mort. Dès 1972, ses photographies sont exposées à la Biennale de Venise, et le musée d'Art moderne de Paris lui dédie une rétrospective.

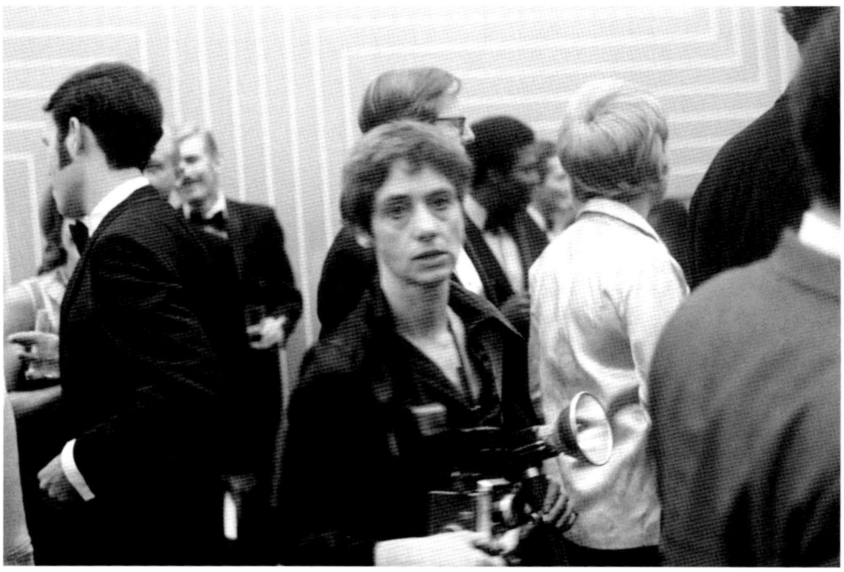

Diane Arbus au Metropolitan Museum of Art, New York, 1969.

Index des noms de personnes

La page où figure l'entrée concernant la pionnière est signalée en **gras**.

Bibliographie

ADLER, Laure, *Marguerite Duras*, Paris, Fayard, 1998.
ADLER, Laure, *Les Femmes politiques*, Paris, Seuil, 1993.
ALESSANDRINI, Marjorie, *Le Rock au féminin*, Paris, Albin Michel, 1980.
AMIRPUR, Katajun, *L'Iran des réformes*, avec Shirin Ebadi, prix Nobel de la paix, Paris, Éditions Alvik, 2004 (1re éd. *Gott ist mit den Furchtlosen*, Fribourg-en-Brisgau, Verlag Herder 2003).
ANTROBUS, Peggy, *Le Mouvement mondial des femmes*, Montréal, Éditions de l'Atelier, 2007.
ARMAND, Pierre, et TERRET, Thierry, *Histoire du sport féminin*, Paris, L'Harmattan, 1996.
BAIR, Deirdre, *Simone de Beauvoir*, Paris, Fayard, 1990.
BAEZ, Joan, *Et une voix pour chanter*, Paris, Presses de la Renaissance, 1988 (1re éd. New York, Summit Books, 1987).
BARD, Christine, *Les Femmes dans la société française au XXe siècle*, Paris, Armand Colin, 2001.
BARRET-DUCROQ, Françoise, et PISIER, Évelyne, *Femmes en tête, Femmes de tête*, Paris, Flammarion, 1997.
BASCOU-BANCE, Paulette, *La Mémoire des femmes : anthologie*, Cestas, Elytis édition, 2002.
BÉCARD, Carine, *Elles ont réussi !* Paris, Éditions Alvik, 2007.
BERNHARDT, Sarah, *Ma double vie*, Paris, Phoebus, 2000.
BERTIN, Célia, *Louise Weiss*, Paris, Albin Michel, 1999.
BHUTTO, Benazir, *Daugther of the East*, Londres, Hamish Hamilton Ltd, 1988 (*Une autobiographie*, Paris, Stock, 1989).
BILLOUIN, Alain, CHARPENTIER, Henri, et LAGET, Serge, *Les Déesses du sport*, Paris, La Martinière, 2007.
BITOUN, Carole, *La Révolte au féminin. Portraits de femmes exemplaires*, Éditions Hugo & Cie, 2007.
BONNET, Marie-Jo, *Les Femmes dans l'art*, Paris, La Martinière, 2004.
BOSIO-VALICI, Sabine, et ZANCARINI-FOURNEL, Michelle, *Femmes et fières de l'être, un siècle d'émancipation féminine*, Paris, Larousse, coll. « 20/21 », 2001.
BOSWORTH, Patricia, *Diane Arbus, une biographie*, Paris, Seuil, 2007.
BURGOS, Élisabeth, *Moi, Rigoberta Menchù. Une vie et une voix, la révolution au Guatemala*, Paris, Gallimard, 1983.
BUET, Jackie (dir.), *Films de femmes. Six générations de réalisatrices*, Paris, Éditions Alternatives, 1995.
BURRUS, Christina, *Frida Kahlo*, Paris, Découvertes Gallimard, 2007.
CADALIN, Sophie, *Les Femmes de pouvoir. Des hommes comme les autres ?* Paris, Seuil, 2008.
CARBONNIER, Annelise, LECAT, Jean-Michel, et TOULET, Michel, *La Longue Marche des femmes*, Paris, Phébus, 2008.
CHABAUD, Catherine, et GARNIER, Jean-Luc, *Femme libre, toujours tu chériras la mer*, Douarnenez, Éditions du Chasse-Marée, 2007.
CHALON, Jean, *Le Lumineux destin d'Alexandra David-Néel*, Paris, Perrin, 1985.
CHANTASSIER, Philippe DE, *Les Femmes dans l'Histoire de France*, Paris, De Vecchi S.A., 2005.
CHAVOT, Pierre, *Ces femmes qui ont fait la France*, Paris, Marabout, 2006.
CHAZAL, Gérard, *Les Femmes et la science*, Paris, Ellipses, 2006.
CHILD, Greg, *Climbing: the Complete Reference to Rock, Ice and Indoor Climbing*, New York, Facts on File, Inc., 1995.
CHRISTIE, Agatha, *An Autobiography*, Londres, Harper Collins, 1977 (*Une autobiographie*, Paris, Éditions du Masque, 2006).
COLLIN, Françoise (dir), *Le sexe des sciences*, Paris, Autrement, 1992.
COLLOMB-BOUREAU, Colette, et FILLARD, Claudette, *Les Mouvements féministes américains*, Paris, Ellipses, 2003.
COLOMBANI, Marie-France, et FITOUSSI, Michèle, *ELLE. 1945/2005. Une histoire des femmes*, Levallois-Perret, Filipacchi, 2005.
CRÉMIEU, Aurisse, et JULLIEN, Hélène, *Femmes libres. La résistance de 14 femmes dans le monde*, avec Amnesty International, Paris, Le Cherche-Midi, 2005.
DALL'AVA-SANTUCCI, Josette, *Des sorcières aux mandarines. Histoire des femmes médecins*, Paris, Calmann-Levy, 1989.
DAVID-NÉEL Alexandra : *Journal de voyage*, Paris, Plon, 1975
DAVIS, Angela, *Autobiographie*, Paris, Albin Michel, 1975.
DAVIS, Angela, *Femmes, race et classe*, Paris, Des femmes-Antoinette Fouque, 2007.
DÉON-BESSIÈRE, Danielle, *Premières... des pionnières ?* Paris, Éditions de l'Officine, 2006.
DE STEFANO, Cristina, *Americane Avventurose*, Milan, Adelphi, 2007 (*Aventurières américaines*, Paris, Anatolia éditions, 2008).
DIAMOND ROSINSKY, Thérèse, *Suzanne Valadon*, Paris, Flammarion, 2005.
DISTER, Alain, *L'Âge du rock*, Paris, Gallimard, Découvertes, 1992.
DOLTO, Françoise, *Père et fille. Une correspondance*, Paris, Mercure de France, 2001.
DUCREY, Guy, *L'Abcdaire de Colette*, Paris, Flammarion, 2000.
DUNCAN, Isadora, *La Danse de l'avenir*, textes choisis et traduits par Sonia Schoonejans, Paris, Éditions Complexe, 2003.
EBADI, Shirin, *Iranienne et libre. Mon combat pour la justice*, Paris, La Découverte, 2006.
EISEN BERGMAN, Arlene, *Femmes du Viêtnam*, Paris, Des Femmes, 1975.
FALISE, Thierry, *Aung San Suu Kyi. Le jasmin et la lune*, préface de Jane Birkin, Paris, Florent Massot, 2007.

FEBVRE, Roselyne, *Le Cœur des femmes. Les 50 femmes du XXe siècle*, Boulogne, Timée-Éditions, 2004.
FERLDER, Deborah G., *The 100 Most Influential Women of all Time*, New York, Citadel Press, 1996.
FERRAND, Michelle, *Féminin, masculin*, Paris, La Découverte, 2004.
FITOUSSI, Muriel, *Femmes au pouvoir, femmes de pouvoir*, Hugo & Cie, 2007.
FREUND, Gisèle, *Mémoires de l'œil*, Paris, Seuil, 1977.
FRIEDMAN, Isabelle (rédigé pour le Mouvement français pour le planning familial), *Liberté, sexualités, féminisme. 50 ans de combat du Planning pour les droits des femmes*, Paris, La Découverte, 2006.
GARRIGUE, Anne, *Japonaises, la révolution douce*, Arles, Philippe Picquier, 1998.
GASPARD, Françoise, SERVAN-SCHREIBER, Claude, et LE GALL, Anne, *Au pouvoir, citoyennes ! Liberté, égalité, parité*, Paris, Seuil, 1992.
GATTEGNO, Hervé, et SARFATI, Anne-Cécile, *Femmes au pouvoir, Récits et confidences*, Paris, Stock, 2007.
GAUTHIER, Xavière, *Leonor Fini*, Paris, Le Musée de Poche, 1973.
GAUTHIER, Xavière, DURAS Marguerite, *Les Parleuses*, Paris, Éditions de Minuit, 1974.
GIROUD, Françoise, *Marie Curie. Une femme honorable*, Paris, LGF, 1981.
GOLEMBA, Beverly, *Lesser-known Women*, Londres, Lynne Rienner Publishers, 1992.
GONNARD, Catherine, et LEBOVICI, Élisabeth, *Femmes artistes, artistes femmes. Paris, de 1880 à nos jours*, Paris, Hazan, 2007.
GRAHAM, Martha, *Blood Memory*, New York, Doubleday, 1991 (*Mémoire de la danse*, Arles, Actes Sud, 1992).
GUÉRAICHE, William, *Les Femmes et la République*, préface de Françoise Gaspard, Paris, Éditions de l'Atelier, 1999.
HAECHLER, Jean, *Les Insoumises. 18 portraits de femmes exceptionnelles*, Paris, Nouveau Monde éditions, 2007.
HAEDRICH, Marcel, *Coco Chanel, secrète*, Paris, Robert Laffont, 1971.
HELLER, Nancy G., *Femmes artistes*, Paris, Herscher, 1991 (1re éd. New York, Cross River Press, Ltd, 1987).
HÉRITIER, Françoise (dir.), *Hommes, femmes, la construction de la différence*, Paris, Éditions Le Pommier/Cité des sciences et de l'industrie, 2005.
HIRSI, Ali Ayaan, *Insoumise*, Paris, Robert Laffont, 2005.
JACKSON, Buzzy, *A Bad Woman Feeling Good: Blues and the Women Who sing Them*, NewYork/Londres, W.W. Norton & Co., 2005 (*Chanteuses de blues*, Paris, Des femmes-Antoinette Fouque, 2006).
JOLY, Eva, *La force qui nous manque. Petit traité d'énergie et d'orgueil féminin*, Paris, Les Arènes, 2007.
KERMER, Charlotte, et CASANOVA, Nicole, *Des femmes prix Nobel, de Marie Curie à Aung San Suu Kyi*, préface de Gidske Anderson, membre du Comité Nobel pour la paix, Paris, Des femmes-Antoinette Fouque, 1992.
KRISTEVA, Julia, *Le Génie féminin. La vie, la folie, les mots*, t. I : *Hannah Arendt* ; t. II : *Mélanie Klein* ; t. III : *Colette*, Paris, Fayard, 1999, 2000 et 2002.
LAGIER, Rosine, *Il y a un siècle... la femme*, Rennes, Éd. Ouest-France, 2005.
LAPIERRE, Alexandra, et MOUCHARD, Christel, *Elles ont conquis le monde. Les grandes aventurières (1850-1950)*, Paris, Arthaud, 2007.
LEFÉBURE, Nadine, *Femmes océanes : les grandes pionnières maritimes*, Grenoble, Glénat, 1995.
LE GARREC, Évelyne, *Séverine, une rebelle*, Paris, Seuil, 1982.
LE JOLY, Édouard (père), *Mère Teresa*, t. I : *Les Missionnaires de la charité* ; t. II : *Messagère de l'amour de Dieu* ; t. III : *La Pauvreté et la gloire*, Paris, Seuil, 1979, 1985 et 1993.
LEVER, Maurice, *Isadora*, Paris, Presses de la Renaissance, 1987.
LIATARD, Séverine, *Les Femmes en politique, en France de 1945 à nos jours*, Paris, Éditions Complexe, 2008.
LORIOT, Noëlle, *Irène Joliot-Curie*, Paris, Presses de la Renaissance, 1991.
MAATHAI, Wangari, *Celle qui plante les arbres*, Paris, Éditions Héloïse d'Ormesson, 2007.
MCHENRY, Robert, *Famous American Women*, New York, Dover Publications, 1983.
MAQUELLE, Sylvie, et RAMBERT Catherine, *Des femmes d'influence. Pouvoirs et télévision*, Paris, Hachette/Carrère, 1991.
MARGERIE, Diane DE, *Edith Wharton*, Paris, Flammarion, 2000.
MARCK, Bernard, *Les Aviatrices*, Paris, L'Archipel, 1993.
MARRY, Catherine, *Les Femmes ingénieurs. Une révolution respectueuse*, Paris, Belin, 2004.
MARUANI, Margaret, *Femmes, genre et sociétés. L'état des savoirs*, Paris, La Découverte, 2005.
MASPERO, François, *L'Ombre d'une photographe, Gerda Taro*, Paris, Seuil, coll. « Fiction & Co », 2006.
MERVIN, Sabrina, et PRUNHUBER, Carol, *Women around the World and through the Ages*, Wilmington, Atomium Books, 1990.
MULLER, Martine-Marie, *La Belle Camarade*, Paris, Robert Laffont, 2009.
NASREEN, Taslima, *Femmes, manifestez-vous !*, Paris, Des femmes/Antoinette Fouque, 1994.
NAZÉ, Yaël, *L'Astronomie au féminin*, Paris, Vuibert et Adapt, 2008.
OAKLEY, Giles, *The Devil's Music. A History of the Blues*, Londres, British Broadcasting Corporation, 1976 (*Devil's Music. Une histoire du blues*, Paris, Denoël, 1985).
OBLIGADO, Clara, *Mujeres a contracorriente, la otra mitad de la Historia*, Madrid, Plaza y Janés, 2004 (*Pionnières et scandaleuses. L'Histoire au féminin*, Paris, J.-C. Lattès, 2008).
OCKRENT, Christine, *Madame la... Ces femmes qui nous gouvernent*, Paris, Plon, 2007

PASTEUR, Claude, *Les Pionnières de l'Histoire*, Paris, Albin Michel, coll. « Histoire de vivre », 1963.
PERROT, Michelle, *Les Femmes ou les Silences de l'histoire*, Paris, Flammarion, coll. « Champs »,1998.
PÉTILLON, Pierre-Yves, *Histoire de la littérature américaine. Notre demi-siècle 1939-1989*, Paris, Fayard, 1992.
PIAF, Édith, *Au bal de la chance*, préface de Jean Cocteau, Paris, Éditions de la Loupe, 1958.
POIROT-DELPECH, Bertrand, *Bonjour Sagan*, Paris, Herscher, 1985.
PORCU, Antoine, *Héroïques - Femmes en Résistance*, Lille, Geai bleu Éditions, 2006.
RENNES, Juliette, *Le Mérite et la nature. Une controverse républicaine : l'accès des femmes aux professions de prestige*, Paris, Fayard, coll. « L'Espace du politique », 2007.
REVERZY, Catherine, *Femmes d'aventure. Du rêve à la réalisation de soi*, Paris, Odile Jacob, 2001.
RIOT-SARCEY, Michèle, *Histoire du féminisme*, Paris, La Découverte, 2002.
RIPA, Yannick, *Les Femmes, actrices de l'Histoire, France, 1789-1945*, Paris, Armand Colin, 1999.
RIVA, Marie, *Dietrich par sa fille*, Paris, Flammarion, 1993.
SAGAN, Françoise, *Sarah Bernhardt. Le rire incassable*, Paris, Robert Laffont, 1987.
SAMPAT PAL, *Moi, Sampat Pal, chef de gang en sari rose*, Paris, Oh ! Éditions, 2008.
SARAZIN, Michel, *Une femme : Simone Veil*, Paris, Robert Laffont, 1987.
SAVIGNEAU, Josyane, *Marguerite Yourcenar*, Paris, Gallimard, 1990.
SCHWEITZER, Sylvie, *Les femmes ont toujours travaillé. Une histoire du travail des femmes aux XIXe et XXe siècles*, Paris, Odile Jacob, 2002.
SICHTERMANN, Barbara, *Les Femmes les plus célèbres de l'histoire. 50 incontournables*, Paris, La Martinière, 2006.
SMITH, Jessie Carney, *Notable Black American Women*, Detroit/ Londres, Gale Research, 1992.
THIÉRIOT, Jean-Louis, *Margaret Thatcher. De l'épicerie à la Chambre des lords*, Paris, Fallois, 2007.
TRBUHOVIC-GJUNIC, Desanka, *Milena Einstein, une vie*, Paris, Des femmes-Antoinette Fouque, 1991.
VEYSSY, Jean-Luc, et COLLIGNON, Bernard, *Femmes en politique dans le monde. Angela, Michelle, Ségolène et les autres...*, Latresne, Le Bord de l'eau, 2007.
VOLODE. Philippe, *Elles ont fait la France. De sainte Geneviève à Simone Veil*, Paris, L'Archipel, 2006.
WITKOVSKI, Nicolas, *Trop belles pour le Nobel*, Paris, Seuil, 2005.
ZANCARINI-FOURNEL, Michelle, *Histoire des femmes en France, XIXe-XXe siècles*, Rennes, Presses universitaires de Rennes, 2005.

Dictionnaires et encyclopédies

A Dictionary of 20th Century World Biography, Oxford, Oxford University Press, 1992.
American Women: a Library of Congress Guide for the Study of Women's History and Culture in the United States, Washington, Library of Congress, 2001.
ASIMOV, Isaac, *Biographical Encyclopaedia of Science and Technology*, New York, Doubleday and Company, 1982.
ASHBY, Ruth, et GORE OHN, Deborah, *Herstory. Women who changed the World*, Introduction par Gloria Steinem, New York, Viking, 1995.
BARD, Christine, BAUDELOT, Christian, et MOSSUZ-LAVAU, Janine (dir.), *Quand les femmes s'en mêlent. Genre et pouvoir*, Paris, La Martinière, 2004.
BARD, Christine, METZ, Annie et NEVEU, Valérie (dir.), *Guide des sources de l'histoire du féminisme*, Rennes, Presses universitaires de Rennes, 2006.
BÉNÉZIT, Emmanuel, *Dictionnaire des peintres, sculpteurs, dessinateurs et graveurs*, Paris, Gründ, 1999.
Cambridge Biographical Encyclopaedia, The, Cambridge, Cambridge University Press, 1994.
Chronicle of the Olympics 1896-1996, New York, Dorling Kindersley, 1996
COMMIRE, Anne, *Dictionary of Women Worldwide*, Londres, Thomson Gale, 2007.
COTTENET-HAGE, Madeleine, et MAKWARD, Christiane, *Dictionnaire littéraire des femmes de langue française*, Paris, Éditions Karthala, 1996.
CORNELL, Drucilla, FRAISSE, Geneviève, NIRANJANA, Seemanthini, SLAMA Raja Ben, WALDHAM, Linda et XIAO-JIAN, Li, *Masculin-féminin*, Paris, La Découverte, coll. « Les Mots du monde », 2004.
DELAUNAY, Jean-Marc, et DENÉCHÈRE, Yves (dir.), *Femmes et relations internationales au XXe siècle*, Paris, Presses de la Sorbonne nouvelle, 2007.
DUBY, Georges, et PERROT, Michelle, *Histoire des femmes. Le XXe siècle* (sous la dir. de Françoise Thébaud), Paris, Plon, 1992.
Encyclopædia of American Biography, New York, Harper & Row Publishers, 1974.
Encyclopædia of the 20th Century, Oxford/New York, Facts of File, 1991.
Eurosport Guide 2002, l'encyclopédie du sport, Paris, TV Sport, 2002.
Femmes-égalité : de 1789 à nos jours. Recueil d'articles « Féminin passé » parus dans la revue *Antoinette*. Avant-propos de Fanny Cottençon, Paris, Messidor, 1989.
FONDATION OSTAL ELAHI, *L'Universel au féminin*, Paris, L'Harmattan, 2007.
GALERNE, Daniel, GARRAUD, Édith, SCHOEMANN et ALQUIER, Aline, AUDRY, Colette, CHAILLOT, Nicole et NEÏERTZ, Véronique : *Femmes et société*, 6 vol., Romorantin, Éditions Martinsart, 1980.

HENSHAW, Richard, *The Encyclopædia of World Soccer*, Washington DC, New Republic Books, 1979.
Histoire (les collections de l'), « Quand les femmes prennent le pouvoir », janvier-mars 2007.
JULLIARD, Jacques, et WINOCK, Michel, *Dictionnaire des intellectuels français*, Paris, Seuil, 1996.
KIRSCH, Harris, *Encyclopædia of Ethnicity and Sports in the United States*, Westport, Greenwood Press, 2000.
MAZENOT, Lucienne, et SCHOELLER, Ghislaine, *Dictionnaire des femmes célèbres de tous les temps et de tous les pays*, Paris, Robert Laffont, coll. « Bouquins », 1992.
MONTREYNAUD, Florence, *L'Aventure des femmes, XXe-XXIe siècles*, Paris, Nathan, 2005.
MORINEAU, Camille et BAJAC, Quentin, *Elles@centrepompidou*, catalogue d'exposition, Paris, Centre Georges-Pompidou, 2009.
NATIONS UNIES, Division de la promotion de la femme, *La Place des femmes en politique dans le monde, 1945-2000*, série Rapports et documents, n° 37, 2000.
OCKRENT, Christine (dir.), *Le Livre noir de la condition des femmes*, préface de Françoise Gaspard, Paris, XO Éditions, 2006
Paris Aux noms des femmes, Paris, Descartes et Cie, 2005.
SALEM, Dorothy, *African American Women: a Biographical Dictionary*, New York, Garland Publishing, 1993.
SEAGER, Joni, *Atlas des femmes dans le monde*, Paris, Autrement, 1998 (1re éd. *The State of Women in the World Atlas*, Londres, Myriad Editions Limited, 1997).
Thinkers of the Twentieth Century, Londres/Chicago, St. James Press, 1987.
WARE, Suzan (éd.) *Notable American Women. A Biographical Dictionary. Completing the Twentieth Century*, Cambridge, Harvard University Press, 2004.

Crédits photographiques

ADAGP
© Louise Bourgeois / Adagp, Paris 2010 240
© 2010 Tamara Art Heritage / Adagp, Paris 237
© 2010 Niki Charitable Art Foundation / Adagp, Paris 242
© Adagp, Paris 2010 244 bas

AFP 36, 47, 48, 49 bas, 138, 241
AFP / Getty Images 46, 51 ht, 85 g, 87, 146, 149, 170, 171 dte
AFP / Ria Novosti 44

AKG images 18, 19 ht, 114, 126, 151, 170 bas, 202 bas, 218 ht, 218 bas, 219, 223 ht, 223 bas, 234, 235, 236 ht, 236 bas, 237 ht, 238 dte, 245
AKG Images / SPL 128, 135, 170 ht
Doris Poklekowski / AKG 229
Science Photo Library / AKG-Images 128

Archives du 7e art - Photo12 213

Association CAP sur Anita Conti 160

DR 53, 104, 133

© Elliot Erwitt / Magnum 247

GAMMA 14 bas, 72 bas, 73, 208 dte
Alimi Elisabeth / Gamma 109
Amman / NPL / Jacana / Gamma 143 ht
Andersen Ulf / Gamma 231
Annette Lena / Gamma 200 bas
Anticoli-Micorri-Nusca / Gamma 70
Anticolli Livio / Gamma 76 bas
Baitel-Benainous / Gamma 99 bas
Boitano Stephen J. / Gamma 81 –
Brunet Arnaud / Gamma 137 bas
Calle de Pierre-Olivier / Gamma 155, 210
Catarina Eric / Gamma 211 ht
Contant Didier / Gamma 204 ht
Coutausse Jean-Claude / Gamma 86
Crusiaux Franck / Gamma 244 ht
Darmigny François / Gamma 163
Demange / Marchi / Gamma 188 ht, 188 bas
Denantes Alain / Gamma 244 bas
Deroubaix J.François / Gamma 100 bas
Duclos Alexis / Gamma 168
Duclos Alexis / Gamma 72
Eco Clément / UPI / GAMMA 63
Francolon / Gamma 34
Gaillarde Raphael / Gamma 76 ht, 154 ht, 220, 233
Goita José / Gamma 21
Horback Teit / Gamma 97
Housez David / Gamma 31 ht
Image Press Reunion / Gamma 165 bas
Ji HC Park / Gamma 83 g
JO Atlanta 96 / Gamma 185
JO Barcelone 92 / Gamma 184 bas
KliekManfres / Contrast / Gamma 52
KPA / Gamma 82 bas
Kurita Kaku / Gamma 93
Laski Diffusion / Gamma 121
Le Bot Alain / Gamma 29
Le Corre Nicolas / Gamma 162
Lebrun Didier / photos News / Gamma 75 bas
Licoppe Christophe / photo news / Gamma 92 bas
Lorre Marcel / Gamma 24 bas
Lovigny Christophe / Gamma 16
Luyssen Jean-Luc / Gamma 77
Malglaive Etienne (de) / Gamma 83 dte
Maous Laurent / Gamma 25 ht
Maous Laurent / Gamma 91 ht
MCdermott Patrick D. / UPI / Gamma 75 ht
Monnier Louis / Gamma 19 bas, 114, 226
Nosten Anne / Gamma 108
Pele Coll / Stills / Gamma 214 g et dte
Pelletier / Gamma 216 ht
Philpott Hugo / Gamma 165 ht
Pono Press International / Gamma 82 ht
Prensa Miraflores / KPA / Gamma 85 dte
Pressens Bild / Gamma 136
Reglain Frédéric / Gamma 15, 50, 103
Rey Jean-Pierre / Gamma 71, 206
Rey Jean-Pierre / Gamma 206
Rossi Xavier / Gamma 184 ht
Schuk Erwin / Gamma 26 bas
Scorcelletti Emanuelle / Gamma 33 ht -

Simon Daniel / Gamma 148
Simon Daniel / Gamma 201 g
Smith Brian / Gamma 95
Stills Catarina / Gamma 211 bas
Ulf Andersen / Gamma 116, 231
Vandeville Eric / Gamma 134 ht
Vereecken Nico / photo News / Gamma 189
Vogel Richard / Gamma 91 bas
Wollenberg Roger L. / UPI / Gamma 78
Xihua / Gamma 94
Xinhua / Gamma 129, 159
Zeng Yi / Xinhua / Gamma 117

GAMMA / CAMERA PRESS
Beaton Cecil / Camera Press / Gamma 1re de couverture
Bown Jane / Camera Press / Gamma 113
Camera Press / SC / Man / Gamma 205
Casilli / Camera Press / Gamma 35 bas
ILN / Camera Press / Gamma 123
Kawa Janusz / Camera Press / Gamma 5 dte,190
Lucas Cesar / Camera Press / Gamma 216 bas
Malhotra T.C. / Camera Press / Gamma 98
Norrington Nigel / Camera Press / Gamma 153
Paul Tina / Camera Press / Gamma 167 dte, 208
Remo Castelle / Camera Press / Gamma 102
Stonehouse R. / Camerapress / Gamma 181, 240 ht, 240 bas
Summs Anthea / Camera Press / Gamma 152 bas
SUS / Camera Press / Gamma 124
TSPL / Camera Press / Gamma 51 bas
Turner / Gamma / M / Camera Press / Gamma 79
Yousuf Karsh / Camera Press / Gamma 80, 152 ht, 225 g

GAMMA / UPI 62
Castey Gary C. / UPI / Gamma 31
Dietsch Kevin / UPI / Gamma 81 ht
Don West / UPI / Gamma 96 ht
Eco Clément / UPI / Gamma 92 ht
Healey Matthieu / UPI / Gamma 61
Hill Debbie / UPI / Gamma 100 ht
Starnes Arianne / UPI / Gamma 137 ht
STR / UPI / Gamma 96 bas

GETTY 38, 56 bas, 130, 139, 147, 166 ht, 166 bas, 167 g, 179 bas
Beaury-Saurel Armelle / Getty Images 40 ht
Franklin Stuart / Getty Images Sport / APP 187
Gilardini Daisy / Getty Images 171 g
Johnson Cynthia / Time & Life / Getty Images 140
Macadams Cynthia / Time & Life / Getty Images 243
Michael Ochs Archives / Getty Images 198, 199
Popperfoto / Getty Images 30, 178, 179 ht
Selkirk Neil / Time & Life / Getty Images 142
Time & Life Picture / Getty Images 69

HOAQUI
Dubocq Philippe / Hoaqui 60
Dunwell Steve / Age Fotostock / Hoaqui 110

KEYSTONE FRANCE 4 dte, 5 g, 10, 12, 13, 14 ht, 17, 20 ht, 20 bas, 22, 23, 25 bas, 39, 40 bas, 45, 54, 55 ht, 58, 64, 65 ht, 65 bas, 66 ht, 66 bas, 67 ht, 67 bas, 68, 69 bas, 84, 88, 89 ht, 89 bas, 99 ht, 111, 115, 127, 132, 141, 144, 161 ht, 161 bas, 171?g, 172?g, 172 dte, 173, 174, 175, 178, 180, 183, 186 ht, 186 bas, 194, 196, 200?ht, 203 ht, 204 bas, 207 bas, 209, 212 g, 212 dte, 221, 222, 225 dte, 246
L'Humanisté / Keystone France 28

MARY EVANS
Nouvelle Image-Mary Evans 42
Mary Evans 43, 150 ht, 150 bas
Mary Evans / Keystone 134 bas, 158 ht, 158 bas, 224 bas

RAPHO 112 ht, 171 dte, 195
Ancellet François / Rapho 154
Bird Walter / Rapho 224 ht
Box Patrick / Rapho 119
Brake Brian / Rapho 90
Charbonnier Jean-Philippe / Rapho 203 bas, 239
Cogan Michel / Rapho 207 ht
Dejardin Yves / Rapho 227
Doisneau Robert / Rapho 125, 156, 157, 192, 228, 242
Don Carl Steffen / Rapho 11
Ginet Pierre-Yves / Rapho 26 ht, 27,49 ht
Gubb Louise / Rapho 33 bas
Hardy Elise / Rapho 4 g, 8, 193
Le Diascorn François / Rapho193
Niepce Jeanine / Rapho 56 ht, 118, 197
Reyboz Lucille / Rapho 35 ht
Silberstein Bernard G. / Rapho 238
Weiss Sabine / Rapho 232

STILLS
Alloca / DMI / Stills 24 ht
Botti / Stills 55 bas

TOP
Keystone Archives / Heritages-images / imagestate / TOP 201 bas, 202 ht
KPA / Heritages-images / imagestate / TOP 215
Library / Heritages-images / imagestate / TOP 37
Oxford Science Archives / Heritages-images / imagestate / TOP 4/5 milieu,106
The Print Collector / Heritages-images / imagestate / TOP 122

Photo couverture : Maria Callas. © Cécil Beaton/CAMERAPRESS/GAMMA/Eyedea Presse.
Photo 4e de couverture : Marguerite Duras et Xavière Gauthier en 1974. © Jean Meunier

Remerciements

J'ai travaillé à la Bibliothèque nationale de France, à la médiathèque Simone-de-Beauvoir d'Athis-Mons et, surtout, à la bibliothèque Marguerite-Durand – son fonds extrêmement riche et la compétence de ses responsables m'ont beaucoup aidée. Merci à James Elliot pour ses précieuses recherches dans les encyclopédies de langue anglaise. Merci à Asli Davaz (Fondation Bibliothèque des femmes et Centre d'information d'Istanbul) qui m'a donné les informations sur les pionnières turques. Merci à Daniel pour son aide patiente et continue, ainsi qu'à Jacquie, Simone, Alexis et Danielle.

Achevé d'imprimer en août 2010 sur les presses de TWP, Singapour.